Unsere Erde

Rheinland-Pfalz
Gymnasium

1

Herausgegeben von
Martina Flath
Ellen Rudyk

in Zusammenarbeit
mit der Verlagsredaktion

Cornelsen

Autorinnen und Autoren: Milena Breibisch, Henriette Dieterle, Peter Fischer,
Martina Flath, Denny Jahn, Yvonne Krautter, Daniel Kroll, Hannah Lathan,
Ute Mathesius-Wendt, Susanne McClelland, Jürgen Neumann, Ingmar Oehme,
Julia Richter, Ellen Rudyk, Johanna Schockemöhle, Matthias Stober und
Birgit Willenberg
Redaktion: Michael Kunz
Bildassistenz: Matthias Stephan
Atlasteil: Michael Kunz
Webcodes: Henning Aubel, Dortmund

Umschlaggestaltung: Studio Syberg, Berlin
Layout und technische Umsetzung: Straive
Titelfoto: Rhein bei Mainz, Rheinland-Pfalz und Wiesbaden, Hessen mit der
Rhein-Insel Petersaue
(Foto: mauritius images/alamy stock photo/Panther Media GmbH/Gerhard Lauer)

www.cornelsen.de

1. Auflage, 1. Druck 2021

Alle Drucke dieser Auflage sind inhaltlich unverändert und können
im Unterricht nebeneinander verwendet werden.

© 2021 Cornelsen Verlag GmbH, Berlin

Druck: Firmengruppe APPL, aprinta Druck, Wemding

ISBN 978-3-06-064932-7 (Schülerbuch)
ISBN 978-3-06-065943-2 (E-Book)

PEFC zertifiziert
Dieses Produkt stammt aus nachhaltig
bewirtschafteten Wäldern und kontrollierten
Quellen.

www.pefc.de

PEFC/04-32-0928

Inhaltsverzeichnis

Hinterer Umschlagdeckel: Legende für die Wirtschaftskarten

Erdkunde – ein neues Unterrichtsfach

M1 *Die Welt entdecken – Erdkunde*

Die Erde erkunden

In dem neuen Unterrichtsfach Erdkunde beschäftigst du dich mit der Erde, ihrem Aussehen, der Nutzung durch den Menschen und den Veränderungen durch natürliche Ereignisse oder menschliche Eingriffe. Erdkunde begegnet dir auf Schritt und Tritt, ganz gleich ob du einen Stein aufhebst, in die Schule fährst oder eine Reise machst, Gegenstände nutzt oder etwas isst, in einem See schwimmst oder im Gebirge oder in Wäldern wanderst.

Geographen erkunden Räume, zum Beispiel eine Naturlandschaft, eine Stadt, einen Staat, Gebirge oder Meere. Je nachdem, welcher Teilbereich des Faches sie besonders interessiert, stellen sie ganz unterschiedliche Fragen an den jeweiligen Raum.

Im Erdkundeunterricht untersuchst du,

- **wie ein Raum beschaffen ist:** Ist die Landschaft eben oder gebirgig? Gibt es dort gute oder schlechte Böden? Regnet es viel oder wenig, ist es warm oder kalt?
- **wie man sich im Raum orientiert:** Wie heißt die Hauptstadt von Spanien? Wo liegen die Wüsten der Erde? Wie kannst du dich mithilfe eines Stadtplans in einer dir fremden Stadt zurechtfinden? Wie liest du Karten?
- **wie die Natur den Raum gestaltet:** Wie sind die Berge und Täler der Erde entstanden? Welchen Einfluss hat das Klima? Wie verändern Erdbeben, Vulkanausbrüche, Überschwemmungen und andere Naturereignisse den Raum?
- **wie der Mensch den Raum nutzt und verändert:** Wo und wie leben die Menschen? Wie nutzen sie den Raum zum Beispiel für Landwirtschaft, Bergbau und Industrie oder den Bau von Verkehrswegen? Wie verändert der Mensch dabei den Raum nach seinen Bedürfnissen? Wo wurden zum Beispiel aus einem Waldgebiet ein Flughafen, aus einer landwirtschaftlich genutzten Fläche ein Wohn- oder ein Industriegebiet, aus einem Fischerdorf ein Touristenzentrum?

Geographie

Der Begriff *Geographie* setzt sich zusammen aus den griechischen Wörtern *geo = Erde* und *graphi = Schrift*, was man mit *Erdbeschreibung* übersetzen könnte. Deshalb wird das Unterrichtsfach *Erdkunde* auch *Geographie* genannt. Wissenschaftler, die sich mit der Erkundung der Erde beschäftigen, bezeichnet man als *Geographen*.

M 2 *Begriffserklärung*

- **wie der Mensch verantwortungsvoll mit der Erde umgeht:** Wie wirkt sich das Verhalten auf die Umwelt aus? Welche Lösungen gibt es, damit der Lebensraum auch für die Menschen in der Zukunft erhalten bleibt?

Das neue Unterrichtsfach Erdkunde hilft dir, die Erde kennenzulernen und dich auf ihr zurechtzufinden. Dazu benötigst du Materialien wie Karten, Bilder, Modelle, Grafiken und Texte. Du führst geographische Versuche durch und manchmal ist es auch notwendig, die Schule zu verlassen und Erkundungen auf dem Land oder in der Stadt durchzuführen.

M 3 *Erdkundeunterricht mit dem Globus*

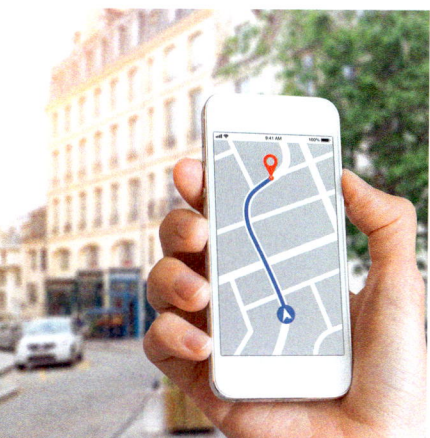

M 4 *Karte, Kompass, Modell, GPS – nur einige von vielen Arbeitsmitteln der Erdkunde*

Unsere Erde – dein neues Erdkundebuch

Jedes Kapitel startet mit einem großen Bild, auf dem es viel zu entdecken gibt.

In der rechten Spalte erfährst du, was du zum Ende des Kapitels wissen und können solltest.

- Ein **roter Spiegelstrich** fordert dich dazu auf, dich in Räumen zu orientieren.
- Der **gelbe Spiegelstrich** zeigt dir, welches geographische Wissen du beherrschen sollst.
- Der **grüne Spiegelstrich** gibt an, welche Methoden du in diesem Kapitel anwenden wirst.
- Der **blaue Spiegelstrich** zeigt dir, welche geographischen Sachverhalte und Probleme du bewerten und beurteilen sollst.

Das klappt – eine **ausklappbare Kartenseite** zu Kapitelbeginn. Du klappst sie aus und kannst dich bei den einzelnen Themen des Erdkundebuches jederzeit orientieren, wo Städte, Landschaften, Flüsse und Länder liegen.

Alles klar? Der **„check-it"**-Kasten zu Beginn jeder Themenseite zeigt dir, farblich ebenso markiert wie zu Beginn jedes Kapitels, welche unterschiedlichen Fähigkeiten (Kompetenzen) du nach der Bearbeitung beherrschen solltest.

Mithilfe der differenzierten **Arbeitsaufträge** kannst du überprüfen, ob du die im „check-it"-Kasten genannten Kompetenzen beherrschst. Wenn du so **1** gekennzeichnete Aufgaben nicht sofort lösen kannst – kein Problem! Im Anhang erhältst du dazu Lösungstipps.

Über den **Webcode** kannst du uns im Internet unter www.cornelsen.de/codes besuchen. Auf dieser Website findest du ein Feld, in das du die Buchstabenkombination eingibst, die du unter dem Webcode findest, zum Beispiel **zahuto**. Du findest dort weiterführende Links oder Downloads zu dem Thema der Seite.

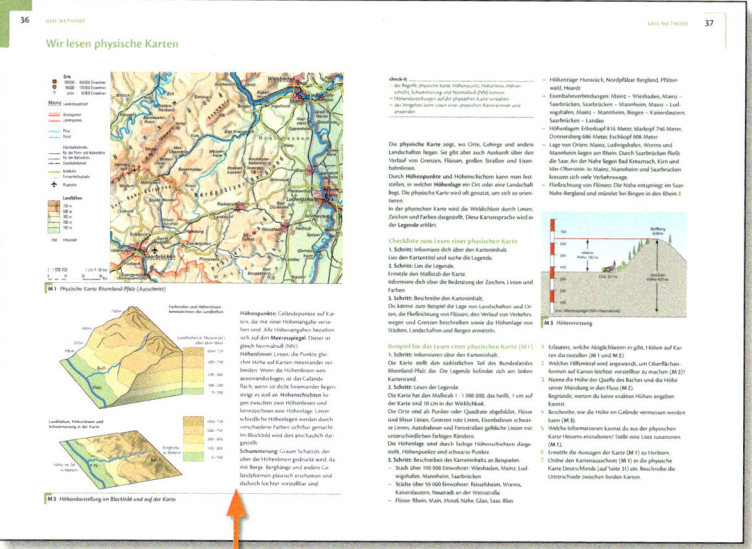

Geo-Methode

Hier kannst du Schritt für Schritt wichtige Methoden für das Fach Erdkunde lernen, zum Beispiel das Lesen von Klimadiagrammen oder das Arbeiten mit einem Stadtplan.

Geo-Aktiv

Hier findest du Anregungen, selbst aktiv zu werden, zum Beispiel bei der Orientierung nach Himmelsrichtungen oder beim Erkunden eines landwirtschaftlichen Betriebes.

Geo-Extra

Mit diesen Seiten kannst du dich noch intensiver mit einzelnen Themen des Kapitels beschäftigen. Oder du findest dort auch weiterführende Inhalte zum jeweiligen Kapitel.

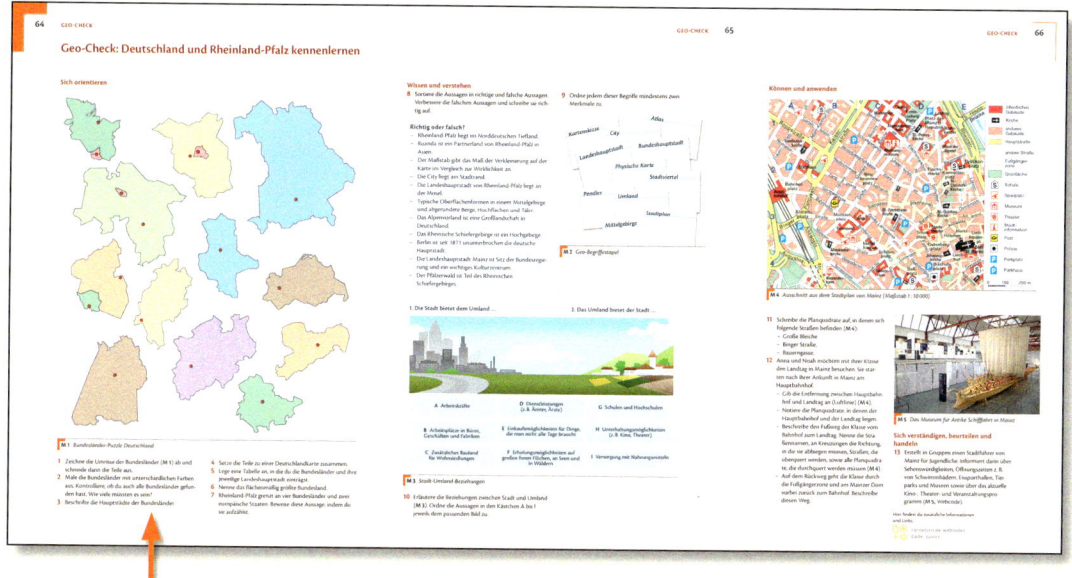

Geo-Check

Am Ende jedes Kapitels kannst du dein Wissen und Können testen.

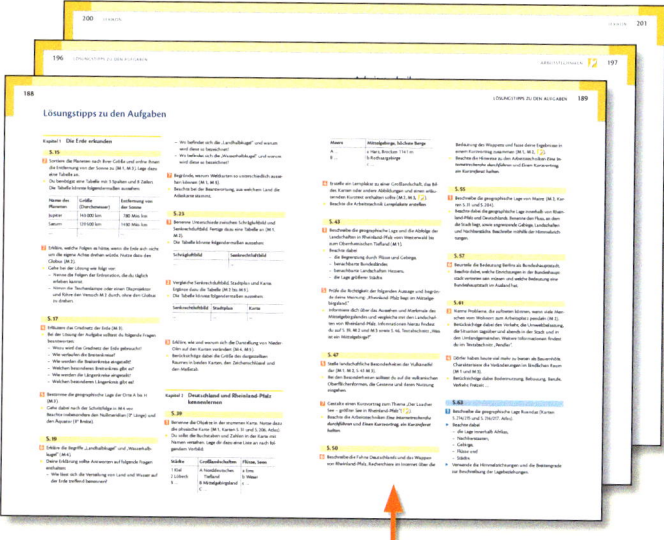

Der Anhang bietet dir unterschiedliche Hilfen: **Lösungstipps** zu den Aufgaben, die so **1** gekennzeichnet sind, das **Lexikon,** um Begriffe zu erklären, und **Erklärungen zu den Aufgaben**. Außerdem findest du Beschreibungen zu **Arbeitstechniken,** die dir vielleicht unbekannt und auf den Themenseiten mit einem -Symbol gekennzeichnet sind.

Im **Atlasteil** findest du zu allen wichtigen Themen im Buch die passende Atlaskarte. Welche Karte die richtige ist, erfährst du im **Atlasregister**.

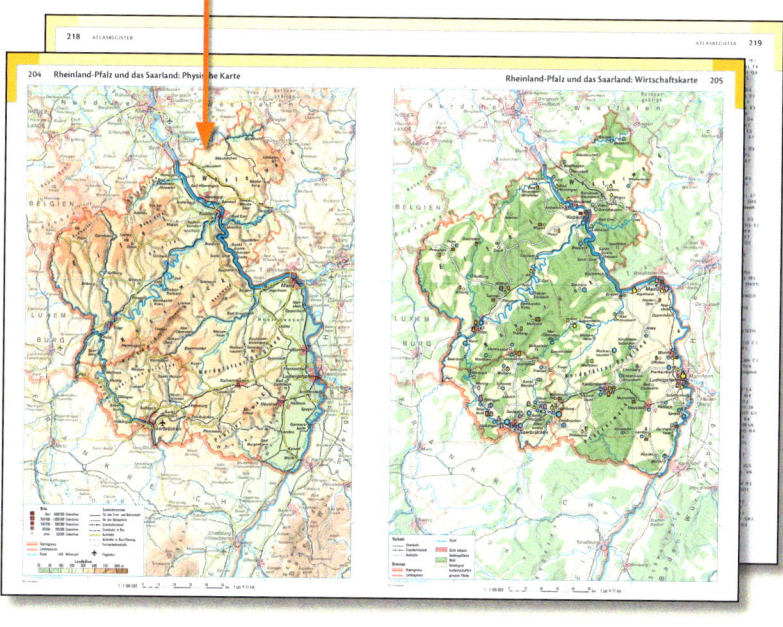

Erde physisch
Kontinente und Ozeane

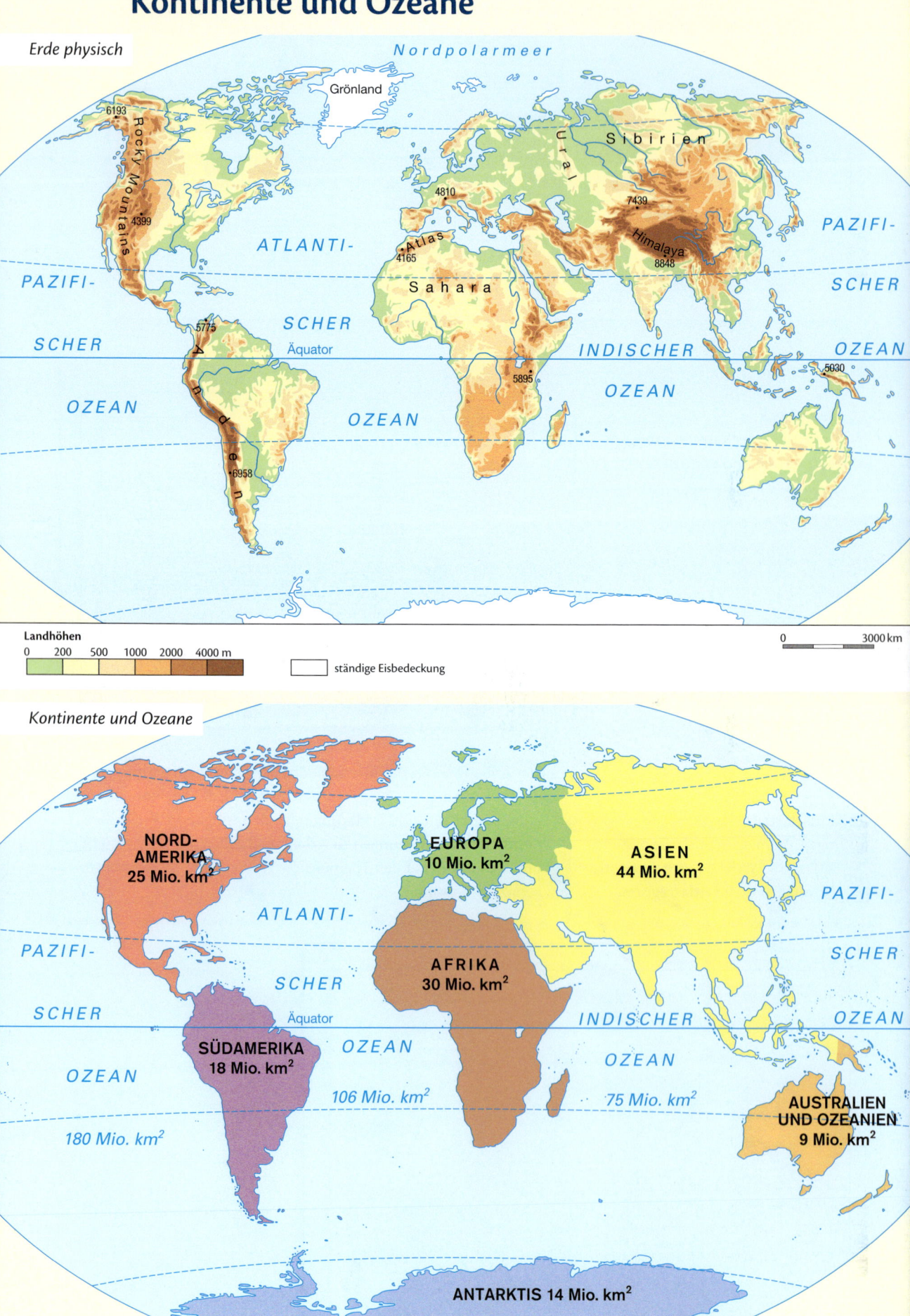

Erde physisch

Landhöhen
0 200 500 1000 2000 4000 m

ständige Eisbedeckung

0 3000 km

Kontinente und Ozeane

NORD-AMERIKA 25 Mio. km²
EUROPA 10 Mio. km²
ASIEN 44 Mio. km²
AFRIKA 30 Mio. km²
SÜDAMERIKA 18 Mio. km²
AUSTRALIEN UND OZEANIEN 9 Mio. km²
ANTARKTIS 14 Mio. km²

180 Mio. km²
106 Mio. km²
75 Mio. km²

1 Die Erde erkunden

Unsere Erde – nur ein Planet?

Wenn wir in den klaren Nachthimmel schauen, können wir erahnen, wie riesig das Weltall ist. Mithilfe eines Fernrohrs können wir viele Sterne und Sternsysteme erkennen. Eines davon ist die Milchstraße, die als Zeichnung hier abgebildet ist. Sie ist so groß, dass das Licht 100 000 Jahre von einem zum anderen Ende braucht! Unser Sonnensystem ist ein winzig kleiner Teil der Milchstraße und in ihm findet man unsere Erde, die du erkunden wirst.

Hier ist unser Sonnensystem ⟶

In diesem Kapitel lernst du
- dich im Gradnetz und nach Himmelsrichtungen zu orientieren,
- Merkmale des Sonnensystems zu beschreiben,
- Ozeane und Kontinente zu vergleichen,
- das Gradnetz der Erde zu erläutern,
- die Folgen der Erdrotation zu erklären,
- wie aus Luftbildern Karten entstehen,
- die Schule mit digitalen Karten und Luftbildern zu erkunden.

Du nutzt dazu
- den Globus,
- den Atlas,
- Karten,
- Stadtpläne,
- Grafiken,
- Bilder,
- digitale Karten.

Unsere Erde – ein Planet im Sonnensystem

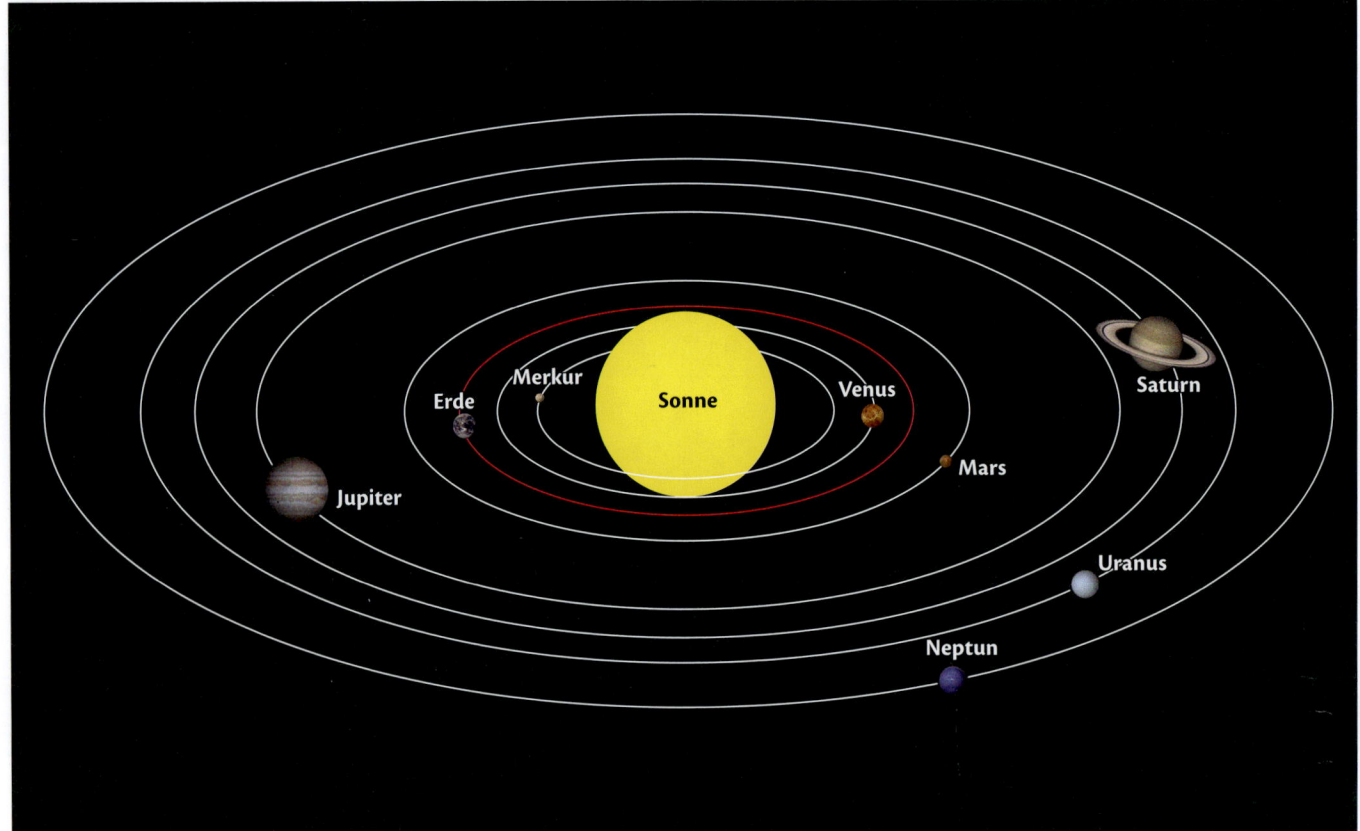

M 1 *Das Sonnensystem*

check-it
- Merkmale unseres Sonnensystems beschreiben
- die Erdrotation beschreiben
- Folgen der Erdrotation erklären
- Informationen in einer Tabelle darstellen
- einen Versuch durchführen

Unser Sonnensystem

Unsere Erde ist einer von vielen Himmelskörpern, die die Sonne umkreisen. Diese Himmelskörper nennen wir **Planeten.** Die acht Planeten erhalten ihr Licht von der Sonne und bilden zusammen mit ihr das **Sonnensystem.** Um sieben Planeten kreisen außerdem ein oder mehrere Monde. Die Menschen verdanken ihr Leben den einzigartigen Bedingungen, die auf dem Planeten Erde herrschen.

Glücksfall Erde

Im Gegensatz zu den anderen Planeten unseres Sonnensystems besitzt die Erde eine Lufthülle. Sie ermöglicht das Leben von Pflanzen, Tieren und Menschen. Gleichzeitig schützt die Lufthülle die Erde vor gefährlichen Sonnenstrahlen. Der Planet Erde verfügt über das lebensnotwendige Wasser. Durch den richtigen Abstand zur Sonne ist es auf der Erde weder zu heiß noch zu kalt.

Versuch

- Material: Taschenlampe, Globus (möglichst groß), verdunkeltes Klassenzimmer
- Durchführung: Den Globus so aufstellen, dass der Lichtkegel der Taschenlampe die Breite des Durchmessers vom Globus hat. Den angestrahlten Globus langsam linksherum drehen.

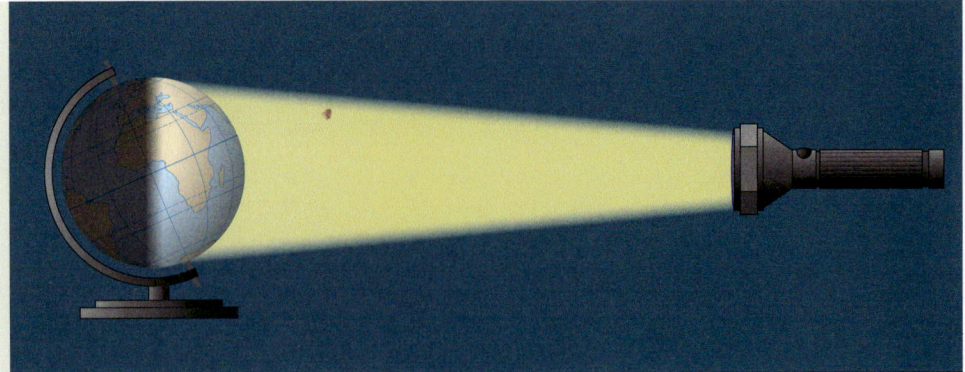

M 2 *Versuch: Entstehung von Tag und Nacht*

Die doppelte Bewegung der Erde

Früher dachten die Menschen, dass sich die Sonne um die Erde bewegt. Vor 500 Jahren aber verblüffte der Astronom Nikolaus Kopernikus mit der Erkenntnis: „Die Sonne hat ihren festen Platz im Weltraum und die Erde bewegt sich um die Sonne."

Dafür braucht sie 365 Tage und 6 Stunden. Das ist das Sonnenjahr. Wir rechnen aber im Kalenderjahr mit vollen Tagen und nicht mit Stunden. Deshalb werden alle 4 Jahre die zusätzlichen Stunden (4 × 6 Stunden = 24 Stunden = 1 Tag) im **Schaltjahr** untergebracht. Dieser Schalttag ist alle 4 Jahre der 29. Februar.

Die Erde dreht sich auch in 24 Stunden einmal um ihre eigene Achse. Diese Bewegung heißt **Erdrotation**. Sie ist für die Entstehung von Tag und Nacht verantwortlich. Da sich die Erde von Westen nach Osten um ihre eigene Achse dreht, geht die Sonne morgens im Osten auf und abends im Westen unter.

1 Beschreibe die Lage der Planeten zueinander. Beachte dabei die Reihenfolge. Beginne mit der Sonne (**M 1**).

2 Sortiere die Planeten nach ihrer Größe und ordne ihnen die Entfernung von der Sonne zu (**M 1, M 3**). Lege dazu eine Tabelle an.

3 Bilde einen Merksatz: Je größer die Entfernung der Planeten von der Sonne, desto … (**M 3**).

4 Erkläre, warum die Erde ein Sonderfall unter den Planeten ist.

5 Erkläre die Erdrotation und ihre Folgen (**M 2**).

6 Stelle fest, wie viele Tage ein Schaltjahr hat.

7 Erkläre, welche Folgen es hätte, wenn die Erde sich nicht um die eigene Achse drehen würde. Nutze dazu den Globus (**M 2**).

Hier findest du zusätzliche Informationen und Links:

cornelsen.de/webcodes
Code: fadiwa

	Entfernung zur Sonne (in Mio. km)	Umlaufzeit um die Sonne	Durchmesser (in km)
Neptun	4 500	164 Jahre 282 Tage	49 500
Uranus	2 870	84 Jahre 5 Tage	51 100
Saturn	1 430	29 Jahre 167 Tage	120 500
Jupiter	780	11 Jahre 314 Tage	143 000
Mars	230	1 Jahre 322 Tage	6 800
Erde	150	1 Jahr	12 800
Venus	108	225 Tage	12 100
Merkur	58	88 Tage	4 900

Sonne

M 3 *Die Planeten unseres Sonnensystems*

Der Globus – ein Modell der Erde

Nordpol

Äquator

Südpol

M 1 *Unser Planet Erde aus dem All betrachtet und als Globus*

check-it
- im Gradnetz orientieren
- das Gradnetz der Erde beschreiben und erläutern
- mit dem Globus arbeiten
- Lage von Orten im Gradnetz bestimmen

Der Globus

Bereits Ende des 15. Jahrhunderts ließ Martin Behaim in Nürnberg den ersten Erdglobus bauen. Der **Globus** gibt unsere Erde in einem verkleinerten Abbild wieder. Die Größenverhältnisse, die Formen der Kontinente und der Meere stimmen mit der Wirklichkeit überein. Damit man einen bestimmten Ort auf dem Globus (oder auf einer Karte) finden kann, hat man die Erde mit einem gedachten Netz von Linien überzogen, dem **Gradnetz.**

Das Gradnetz der Erde

Das Gradnetz besteht aus waagerechten und senkrechten Linien. Die senkrechten Linien, die die Erde umspannen, heißen **Längenkreise.** Ein halber Längenkreis, der vom **Nordpol** zum **Südpol** verläuft, wird **Meridian** genannt. Die waagerechten Linien heißen **Breitenkreise.** Um Breitenkreise und Meridiane durchzuzählen, benutzt man eine Gradeinteilung. Der Null-Meridian teilt die Erde in eine West- und eine Osthalbkugel. Er verläuft durch die Sternwarte von Greenwich, einem Vorort von London. Von dort aus zählt man 180 Längengrade nach Osten und 180 Längengrade nach Westen.

Der Null-Breitenkreis ist der **Äquator.** Er ist der längste Breitenkreis: 40 076 Kilometer. Der Äquator teilt die Erde in eine Nord- und eine Südhalbkugel.

Die geographische Lage eines Ortes wird durch Breiten- und Längengrade angegeben. Man sagt z. B.: Mainz liegt 50 Grad nördlicher Breite und 8 Grad östlicher Länge (50° n. Br., 8° ö. L.).

Die Erde ist eine Kugel

Bereits vor über 2200 Jahren berechnete der Grieche Eratosthenes den Erdumfang annähernd genau. Er war entgegen der allgemeinen Meinung davon überzeugt, dass die Erde eine Kugel sei. Wenn er im Hafen stand, beobachtete er die ankommenden Schiffe. Sie tauchten allmählich aus dem Wasser auf, wenn sie sich näherten. Daraus schloss er, dass die Erdoberfläche gekrümmt sein müsse.

M 2 *Die Erde ist eine Kugel*

Die Breitenkreise

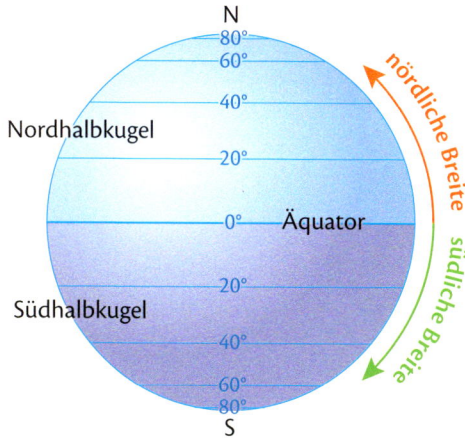

Die Meridiane

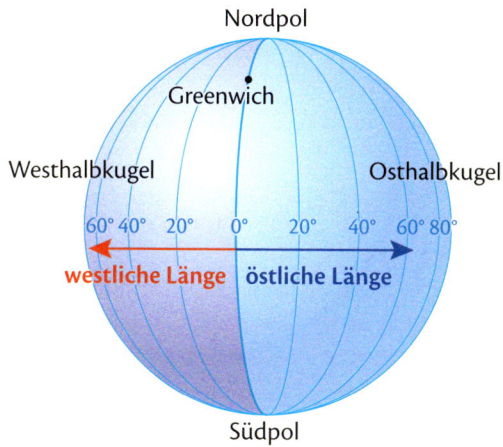

Das Gradnetz

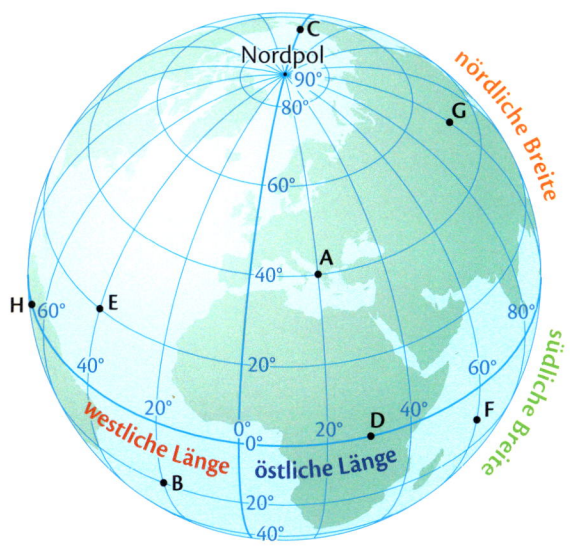

So bestimmst du die Lage eines Ortes im Gradnetz

1. Schritt: Die geographische Breite
- Ermittle, ob der Ort nördlich oder südlich des Äquators liegt (N oder S).
- Nenne die beiden Breitenkreise, zwischen denen sich der Ort befindet.
- Bestimme die geographische Breite in Grad. Zur Lageangabe benutzt du die niedrigere Gradzahl.

2. Schritt: Die geographische Länge
- Ermittle, ob der Ort westlich oder östlich des Null-Meridians liegt (W oder O).
- Nenne die beiden Meridiane, zwischen denen sich der Ort befindet.
- Bestimme die geographische Länge in Grad. Zur Lageangabe benutzt du die niedrigere Gradzahl.

3. Schritt: Angabe der Lage im Gradnetz
- Gib zuerst die Breitenlage und dann die geographische Länge des Ortes an. In **M 3** hat z. B. der Ort D die Lage 0°/30° O.

M 4 *Lagebestimmung eines Ortes*

1 Zeige auf einem Globus Nordpol und Südpol, den Äquator, die Erdachse, Nord-, West-, Süd- und Osthalbkugel (**M 1**).

2 Überlege, an welcher Stelle du „auftauchen" würdest, wenn du quer durch die Erde hindurch reisen könntest.

3 Stelle die Beobachtungen von Eratosthenes nach. Nutze dazu einen Globus oder einen großen Ball (**M 2**).

4 Erläutere das Gradnetz der Erde (**M 3**).

5 Bestimme die geographische Lage der Orte A bis H (**M 3**).

6 Suche die Städte mit den folgenden Lageangaben (**M 4,** Karte S. 214/215).
   a) 54° N/12° O   **b)** 52° N/0° W
   c) 50° N/14° O   **d)** 40° N/4° W

Hier findest du zusätzliche Informationen und Links:

cornelsen.de/webcodes
Code: dukowu

Das Gesicht der Erde – Kontinente und Ozeane

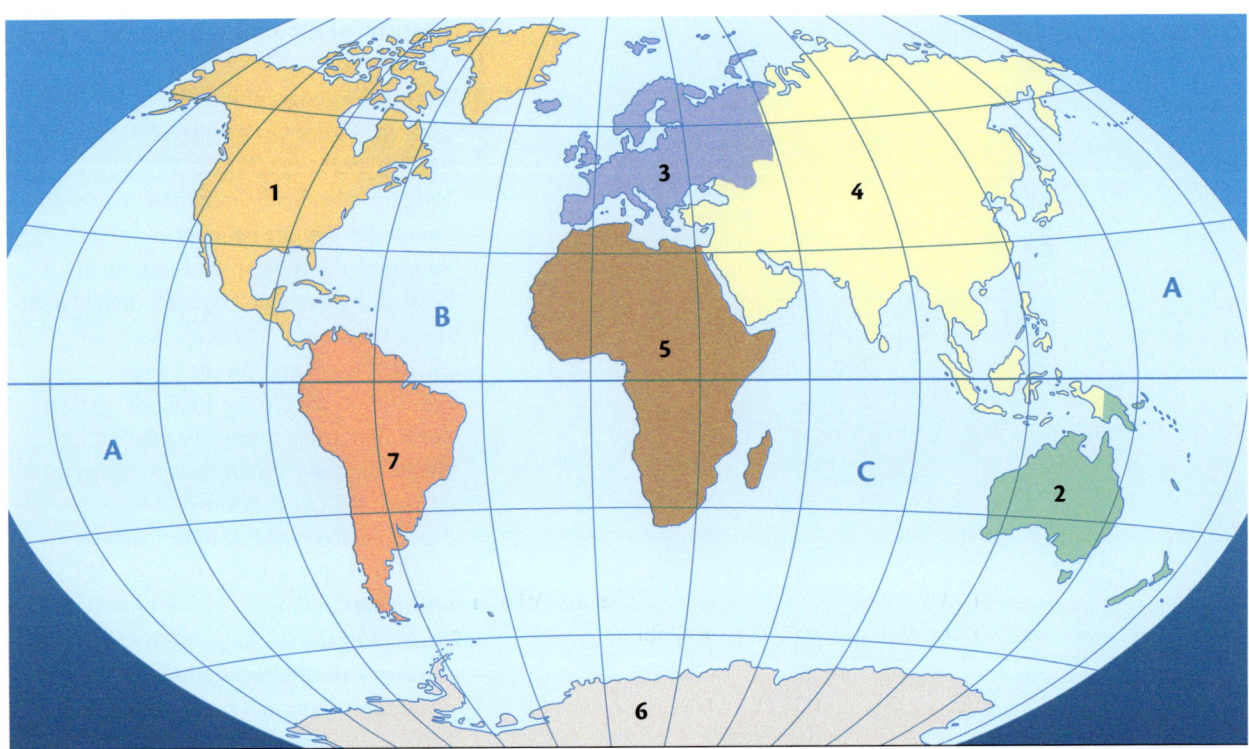

M 1 *Kontinente und Ozeane*

check-it
- Namen der Kontinente und Ozeane benennen
- ihre Lage beschreiben und ihre Größe vergleichen
- unterschiedliche Sichtweisen auf die Erde darlegen
- Karten und Größen vergleichen

Die Gliederung der Erde

„Der blaue Planet" – spätestens seit Astronauten das erste Mal die Erde aus dem All betrachteten, trägt die Erde diesen Beinamen. Nicht zu Unrecht: Immerhin bedecken **Ozeane** und Meere zwei Drittel der Erdoberfläche. Die Erde ist ein „Wasserplanet". Als Festland oder **Kontinente** werden die großen zusammenhängenden Landmassen der Erde bezeichnet, die wie riesige Inseln aus den Weltmeeren herausragen. Jeder Kontinent hat seine unverwechselbaren Umrisse mit Buchten, Inseln und Halbinseln. Am Rand der Ozeane liegt eine Reihe von kleineren Meeren, die durch Halbinseln von den Ozeanen getrennt sind.

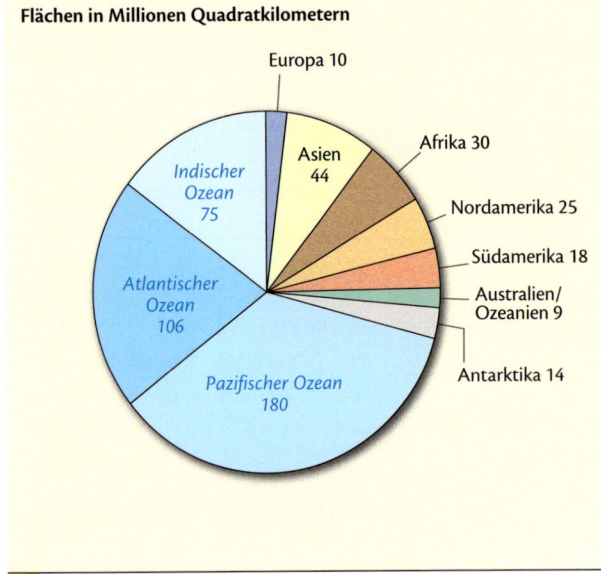

M 2 *Verteilung von Wasser und Land auf der Erde*

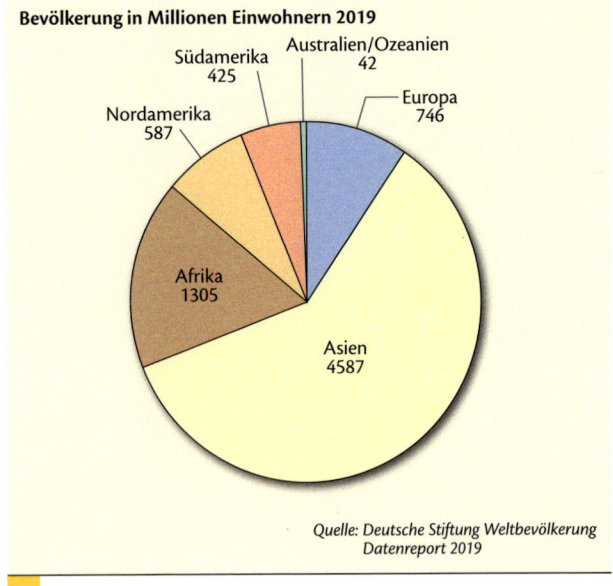

M 3 *Einwohnerzahl auf den Kontinenten*

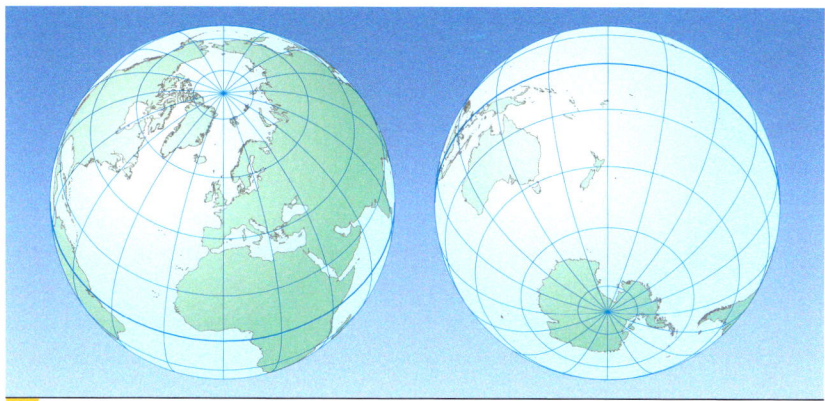

M 4 *Landhalbkugel und Wasserhalbkugel der Erde*

biete, also die Landmassen und Meere rund um den Südpol. Der Kontinent trägt den Namen Antarktika, wird aber häufig als Antarktis bezeichnet.

1 Benenne die Kontinente und Ozeane und vergleiche ihre Größe (**M 1**, **M 2**).
2 „Die Erde ist ein Wasserplanet." Prüfe die Richtigkeit dieser Aussage und begründe (**M 2**).
3 Beschreibe die Lage der Kontinente. Bilde dazu Sätze, die die Lage zu den Ozeanen beschreiben (**M 1**).
4 Ordne die Kontinente nach ihrer Einwohnerzahl. Beginne mit dem einwohnerstärksten Kontinent (**M 3**).
5 Nenne auf jedem Kontinent drei Staaten. Ziehe die Weltkarte im Atlasteil hinzu (Karte S. 216/217, Atlas).
6 Erkläre die Begriffe „Landhalbkugel" und „Wasserhalbkugel" (**M 4**).
7 Begründe, warum Weltkarten so unterschiedlich aussehen können (**M 1**, **M 5**).

Hier findest du zusätzliche Informationen und Links:

cornelsen.de/webcodes
Code: sahafi

Wie kamen die Kontinente zu ihren Namen?

Die Griechen nannten vor über 2000 Jahren schon das westlich von ihnen gelegene Land „Europa", was so viel wie „Land des Sonnenuntergangs" bedeutet. Das östlich gelegene „Land des Sonnenaufgangs" bezeichneten sie als „Asien".

Die Römer gaben dem südlichen Küstenland des Mittelmeeres den Namen Afrika, weil dort das Volk der Afri lebte. Der italienische Seefahrer Amerigo Vespucci wurde durch Zufall Namens-

patron Amerikas. Er segelte mehrmals nach Südamerika. Deshalb wurde sein Name auf einer der ersten Weltkarten und einem Globus dort eingetragen, wo er gelandet war. Dieser Name breitete sich sehr schnell als Bezeichnung für den neuen Kontinent aus.

Australien ist der „Südkontinent", denn lateinisch „australis" bedeutet „südlich". Schon die Griechen nannten die im Norden gelegenen Land- und Meeresgebiete „Arktis" (= Nordpolargebiet). Antarktis sind die auf der anderen Seite (anti = gegen) der Arktis gelegenen Ge-

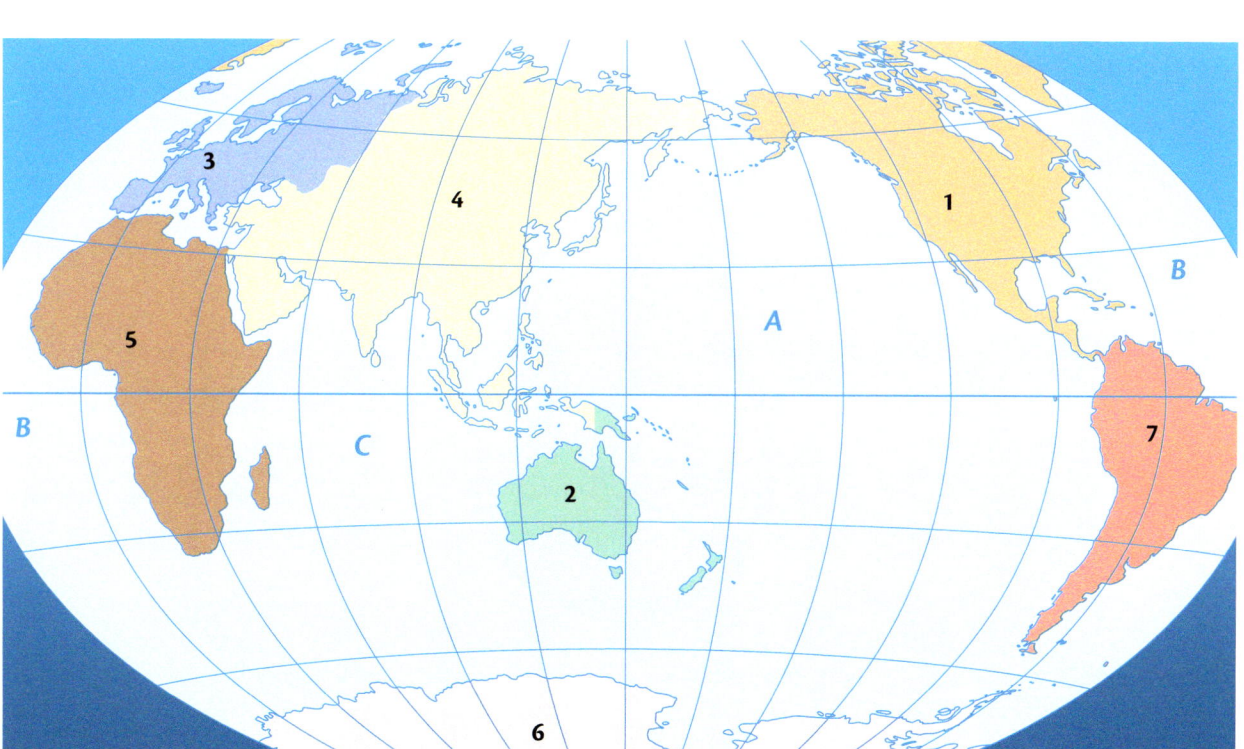

M 5 *Eine Karte aus einem australischen Atlas*

Wir orientieren uns nach Himmelsrichtungen

M 1 *Zugvögel finden ihren Weg*

Wo liegt die Lösung dieses Rätsels?

Zugvögel – über Tausende von Kilometern sind sie unterwegs und finden ihren Weg sogar im Dunkeln. Auch Brieftauben finden stets zurück. Was hilft ihnen, sich zu orientieren? Haben sie einen inneren Kompass?

Magnet Erde

Unsere Erde wirkt wie ein großer Magnet. Um sich herum hat sie ein unsichtbares Feld magnetischer Linien, das von Norden nach Süden ausgerichtet ist und das einige Hunderttausend Kilometer ins All hinausragt. Natürlich ist die Magnetkraft der Erde viel größer als die von jedem kleinen Metallmagneten.

Das wohl bekannteste Beispiel für die Magnetkraft der Erde ist der **Kompass.** Seit Jahrhunderten ist er eine unersetzbare Hilfe für die Orientierung auf der Erde. Mit ihm können wir überall die Himmelsrichtungen bestimmen: auf dem Land, in der Luft, auf dem Meer und sogar unter Wasser. Das Magnetfeld der Erde erklärt auch, warum Zugvögel und Brieftauben ihren Weg so sicher finden: Sie spüren das Magnetfeld und richten ihren Flug danach.

Wie funktioniert ein Kompass?

Der Kompass besteht aus einer Windrose und einer magnetischen Nadel, die sich frei auf einem Stift dreht. Die frei schwingende Kompassnadel richtet sich in Nord-Süd-Richtung aus. Eine Spitze der Nadel wird von einem Pol der Erde angezogen, die andere Spitze der Nadel von dem anderen Pol.

So stellst du die Nordrichtung fest

- Halte den Kompass waagerecht.
- Drehe den Stellring mit der Windrose so weit, dass das N auf der Windrose und das Dreieck auf dem Gehäuse übereinstimmen.
- Drehe dich mit dem Kompass, bis die gefärbte Spitze der Magnetnadel auf N zeigt.
- Lies die Nordrichtung und die anderen Himmelsrichtungen von der Windrose ab.

1 Nenne Begriffe, in denen eine Himmelsrichtung vorkommt, zum Beispiel „Ostsee".
2 Beschreibe verschiedene Möglichkeiten, Himmelsrichtungen ohne einen Kompass zu bestimmen (**M 5** bis **M 7**).
3 Gehe auf den Schulhof und bestimme die Nordrichtung mithilfe des Kompasses und der Armbanduhr (**M 3, M 6**).
4 Bestimmt in Gruppen die Lage verschiedener markanter Punkte auf dem Schulhof. Jede Gruppe sollte eine andere Orientierungsmöglichkeit nutzen (**M 3, M 5** bis **M 7**).

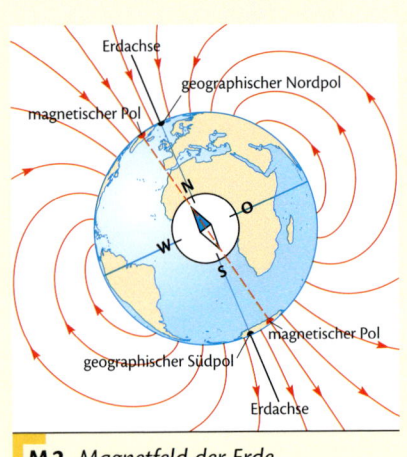

M 2 *Magnetfeld der Erde*

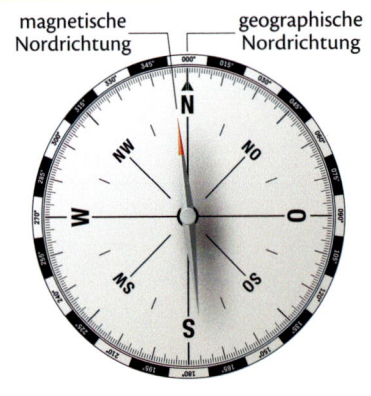

M 3 *Kompass*

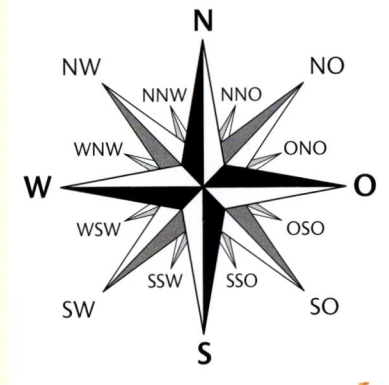

M 4 *Windrose*

Suche am Nachthimmel das auffällige Sternbild des Großen Wagens. Verbinde in Gedanken die beiden hinteren Sterne (hinter der Achse) des Großen Wagens. Verlängere diese gedachte Linie. Dann stößt du auf den hellen Polarstern. Er zeigt dir, wo Norden ist.

Hinweis: Im Allgemeinen sind Karten eingenordet, das heißt oben ist Norden, unten Süden, links Westen und rechts Osten.

M 5 *Bestimmen der Himmelsrichtungen nach dem Polarstern*

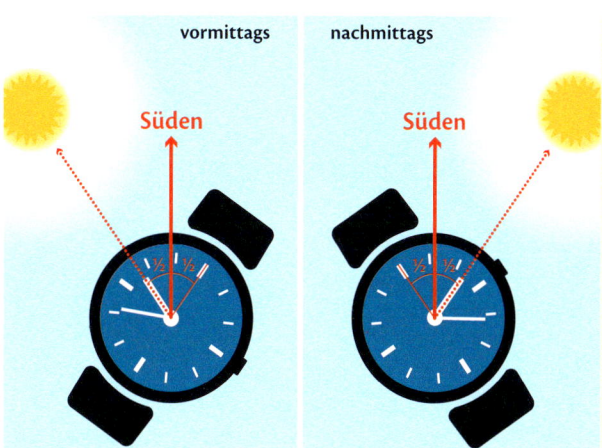

Gehe so vor: Halte die Uhr waagerecht. Richte den kleinen Zeiger auf die Sonne. Süden liegt nun genau in der Mitte zwischen dem kleinen Zeiger und der 12 auf dem Ziffernblatt. Beachte: Vormittags liegt Süden links von der 12, nachmittags rechts von der 12. (Während der Sommerzeit ist von 13 Uhr auszugehen, also der 1 auf dem Ziffernblatt.)

M 6 *Bestimmen der Himmelsrichtungen mit der Armbanduhr*

Hier findest du zusätzliche Informationen und Links:

cornelsen.de/webcodes
Code: yazugi

– Frei stehende Bäume haben durch die häufigen Südwestwinde einen nach Nordosten weisenden Kronenwuchs.
– Die Jahresringe von Baumstümpfen liegen gewöhnlich auf der sonnenabgewandten Nordseite am dichtesten.
– Die grünere und feuchtere Seite von Bäumen zeigt häufig die Südwest- oder Westrichtung an, weil von dieser Seite die regenreichen Winde kommen.

– Alte Kirchen stehen in den meisten Fällen mit dem Turm nach Westen und mit dem Chor nach Osten.
– Ameisenhaufen liegen meist südlich von Bäumen und Sträuchern. Die Südseite der Ameisenhaufen fällt sanft, die Nordseite steiler ab.
– An frei stehenden Sträuchern und Bäumen reifen die Beeren und Früchte an der Südseite zuerst.
– Der Schnee taut an der Südseite von Dächern und Hängen zuerst.

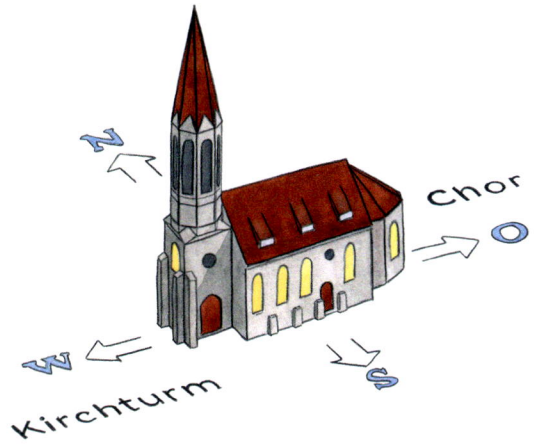

M 7 *Bestimmen der Himmelsrichtungen mithilfe von Geländemerkmalen*

Aus Luftbildern entstehen Karten

Luftbilder – ein Blick von oben auf die Erde

Wir sind es gewohnt, unsere Umgebung aus unserer Augenhöhe zu beobachten. Wenn wir Fotos machen, dann sind es überwiegend Horizontalbilder. Das sind Bilder, die das zeigen, was wir sehen. Ungewohnt für uns sind Luftbilder, die einen Blick von oben auf die Erde darstellen.

Schrägluftbilder werden vom Hubschrauber, vom Ballon oder vom Flugzeug aus aufgenommen. Sie verbinden beides: die gewohnte Seitenansicht der Horizontalbilder und die Ansicht von oben. Ein Schrägluftbild gibt uns einen viel besseren Überblick über ein Gebiet als ein Horizontalbild. Wer von einem Kirchturm aus auf die Stadt blickt, sieht mehr und hat einen besseren Überblick als der, der auf der Straße steht. Wer von einem Aussichtsturm auf die Umgebung blickt, schaut weiter als der Wanderer am Fuße des Aussichtsturmes.

Senkrechtluftbilder enthalten nichts mehr von unserer gewohnten Sichtweise. Sie stellen Grundrisse von Häusern, den Verlauf von Straßen und Flüssen dar. Von den Häusern sieht man nur noch die Dächer, nicht mehr die Fassaden. Deshalb ähneln Senkrechtluftbilder sehr stark unseren Karten. Durch sie erhalten wir einen noch besseren Überblick über eine Stadt oder eine Landschaft. Höhenunterschiede wie auf einem Schrägluftbild sind auf dem Senkrechtluftbild nicht mehr zu erkennen.

Karten – verkleinert und verschlüsselt

Noch mehr Informationen über ein Gebiet enthält eine **Karte**. Eine Karte ist

M1 *Schrägluftbild Nieder-Olm*

M2 *Senkrechtluftbild Nieder-Olm*

eine verkleinerte Abbildung der Wirklichkeit und enthält durch Farben und Kartenzeichen viele zusätzliche Informationen, die aus dem Luftbild nicht ablesbar sind. Allerdings gehen dabei auch Einzelheiten verloren und Häuser werden zum Beispiel zu einer roten Fläche zusammengefasst.

1 Benenne Unterschiede zwischen Schrägluftbild und Senkrechtluftbild. Fertige dazu eine Tabelle an (**M 1**, **M 2**).

2 Vergleiche Senkrechtluftbild, Stadtplan und Karte. Ergänze dazu die Tabelle (**M 2** bis **M 5**).

3 Erkläre, wie und warum sich die Darstellung von Nieder-Olm auf den Karten verändert (**M 4**, **M 5**).

4 Suche im Stadtplan und danach im Schrägluftbild und im Senkrechtluftbild folgende Gebäude in Nieder-Olm: St.-Georg-Kirche, Ludwig-Eckes-Festhalle, Rathaus und Feuerwehr (**M 1** bis **M 3**).

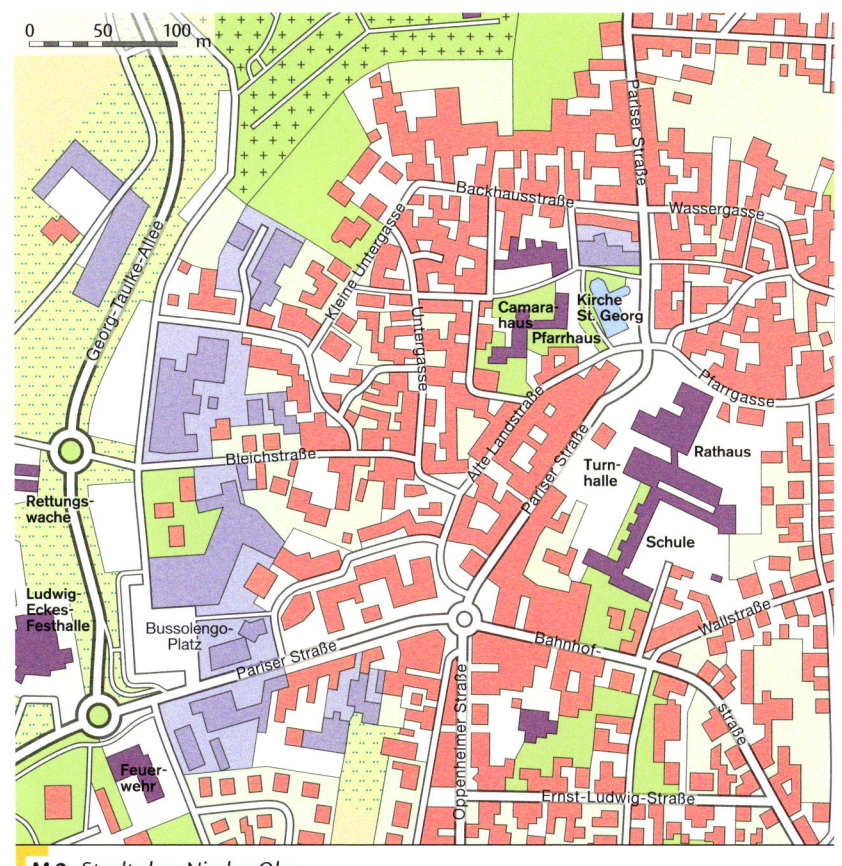

M 3 *Stadtplan Nieder-Olm*

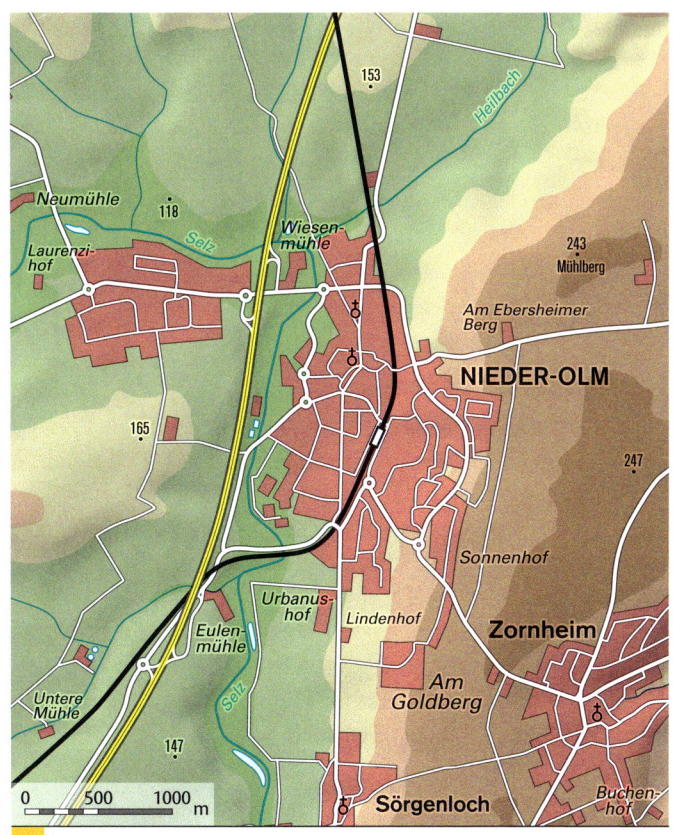

M 4 *Physische Karte 1:50 000*

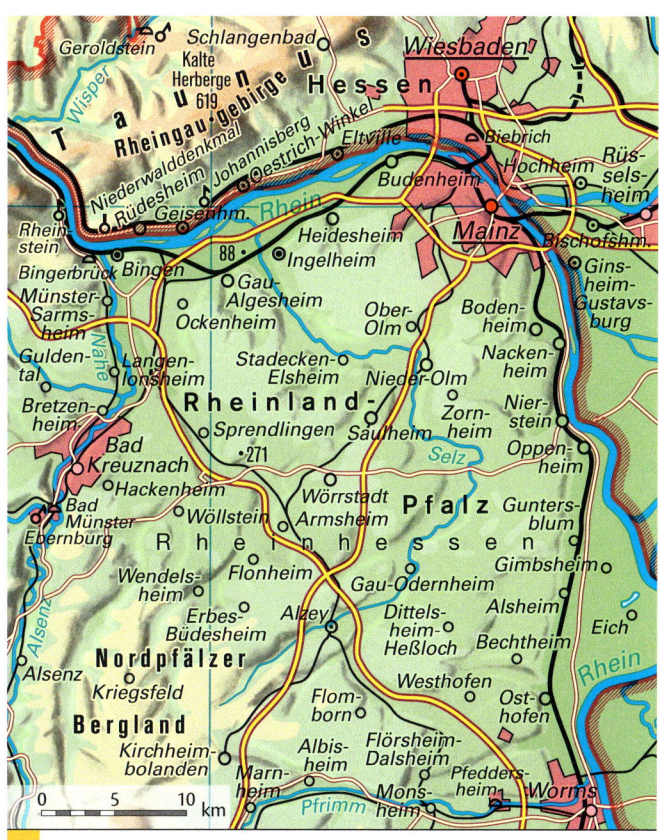

M 5 *Physische Karte 1:500 000*

Wir erkunden unsere Schule mit digitalen Karten und Luftbildern

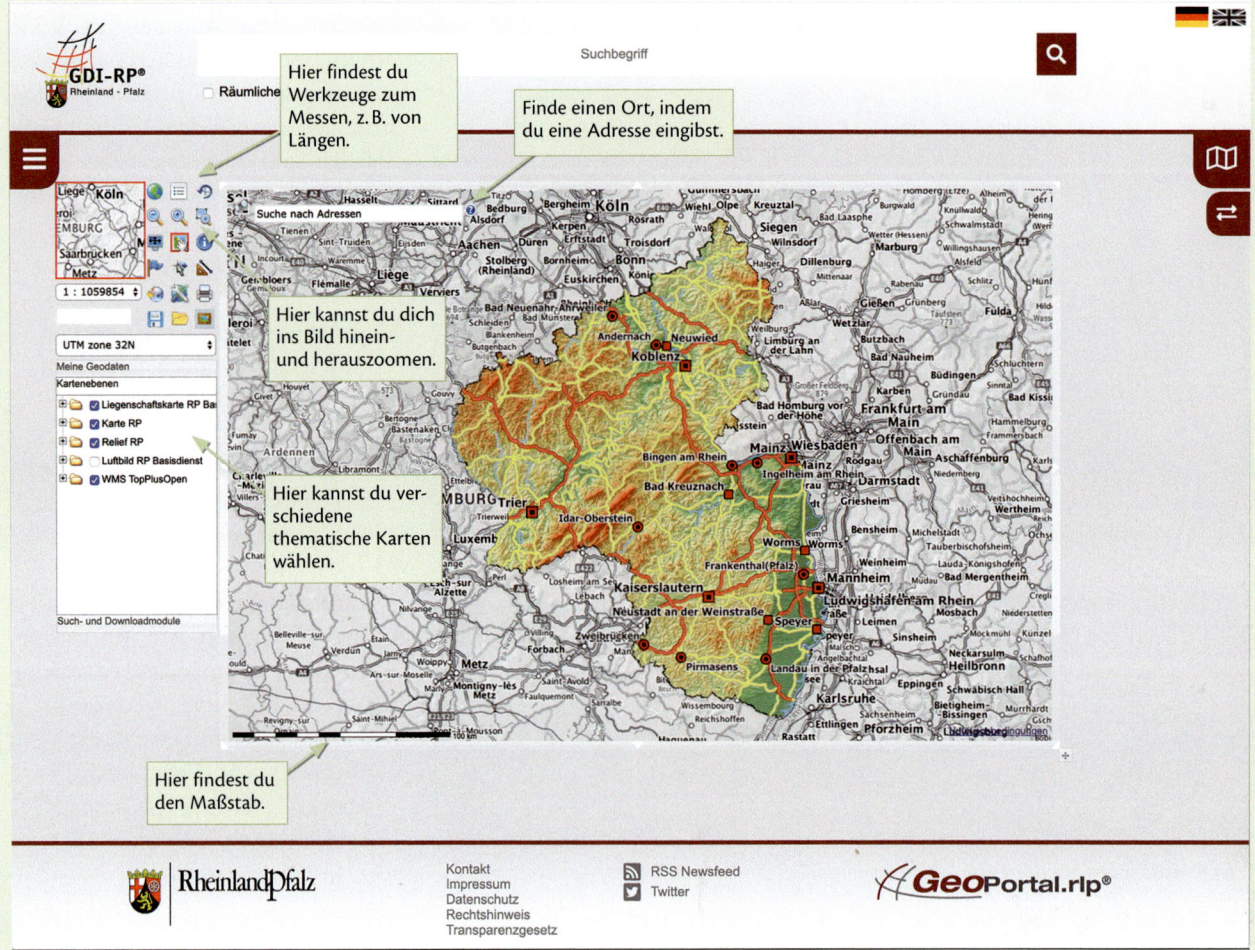

Hier findest du Werkzeuge zum Messen, z.B. von Längen.

Finde einen Ort, indem du eine Adresse eingibst.

Hier kannst du dich ins Bild hinein- und herauszoomen.

Hier kannst du verschiedene thematische Karten wählen.

Hier findest du den Maßstab.

M 1 *Die Startseite eines Geoportals*

---

check-it _____

– Unterschiede zwischen Karte und Luftbild erklären
– Informationen mit digitalen Karten beschaffen
– deine Schule im Luftbild verorten und die Lage der Gebäude beschreiben

Luftbilder und digitale Karten

Um die Erde kreisen viele Satelliten, die stetig von der Erde Fotos machen. Fotos von der Erdoberfläche in Rheinland-Pfalz kannst du dir in verschiedenen Geoportalen ansehen und direkt mit Kartenausschnitten vergleichen. In der Regel handelt es sich aber nicht um aktuelle Aufnahmen.

M 2 *Senkrechtluftbild des Albert-Schweitzer-Gymnasiums*

Arbeit mit einem Geoportal

1. Öffne die digitalen Karten und Luftbilder, indem du die Internetadresse in das Adressfeld des Internetbrowsers eingibst.
2. Gib die Zieladresse in das Suchfeld ein.
3. Zoome in den richtigen Ausschnitt.
4. Auf der Internetseite findest du im Menü Werkzeuge, z.B. um Entfernungen zu messen. Dort gibt es aber auch verschiedene Themen von Karten, z.B. zum Wandern oder Radfahren.

Hier findest du Links zu Geoportalen:

cornelsen.de/webcodes
Code: wohuko

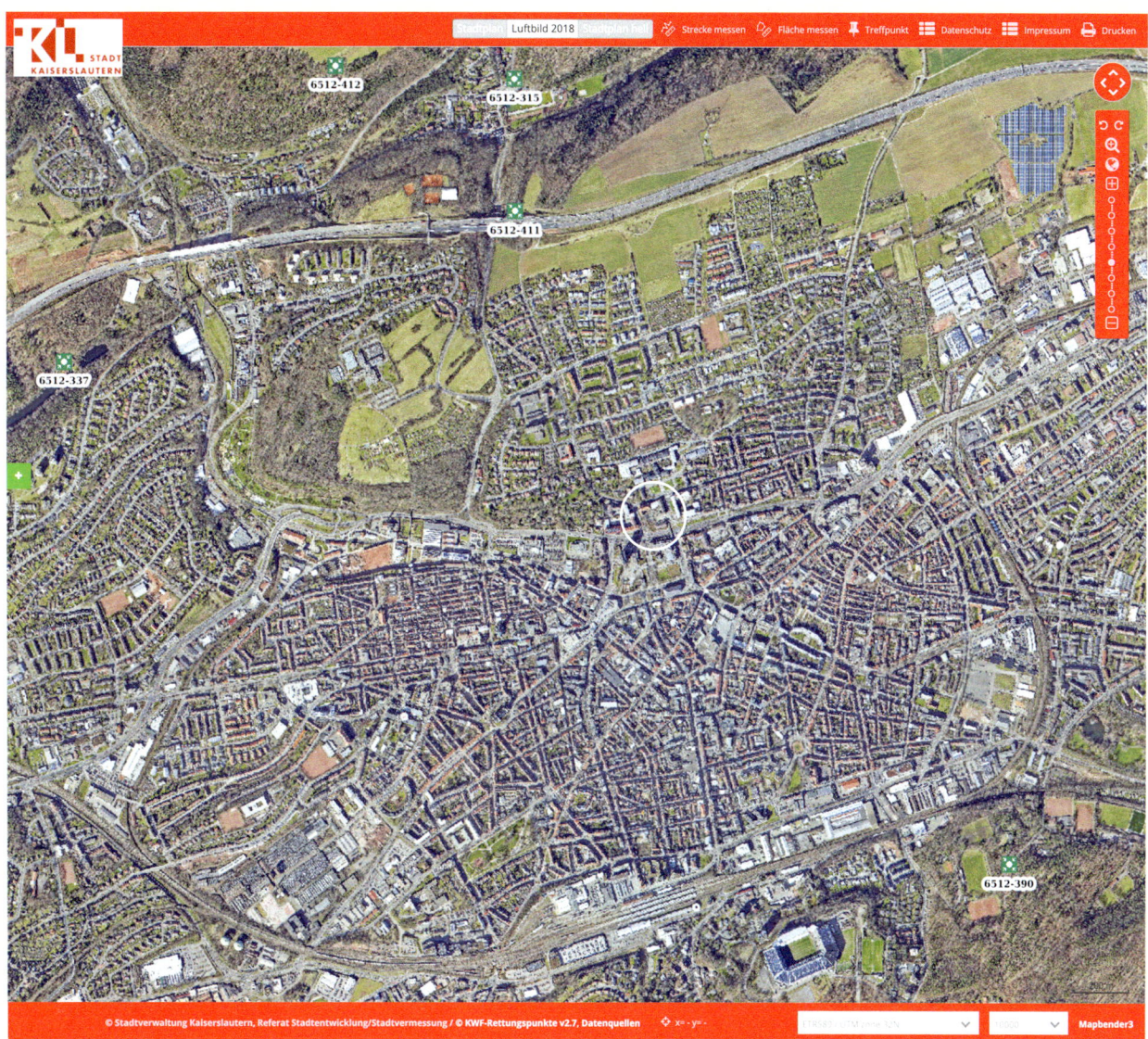

M 3 *Senkrechtluftbild von Kaiserslautern (Albert-Schweitzer-Gymnasium mit einem Kreis markiert)*

Vom Weltraum zur Schule

Unsere Reise geht zum Albert-Schweitzer-Gymnasium in Kaiserslautern. Zuerst tippen wir unser Ziel, die Adresse der Schule „Martin-Luther-Str. 5, 67657 Kaiserslautern", bei dem Geoportal ein. Das Programm zoomt nun immer näher an unser Ziel heran. Zunächst erscheint ein Luftbild mit einem Teil von Kaiserslautern.

Luftbilder sind Aufnahmen, die „von oben" fotografiert wurden. Meistens fotografiert ein Satellit das Luftbild. Am unteren Rand der Aufnahme oder auch der Karte findest du die Maßstabsleiste. Bei **M 2** und **M 3** handelt es sich um Senkrechtluftbilder. Diese wurden genau senkrecht von oben fotografiert. Sie unterscheiden sich nur im Maßstab voneinander. Das Senkrechtluftbild von Kaiserslautern (**M 3**) hat einen Maßstab von 1 : 10 000, das Bild des Albert-Schweitzer-Gymnasiums (**M 2**) einen Maßstab von 1 : 1000. Luftbilder stellen eine Momentaufnahme dar. So erkennst du Autos, die gerade im Augenblick der Aufnahme auf der Straße fahren. Auch Schatten sind sichtbar.

Das Geoportal kann mehr

Mit einem Geoportal kannst du noch viele weitere interessante Informationen abrufen. Du kannst zum Beispiel:
- neben der Streckenmessung auch die Größe des Schulgebäudes oder des Schulhofes messen,
- das Luftbild mit Straßennamen oder auch mit den Grundstücksgrenzen anzeigen lassen,
- dir verschiedene Themen anzeigen lassen, zum Beispiel Wander- und Radwege, aber auch Badeanstalten, Freizeitparks, Tiergärten und vieles mehr,
- das Thema wechseln, zum Beispiel „Freizeit und Tourismus", „Gewerbe und Wirtschaft" oder „Familie, Kinder und Jugend". ▌

1 Erkläre den Unterschied zwischen einer Karte und einem Luftbild (**M 1**, **M 2**).
2 Beschreibe mithilfe eines Geoportals die Lage sowie das Aussehen deiner Schule. Miss auch die Größe der Gebäude sowie des Schulhofes.

Schulrallye – eine erste Orientierung in der neuen Schule

Herzlich willkommen in deiner neuen Schule!

Viel Neues und Interessantes erwartet dich. Du lernst deine Mitschülerinnen und Mitschüler, die Lehrerinnen und Lehrer und die Angestellten der Schule kennen. Du bekommst einen Einblick in neue Unterrichtsfächer und wirst lernen, dich im neuen Schulhaus zu orientieren.

So ein Schulgebäude ist groß und hat viel zu bieten. Deshalb ist es wichtig, sich einen Überblick über die Gebäude und Räume zu verschaffen. Damit dir das gelingt, kannst du mit deiner neuen Klasse eine Schulrallye durchführen. Eine Anregung hierfür findest du auf dieser Doppelseite.

Die Rallye

Zur Vorbereitung der Schulrallye solltet ihr euch überlegen, was es in eurer Schule alles zu erkunden gibt. Vorschläge findet ihr auf Seite 27. Stellt einen ähnlichen Fragebogen für eure Rallye zusammen.

Die Rallye macht mehr Spaß, wenn wenigstens zwei Schüler zusammen auf die Suche gehen. Jede Gruppe braucht:
- eine feste Schreibunterlage,
- einen Stift zum Notieren der Antworten,
- eine Armbanduhr, die die richtige Zeit anzeigt,
- vielleicht einen Plan der Schule (siehe **M 1**) und
- digitale Anwendungen (Google Maps, OpenStreetMap u. a.).

Legt nun die Gruppen und deren Startpunkte fest. Vereinbart eine genaue Zeit, wann ihr euch im Klassenzimmer wieder treffen wollt. Wer zu spät kommt, der bekommt Punkte abgezogen.

Führt anschließend eure Schulrallye durch und sucht mithilfe des Fragebogens die Antworten auf eure Fragen. Beachtet dabei, dass die anderen Schüler währenddessen Unterricht haben: Kündigt eure Schulrallye bei der Schulleitung an und geht leise durch das Schulgebäude. Teilt euch dabei die Zeit gut ein. Viel Spaß beim Erforschen der neuen Schule!

Ihr könnt
- eine Urkunde oder einen Preis an die Gruppe mit der höchsten Punktzahl vergeben,
- die Schulrallye für die nächsten fünften Klassen weiter ausarbeiten,
- eine kleine Schulrallye für euren Klassenlehrer entwerfen.

Hier findest du den Fragebogen für die Schulrallye als Download:

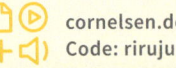

cornelsen.de/webcodes
Code: riruju

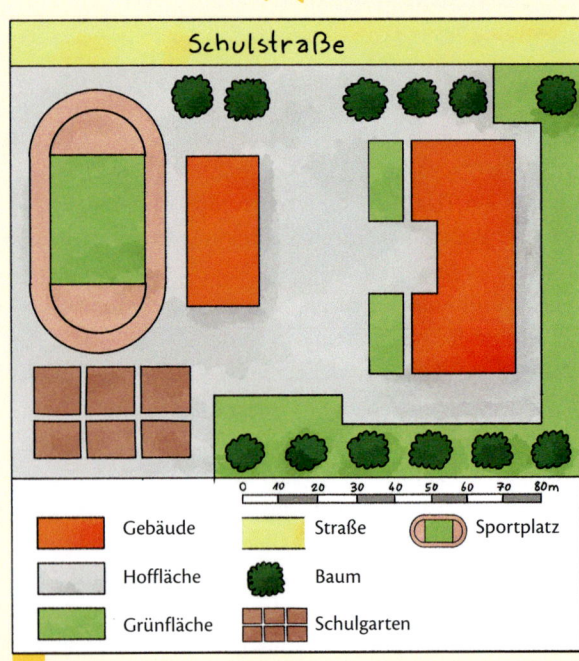

M 1 *Die Draufsicht dient der Orientierung*

Los geht's! Ich bin schon ganz gespannt!

Schulrallye-Fragebogen

Namen der Gruppenmitglieder: _____ Klasse: _____

Fragen zur Geschichte der Schule

Nr.	Frage	Antwort	Punkte
1.	Wie heißt die Schule?		2
2.	Nach wem oder was wurde die Schule benannt?		2
3.	Wann wurde sie erbaut?		2

Fragen zum Gebäude

Nr.	Frage	Antwort	Punkte
4.	Wie viele Eingänge hat das Hauptgebäude?		2
5.	In welche Himmelsrichtung zeigt der Haupteingang?		2
6.	Wie viele Etagen (Stockwerke) hat das Gebäude?		2
7.	Welche Zimmernummer hat das Lehrerzimmer?		2
8.	Welche Zimmernummer hat das neue Klassenzimmer?		2
9.	Wo befindet sich ein Glaskasten/das schwarze Brett, wo wichtige Informationen für Schüler zu finden sind?		2
10.	Wie viele Papierkörbe gibt es auf dem Schulhof?		2
11.	Wie viele Stufen musst du vom Hof bis zu deinem Klassenraum hinaufsteigen?		2
12.	Wie viele Kunsträume hat die Schule?		2
13.	Welche Farbe hat die Türklinke des Biologieraums?		2

Fragen zum Angebot der Schule

Nr.	Frage	Antwort	Punkte
14.	Welche Fremdsprachen werden an der Schule unterrichtet?		2
15.	Wie heißt der Raum, in dem der „Bücherwurm" lebt?		2
16.	Gibt es ein Streitschlichterbüro? Wenn ja, welche Zimmernummer hat es?		2
17.	Wo werden in der großen Pause Getränke verkauft?		2

Fragen zu den Mitarbeitern und Schülern der Schule

Nr.	Frage	Antwort	Punkte
18.	Wie viele Schüler gehen auf die Schule?		2
19.	Wie lautet der vollständige Name der Schulleiterin oder des Schulleiters?		2
20.	Wie heißt die Schulsekretärin oder der Schulsekretär?		2

Siegerermittlung:
Bitte von der Lehrerin oder vom Lehrer ausfüllen lassen!

erreichte Punktzahl:	
Punkteabzug wegen Verspätung (2 min = 1 Punkt):	Platz:
Gesamtpunktzahl:	

Puh! Jetzt bin ich aber geschafft!

ZIEL

Geo-Check: Die Erde erkunden

Sich orientieren

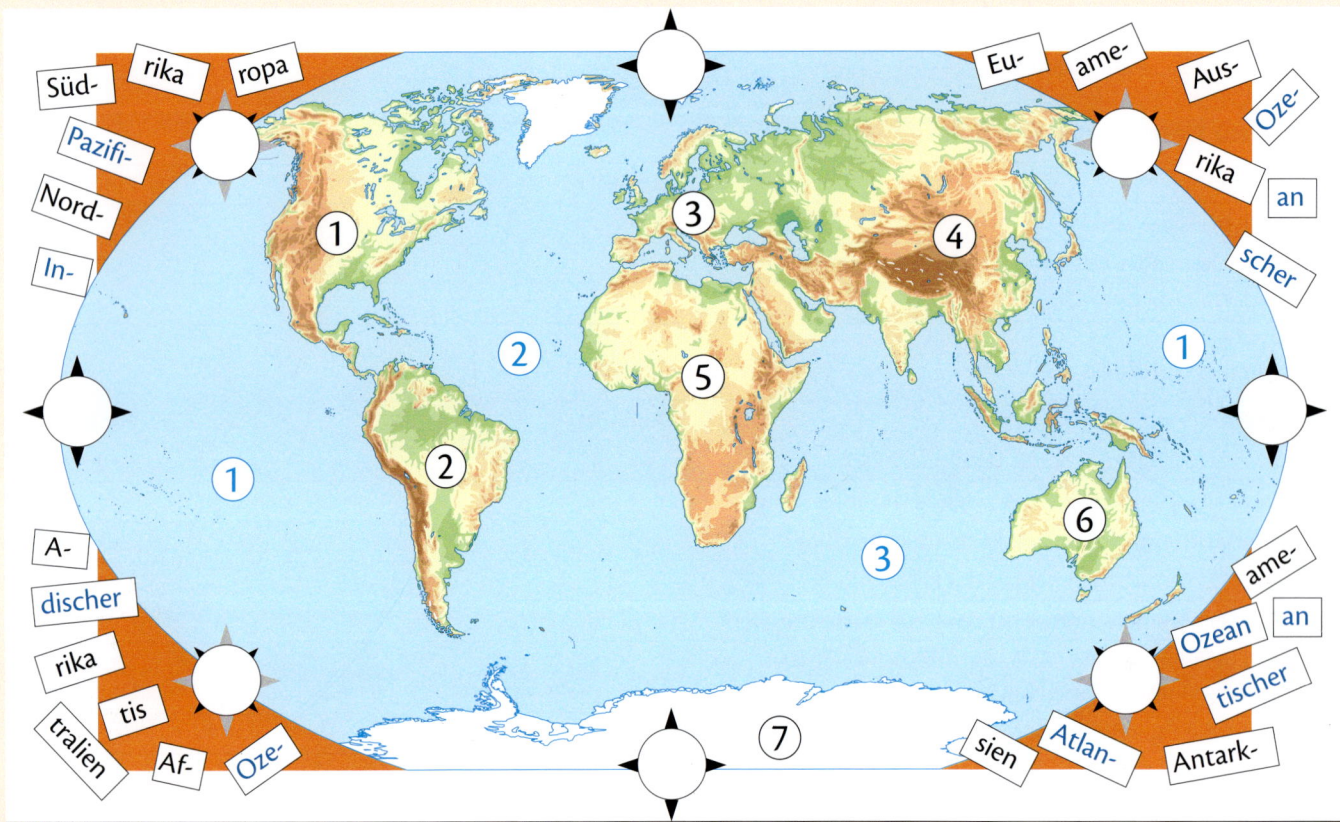

M1 *Kontinente und Ozeane*

1 Ordne den Ziffern die Kontinente und Ozeane mithilfe der Puzzleteile zu (M1).

2 Schreibe im Uhrzeigersinn die in der Karte eingezeichneten Himmelsrichtungen in dein Heft. Beginne auf der Weltkarte am oberen Rand (M1).

3 Vervollständige mit den richtigen Himmelsrichtungen.
- Europa liegt ... von Afrika.
- Afrika liegt ... von Australien.
- Asien liegt ... von Europa.
- Afrika liegt ... von Südamerika.
- Nordamerika liegt ... von der Antarktis.

4 Ordne den Buchstaben die genannten Begriffe zu:
Westhalbkugel – Osthalbkugel – Null-Meridian – westliche Länge – östliche Länge – Längenhalbkreis (Meridian) (M2).

5 Ordne den Buchstaben die genannten Begriffe zu:
Nordhalbkugel – Südhalbkugel – Äquator – nördliche Breite – südliche Breite – Breitenkreis (M3).

6 Bestimme die Lage der Punkte A bis K im Gradnetz (M4).

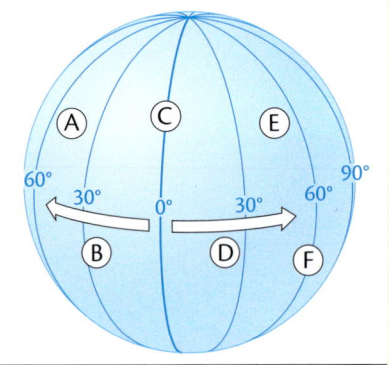

M2 *Meridiane*

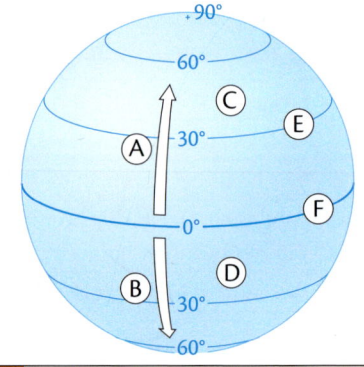

M3 *Breitenkreise*

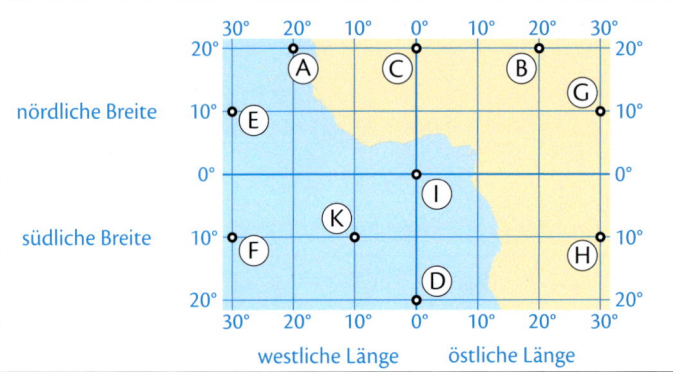

M4 *Gradnetz*

Wissen und verstehen

7 Ordne jedem dieser Begriffe mindestens zwei Merkmale zu, die ihn erklären oder beschreiben (**M 5**).

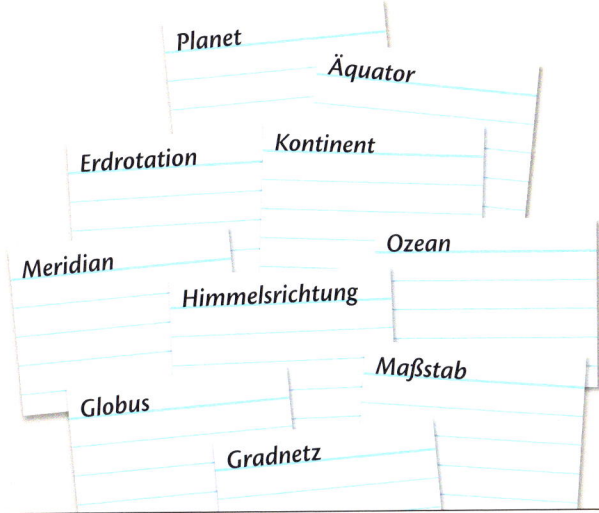

M 5 *Geo-Begriffestapel*

Planet
Äquator
Erdrotation
Kontinent
Meridian
Ozean
Himmelsrichtung
Maßstab
Globus
Gradnetz

8 Welcher Begriff passt nicht zu den anderen? Notiere den richtigen Buchstaben. In der Reihenfolge der Aufgaben ergibt sich ein Lösungswort, das beim Erkunden der Erde nützlich ist (**M 6**).

1) K östliche Länge
   F westliche Länge
   W Hosenlänge
   S Längengrad
2) I Breitenkreis
   E Küstenlinie
   A Meridian
   U Äquator
3) S Atlantischer Ozean
   R Pazifischer Ozean
   M Indischer Ozean
   L Chinesischer Ozean
4) T Kompass
   K Senkrechtluftbild
   M Physische Karte
   N Stadtplan
5) A Merkur
   I Venus
   O Erde
   K Mond

6) G Äquator
   R Südpol
   L Nordpol
   A Polen
7) S Schaltjahr
   R Frühjahr
   T Sonnenjahr
   B Kalenderjahr
8) A Globus
   M Karte
   L Atlas
   T Speiseplan
9) N Afrika
   M Asien
   E USA
   T Nordamerika

M 6 *1 aus 4*

9 Sortiere die Aussagen in richtige und falsche Aussagen. Verbessere die falschen Aussagen und schreibe sie richtig auf.

Richtig oder falsch?

- Die Sonne bewegt sich um die Erde.
- Asien ist der flächenmäßig größte Kontinent der Erde.
- Der Pazifische Ozean ist der kleinste Ozean der Erde.
- Ein Schaltjahr dauert 365 Tage und sechs Stunden.
- Die Erde dreht sich einmal am Tag von Osten nach Westen um die eigene Achse.
- Der Äquator ist der größte Längenkreis.
- Die Erde ist ein Himmelskörper, der nicht von einem Mond umkreist wird.
- Die geographische Lage eines Ortes wird durch Breiten- und Längengrade angegeben.

Sich verständigen, beurteilen und handeln

10 Auf dem 10. Breitengrad und dem 40. Längengrad liegt ein Ort. Begründe, ob diese Angaben zur Bestimmung des Ortes ausreichen.

11 Nur eine der folgenden Aussagen ist richtig. Begründe deine Entscheidung.

- Die Erde dreht sich von West nach Ost um ihre eigene Achse.
- Die Erde dreht sich von Ost nach West um ihre eigene Achse.
- Die Sonne dreht sich um die Erde von West nach Ost.
- Die Sonne dreht sich um die Erde von Ost nach West.

Können und anwenden

12 Suche im Senkrechtluftbild folgende Gebäude und Plätze in Neustadt an der Weinstraße: Bahnhof, Saalbau, St.-Marien-Kirche, Marktplatz und Alter Turnplatz (**M 7**, **M 8**).

13 Beschreibe ihre Lage mithilfe der Himmelsrichtungen (**M 7**, **M 8**).

M 7 *Senkrechtluftbild von Neustadt an der Weinstraße*

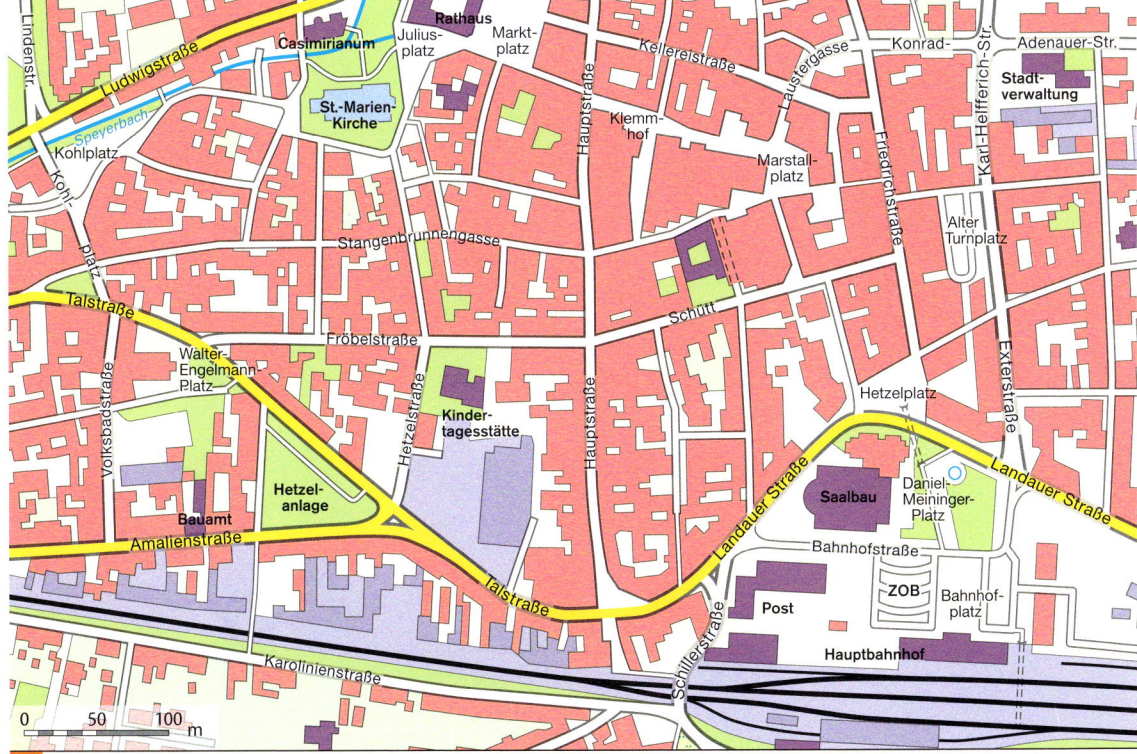

M 8 *Stadtplan von Neustadt an der Weinstraße (Ausschnitt)*

Physische Karte Deutschlands

Orte

▣	über 1 000 000 Einw.
▣	500 000 – 1 000 000 Einw.
●	100 000 – 500 000 Einw.
○	50 000 – 100 000 Einw.
○	unter 50 000 Einw.
	Kanal
•1051	Höhenzahl

Landhöhen

| Watt | unter 0 | 0 | 50 | 100 | 200 | 300 | 500 | 750 | 1000 | 2000m |

Maßstab 1 : 4 000 000

0   50   100km

2 Deutschland und Rheinland-Pfalz kennenlernen

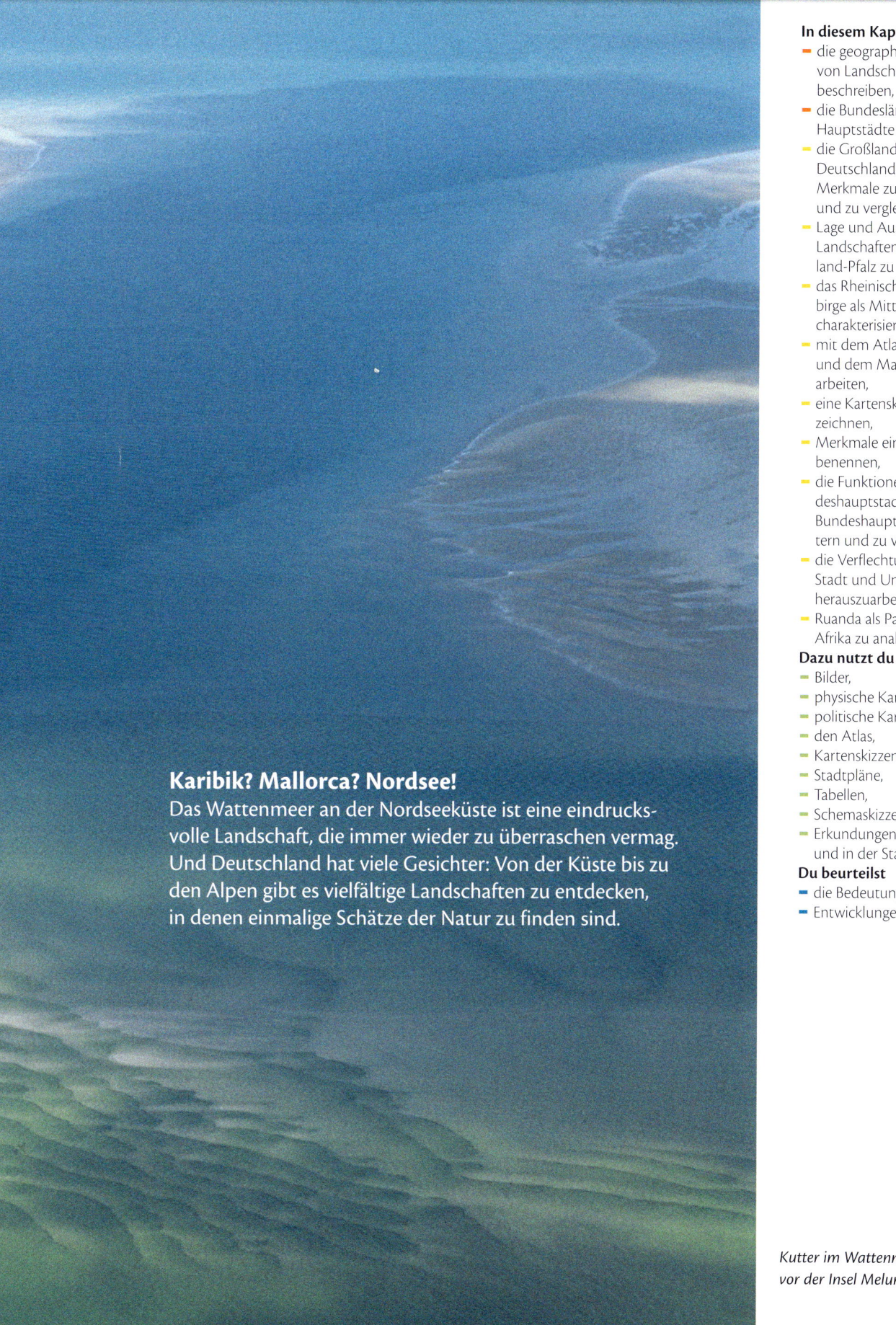

In diesem Kapitel lernst du
- die geographische Lage von Landschaften zu beschreiben,
- die Bundesländer und ihre Hauptstädte zu lokalisieren,
- die Großlandschaften Deutschlands und ihre Merkmale zu benennen und zu vergleichen,
- Lage und Aussehen der Landschaften von Rheinland-Pfalz zu beschreiben,
- das Rheinische Schiefergebirge als Mittelgebirge zu charakterisieren,
- mit dem Atlas, Stadtplänen und dem Maßstab zu arbeiten,
- eine Kartenskizze zu zeichnen,
- Merkmale einer Stadt zu benennen,
- die Funktionen einer Landeshauptstadt und der Bundeshauptstadt zu erläutern und zu vergleichen,
- die Verflechtungen von Stadt und Umland herauszuarbeiten,
- Ruanda als Partnerland in Afrika zu analysieren.

Dazu nutzt du
- Bilder,
- physische Karten,
- politische Karten,
- den Atlas,
- Kartenskizzen,
- Stadtpläne,
- Tabellen,
- Schemaskizzen,
- Erkundungen in der Natur und in der Stadt.

Du beurteilst
- die Bedeutung von Berlin,
- Entwicklungen in Ruanda.

Karibik? Mallorca? Nordsee!
Das Wattenmeer an der Nordseeküste ist eine eindrucksvolle Landschaft, die immer wieder zu überraschen vermag. Und Deutschland hat viele Gesichter: Von der Küste bis zu den Alpen gibt es vielfältige Landschaften zu entdecken, in denen einmalige Schätze der Natur zu finden sind.

Kutter im Wattenmeer
vor der Insel Melum

Der Atlas – gewusst wo, gewusst wie!

check-it _____
- Bestandteile des Atlas benennen
- Kartenweiser, Inhaltsverzeichnis und Namensverzeichnis nutzen
- Orte, Gewässer, Gebirge u. a. im Atlas finden

Was ist ein Atlas?

Der Atlas ist ein Kartenbuch. In ihm sind physische Karten (zum Beispiel auf Seite 204) und thematische Karten (zum Beispiel auf Seite 208) zusammengefasst. Die Karten zeigen verschiedene Gebiete der Erde in unterschiedlichen Maßstäben.

Wie ist der Atlas aufgebaut?

Der Atlas besteht meist aus drei großen Teilen: Kartenweiser und Inhaltsverzeichnis, Kartenteil, Namensverzeichnis (Register).

Der **Kartenweiser (die Kartenübersicht)** zeigt, welche Kartenblätter im Atlas vorhanden sind. Er erleichtert damit die Orientierung über den Inhalt des Atlas. Um eine Atlaskarte im Kartenweiser zu suchen, muss man ungefähr wissen, wo sich das gesuchte Gebiet befindet.

Im **Inhaltsverzeichnis** sind alle Karten mit Seitenangaben aufgeführt. Die Karten werden in allen Atlanten nach Kontinenten geordnet.

Das **Namensverzeichnis (Register)** befindet sich hinter dem Kartenteil im Atlas. Hier sind die Namen aller in die Atlaskarten eingetragenen Orte, Staaten, Gebirge, Flüsse, Seen, Landschaften, Inseln, Halbinseln und Meere in alphabetischer Reihenfolge aufgeführt. Zum gesuchten Namen werden die Kartenseite und die Lage im **Gradnetzfeld** angegeben.

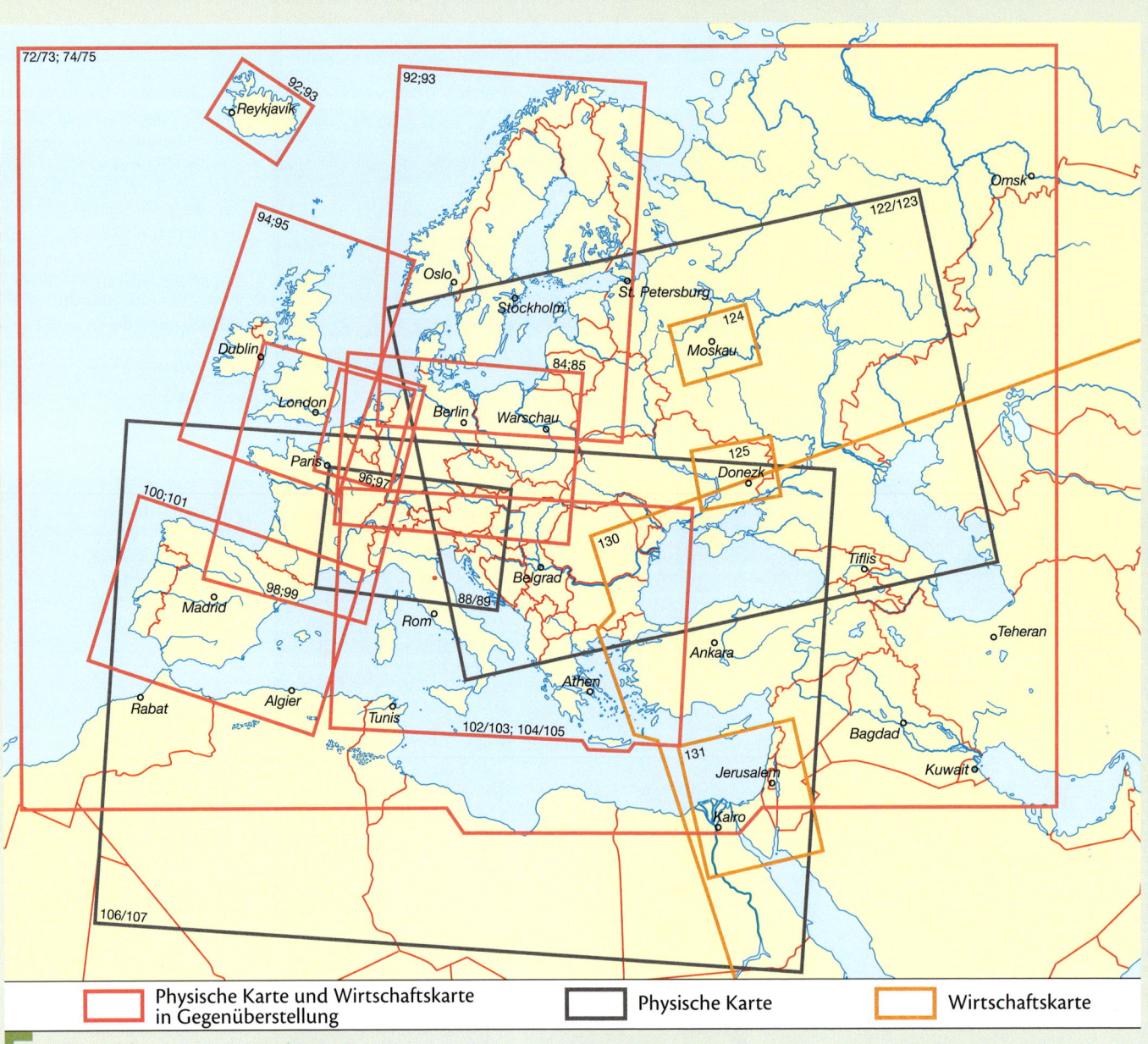

Physische Karte und Wirtschaftskarte in Gegenüberstellung · Physische Karte · Wirtschaftskarte

M 1 _Beispiel für einen Kartenweiser zu Europa_

Checkliste zur Arbeit mit dem Atlas

Wie findest du die geeignete Atlaskarte?

- Orientiere dich im Kartenweiser und/oder im Inhaltsverzeichnis über das Angebot an Karten.
- Wähle eine geeignete Atlaskarte aus.
- Prüfe anhand des Kartenthemas, des Kartenausschnittes, des Maßstabes und der Zeichenerklärung (Legende), ob die Karte wirklich geeignet ist.

Beispiel: Suche eine geeignete Atlaskarte zum Thema: Wirtschaft in Italien

Der Kartenweiser (**M 1**) zum Thema Italien zeigt, dass Italien beziehungsweise Teile Italiens auf mehreren Karten zu finden sind, zum Beispiel auf den Karten Seiten 106/107 und 102/103. Wenn du in einem Atlas nachschlagen würdest, könntest du feststellen, dass die Karte 102/103 aufgrund ihres Maßstabs und ihres Themas besser geeignet ist.

Wie findest du einen Namen im Register?

- Suche den Namen im alphabetisch geordneten Register.
- Stelle fest, ob es sich um einen Fluss, einen Ort, einen Staat oder einen anderen Sachverhalt handelt.
- Entnimm die Angaben zur Kartenseite und zum Gradnetzfeld.
- Schlage die angegebene Karte auf und suche das Objekt im Gradnetzfeld.

Aufgabe: Suche Luxemburg

- Das Register (S. 218–224) zeigt: Luxemburg, Staat, also das Land Luxemburg und Luxemburg, Stadt, das heißt die Hauptstadt von Luxemburg.
- Luxemburg, Staat 210/211 JK 6
- Luxemburg, Stadt 204 AB 3
- Luxemburg ist ein kleines Land, das von Frankreich, Deutschland und Belgien begrenzt wird. ▋

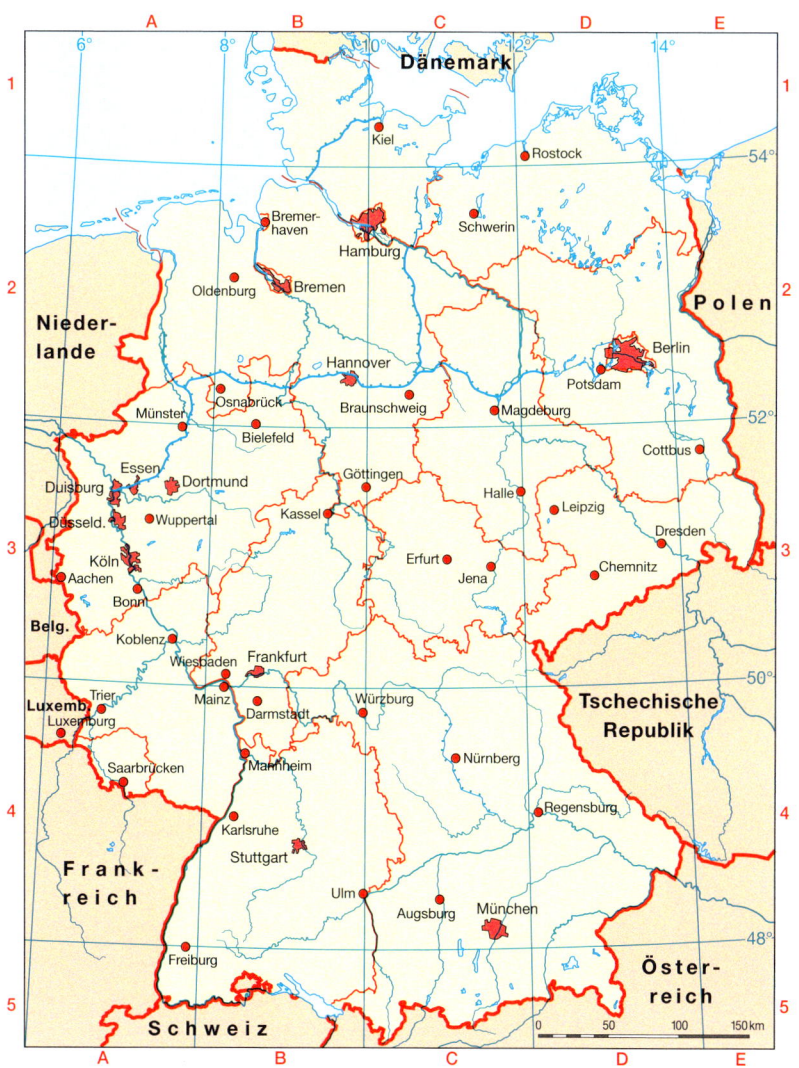

M 2 *Deutschlandkarte mit Gradnetzfeldern*

1 Suche im Kartenweiser (**M 1**) geeignete Karten zu folgenden Themen: Mittelmeer, Großbritannien, Spanien, Island.

2 Nenne die Städte, auf die in der Karte **M 2** die folgenden Angaben zutreffen: D 2, BC 2, A 4, D 1, B 4.

3 Suche im Register des Atlas einen Namen. Lasse einen Mitschüler diesen Namen im Register mit den dazugehörenden Angaben aufsuchen und anschließend auf der Atlaskarte zeigen. Tauscht danach die Rollen beim Suchen und Finden.

4 Weise mit Beispielen aus dem Atlas nach, dass folgende Aussage richtig ist: Der Atlas enthält Karten unterschiedlicher Maßstäbe zu verschiedenen Themen und Räumen.

Was ist ein Gradnetzfeld?

Das Gradnetz teilt eine Karte ein und wird wie die Planquadrate eines Stadtplans genutzt. Die einzelnen Abschnitte bezeichnen die Lage eines Objekts im Gradnetzfeld (zum Beispiel liegt Erfurt in **M 2** im Gradnetzfeld C 3).

Wir lesen physische Karten

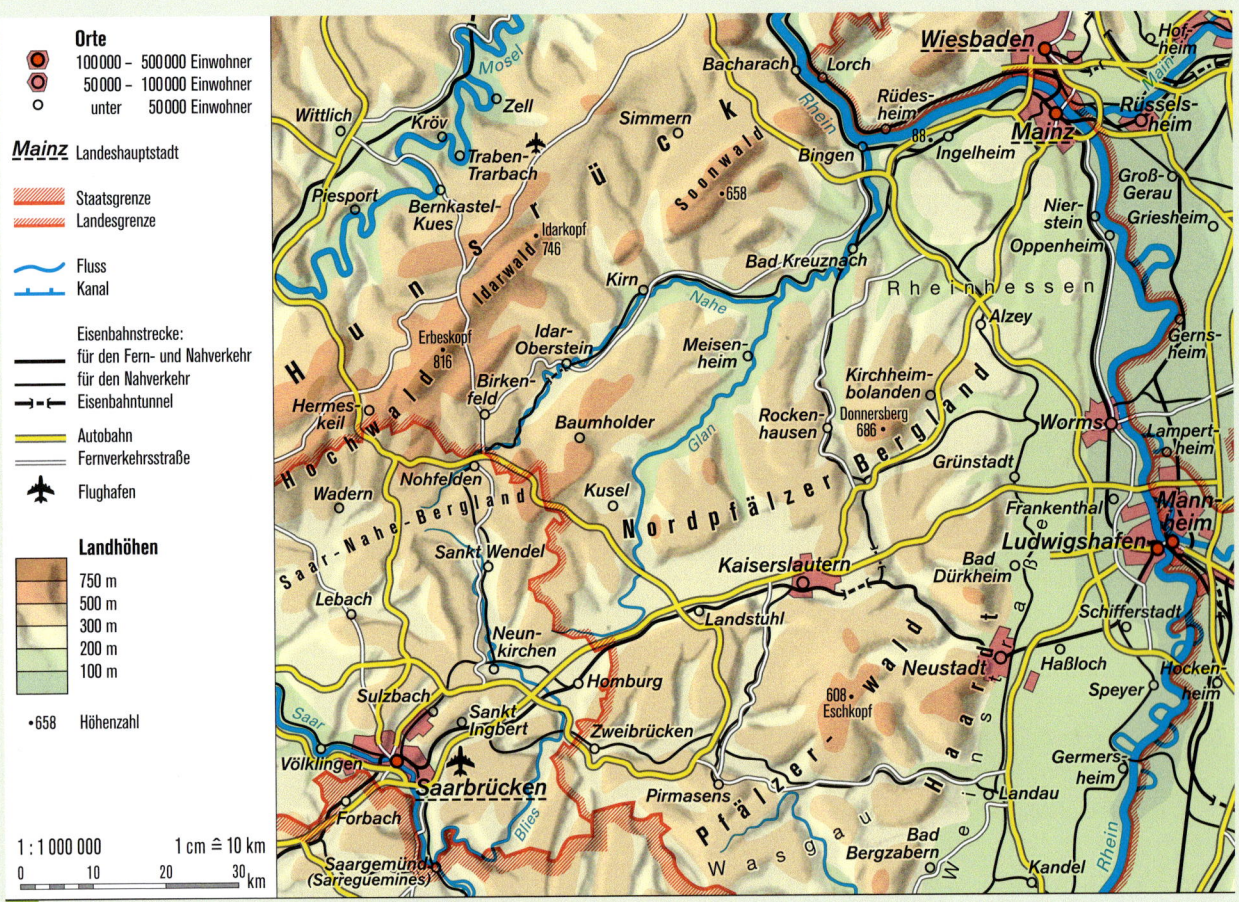

Orte
- 100 000 – 500 000 Einwohner
- 50 000 – 100 000 Einwohner
- unter 50 000 Einwohner

Mainz Landeshauptstadt

Staatsgrenze
Landesgrenze

Fluss
Kanal

Eisenbahnstrecke:
für den Fern- und Nahverkehr
für den Nahverkehr
Eisenbahntunnel

Autobahn
Fernverkehrsstraße

Flughafen

Landhöhen
750 m
500 m
300 m
200 m
100 m

•658 Höhenzahl

1 : 1 000 000   1 cm ≙ 10 km
0   10   20   30 km

M 1 *Physische Karte Rheinland-Pfalz (Ausschnitt)*

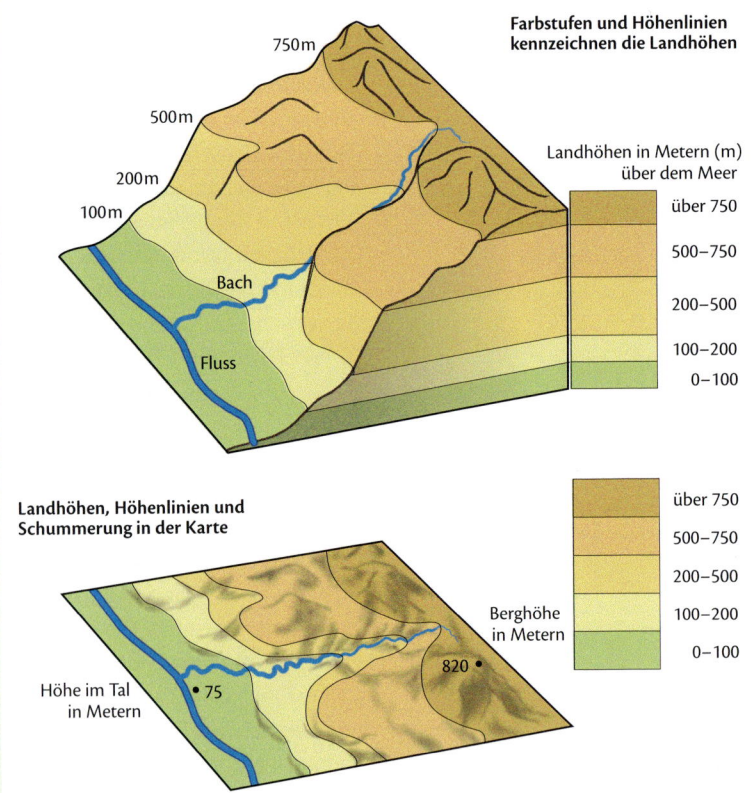

Farbstufen und Höhenlinien kennzeichnen die Landhöhen

Landhöhen in Metern (m)
über dem Meer

über 750
500–750
200–500
100–200
0–100

Landhöhen, Höhenlinien und Schummerung in der Karte

über 750
500–750
200–500
100–200
0–100

Berghöhe
in Metern

Höhe im Tal
in Metern

Höhenpunkte: Geländepunkte auf Karten, die mit einer Höhenangabe versehen sind. Alle Höhenangaben beziehen sich auf den **Meeresspiegel**. Dieser ist gleich Normalnull (NN).

Höhenlinien: Linien, die Punkte gleicher Höhe auf Karten miteinander verbinden. Wenn die Höhenlinien weit auseinanderliegen, ist das Gelände flach; wenn sie dicht beieinander liegen, steigt es steil an. **Höhenschichten** liegen zwischen zwei Höhenlinien und kennzeichnen eine Höhenlage. Unterschiedliche Höhenlagen werden durch verschiedene Farben sichtbar gemacht. Im Blockbild wird dies anschaulich dargestellt.

Schummerung: Grauer Schatten, der über die Höhenlinien gedruckt wird, damit Berge, Berghänge und andere Geländeformen plastisch erscheinen und dadurch leichter vorstellbar sind.

M 2 *Höhendarstellung im Blockbild und auf der Karte*

check-it _____
- die Begriffe physische Karte, Höhenpunkt, Höhenlinie, Höhenschicht, Schummerung und Normalnull (NN) kennen
- Höhendarstellungen auf der physischen Karte verstehen
- das Vorgehen beim Lesen einer physischen Karte kennen und
  anwenden

Die **physische Karte** zeigt, wo Orte, Gebirge und andere Landschaften liegen. Sie gibt aber auch Auskunft über den Verlauf von Grenzen, Flüssen, großen Straßen und Eisenbahnlinien.

Durch **Höhenpunkte** und Höhenschichten kann man feststellen, in welcher **Höhenlage** ein Ort oder eine Landschaft liegt. Die physische Karte wird oft genutzt, um sich zu orientieren.

In der physischen Karte wird die Wirklichkeit durch Linien, Zeichen und Farben dargestellt. Diese Kartensprache wird in der **Legende** erklärt.

Checkliste zum Lesen einer physischen Karte

1. Schritt: Informiere dich über den Karteninhalt.
Lies den Kartentitel und suche die Legende.
2. Schritt: Lies die Legende.
Ermittle den Maßstab der Karte.
Informiere dich über die Bedeutung der Zeichen, Linien und Farben.
3. Schritt: Beschreibe den Karteninhalt.
Du kannst zum Beispiel die Lage von Landschaften und Orten, die Fließrichtung von Flüssen, den Verlauf von Verkehrswegen und Grenzen beschreiben sowie die Höhenlage von Städten, Landschaften und Bergen ermitteln.

Beispiel für das Lesen einer physischen Karte (M1)

1. Schritt: Informieren über den Karteninhalt.
Die Karte stellt den südöstlichen Teil des Bundeslandes Rheinland-Pfalz dar. Die Legende befindet sich am linken Kartenrand.
2. Schritt: Lesen der Legende.
Die Karte hat den Maßstab 1 : 1 000 000, das heißt, 1 cm auf der Karte sind 10 km in der Wirklichkeit.
Die Orte sind als Punkte oder Quadrate abgebildet, Flüsse sind blaue Linien, Grenzen rote Linien, Eisenbahnen schwarze Linien, Autobahnen und Fernstraßen gelbliche Linien mit unterschiedlichen farbigen Rändern.
Die Höhenlage wird durch farbige Höhenschichten dargestellt, Höhenpunkte sind schwarze Punkte.
3. Schritt: Beschreiben des Karteninhalts an Beispielen.
- Stadt über 100 000 Einwohner: Wiesbaden, Mainz, Ludwigshafen, Mannheim, Saarbrücken
- Städte über 50 000 Einwohner: Rüsselsheim, Worms, Kaiserslautern, Neustadt an der Weinstraße
- Flüsse: Rhein, Main, Mosel, Nahe, Glan, Saar, Blies

- Höhenzüge: Hunsrück, Nordpfälzer Bergland, Pfälzerwald, Haardt
- Eisenbahnverbindungen: Mainz–Wiesbaden, Mainz–Saarbrücken, Saarbrücken–Mannheim, Mainz–Ludwigshafen, Mainz–Mannheim, Bingen–Kaiserslautern, Saarbrücken–Landau
- Höhenlagen: Erbeskopf 816 Meter, Idarkopf 746 Meter, Donnersberg 686 Meter, Eschkopf 608 Meter
- Lage von Orten: Mainz, Ludwigshafen, Worms und Mannheim liegen am Rhein. Durch Saarbrücken fließt die Saar. An der Nahe liegen Bad Kreuznach, Kirn und Idar-Oberstein. In Mainz, Mannheim und Saarbrücken kreuzen sich viele Verkehrswege.
- Fließrichtung von Flüssen: Die Nahe entspringt im Saar-Nahe-Bergland und mündet bei Bingen in den Rhein. ▮

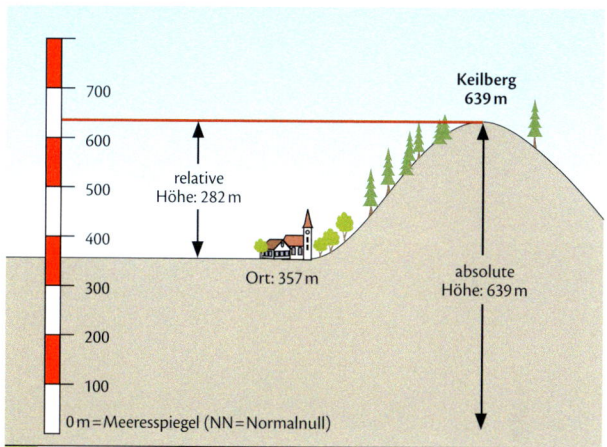

M3 *Höhenmessung*

1 Erläutere, welche Möglichkeiten es gibt, Höhen auf Karten darzustellen (**M1** und **M2**).
2 Welches Hilfsmittel wird angewandt, um Oberflächenformen auf Karten leichter vorstellbar zu machen (**M2**)?
3 Nenne die Höhe der Quelle des Baches und die Höhe seiner Mündung in den Fluss (**M2**).
  Begründe, warum du keine exakten Höhen angeben kannst.
4 Beschreibe, wie die Höhe im Gelände vermessen werden kann (**M3**).
5 Welche Informationen kannst du aus der physischen Karte von Rheinland-Pfalz entnehmen? Stelle eine Liste zusammen (**M1**).
6 Ermittle die Aussagen der Karte (**M1**) zu Kaiserslautern.
7 Ordne den Kartenausschnitt (**M1**) in die physische Karte Deutschlands (auf Seite 31) ein. Beschreibe die Unterschiede zwischen beiden Karten.

Deutschland zwischen Küste und Alpen

1–24	Stadt	A – D	Großlandschaft
A – B	Meer	a – m	Mittelgebirge
a – m	Fluss, See	•1493	Höchster Berg

0   100   200   500   750   1000   2000 m

unter 0

0   40   80 km

M 1 *Stumme Karte: Deutschland*

M 2 *Vom Meer zu den Alpen*

1 Die **Zugspitze** ist mit 2962 Metern der höchste Berg in Deutschland. Er gehört zum Wettersteingebirge, das im südlichen Bayern an der Grenze zu Österreich liegt. Auf seinem Gipfel, der durch Bergbahnen erschlossen ist, befindet sich eine Wetterstation.

2 Im Süden von Deutschland liegt das **Allgäu.** Mit seinen Wiesen und Weiden, Feldern und Wäldern bildet es eine reizvolle Landschaft am Rand der Alpen.

3 **Sylt** ist eine Nordseeinsel. Sie ist mit einem Eisenbahndamm mit dem Festland verbunden. Durch Sturmfluten wird sie von Jahr zu Jahr an ihrer Westküste kleiner.

4 Die Saale durchfließt die **Magdeburger Börde** zwischen Magdeburg und Halle. Auf sehr guten Böden werden vor allem Weizen und Zuckerrüben angebaut.

5 Der **Schwarzwald** ist ein waldreiches Mittelgebirge im Südwesten Deutschlands. Der höchste Berg des Schwarzwaldes ist der Feldberg mit 1493 Metern.

---

check-it
- den Großlandschaften Gebirge, Flüsse, Seen, Inseln und anderes zuordnen
- mit stummen Karten arbeiten
- physische Karten lesen

1 Benenne die Objekte in der stummen Karte. Nutze dazu die physische Karte (**M 1**, Karten S. 31 und S. 206, Atlas).

2 Beschreibe die Bilder und ordne sie den Großlandschaften Deutschlands zu (**M 2**).

3 Bildet drei Gruppen und beschreibt je eine Großlandschaft Deutschlands nach folgenden Merkmalen:

- ✓ Grenzen
- ✓ Höhenlage
- ✓ Oberflächenformen
- ✓ Gewässer
- ✓ Städte
- ✓ Landschaften

Nutzt dazu auch das Lexikon.

4 Erstelle ein Lernplakat zu einer Großlandschaft, das Bilder, Karten oder andere Abbildungen und einen erläuternden Kurztext enthalten sollte (**M 2**, **M 3**, 🔍).

Hier findest du zusätzliche Informationen und Links:

cornelsen.de/webcodes
Code: cucexu

M 3 *Großlandschaften Deutschlands*

Wir beschreiben Bilder

M 1 *Norddeutsches Tiefland*

M 2 *Mittelgebirgsland (Schwarzwald)*

Ein Land – viele Landschaften

Von der Nordsee bis zu den Alpen finden wir eine Vielzahl von Landschaften in Deutschland. Aber so unterschiedlich diese Landschaften auch sind – sie lassen sich in ein einfaches Schema einordnen, das uns die Orientierung erleichtert: die **Großlandschaften**.

1 Stelle fest, wie die drei Großlandschaften Deutschlands heißen (**M 1** bis **M 3**).

2 Für genaues und anschauliches Beschreiben braucht man passende Adjektive (hügelig, flach …). Finde zu jeder Großlandschaft zwei treffende Adjektive. Sammelt eure Ergebnisse an der Tafel.

3 Kläre, nach welchen Gesichtspunkten die Großlandschaften jeweils beschrieben wurden (Oberflächenformen, Höhenunterschiede, Pflanzenwelt und Gewässer).

4 Erstelle eine schriftliche Bildbeschreibung für die in **M 2** und **M 3** dargestellten Landschaften. Berücksichtige hierzu die Hinweise auf dieser Doppelseite (Checkliste und Beispiel für eine Bildbeschreibung).

5 Versuche die Großlandschaften **M 1** bis **M 3** in die physische Karte (S. 31) grob einzuordnen. Welche Landschaft befindet sich eher im nördlichen, welche im mittleren und welche im südlichen Teil der Karte?

6 Begründe deine Einordnung und beziehe dich dabei auf die Kartenlegende.

M 3 *Alpenvorland/Alpen*

Checkliste für eine Bildbeschreibung

1. Schritt: Gliedere das Bild in Vordergrund, Mittelgrund und Hintergrund. Teile es in eine rechte und linke Bildseite.

2. Schritt: Informiere dich über den Titel (oder das Thema) und den Aufnahmeort des Bildes.

3. Schritt: Lege Gesichtspunkte fest, nach denen du den Bildinhalt beschreiben willst. Wähle zum Beispiel Oberflächenformen, Gewässer, Pflanzen- und Tierwelt, Siedlungen, Verkehrswege, Nutzung der Flächen, Industriebetriebe.

4. Schritt: Beschreibe die Bildausschnitte nacheinander nach den ausgewählten Gesichtspunkten.

5. Schritt: Ordne das Bild in eine Karte ein.

linke Seite   Hintergrund   rechte Seite

Mittelgrund

Vordergrund

M 4 *Ahrtal und Ahrgebirge bei Dernau*

Beispiel für eine Bildbeschreibung

1. Schritt: siehe **M 4**

2. Schritt: Der Titel des Bildes lautet „Ahrtal und Ahrgebirge bei Dernau".

3. Schritt: Hauptgesichtspunkte der Beschreibung sind:

- Oberflächenformen
- Gewässer
- Pflanzenwelt
- Siedlungen
- Landwirtschaft

4. Schritt: Das Bild zeigt im Vordergrund und Mittelgrund ein Tal, das links und rechts als auch im hinteren Bildteil von Höhenzügen umgeben ist. Auf dem flachen Talboden, an den Talhängen links und auf den flacheren Hängen im Hintergrund wird Wein angebaut. Der Talhang am rechten Bildrand ist bewaldet. An seinem Fuß fließt ein Fluss durch das Tal. In der Talmitte verlaufen eine Straße und eine Eisenbahnlinie. In der Bildmitte liegt ein Ort. Im Bildhintergrund ist eine Hochfläche erkennbar. Auf der Hochfläche liegen auf der linken Seite Felder und kleine Orte, auf der rechten Seite ein Waldgebiet.

5. Schritt: Die Einordnung in die Karte zeigt, dass das Foto in Richtung Norden aufgenommen wurde. Der Blick geht auf den Ort Dernau, der im Ahrtal liegt und von den Höhenzügen des Ahrgebirges umgeben ist. Die Ahr, die durch das Tal fließt und bei Dernau dem Ahrtal nach Osten folgt, mündet bei Sinzig in den Rhein. Das Ahrtal wird landwirtschaftlich durch den Anbau von Weinreben genutzt. ▮

Zwischen Westerwald und Oberrheinischem Tiefland

M 1 *Landschaften Rheinland-Pfalz*

check-it _____
- geographische Lage der Landschaften in Rheinland-Pflalz beschreiben
- Merkmale der Landschaften benennen und vergleichen
- Tabelle und Kartenskizze zeichnen
- eine Aussage begründen

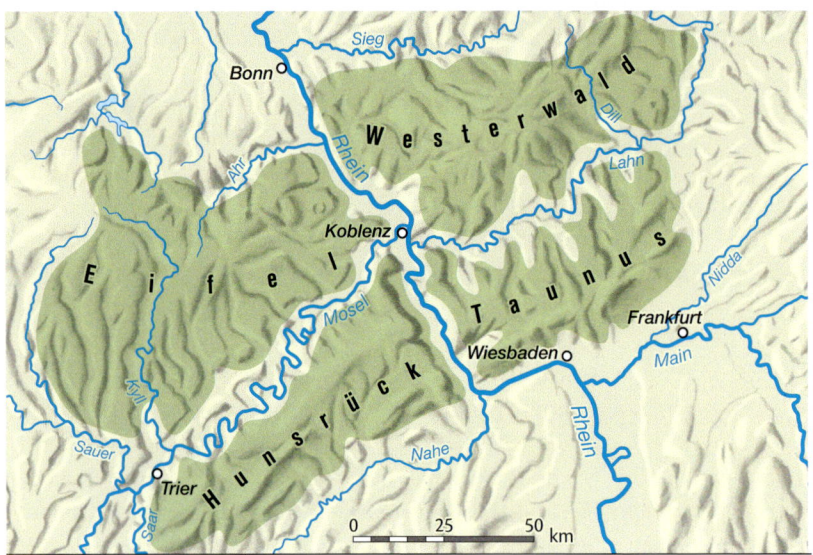

M 2 *Gliederung des Rheinischen Schiefergebirges*

Landschaftliche Vielfalt

Rheinland-Pfalz liegt im Mittelgebirgsland. Deshalb bestimmen vor allen Dingen Mittelgebirge, Berg- und Hügelländer sowie Täler und Flüsse das abwechslungsreiche landschaftliche Bild. Im Südosten des Landes bildet der nördliche Teil des Oberrheinischen Tieflandes einen landschaftlichen Kontrast mit weiten, fast ebenen Flächen.

Das Rheinische Schiefergebirge

Der Rhein und die Vorkommen an **Schiefer** haben dem Rheinischen Schiefergebirge seinen Namen gegeben. Der Rhein teilt das Gebirge in einen links- und einen rechtsrheinischen Teil. Die Mosel und die Lahn bilden zusammen mit dem Rhein ein Kreuz von Flusstälern, die die vier Teile des Rheinischen Schiefergebirges begrenzen. Der größte Teil des Rheinischen Schiefergebirges liegt im Bundesland Rheinland-Pfalz. Nur der Taunus liegt überwiegend in Hessen. Weite Hochflächen und Berge mit großen Waldflächen, aber auch mit Wiesen und Weiden bestimmen das Landschaftsbild im Rheinischen Schiefergebirge.

Im Hunsrück liegt der Erbeskopf, der höchste Berg in Rheinland-Pfalz. Größere Flüsse wie der Rhein, die Mosel und die Nahe, aber auch zahlreiche kleinere Flüsse bilden landschaftlich schöne Täler. Die Täler zerschneiden das Rheinische Schiefergebirge und tragen so zur landschaftlichen Vielfalt bei. Nach Süden bzw. Südosten schließen sich an den Hunsrück Berg- und Hügelländer an, die durch Senken unterbrochen werden.

Um die Tier- und Pflanzenwelt, aber auch die Schönheiten von Landschaften zu schützen, stehen mehrere Landschaften im Rheinischen Schiefergebirge unter Schutz. Dazu gehören zum Beispiel der **Nationalpark** Hunsrück-Hochwald und die **Naturparke** Vulkaneifel, Rhein-Westerwald und Saar-Hunsrück.

M 3 *Eifel*

M 4 *Hunsrück mit Erbeskopf*

M 5 *Pfälzerwald*

M 6 *Nördliches Oberrheinisches Tiefland*

Der Pfälzerwald

Auch der Pfälzerwald ist ein Naturpark. Er ist ein fast vollständig bewaldetes Gebirge und bildet das größte zusammenhängende Waldgebiet Deutschlands. Berge und landgezogene Höhenrücken prägen das Bild der Landschaft. Diese bestehen aus rotem Sandstein, dem Buntsandstein. Berge und Höhenrücken werden durch Täler getrennt. Im Osten fällt der Pfälzerwald in einer deutlich sichtbaren lang gestreckten Gebirgsstufe zum Oberrheinischen Tiefland hin ab. Am unteren Gebirgsrand erstreckt sich die Weinlandschaft der Pfälzer Weinstraße mit ihren ausgedehnten Rebflächen.

Das Oberrheinische Tiefland

Nur der nördlichste Teil des etwa 300 Kilometer langen Oberrheinischen Tieflands gehört zu Rheinland-Pfalz.

Wie der Name bereits sagt, fließt der Rhein in diesem Teil durch ein flaches Tiefland. Der Rhein hat aber im Laufe von vielen Millionen Jahren Lehm und andere Materialien herantransportiert und abgelagert. Durch den Wind ist Sand angeweht worden. Deshalb gibt es im Tiefland auch etwas höher gelegene Gebiete. Trotzdem erreichen die Landhöhen kaum 100 Meter. Höhere Temperaturen im Schutze des Pfälzerwaldes und fruchtbare Böden begünstigen den Obst- und Weinanbau.

1 Beschreibe die geographische Lage und die Abfolge der Landschaften in Rheinland-Pfalz vom Westerwald bis zum Oberrheinischen Tiefland (M 1).

2 Erkläre: Die Teile des Rheinischen Schiefergebirges werden durch Flüsse begrenzt. Fertige dazu eine einfache Skizze an (M 2).

3 Beschreibe die Bilder und ordne diese den Landschaften von Rheinland-Pfalz zu (M 1, M 3 bis M 6).

4 Erstelle eine Tabelle mit zwei Spalten. Trage jeweils eine große Landschaft in Rheinland-Pfalz in die linke Spalte ein. Ordne jeder Landschaft wichtige Merkmale wie zum Beispiel Städte oder Flüsse zu (M 1, M 3 bis M 6).

5 Prüfe die Richtigkeit der folgenden Aussage und begründe deine Meinung: „Rheinland-Pfalz liegt im Mittelgebirgsland."

Hier findest du zusätzliche Informationen und Links:

cornelsen.de/webcodes
Code: zahuto

Wir zeichnen eine Kartenskizze

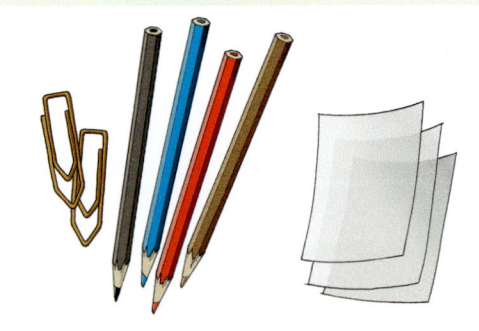

M 1 *Das brauchst du für eine Kartenskizze.*

Die Kartenskizze

Eine Karte enthält eine Vielzahl von Orten, Flüssen, Seen, Meeren, Landschaften und Verkehrswegen. Oft braucht man davon aber nur einige ausgewählte Informationen. Für das Bundesland, in dem man lebt, oder für Deutschland sollte man Vorstellungen über die Lage größerer Städte, Flüsse und Landschaften besitzen.

Es ist deshalb sinnvoll, selbst eine Kartenskizze zu zeichnen, die diese Informationen übersichtlich darstellt. Du wirst sehen, dass diese Kartenskizze dir hilft, das Wichtigste im Gedächtnis zu verankern.

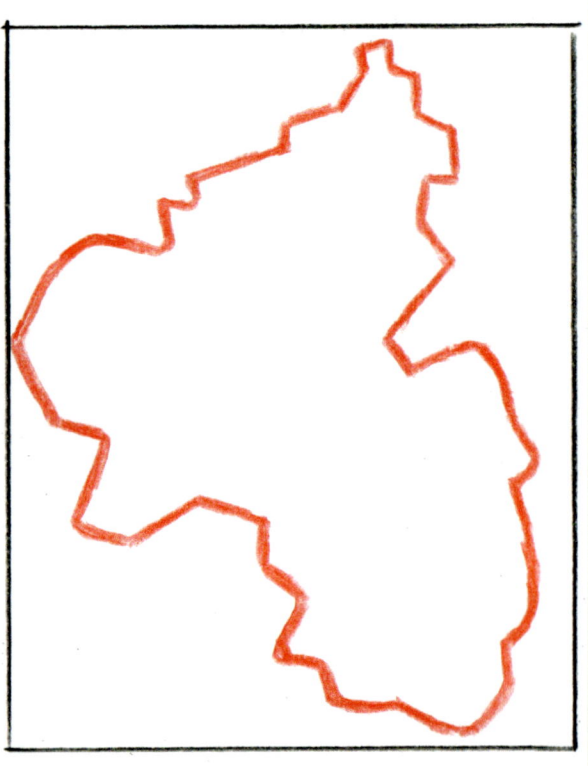

M 3

Ein Kartenskizze ist also eine Zeichnung, in der du mit wenigen Strichen und Farben die wichtigsten Dinge eines Raumes darstellen kannst.

Checkliste zum Zeichnen einer Kartenskizze

1. Schritt: Wähle als Grundlage für die Kartenskizze eine geeignete Karte aus.

2. Schritt: Hefte entweder ein Transparentpapier auf die Karte oder zeichne die Skizze freihändig. Arbeite nur mit Blei- und Buntstiften.

3. Schritt: Zeichne zunächst einen Rahmen für die Kartenskizze. Beachte dabei die Größe der Skizze.

4. Schritt: Zeichne nun der Reihe nach die Objekte in die Kartenskizze ein, die wichtig sind. Achte auf einfache sowie klare Linien und Flächen, schreibe und zeichne sauber.

5. Schritt: Beginne mit einfachen Elementen der Kartenskizze und vervollständige deine Skizze schrittweise:
- Verlauf der Grenzen (**M 3**)
- Verlauf wichtiger Flüsse (**M 4**)
- Lage großer Städte (**M 4**)
- Lage wichtiger Landschaften (**M 4**)

6. Schritt: Beschrifte die eingetragenen Objekte in der Kartenskizze und gib der Karte eine Überschrift (**M 5**).

M 2 *Kartenskizze für ein Wandplakat*

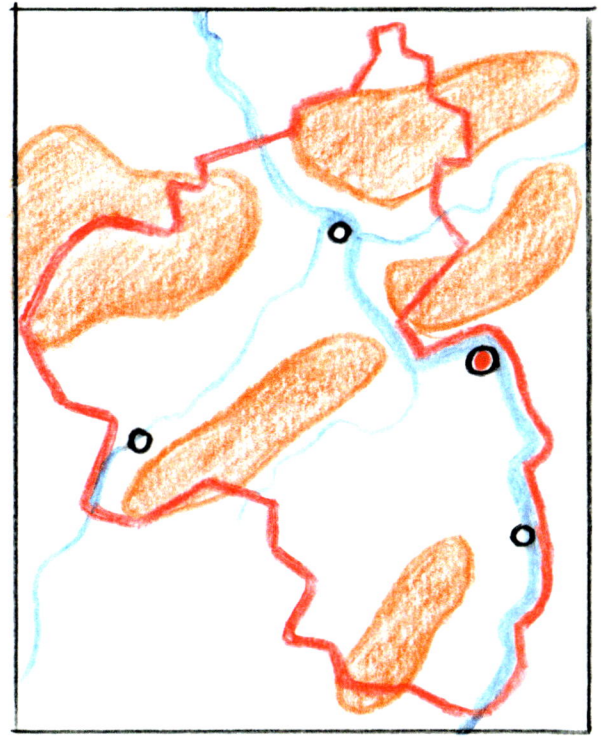

M4

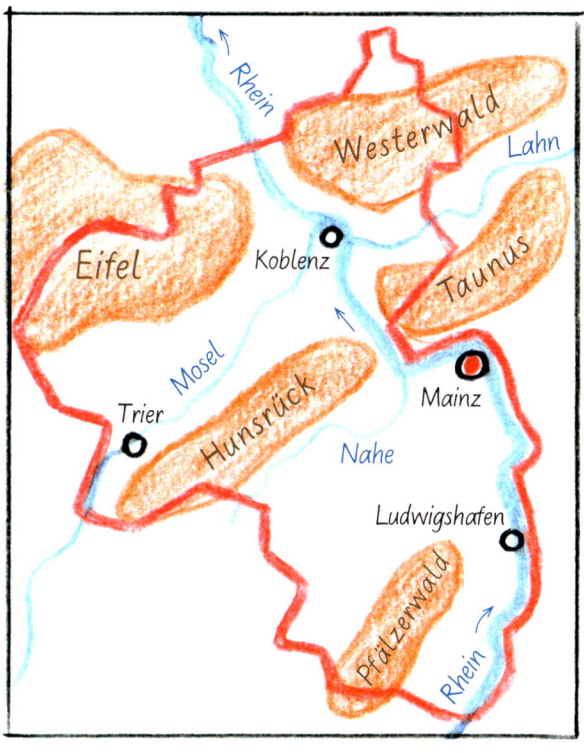

M5

Tipp: Einprägen einer Kartenskizze

Versuche, dir die Lagemerkmale von Städten, Flüssen und Landschaften zu merken. Zum Beispiel: Koblenz liegt an der Mündung der Mosel in den Rhein. Trier liegt an der Mosel und im westlichen Rheinland-Pfalz. Der Hunsrück liegt zwischen Mosel im Norden und Nahe im Süden.

M6 *Eine Kartenskizze zeichnen*

Tipp: Zeichnen einer Kartenskizze für die Tafel oder für ein Plakat

Lege eine Overheadfolie auf die Atlaskarte. Zeichne die gewünschte Kartenskizze mit einem Folienstift. Projiziere nun die Folie auf die Wandtafel oder einen angehefteten großen Papierbogen. Mit Kreide oder Stiften kannst du nun die Objekte nachzeichnen. Auf diese Weise erhältst du eine vergrößerte Kartenskizze.

1 Präge dir die Kartenskizze von Rheinland-Pfalz (M5) ein. Schließe dann das Schulbuch und zeichne eine Kartenskizze zu Rheinland-Pfalz ohne Vorlage aus dem Gedächtnis.
Vergleiche deine Kartenskizze mit der Kartenskizze im Schulbuch und berichtige deine Skizze.

2 Fertige eine Kartenskizze zu einem Thema deiner Wahl an, zum Beispiel zu den Themen: „Links und rechts des Mittelrheins", „Der Westerwald", „Mein Landkreis".

3 Du kannst auch eine Kartenskizze zu Deutschland zeichnen, in die du im Laufe des Schuljahres Namen von wichtigen Städten, Landschaften, Gewässern u.a. einträgst. Die Kartenskizze und dein Wissen wachsen dann gleichzeitig.

Das Rheinische Schiefergebirge – ein Mittelgebirge

M 1 *Maare in der Eifel*

check-it
- geographische Lage und Gliederung des Rheinischen Schiefergebirges beschreiben
- Oberflächenformen benennen und beschreiben
- Besonderheiten der Vulkaneifel darstellen
- Entstehung des Mittelrheintals erklären
- Bilder beschreiben und vergleichen

Was ist ein Mittelgebirge?

Ein **Mittelgebirge** erreicht Höhen von 500 bis 1500 Metern. Typische Oberflächenformen sind abgerundete Berge, wellige Hochflächen und unterschiedlich geformte Täler. Die Mittelgebirge sind waldreich. In den unteren Höhenlagen werden sie oft landwirtschaftlich genutzt, zum Beispiel als Weiden oder für den Anbau von Futterpflanzen. Die

forstwirtschaftliche Nutzung hat aber die größte Bedeutung.

Weite Hochflächen und tiefe Täler

Das Rheinische Schiefergebirge wird durch die Täler von Rhein, Mosel und Lahn in vier Mittelgebirge unterteilt: Eifel, Hunsrück, Westerwald und Taunus. Die Flüsse haben sich tief in die Gesteine des Schiefergebirges eingeschnitten. Aber auch kleinere Flüsse haben zum Teil große Täler gebildet, wie zum Beispiel die Kyll in der Eifel.

Charakteristisch für alle Teile des Rheinischen Schiefergebirges sind hügelige, weite Hochflächen, die nur von einzelnen Bergrücken oder Einzelbergen überragt werden. Lang gestreckte, dicht bewaldete Bergrücken sind besonders typisch für den Hunsrück. Die Hochflächen des Rheinischen Schiefergebirges sind zwischen 450 und 700 Meter hoch und meist bewaldet. Zwischen den Hochflächen gibt es auch tiefer gelegene große Senken wie zum Beispiel die Montataurer Senke im Westerwald.

Die unterschiedlichen Oberflächenformen entstehen durch unterschiedliche Gesteine, härtere und weniger harte Gesteine. Denn außer dem Tonschiefer gibt es auch **Basalt** und andere **vulkanische Gesteine**, aber auch andere Gesteine wie Ton und Kalkstein.

Zwei besonders interessante Landschaften im Rheinischen Schiefergebirge sind das Mittelrheintal und die Vulkaneifel als Teil der Eifel.

Das Mittelrheintal

Im Laufe der Erdgeschichte hat sich das Gebiet, durch das der Rhein fließt, verändert. Besonders ausgeprägt geschah dies im Mittelrheintal. Ursprünglich floss der Rhein auch hier durch ein breites Tal. Als das Rheinische Schiefergebirge vor Millionen Jahren allmählich angehoben wurde, schnitt sich der Rhein immer tiefer in das Gestein ein. Das war nur möglich, weil die Hebung des Gebirges sehr langsam vor sich ging. Hätte sich das Rheinische Schiefergebirge schneller gehoben, hätte

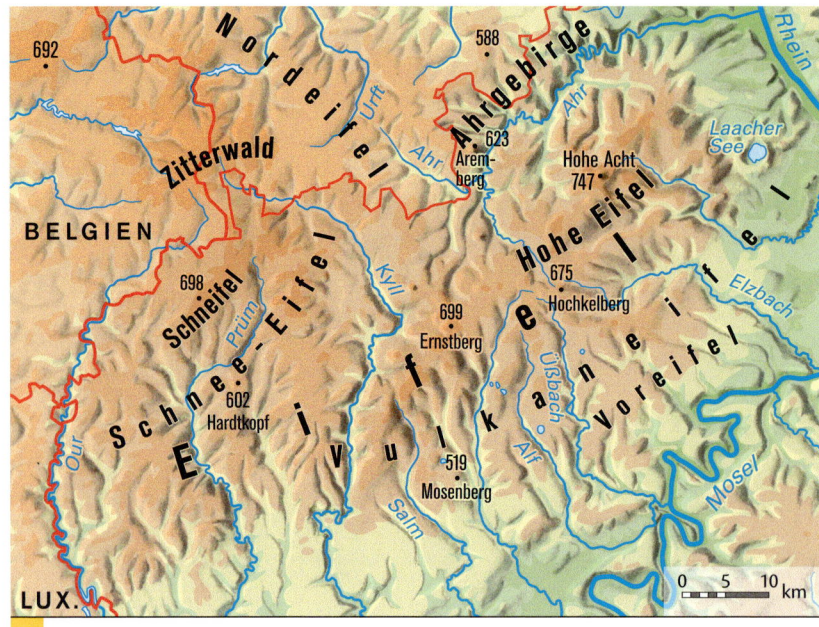

M 2 *Mittelgebirge Eifel*

sich der Rhein einen neuen Weg zum Meer bahnen müssen. Da der Rhein das Rheinische Schiefergebirge nicht umfloss, sondern „durchbrach", wird dieser Flussabschnitt als **Durchbruchstal** bezeichnet.

Die Vulkaneifel

Die Vulkaneifel erstreckt sich zwischen Manderscheid, Daun, Mayen bis nach Koblenz. Zahlreiche erloschene und bereits abgetragene **Vulkane** wie die Nürburg und die Hohe Acht prägen als kegelförmige Bergkuppen die Landschaft der Vulkaneifel. Die Bergkuppen und Hochflächen bestehen zum Teil aus Basalt: Basalt entsteht, wenn glühende Gesteinsschmelze aus dem Inneren der Erde an die Oberfläche der Erde gelangt und schnell abkühlt. Basalt ist ein dunkelgraues bis schwarzes Gestein, das auch heute noch in Steinbrüchen abgebaut und als Baumaterial verwendet wird. Die dunklen Häuser aus Basalt sind in vielen Orten der Eifel zu finden. Auch die fast kreisförmigen Seen, die **Maare,** und Mineralquellen sind vulkanischen Ursprungs und typisch für die Vulkaneifel.

1 Beschreibe die geographische Lage des Rheinischen Schiefergebirges und seiner Teile (**M 2**, S. 42 **M 2**, Karten S. 204 und 206, Atlas).
2 Nenne die großen Flüsse im Rheinischen Schiefergebirge und beschreibe deren Verlauf von der Quelle bis zur Mündung (S. 42 **M 2**, Karten S. 204 und 206, Atlas).
3 Benenne Merkmale eines Mittelgebirges (**M 2** und **M 3**).
4 Beschreibe und vergleiche die Bilder und ordne sie den Teilen des Rheinischen Schiefergebirges zu (**M 1**, **M 3** und **M 4**).
5 Stelle landschaftliche Besonderheiten der Vulkaneifel dar (**M 1**, **M 2**, S. 43 **M 3**).
6 Erkläre die Entstehung des Durchbruchstals am Mittelrhein (**M 5**).
7 Gestalte einen Kurzvortrag zum Thema „Der Laacher See – größter See in Rheinland-Pfalz"().

Hier findest du zusätzliche Informationen und Links:

cornelsen.de/webcodes
Code: wovozu

M 3 *Westerwald*

M 4 *Mittelrheintal*

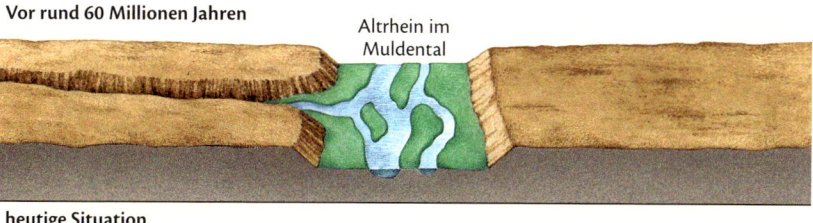

M 5 *Die Entstehung des Mittelrheintals*

Wir erkunden die Natur in unserer Umgebung

Unsere Natur

Die Natur in unserer Umgebung ist vielfältiger, als wir auf den ersten Blick vermuten. Viele Dinge sehen wir überhaupt erst, wenn wir sie mit unserem Wissen vergleichen. Wo fließt der nächste Bach oder Fluss? Wie weit ist es bis zum nächsten Waldstück? Welche Tiere leben in der Nähe der Schule? Schauen wir einmal genauer hin: Die Natur verrät uns viel über sich. Um möglichst viele interessante Informationen über die Natur unserer Umgebung sammeln zu können, solltet ihr das nach Schwerpunkten tun, zum Beispiel:

1) Oberflächenformen,
2) Boden und Gestein,
3) Gewässer,
4) Pflanzen- und Tierwelt.

In spezialisierten Forscherteams könnt ihr zeigen, was die Natur in eurer Umgebung zu bieten hat. Einige Anregungen findet ihr auf den Ideenkarten (**M 1**).

Ihr könnt

- eure Ergebnisse in eine Umgebungskarte eintragen,
- darstellen, welche Zusammenhänge ihr erkennt,
- euch informieren, welche Tiere, Pflanzen und Landschaften unter Naturschutz stehen,
- überlegen, was die Klasse für den Naturschutz tun kann.

Schritt 1:
Gruppen einteilen
Bildet Gruppen zu Schwerpunkten wie:
- Oberflächenformen
- Boden und Gestein
- Gewässer
- Pflanzen- und Tierwelt

Schritt 2:
Inhalte festlegen
Erstellt einen Beobachtungs- und Fragebogen, der als Leitfaden für eure Ermittlungen dient. Überlegt, was für die Darstellung eures Schwerpunktes wichtig ist, damit ihr eure Mitschüler gut über die Natur eurer Umgebung informieren könnt.

M 2 *Vorgehensweise entlang der „Wäscheleine"*

Forscherteam:
Oberflächenformen
Was gibt es in eurer Nähe? Informiert euch über:
- Höhenunterschiede im Gelände
- höchster/niedrigster Punkt über NN
- Berge (Namen)
- Deiche
- Moore

Forscherteam:
Boden und Gestein
Was gibt es in eurer Nähe? Informiert euch über:
- Bodenfarbe
- Feuchtigkeit des Bodens
- Sand/Lehm
- Steinformen
- Steinfarben
- Ist Gestein sichtbar?
- ...

Forscherteam:
Gewässer
Was gibt es in eurer Nähe? Informiert euch über:
- Flüsse, Bäche
- Kanäle
- Seen
- Meer
- Fließrichtung
- schnelle/langsame/keine Fließgeschwindigkeit
- ...

Forscherteam:
Pflanzen- und Tierwelt
Was gibt es in eurer Nähe?
Informiert euch über:
- Baum- und Waldarten
- andere Pflanzen
- Auen, Wiesen und Rasenflächen
- Naturschutzgebiete
- Insekten und kleine Säugetiere
- Vögel (z. B. „Vogel des Jahres")
- Leben in der Erde
- Vogelnester, Tritt- und Fressspuren, Maulwurfshügel, ...

M 1 *Ideenkarten*

**Schritt 3:
Erkundung vorbereiten**

Bereitet euch auf den Gang in das Gelände gut vor. Welche Materialien werdet ihr benötigen?
Fertigt eine Checkliste an und packt einen Rucksack, in dem zum Beispiel folgende Dinge nicht fehlen sollten:

- Karte der Umgebung
- Kompass
- Lupe
- (Blei-)Stifte
- feste Schreibunterlage
- euer Beobachtungs- und Fragebogen
- Papier für Notizen und Skizzenzeichnungen
- Fotokamera

**Schritt 4:
Erkundung durchführen**

Beobachtet und beschreibt die Natur und haltet alle Ergebnisse schriftlich fest. Fertigt Zeichnungen an und macht Fotos. Schreibt kleine Merksätze auf.
Beschafft euch auch Zusatzinformationen aus der Bibliothek, von der Touristeninformation eurer Stadt und vom Naturschutzbund.

**Schritt 5:
Wandzeitung gestalten**

Stellt die von euch gesammelten Informationen auf einer Wandzeitung so zusammen, dass sich die Schüler der anderen Gruppen ausführlich informieren können.

**Schritt 6:
Ergebnisse vorstellen**

Präsentiert euer Ergebnis der Klasse, indem ihr eure Wandzeitung aufhängt und den Mitschülern dazu berichtet. Ihr könnt eure Parallelklasse dazu einladen. Vielleicht ist eure Schülerzeitung daran interessiert, das Ergebnis eurer Arbeit zu veröffentlichen.

M 3 *Schüler untersuchen den Boden*

Achtet auf eure Sicherheit!

Haltet die Verkehrsregeln ein und macht eure Aufzeichnungen an einem sicheren Ort abseits des Verkehrs!

Deutschland und seine Bundesländer

check-it
- Bundesländer und ihre Hauptstädte benennen und lokalisieren
- Nachbarländer Deutschlands benennen
- Bundesländer vergleichen
- politische Karte lesen

Deutschland und seine Bundesländer

Wir sprechen von Deutschland, doch der richtige Name unseres Staates lautet Bundesrepublik Deutschland. Die Bundesrepublik besteht aus einem Bund, das heißt einem Zusammenschluss von 16 Bundesländern. Hamburg, Bremen und die Bundeshauptstadt Berlin sind Stadtstaaten, die 13 anderen Bundesländer sind Flächenstaaten. In den Landeshauptstädten der Bundesländer haben die Landtage und die Landesregierungen ihren Sitz. Sie entscheiden über Angelegenheiten des Bundeslandes, wie zum Beispiel die Schul- und Kulturpolitik.

Die Bundesrepublik Deutschland wurde im Jahre 1949 gegründet und bestand zunächst aus elf Bundesländern. 1990 wurden die Bundesländer Brandenburg, Mecklenburg-Vorpommern, Sachsen-Anhalt, Sachsen und Thüringen neu gegründet. Sie traten am 3. Oktober 1990 der Bundesrepublik Deutschland bei. ▌

1 Benenne die Nachbarländer Deutschlands (M 4, Karte S. 207).
2 Fertige eine Tabelle an, in der du den Bundesländern deren Landeshauptstädte zuordnest (M 4).
3 Ordne die Bundesländer Deutschlands
   a) nach der Flächengröße und
   b) nach der Einwohnerzahl (M 3).

4 Begründe, warum in Berlin, Hamburg und Bremen viel mehr Einwohner auf einem Quadratkilometer leben als in den anderen Bundesländern (M 3).
5 Arbeite mit einem Lernpartner. Stellt euch gegenseitig Fragen zu den Bundesländern, zum Beispiel:
   – Welche Bundesländer grenzen an die Ostsee?
   – Welche Bundesländer haben keine Grenzen zu anderen Staaten? (M 4).
6 Beschreibe die Fahne Deutschlands und das Wappen von Rheinland-Pfalz. Recherchiere im Internet über die Bedeutung des Wappens und fasse deine Ergebnisse in einem Kurzvortrag zusammen (M 1, M 2, 🖉).

Hier findest du zusätzliche Informationen und Links:

cornelsen.de/webcodes
Code: gahici

M 1 Fahne der Bundesrepublik Deutschland

M 2 Wappen von Rheinland-Pfalz

	Fläche in km²	Einwohner 2019	Einwohner je km²
Baden-Württemberg	35 748	11 069 533	310
Bayern	70 542	13 076 721	185
Berlin	891	3 644 826	4 090
Brandenburg	29 654	2 511 917	85
Bremen	419	682 986	1 629
Hamburg	755	1 841 179	2 438
Hessen	21 116	6 265 809	297
Mecklenburg-Vorpommern	23 295	1 609 675	69
Niedersachsen	47 710	7 982 448	167
Nordrhein-Westfalen	34 112	17 932 651	526
Rheinland-Pfalz	19 858	4 084 844	206
Saarland	2 571	990 509	385
Sachsen	18 450	4 077 937	221
Sachsen-Anhalt	20 454	2 208 321	108
Schleswig-Holstein	15 804	2 896 712	183
Thüringen	16 202	2 143 145	132
Deutschland	357 582	83 019 213	232

Quelle: Statistisches Bundesamt 2020

M 3 Fläche und Einwohner der Bundesländer

Staatsgrenze   ● Berlin   Bundeshauptstadt

Landesgrenze   ●   Landeshauptstadt

0   50   100   150 km

M4 *Die politische Gliederung der Bundesrepublik Deutschland*

Wir arbeiten mit dem Stadtplan und dem Maßstab

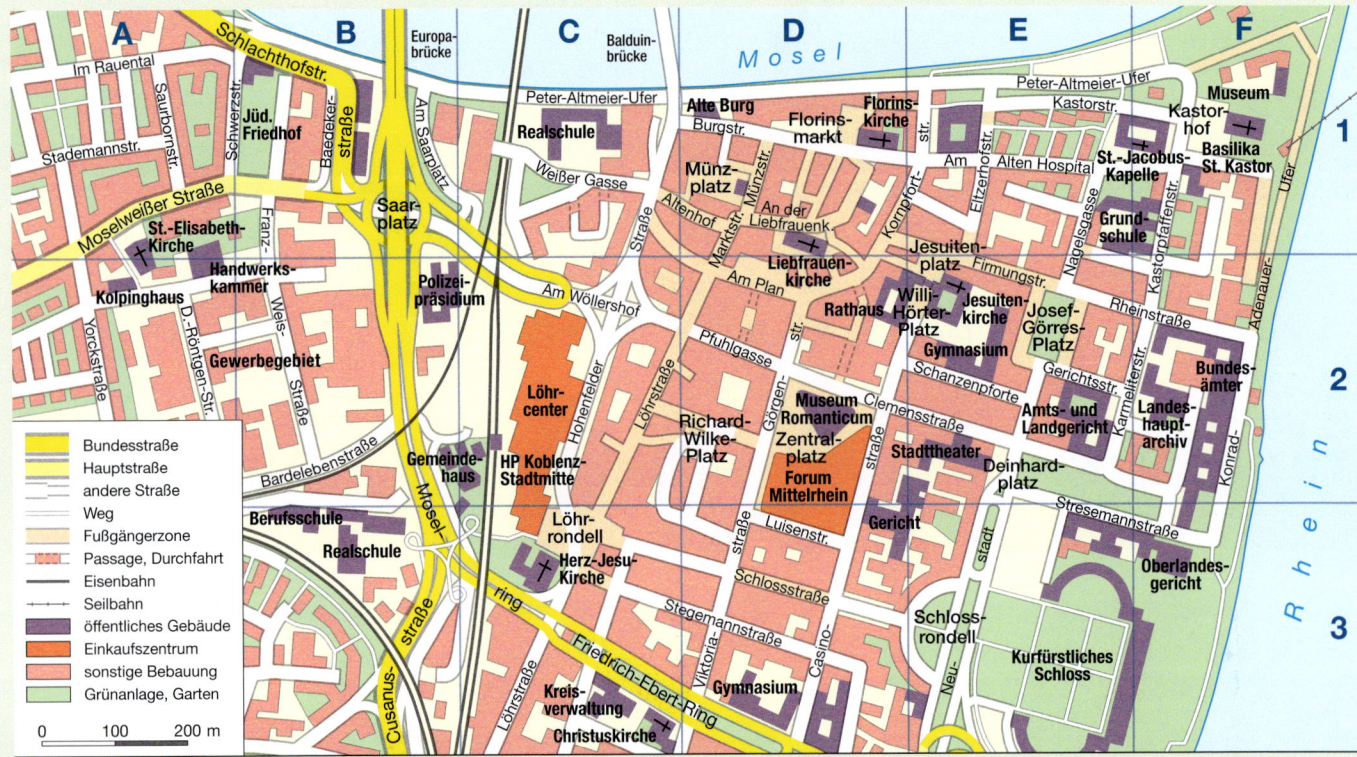

M 1 *Stadtplan von Koblenz 1 : 10 000 (Ausschnitt)*

check-it
- Merkmale eines Stadtplanes und den Begriff „Maßstab" kennen
- Schrittfolge für die Arbeit mit einem Stadtplan kennen und anwenden
- mit dem Maßstab rechnen und Entfernungen bestimmen

Auf dem Wege ins Museum Romanticum

„Wo sind wir denn jetzt? Ich glaube, wir haben uns verlaufen", sagt Niklas. Gemeinsam mit Anna will er vom Haltepunkt Stadtmitte zum Museum Romanticum laufen. Anna schaut nach den Straßenschildern und liest: „Löhrrondell", „Moselring". „Das Romanticum liegt aber am Zentralplatz", sagt Niklas. „Zum Glück habe ich einen Stadtplan mitgenommen."

Checkliste zur Arbeit mit dem Stadtplan

- **1. Schritt:** Nenne die Stadt, die im Plan abgebildet ist.
- **2. Schritt:** Informiere dich in der Legende über die Farben, Symbole und den Maßstab des Planes.
- **3. Schritt:** Überprüfe, ob ein Pfeil für die Nordrichtung eingetragen ist. Wenn nicht, kannst du davon ausgehen, dass oben auf dem Plan Norden ist.
- **4. Schritt:** Suche wichtige Gebäude, große Straßen und Plätze und gib deren Lage durch die Buchstaben und Ziffern der Planquadrate an.
- **5. Schritt:** Nutze den Stadtplan auch für die Wegbeschreibungen zwischen zwei Zielen.

Beispiel für das Arbeiten mit dem Stadtplan

- **1. Schritt:** Der Stadtplan zeigt Koblenz.
- **2. Schritt:** Kleinere Straßen sind in weißer Farbe, Hauptstraßen in gelber Farbe eingezeichnet. Fußgängerzonen sind beige und die Eisenbahn mit dunkelgrauen Linien gekennzeichnet. Einkaufszentren sind kräftig rot, bebautes Gelände ist hellrot, Grünanlagen und Gärten sind in grüner Farbe und öffentliche Gebäude lila eingezeichnet. Wasserflächen haben blaue Farbe.
  Der Maßstab beträgt 1 : 10 000, also entspricht 1 cm auf dem Plan 100 m in der Wirklichkeit.
- **3. Schritt:** Es ist kein Pfeil für die Nordrichtung eingezeichnet, sodass oben auf dem Stadtplan Norden ist.
- **4. Schritt:** Zu sehen sind unter anderem das Löhrcenter (C1) und das Kurfürstliche Schloss (E3). Auffallend sind die Mosel im Norden (B1–F1) und der Rhein im Osten (F1–F3).
- **5. Schritt:** Vom Haltepunkt Stadtmitte (C1) zum Museum Romanticum (D2) laufen die Kinder zunächst über das Löhrrondell (C3) in die Fußgängerzone und dort entlang der Löhrstraße bis zur Pfuhlgasse (D2), biegen nach rechts in die Pfuhlgasse ein, überqueren die Görgenstraße (D2) und erreichen dann das Museum am Zentralplatz (D2).

Der Maßstab

Karten sind verkleinerte Abbildungen der Wirklichkeit. Über das Maß der Verkleinerung gibt uns der Maßstab Auskunft.

M 2 *Straßenverzeichnis Koblenz*

M 4 *Ein ICE in der Wirklichkeit und im Modell*

Er ist auf jeder Karte angegeben, entweder als Maßstabszahl oder als Maßstabsleiste.

Checkliste zur Bestimmung der Entfernung mit der Maßstabszahl

- **1. Schritt:** Wähle dir zwei Punkte auf der Karte oder dem Plan.
- **2. Schritt:** Miss die Entfernung mit deinem Lineal.
- **3. Schritt:** Rechne die Entfernung mithilfe des Maßstabs in die Länge um, die sie in Wirklichkeit beträgt.

Was Maßstabszahlen bedeuten:

	1 cm auf der Karte entspricht
1 : 5000	5000 cm = 50 m in der Wirklichkeit
1 : 25 000	25 000 cm = 250 m in der Wirklichkeit
1 : 100 000	100 000 cm = 1000 m = 1 km in der Wirklichkeit

Kartenmaßstab

1 : 5 000	
1 : 25 000	großer Maßstab
1 : 100 000	mittlerer Maßstab
1 : 500 000	
1 : 10 000 000	kleiner Maßstab

M 3 *Maßstabszahlen*

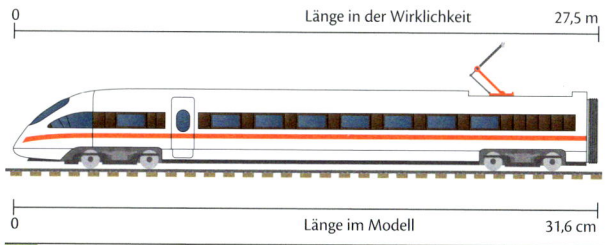

M 5 *Länge eines ICE in der Wirklichkeit und im Modell*

Beispiel für das Rechnen mit einem Maßstab

- **1. Schritt:** Wir benutzen dazu den Stadtplan **M 1**. Es ist die Entfernung (Luftlinie) zwischen dem Haltepunkt Stadtmitte (C1) und dem Amtsgericht (E2) zu bestimmen.
- **2. Schritt:** Mit dem Lineal messen wir 8 cm.
- **3. Schritt:** Der Maßstab ist 1 : 10 000. 1 cm in der Karte entspricht 10 000 cm in der Wirklichkeit. Somit beträgt die Entfernung 8 mal 10 000 cm = 8 mal 100 m = 800 m = 0,8 km.

1 Arbeite mit dem Stadtplan von Koblenz (**M 1**). Gib die Planquadrate an, in denen das Oberlandesgericht, das Gemeindehaus und die Kreisverwaltung liegen.

2 Gib an, welche Signaturen das Rathaus, das Forum Mittelrhein und die Fußgängerzonen in **M 1** haben.

3 Bestimme die tatsächliche Entfernung (Luftlinie) zwischen dem Haltepunkt Stadtmitte und dem Rathaus sowie zwischen dem Saarplatz und dem Jesuitenplatz.

4 Du möchtest dich mit deinen Freunden, die auf der Balduinbrücke (C1) sind, am Stadttheater (E1) treffen. Gib ihnen eine Wegbeschreibung, wie sie dich dort am schnellsten treffen können. Überlege dir weitere Zielpunkte in Koblenz.

Mainz – unsere Landeshauptstadt

M 1 *Der Landtag von Rheinland-Pfalz*

check-it
- geographische Lage von Mainz beschreiben
- Merkmale einer Stadt benennen
- Funktionen der Landeshauptstadt Mainz erläutern
- Schrägluftbild auswerten
- eine Besichtigungstour planen
- eine Aussage begründen

Häuser und viele Menschen

Jeder war schon einmal in einer Stadt. Wer nicht in einer Stadt wohnt, wird dennoch häufiger die nächstgelegene Stadt besuchen, denn vieles, was eine Stadt bietet, wird auch von den Bewohnern der umliegenden Gemeinden genutzt. Jede Stadt hat viele Anziehungspunkte, aber auch ihre Besonderheiten. Es gibt jedoch einige Merkmale, die alle Städte gemeinsam haben.

Wer in eine Stadt kommt, dem fallen die eng zusammenstehenden Gebäude, der dichte Verkehr sowie die vielen Menschen auf. In Deutschland muss eine Stadt mindestens 2000 Einwohner haben. Großstädte haben mindestens 100 000 Einwohner. In Mainz leben etwa 221 000 Menschen. Die Einwohnerzahl allein macht aber noch keine Stadt. Eine Stadt ist gekennzeichnet durch

- eine Vielzahl von Arbeitsplätzen außerhalb der Landwirtschaft,
- die Dichte und die Höhe der Bebauung,
- die vielfältige Nutzung der Häuser,
- die Dichte der Verkehrswege.

Sitz der Landesregierung

Mainz wurde bereits 13 v. Chr. von den Römern gegründet und ist heute die größte Stadt des Bundeslandes Rheinland-Pfalz. 1950 wurde Mainz zur Landeshauptstadt. Der Landtag tagt im historischen Deutschhaus. Das Gebäude wurde im 18. Jahrhundert als Residenz des Deutschen Ritterordens erbaut, woher es seinen Namen hat. In vielen Gebäuden der Innenstadt sind die Ministerien der Landesregierung und andere Verwaltungseinrichtungen untergebracht. Darüber hinaus befinden sich in der Landeshauptstadt weitere Behörden und Einrichtungen, wie zum Beispiel das Landeskriminalamt. In den Büros stehen viele Arbeitsplätze zur Verfügung.

Stadt der Wissenschaft, Kultur und Medien

Mainz ist ein bedeutender Hochschulstandort. Mit ungefähr 37 000 Studierenden ist die Johannes-Gutenberg-Universität Mainz eine der zehn größten Universitäten Deutschlands und wissenschaftliches Zentrum von Rheinland-Pfalz. Auch ein Max-Planck-Institut ist dort angesiedelt.

In der Landeshauptstadt befinden sich auch eine Vielzahl kultureller Einrichtungen. Neben der historischen Alt-

M 2 *Die Altstadt von Mainz*

stadt locken bedeutende Museen wie das Gutenberg- sowie das Landesmuseum viele Besucher an. Aber auch die Lage am Rhein und inmitten der Weinbaugebiete ist für Touristen attraktiv. Im Stadtgebiet befinden sich mehr als 60 Weinanbaubetriebe. Neben dem Staatstheater gibt es auch noch eine Vielzahl von Kleinbühnen. Bekannt ist Mainz auch als Medienstandort. In diesem Bereich arbeiten über 11 000 Beschäftigte. Auf dem Lerchenberg ist mit dem ZDF das größte Sendezentrum Europas entstanden.

Eine Stadt – viele Stadtviertel

Wie in den meisten Großstädten befindet sich auch in Mainz im Stadtzentrum die Fußgängerzone mit vielen Geschäften und Kaufhäusern. Dieser sehr dicht bebaute Stadtkern wird auch als **City** bezeichnet. Dort liegt auch der älteste Teil, die Altstadt. Deshalb sind die Straßen sehr schmal. An die City schließen sich städtische Wohngebiete an. Am Rheinufer liegen die Industrie- und Gewerbebetriebe. Die Betriebe am Rhein erhalten einen Großteil ihrer Rohstoffe über den Fluss. Neue Gewerbegebiete haben sich an den Autobahnen rund um Mainz angesiedelt.

1 Beschreibe die geographische Lage von Mainz (**M 2**, Karten S. 31 und S. 204).
2 Nenne die Merkmale einer Stadt am Beispiel von Mainz (**M 2**, **M 3**, Stadtplan S. 66 **M 4**).
3 Erläutere, welche Funktionen die Landeshauptstadt Mainz hat (**M 1**, **M 3** bis **M 5**).
4 „Mainz ist eine grüne Stadt." Überprüfe diese Aussage und begründe deine Antwort (**M 2**, **M 3**).
5 Lukas bekommt Besuch von seiner Cousine Laura und möchte mit ihr Mainz besichtigen. Entwirf einen Plan für eine eintägige Besichtigungstour (**M 1**, **M 4**, **M 5**, S. 66 **M 4**, Webcode, *Eine Internetrecherche durchführen*).

Hier findest du zusätzliche Informationen und Links:

cornelsen.de/webcodes
Code: zetude

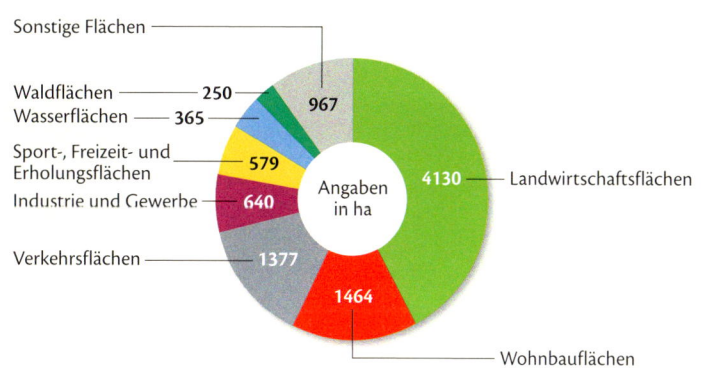

M 3 *Flächennutzung im Stadtgebiet Mainz (2019)*

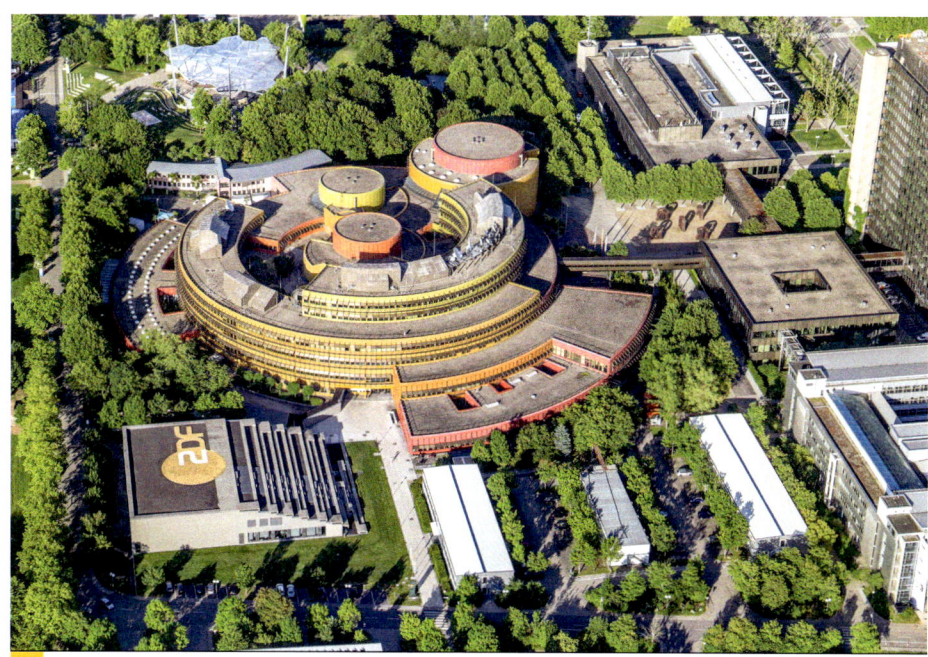

M 4 *Sendezentrum des ZDF in Mainz-Lerchenberg*

M 5 *Rheinufer mit Blick auf das Rathaus und den Dom*

Bundeshauptstadt Berlin

M 1 *Schrägluftbild des Regierungsviertels in Berlin (2015)*

check-it
- Gebäude auf Luftbild und Karte lokalisieren
- Lage und Ausdehnung Berlins beschreiben
- Geschichte Berlins erläutern
- Funktionen Berlins als Bundeshauptstadt kennen
- Regierungsgebäude benennen
- Bedeutung Berlins als Bundeshauptstadt beurteilen

Bundeshauptstadt ...

Nach der Wiedervereinigung beschloss das deutsche Parlament, dass Berlin wieder deutsche Hauptstadt werden sollte. In den folgenden Jahren entstand rund um das völlig umgebaute Reichstagsgebäude, in dem der Bundestag untergebracht ist, das Regierungsviertel. Im Schloss Bellevue wurde der Sitz des Bundespräsidenten eingerichtet.

... und Weltstadt

Mit rund 3,5 Millionen Einwohnern ist Berlin die größte Stadt Deutschlands und als **Bundeshauptstadt** das politische Zentrum. Regierung und Parlament, Ministerien, die Vertretungen der Landesregierungen und Botschaften anderer Staaten, aber auch alle wichtigen Rundfunk- und Fernsehanstalten sowie Pressehäuser haben ihren Sitz in der Stadt. Berlin ist somit auch ein wichtiges Medienzentrum. Täglich kommen sowohl aus beruflichen als auch aus privaten Gründen viele Besucher aus aller Welt in die Bundeshauptstadt. Der Tourismus ist der Wirtschaftszweig mit den höchsten Wachstumszahlen in Berlin. In der Weltstadt Berlin finden die Touristen neben eleganten Geschäftsstraßen eine Vielzahl von Museen sowie anderen kulturellen Einrichtungen vor. Auch der Messestandort Berlin hat internationale Bedeutung.

1871	Nach der Vereinigung der zahlreichen deutschen Kleinstaaten wird Berlin Hauptstadt des Deutschen Reiches.
1920	Berlin hat bereits 3,8 Mio. Einwohner und ist größte Industriestadt und ein kulturelles Zentrum Europas.
1945	Ende des Zweiten Weltkriegs: Deutschland und Berlin werden von den Siegermächten in vier Sektoren geteilt.
1949	Gründung der Bundesrepublik Deutschland und der Deutschen Demokratischen Republik (DDR); Berlin (Ost) wird Hauptstadt der DDR.
1961	Die DDR baut quer durch Berlin eine Mauer, die Berlin (Ost) und Berlin (West) trennt.
1989	Die Berliner Mauer fällt, die innerdeutschen Grenzen werden geöffnet.

M 2 *Aus der Geschichte Berlins*

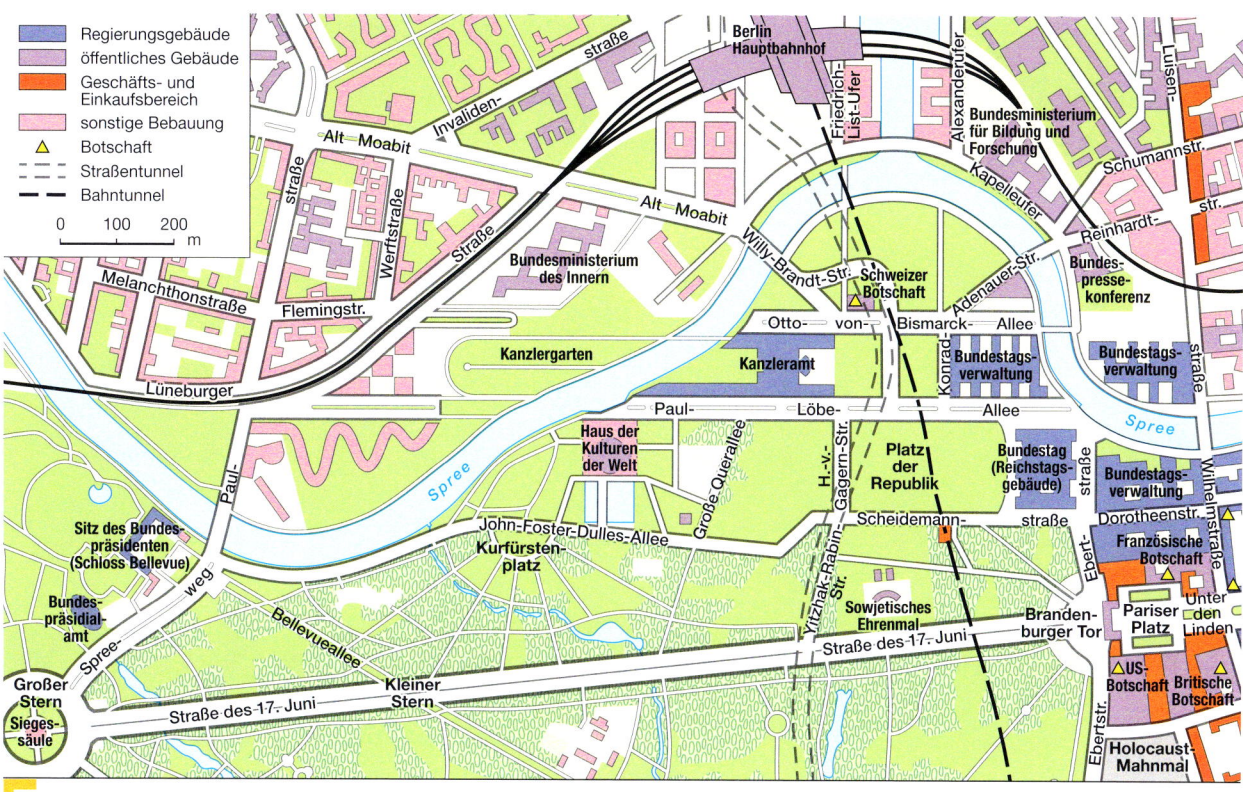

M 3 *Das Regierungsviertel im Stadtplan*

M 4 *Schloss Bellevue – Amtssitz des Bundespräsidenten*

M 5 *Berliner Wappen*

Wissenschafts- und Wirtschaftszentrum

In Berlin sind eine Vielzahl von Universitäten, Hochschulen und Forschungseinrichtungen angesiedelt. Diese arbeiten eng mit der Industrie zusammen, sodass in Berlin Produkte der Zukunftstechnologien entwickelt und produziert werden, wie zum Beispiel aus den Bereichen Bio- und Medizintechnik, Informations- und Kommunikationstechnik sowie Medien und Verkehrstechnik.

1 Berichte, wann Berlin im Laufe seiner Geschichte die Hauptstadt Deutschlands war (**M 2**).

2 Beschreibe den Verlauf der Spree durch Berlin. Miss die Länge und nenne die Stadtteile, die der Fluss von Osten nach Westen durchfließt. In welchen Fluss mündet die Spree (Karte S. 206, Atlas).

3 Liste auf, welche Funktionen eine Bundeshauptstadt hat. Vergleiche mit der Landeshauptstadt Mainz (S. 54/55).

4 Nenne die Gebäude im Regierungsviertel und beschreibe ihre Lage (**M 1**, **M 3**, **M 4**).

5 Orientiere dich auf dem Schrägluftbild: Beschreibe den Verlauf der Spree, die Lage des Brandenburger Tors und des Bundestags (**M 1**, **M 3**).

6 Beurteile die Bedeutung Berlins als Bundeshauptstadt.

Hier findest du zusätzliche Informationen und Links:

cornelsen.de/webcodes
Code: mivuvo

Wir erkunden eine Stadt

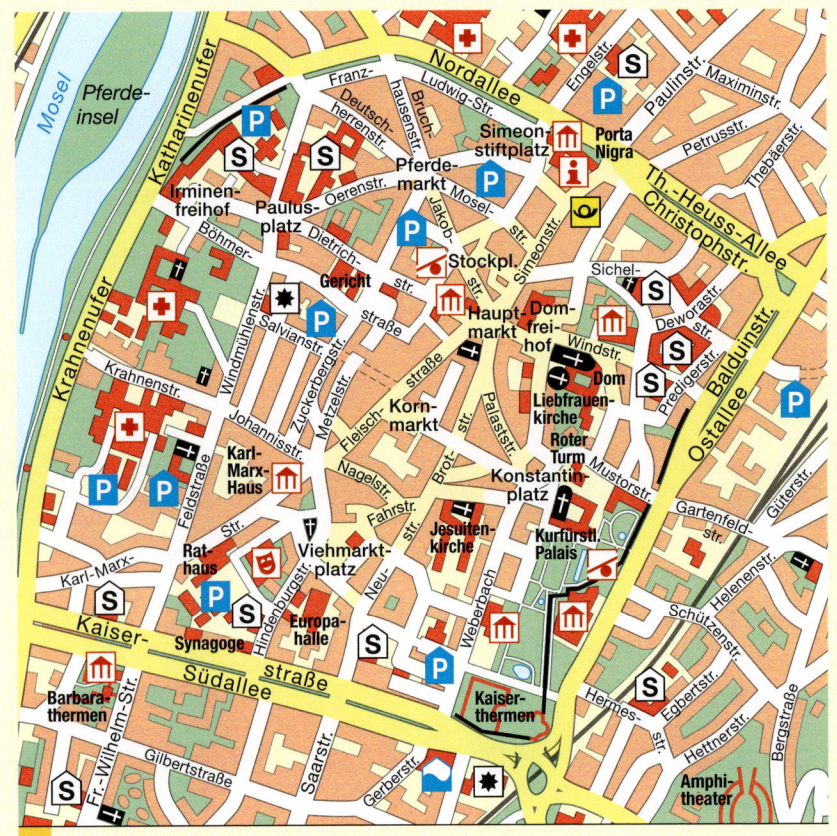

M 1 *Stadtplan der Innenstadt von Trier 1 : 15 000*

Kennst du deine Stadt? „Ja klar", denkst du – aber kennst du sie so richtig mit allem, was sie zu bieten hat? Du weißt vielleicht, wo ihr einkaufen geht, kennst einige Sehenswürdigkeiten und weißt, wo die nächste Bushaltestelle ist. Aber eine Stadt hat viele Gesichter – und wir wollen diese erkunden.

M 2 *Schülerinnen und Schüler bei der Stadterkundung*

1. Schritt: Wir planen die Erkundung

Bevor wir unsere Stadt erkunden, gibt es einiges zu bedenken und planen.

Zuerst müsst ihr festlegen, was ihr genau erkunden wollt:

Ihr könnt erkunden, wie die Straßen oder Häuser genutzt werden, und eine **Nutzungskartierung** erstellen, ihr könnt eine **Stadtviertelerkundung** durchführen, erforschen, wie sich die Stadt im Vergleich zu früher und heute verändert hat, oder ihr erkundet, welche Sehenswürdigkeiten wo in der Stadt zu finden sind.
Entscheidet euch, ob ihr in Gruppen oder im Klassenverband arbeiten wollt.

A) Nutzungskartierung einer Geschäftsstraße

- Wähle mithilfe des Stadtplans das Untersuchungsgebiet aus.
- Erstelle eine Kartiervorlage, indem du zum Beispiel den Stadtplan vergrößert kopierst.
- Fotografiere die Straße.
- Befrage eventuell Anwohner, Ladenbesitzer oder Gastronomen zur Nutzung.
- Kartiere die Nutzung.

B) Ein Stadtviertel erkunden

Wählt mithilfe des Stadtplans mehrere unterschiedliche Stadtviertel aus und grenzt das Untersuchungsgebiet ab. Entwickelt einen Untersuchungsbogen und stellt Fragen zusammen. Hier ein Beispiel:

Historische Entwicklung der Altstadt

Untersucht den Stadtplan und die Altstadt selbst mithilfe der folgenden Fragen. Ihr könnt euch gerne aufteilen!

- Gab es früher eine Stadtmauer? Wenn ja, wo war sie? Gibt es sie heute noch?
- Sind noch Stadttore erhalten?
- Welche Kirchen gibt es – und wie alt sind sie?
- Wo befinden sich historische Gebäude wie zum Beispiel Burgen, Brunnen oder Denkmäler?
- Markiert diese Besonderheiten im Stadtplan oder erstellt eine Stadtplanskizze.
- Fotografiert Sehenswürdigkeiten und historische Gebäude.
- Informiert euch zum Beispiel im Stadtarchiv, im Stadtmuseum, in Reiseführern oder auf der Homepage eurer Stadt über die geschichtlichen Hintergründe.
- Notiert euch zu ausgewählten Sehenswürdigkeiten oder Strukturen die gesammelten Informationen.

2. Schritt: Wir führen die Stadterkundung durch

Das könnt ihr tun

Befragungen durchführen, Straßen skizzieren, die Nutzung von Gebäuden in der Fußgängerzone oder von Stadtvierteln kartieren, Parks und Sportplätze kartieren, Sehenswürdigkeiten kartieren und fotografieren

Wie ihr euch in der Stadt verhaltet:

- Niemand geht alleine, ihr bleibt immer in eurer Gruppe.
- Achtet auf den Verkehr und die Verkehrsregeln! Passt gegenseitig auf euch auf! Gerade wenn ihr aus einem verkehrsberuhigten Bereich an eine dicht befahrene Straße kommt, müsst ihr sehr vorsichtig sein.
- Verhaltet euch ruhig und erledigt die Arbeitsaufträge zügig.
- Stellt eure Fragen höflich.
- Betretet Ladengeschäfte und Gaststätten nur, nachdem ihr nachgefragt habt.
- Fasst nichts unerlaubt an.

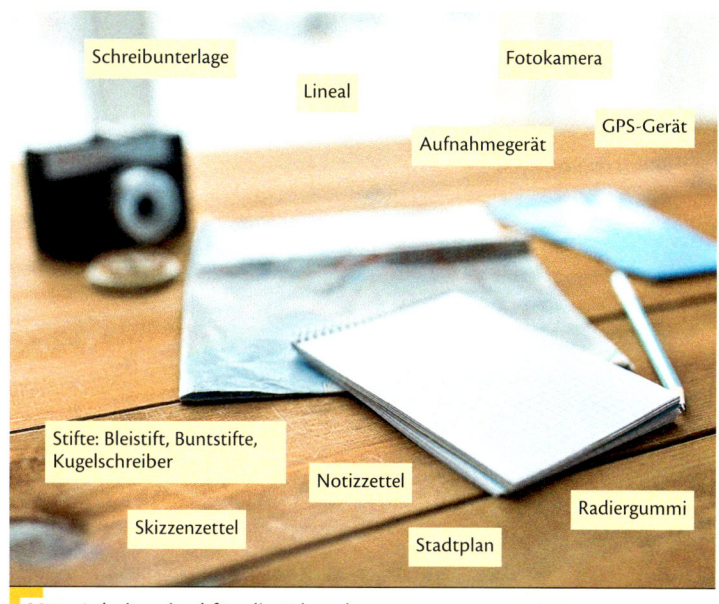

Schreibunterlage · Lineal · Fotokamera · Aufnahmegerät · GPS-Gerät · Stifte: Bleistift, Buntstifte, Kugelschreiber · Notizzettel · Radiergummi · Skizzenzettel · Stadtplan

M 3 *Arbeitsmittel für die Erkundung*

3. Schritt: Wir werten die Stadterkundung aus und präsentieren die Ergebnisse

Bereits vor der Stadterkundung solltet ihr überlegen, wie die Ergebnisse der Stadterkundung gesammelt und zusammengestellt werden.

Folgende Möglichkeiten bestehen:

- Ihr könnt auf Plakaten oder Schautafeln eure Fotos, Zeichnungen, Kartenskizzen, Texte präsentieren und eure Erkenntnisse und Schlussfolgerungen darstellen.
- Eine weitere Möglichkeit ist die Ergebnissicherung mithilfe eines Erkundungstagebuchs, in dem ihr alle Ergebnisse der einzelnen Arbeitsgruppen sammelt.
- Ihr könnt am Computer mithilfe eines Präsentationsprogramms einen Vortrag gestalten, in den ihr eure Fotos, Skizzen und Schlussfolgerungen einbaut.
- Welche Schlussfolgerungen könnt ihr aus eurer Erkundung ziehen? Könnte man zum Beispiel das Stadtviertel noch kinderfreundlicher gestalten? Gäbe es Anreize, um noch mehr Touristen anzulocken? Müsste man ein Stadtviertel vielleicht dringend erneuern? Sollte man eine neue Ampel oder einen Zebrastreifen ergänzen, damit das Viertel sicherer wird?

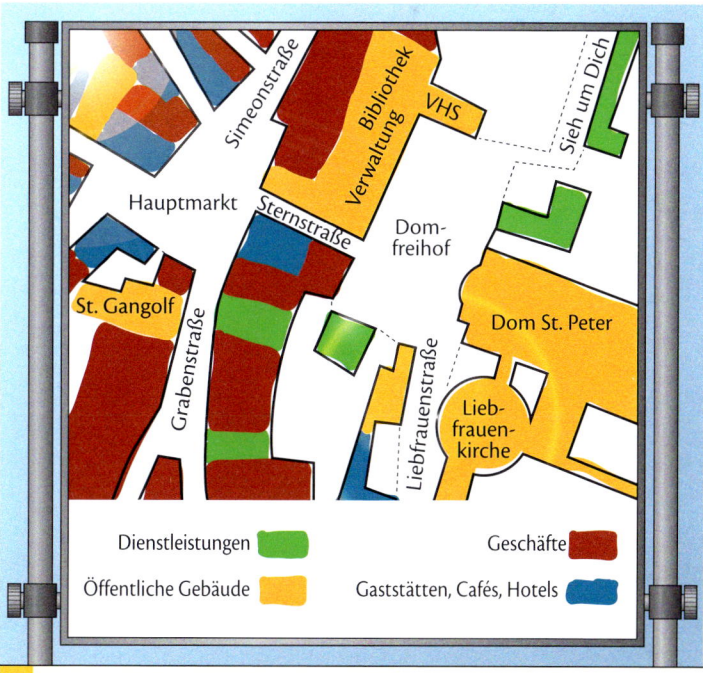

Dienstleistungen · Geschäfte · Öffentliche Gebäude · Gaststätten, Cafés, Hotels

M 4 *Schautafel: Nutzungskartierung einer Fußgängerzone*

Wenn ihr eure Ergebnisse präsentieren wollt, überlegt, wen ihr zur Präsentation der Ergebnisse einladen wollt: eure Parallelklasse, die ganze Schule, eure Eltern oder auch Mitarbeiter der Stadtverwaltung.

Stadt und Umland – eng verflochten

M 1 *Einkaufen direkt beim Bauern*

check-it
- Stadt-Umland-Beziehungen erläutern
- Ursachen und Auswirkungen der hohen Pendlerzahlen darstellen
- Verflechtung von Stadt und Umland begründet darstellen
- eine Befragung durchführen

Die Stadt – Zentrum für das Umland

Städte und ihr **Umland,** das Gebiet, das sie umgibt, sind auf vielfältige Weise miteinander verbunden. In den Städ-

ten gibt es viele Angebote, wie zum Beispiel spezielle Geschäfte, Krankenhäuser und Fachärzte, kulturelle Einrichtungen wie Museen, Theater oder Kinos, Banken und Versicherungen oder weiterführende Schulen und Universitäten, die nicht nur von den Stadtbewohnern genutzt werden, sondern auch von den Menschen, die im Umland der Städte wohnen. Sie nehmen dafür weite Wege in Kauf.

Das Umland – nicht nur Natur

Viele Menschen finden in Städten Arbeitsplätze. Deshalb steigt die Bevölkerung an und Wohnungen werden knapp und teuer. Im Umland großer Städte ist meist ausreichend Platz vorhanden und Grundstückspreise sowie Mieten sind in der Regel niedriger als in der Stadt. Aus diesem Grund ziehen viele Familien dorthin ins Grüne. Am Rand der Umlandgemeinden entstanden große Neubaugebiete mit Einfamilienhäusern oder kleineren Wohnanlagen. Zunächst ziehen die Menschen aus der Stadt in die stadtnahen Umlandgemeinden. Wenn das Bevölkerungswachstum jedoch weiter anhält, dehnt sich die bebaute Fläche zwischen Stadt und Umland immer weiter aus. Auch Einkaufszentren und Industriebetriebe, die viel Platz benötigen, siedeln sich im Umland an.

Pendler

Tausende Bewohner des Umlandes pendeln täglich in die Stadt, um dort zu arbeiten, zu studieren oder die Schule zu besuchen. Sie müssen oft weite Wege zurücklegen, da die Wohn- und die Arbeitsstätten der Menschen weit auseinanderliegen. Wegen der vielen **Pendler** sind morgens nicht nur die Straßen, sondern auch Busse und Bahnen in die Städte überfüllt. Abends wollen alle wieder nach Hause in die Umlandgemeinden. Deshalb staut sich am Abend der Verkehr aus der Stadt heraus und auch Busse und Bahnen stadtauswärts sind voll.

Der ländliche Raum – Erholung für Stadtbewohner

Viele Landwirte haben ihre Betriebe aufgegeben, weil sie nicht mehr wirtschaftlich waren. Oft waren die Betriebe zu klein oder die Anschaffung neuer Maschinen zu teuer.

Zahlreiche Gemeinden im ländlichen Raum beschlossen, diese nicht mehr genutzten Ackerflächen und Weiden in Erholungsgebiete umzugestalten. Einige Bereiche wurden aufgeforstet und andere sogar unter Naturschutz gestellt.

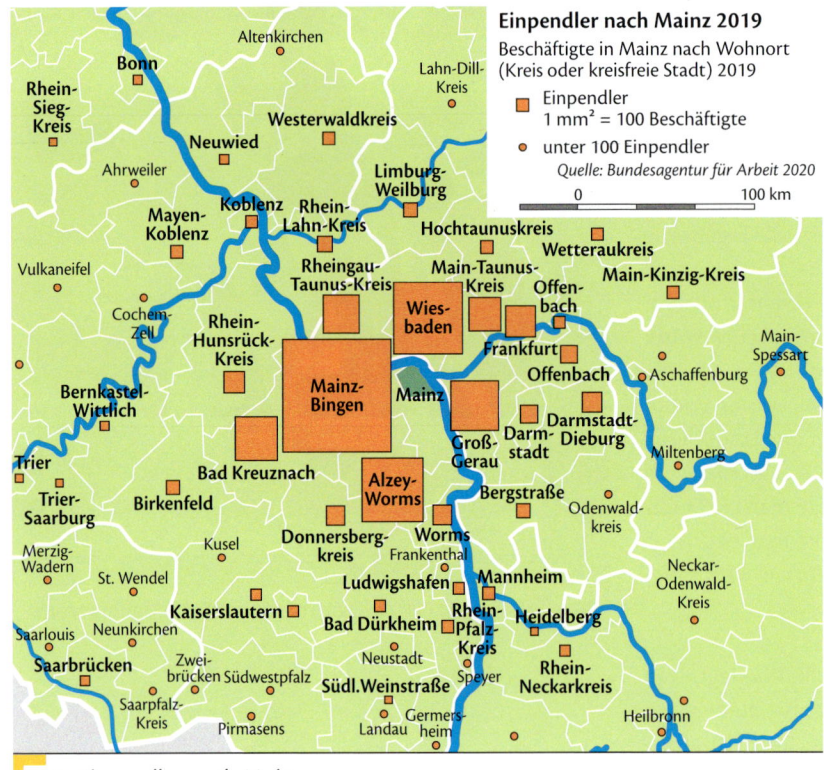

M 2 *Einpendler nach Mainz*

Einpendler nach Mainz 2019
Beschäftigte in Mainz nach Wohnort (Kreis oder kreisfreie Stadt) 2019
- Einpendler 1 mm² = 100 Beschäftigte
- unter 100 Einpendler

Quelle: Bundesagentur für Arbeit 2020

0 _____ 100 km

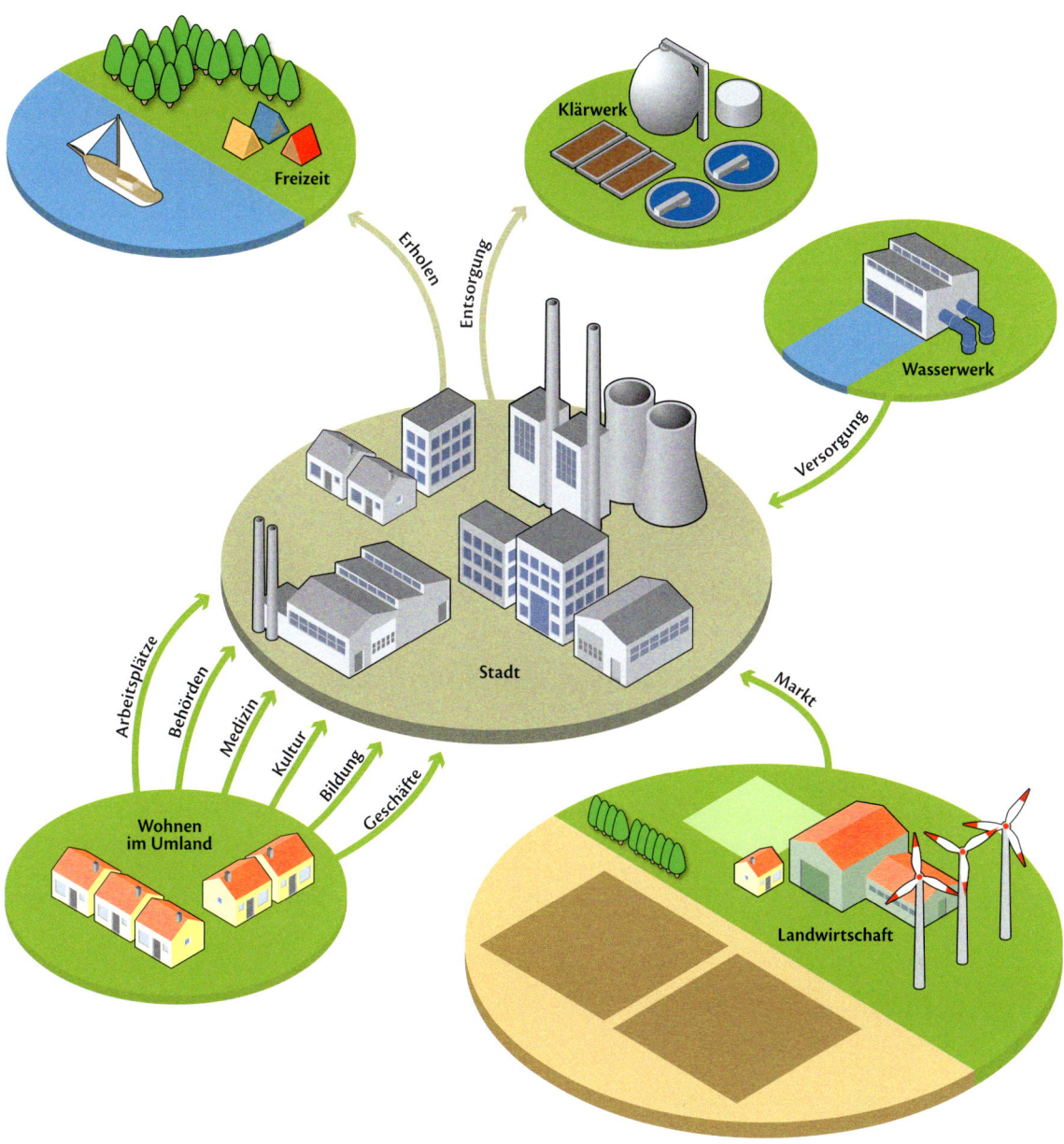

M 3 *Stadt und Umland eng verflochten*

Es wurden Erholungsgebiete geschaffen mit Liegewiesen, Grillplätzen und Sitzbänken sowie Bereiche für Sportanlagen zur Verfügung gestellt.
Einige Landwirte haben nur noch eine kleine Landwirtschaft behalten und betreiben diese neben ihrer Arbeit in der Stadt. Teilweise verdienen sie sich aber auch etwas dazu, indem sie Zimmer oder Ferienwohnungen für „Ferien auf dem Bauernhof" vermieten. Diese Art des Urlaubs ist bei Stadtbewohnern mit Kindern sehr beliebt.

1 Befrage deine Mitschülerinnen und Mitschüler, ob sie in der Stadt oder im Umland wohnen. Erfrage, wozu diejenigen, die in der Stadt wohnen, ins Umland fahren und umgekehrt (**M 1** und **M 3**).

2 Erläutere, weshalb Menschen vom Umland in die Stadt pendeln (**M 2**, **M 3**).

3 Nenne Probleme, die auftreten können, wenn viele Menschen vom Wohnort zum Arbeitsplatz pendeln (**M 2**).

4 Dörfer haben heute viel mehr zu bieten als Bauernhöfe. Charakterisiere die Veränderungen im ländlichen Raum (**M 1** und **M 3**).

5 Stadt und Umland sind eng verbunden. Begründe die Richtigkeit dieser Aussage (**M 1** bis **M 3**).

6 Viele Schülerinnen und Schüler sind auch Pendler, denn sie fahren vom Umland in die Stadt zur Schule. Befragt sie und berichtet von ihren Erfahrungen und Erlebnissen.

Ruanda – unser Partnerland in Afrika

M 1 *Ackerbau auf Steilhängen*

check-it
- geographische Lage Ruandas beschreiben
- Veränderungen beschreiben und Ursachen erläutern
- Fotos, Karten und Tabellen auswerten
- Pro-und-Kontra-Diskussion führen
- Entwicklungen beurteilen

Traditionell landwirtschaftlich geprägt

Die Republik Ruanda wird wegen ihrer Oberflächengestalt als „Land der 1000 Hügel" bezeichnet, denn den größten Teil des Landes bildet eine hügelige Hochebene. Da das Land fast am Äquator liegt, ist das Klima trotz der Höhenlage sehr mild. So kann auf den zahlreichen Hügeln intensiv Landwirtschaft betrieben werden. Von ihr lebt der überwiegende Teil der Bevölkerung. Kaffee, Tee und Kakao sind wichtige landwirtschaftliche Exportgüter.

Boom-Land

Seit Ende der 1990er-Jahre zeichnet sich die Wirtschaft Ruandas durch ein stetiges Wachstum aus. Die Regierung hat es sich zum Ziel gesetzt, das bisher landwirtschaftlich geprägte Ruanda in ein Land zu verwandeln, in dem hohe Löhne gezahlt werden können. Die Armut soll langfristig bekämpft und somit die Lebensbedingungen der gesamten Bevölkerung verbessert werden. Mithilfe finanzieller Unterstützung aus dem Ausland investiert die Regierung hohe Geldsummen, um dieses ehrgeizige Ziel zu erreichen. Bereits heute besuchen über 90 Prozent aller Kinder eine Schule. Die Berufsausbildung wurde verbessert und praxisnäher gestaltet. Es gibt eine flächendeckende staatlich finanzierte Krankenversicherung sowie eine sehr gute medizinische Versorgung. Zudem wird die Ansiedlung von Industrie gefördert und die Landwirtschaft modernisiert. Hinzu kommen hohe Investitionen im Bereich der **Infrastruktur** und des Tourismus. Er ist die größte Einnahmequelle des Landes.

Die Rolle der Frauen

Da während des Bürgerkrieges in den 1990er-Jahren vor allem Männer starben, machen die Frauen nun den Großteil der erwachsenen Bevölkerung aus. Der Wiederaufbau des Landes lag somit in ihren Händen: Sie bestellten Felder, bauten Häuser wieder auf und machten politisch Karriere. Der Frauenanteil im Parlament ist weltweit der größte, denn die ruandische Verfassung schreibt vor, dass 30 Prozent der Abgeordneten im Parlament weiblich sein müssen. Tatsächlich liegt der Frauenanteil seit Jahren bei über 60 Prozent (zum Vergleich: Deutscher Bundestag Januar 2021 = Frauenanteil 31,4 Prozent). Männer und Frauen sind vor dem Gesetz gleichgestellt, auch wenn traditionsbedingt Frauen auf dem Land noch benachteiligt sind.

M 2 *Moderne Textilfabrik in Kigali*

Hodali, ein ruandischer Reiseleiter, berichtet: „Jeden letzten Samstag im Monat von 8.00 bis 12.00 Uhr muss jeder ab 18 Jahren ehrenamtlich Arbeit für die Gemeinde leisten. Dadurch soll der Fortschritt und das wirtschaftliche Wachstum unseres Landes gefördert werden. Wir kehren dann zum Beispiel gemeinsam Straßen, säubern und bepflanzen Grünflächen, legen Bewässerungsgräben an oder unterstützen hilfsbedürftige Nachbarn. Es ist schön zu sehen, wie viel man gemeinsam schaffen kann."

M 3 *Umuganda – Gemeinschaftsarbeit*

	DR Kongo	Ruanda	Deutschland
Fläche in km²	2 344 860	26 340	357 580
Einwohner in Mio.	84,1	12,3	82,9
Bevölkerungsdichte (Einwohner pro km²)	37,1	498,6	237,4
Geburten pro Frau	6,0	4,1	1,5
Lebenserwartung bei Geburt in Jahren	60,4	68,7	81,2
erwartete Schul- und Ausbildungsjahre	9,7	11,2	17,1
jährliches Bruttonationaleinkommen pro Kopf in US-$	800	1959	46 946
Bevölkerung, die unterhalb der Armutsgrenze lebt (weniger als 1,9 US-$/Tag) in %	76,6	55,5	–

Quelle: Weltbank 2019

M 4 *Strukturdaten im Vergleich (Stand 2018)*

1 Beschreibe die geographische Lage Ruandas (Karten S. 214/215 und S. 216/217, Atlas).

2 Erläutere, wie sich die Lebensbedingungen in Ruanda verändern (**M 1** bis **M 3**).

3 Erläutere die Bedeutung der Gemeinschaftsarbeit. Führt eine Pro-und-Kontra-Diskussion durch, ob ein solches Modell auch für Deutschland denkbar ist (**M 3**, *Eine Pro-und-Kontra-Diskussion führen*).

4 Ruanda – ein Musterstaat Afrikas? Begründe deine Meinung (**M 1** bis **M 4**).

Hier findest du zusätzliche Informationen und Links:

 cornelsen.de/webcodes
Code: miripe

Geo-Check: Deutschland und Rheinland-Pfalz kennenlernen

Sich orientieren

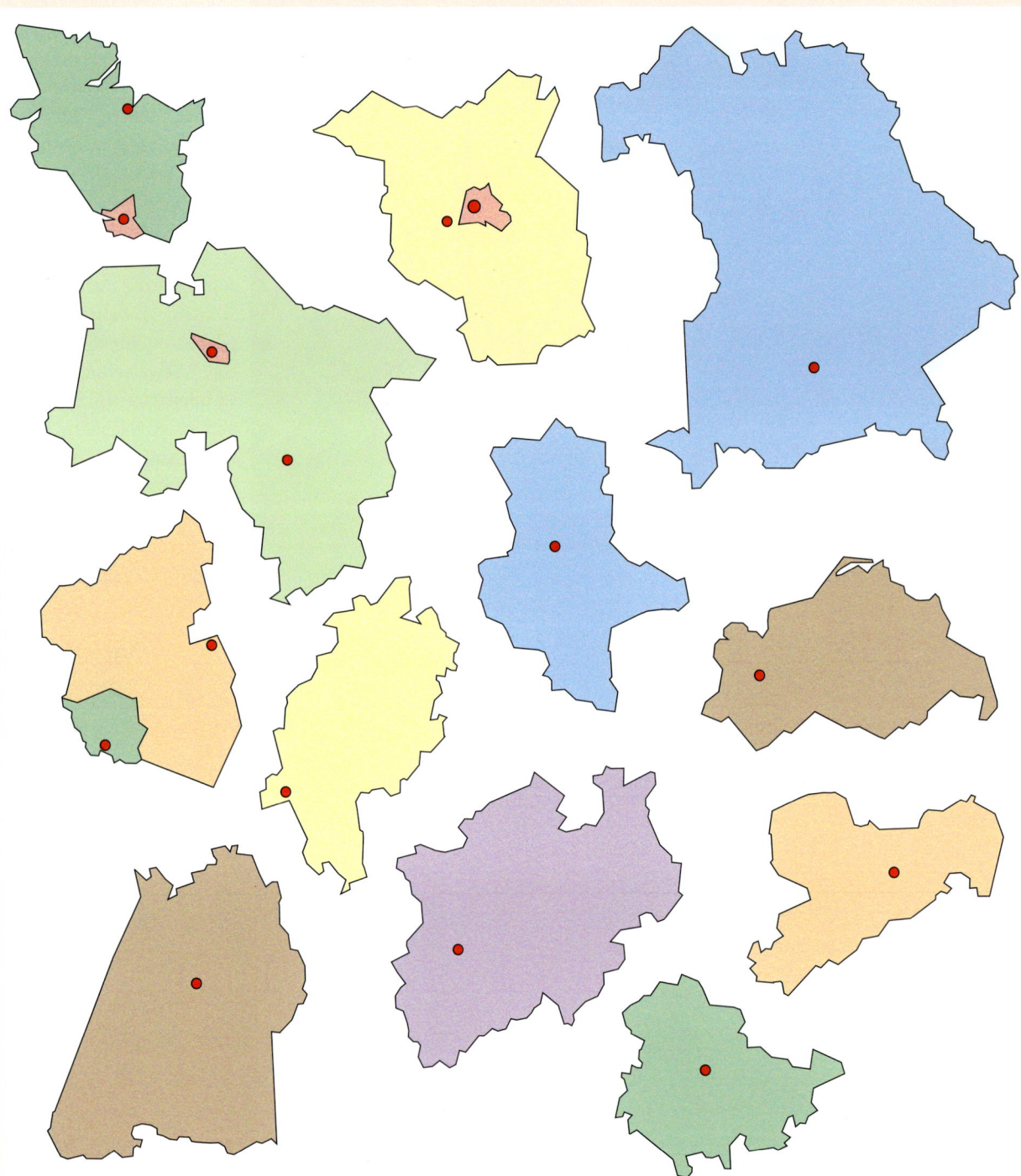

M 1 *Bundesländer-Puzzle Deutschland*

1 Zeichne die Umrisse der Bundesländer (**M 1**) ab und schneide dann die Teile aus.

2 Male die Bundesländer mit unterschiedlichen Farben aus. Kontrolliere, ob du auch alle Bundesländer gefunden hast. Wie viele müssten es sein?

3 Beschrifte die Hauptstädte der Bundesländer.

4 Setze die Teile zu einer Deutschlandkarte zusammen.

5 Lege eine Tabelle an, in die du die Bundesländer und ihre jeweilige Landeshauptstadt einträgst.

6 Nenne das flächenmäßig größte Bundesland.

7 Rheinland-Pfalz grenzt an vier Bundesländer und drei europäische Staaten. Beweise diese Aussage, indem du sie aufzählst.

Wissen und verstehen

8 Sortiere die Aussagen in richtige und falsche Aussagen. Verbessere die falschen Aussagen und schreibe sie richtig auf.

Richtig oder falsch?

‒ Rheinland-Pfalz liegt im Norddeutschen Tiefland.
‒ Ruanda ist ein Partnerland von Rheinland-Pfalz in Asien.
‒ Der Maßstab gibt das Maß der Verkleinerung auf der Karte im Vergleich zur Wirklichkeit an.
‒ Die City liegt am Stadtrand.
‒ Die Landeshauptstadt von Rheinland-Pfalz liegt an der Mosel.
‒ Typische Oberflächenformen in einem Mittelgebirge sind abgerundete Berge, Hochflächen und Täler.
‒ Das Alpenvorland ist eine Großlandschaft in Deutschland.
‒ Das Rheinische Schiefergebirge ist ein Hochgebirge.
‒ Berlin ist seit 1871 ununterbrochen die deutsche Hauptstadt.
‒ Die Landeshauptstadt Mainz ist Sitz der Bundesregierung und ein wichtiges Kulturzentrum.
‒ Der Pfälzerwald ist Teil des Rheinischen Schiefergebirges.

9 Ordne jedem dieser Begriffe mindestens zwei Merkmale zu.

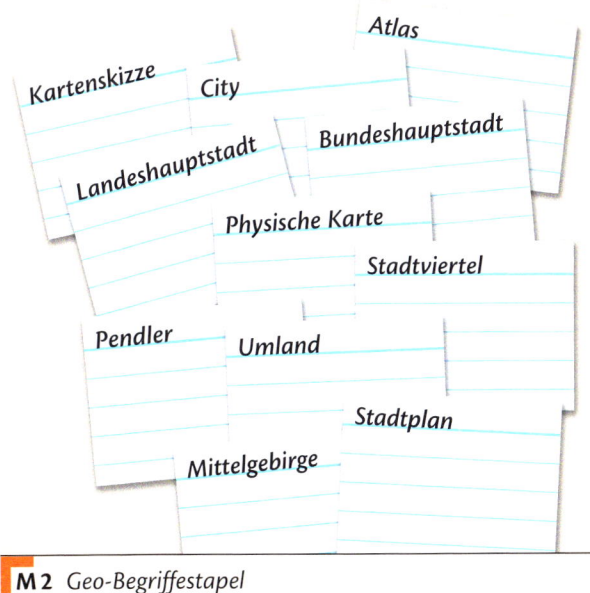

Atlas
Kartenskizze
City
Landeshauptstadt
Bundeshauptstadt
Physische Karte
Stadtviertel
Pendler
Umland
Stadtplan
Mittelgebirge

M 2 *Geo-Begriffestapel*

1. Die Stadt bietet dem Umland …   **2. Das Umland bietet der Stadt …**

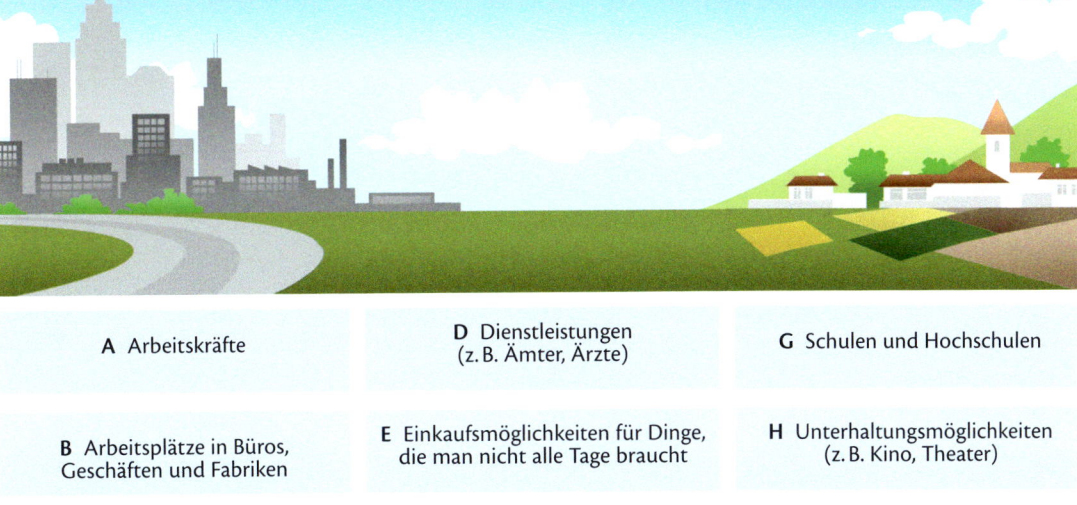

A Arbeitskräfte	**D** Dienstleistungen (z. B. Ämter, Ärzte)	**G** Schulen und Hochschulen
B Arbeitsplätze in Büros, Geschäften und Fabriken	**E** Einkaufsmöglichkeiten für Dinge, die man nicht alle Tage braucht	**H** Unterhaltungsmöglichkeiten (z. B. Kino, Theater)
C Zusätzliches Bauland für Wohnsiedlungen	**F** Erholungsmöglichkeiten auf großen freien Flächen, an Seen und in Wäldern	**I** Versorgung mit Nahrungsmitteln

M 3 *Stadt-Umland-Beziehungen*

10 Erläutere die Beziehungen zwischen Stadt und Umland (M 3). Ordne die Aussagen in den Kästchen A bis I jeweils dem passenden Bild zu.

Können und anwenden

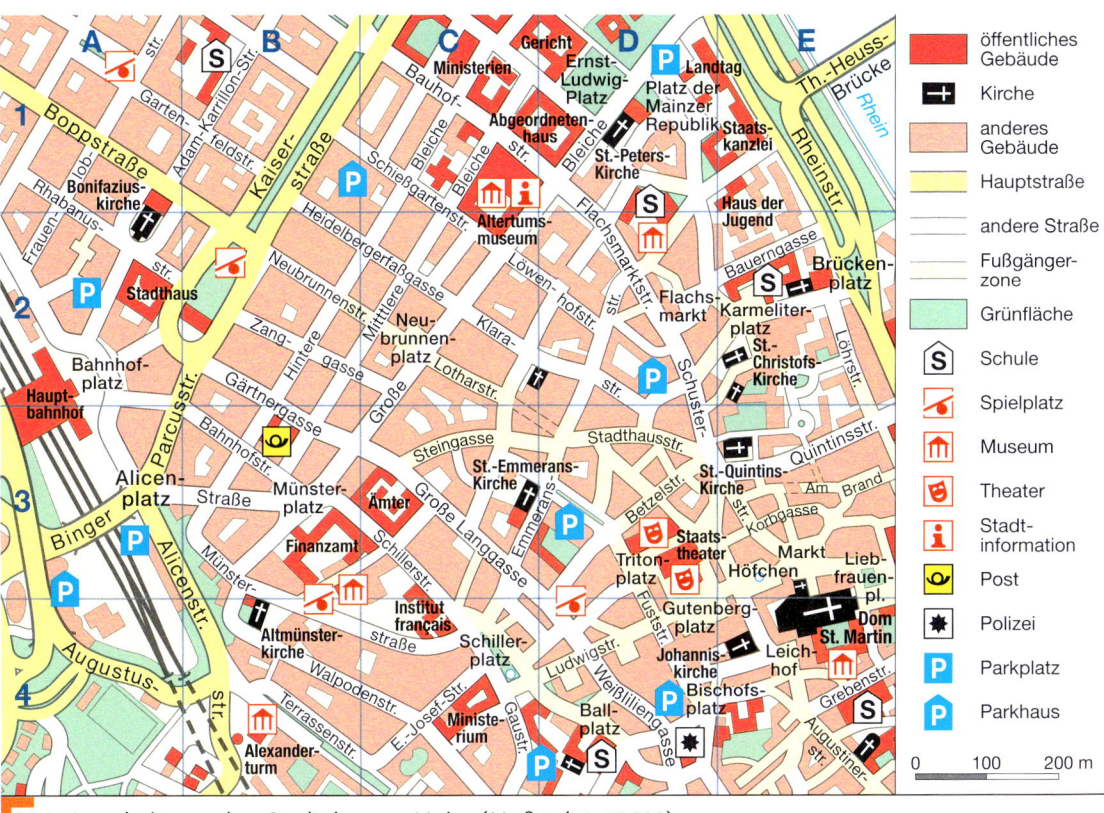

🟥	öffentliches Gebäude
✚	Kirche
🟧	anderes Gebäude
	Hauptstraße
	andere Straße
	Fußgängerzone
🟩	Grünfläche
Ⓢ	Schule
	Spielplatz
🏛	Museum
	Theater
🅸	Stadtinformation
	Post
✳	Polizei
🅿	Parkplatz
🅿	Parkhaus

0   100   200 m

M 4 *Ausschnitt aus dem Stadtplan von Mainz (Maßstab 1 : 10 000)*

11 Schreibe die Planquadrate auf, in denen sich folgende Straßen befinden (M 4):
‒ Große Bleiche
‒ Binger Straße,
‒ Bauerngasse.

12 Anna und Noah möchten mit ihrer Klasse den Landtag in Mainz besuchen. Sie starten nach ihrer Ankunft in Mainz am Hauptbahnhof.
‒ Gib die Entfernung zwischen Hauptbahnhof und Landtag an (Luftlinie) (M 4).
‒ Notiere die Planquadrate, in denen der Hauptbahnhof und der Landtag liegen.
‒ Beschreibe den Fußweg der Klasse vom Bahnhof zum Landtag. Nenne die Straßennamen, an Kreuzungen die Richtung, in die sie abbiegen müssen, Straßen, die überquert werden, sowie alle Planquadrate, die durchquert werden müssen (M 4).
‒ Auf dem Rückweg geht die Klasse durch die Fußgängerzone und am Mainzer Dom vorbei zurück zum Bahnhof. Beschreibe diesen Weg (M 4).

M 5 *Das Museum für Antike Schifffahrt in Mainz*

Sich verständigen, beurteilen und handeln

13 Erstellt in Gruppen einen Stadtführer von Mainz für Jugendliche. Informiert darin über Sehenswürdigkeiten, Öffnungszeiten z. B. von Schwimmbädern, Eissporthallen, Tierparks und Museen sowie über das aktuelle Kino-, Theater- und Veranstaltungsprogramm (M 5, Webcode).

Hier findest du zusätzliche Informationen und Links:

 cornelsen.de/webcodes
Code: zuvixe

Deutschland: Bodennutzung

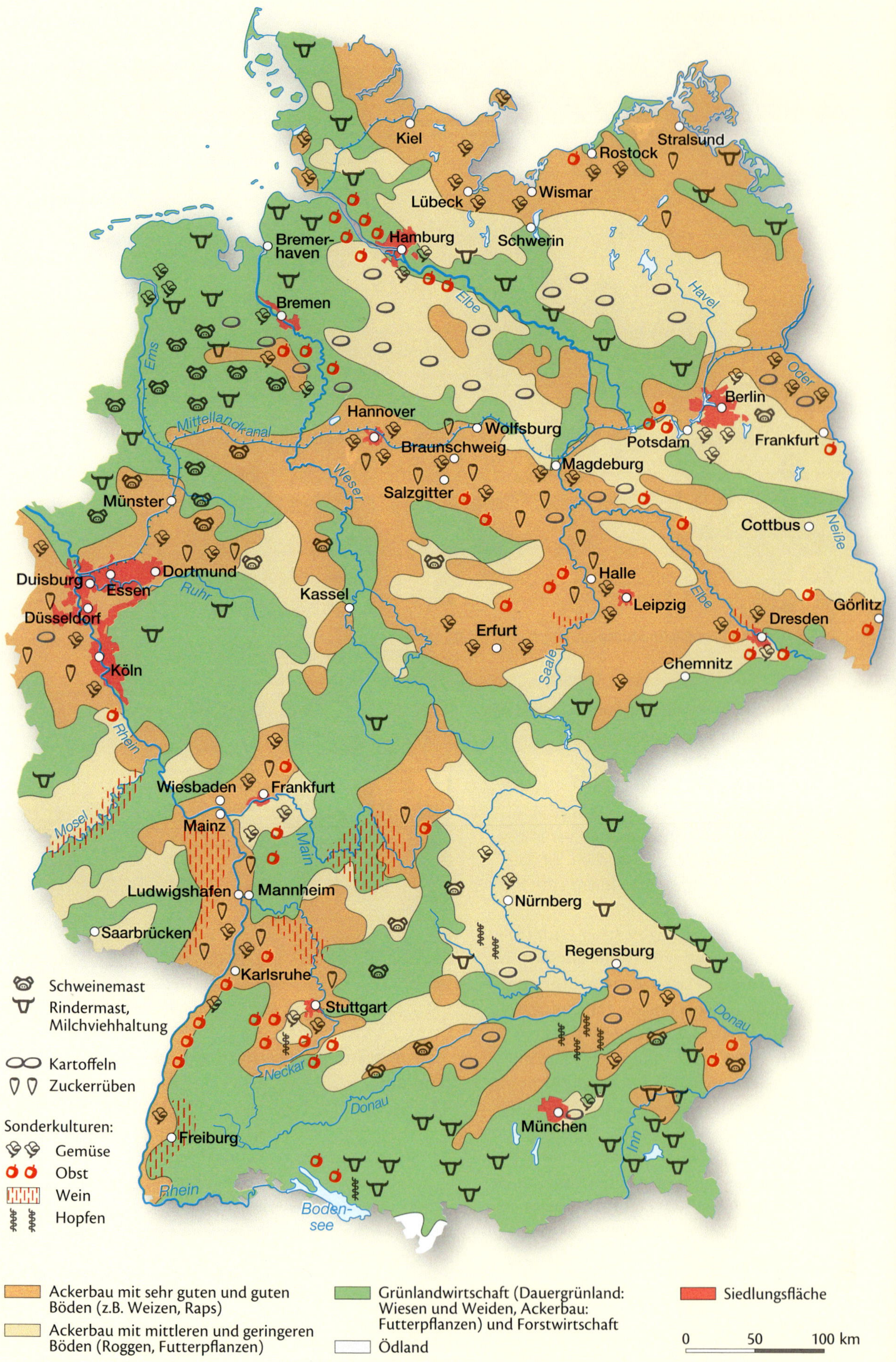
Kiel
Rostock
Stralsund
Wismar
Lübeck
Hamburg
Schwerin
Bremerhaven
Bremen
Elbe
Havel
Ems
Berlin
Oder
Mittellandkanal
Hannover
Wolfsburg
Braunschweig
Potsdam
Frankfurt
Salzgitter
Magdeburg
Weser
Münster
Cottbus
Neiße
Duisburg
Essen
Dortmund
Halle
Düsseldorf
Ruhr
Kassel
Leipzig
Dresden
Görlitz
Erfurt
Köln
Saale
Chemnitz
Rhein
Wiesbaden
Frankfurt
Mosel
Mainz
Main
Ludwigshafen
Mannheim
Nürnberg
Saarbrücken
Regensburg
Karlsruhe
Stuttgart
Donau
Neckar
München
Inn
Freiburg
Bodensee
Schweinemast
Rindermast, Milchviehhaltung
Kartoffeln
Zuckerrüben
Sonderkulturen:
Gemüse
Obst
Wein
Hopfen
Ackerbau mit sehr guten und guten Böden (z.B. Weizen, Raps)
Ackerbau mit mittleren und geringeren Böden (Roggen, Futterpflanzen)
Grünlandwirtschaft (Dauergrünland: Wiesen und Weiden, Ackerbau: Futterpflanzen) und Forstwirtschaft
Ödland
Siedlungsfläche
0 50 100 km

3 Landwirtschaftliche Nutzung erläutern

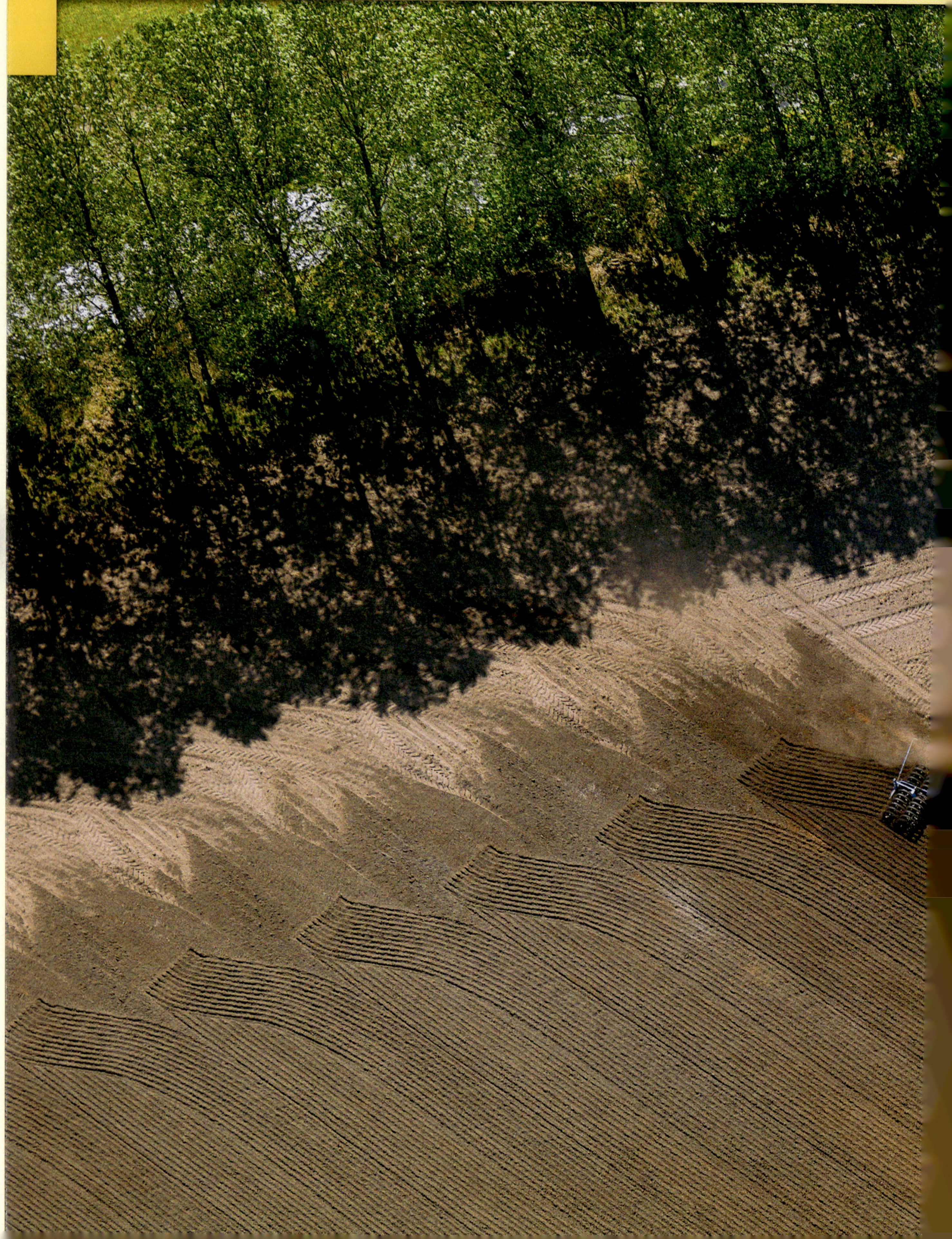

Landschaftspflege?
Geometrische Formen in der Landschaft und
schön ordentlich geharkte Ackerflächen lassen den
Eindruck entstehen, dass hier Gartengestaltung im
Großen betrieben wird. Die Landwirtschaft prägt
bei uns das Landschaftsbild.

In diesem Kapitel lernst du
- die geographische Lage von
  Landwirtschaftsgebieten zu
  beschreiben,
- die natürlichen Grundlagen
  für die Landwirtschaft zu beschreiben und zu vergleichen,
- verschiedene Arten des
  Anbaus zu beschreiben,
- die Verbreitung bestimmter
  Anbaugebiete zu begründen,
- intensive und ökologische
  Landwirtschaft zu
  unterscheiden,
- einen landwirtschaftlichen Betrieb zu erkunden,
- Merkmale von Sonderkulturen
  zu benennen und zu
  vergleichen,
- die Herkunft von Nahrungsmitteln zu erkunden.

Dazu nutzt du
- Bilder,
- physische und thematische
  Karten,
- Diagramme,
- Grafiken,
- Tabellen,
- das Internet.

Du beurteilst
- den Einfluss der natürlichen
  Grundlagen auf die
  Landwirtschaft.

*Traktor beim Pflügen und
Eggen in einem Arbeitsgang*

Wir lesen eine Bodennutzungskarte

check-it _____
- Merkmale einer thematischen Karte, hier Bodennutzung, kennen
- Schrittfolge für das Lesen einer thematischen Karte kennen und anwenden

Was ist eine thematische Karte?

Die Erdkunde beschäftigt sich mit Landschaften, Gewässern, Böden, Temperaturen und Niederschlägen, Verkehr, Städten und Dörfern, Landwirtschaft, Industrie und Bergbau und vielen anderen Themen. Stelle dir vor, dass alle diese Themen beispielsweise für Rheinland-Pfalz oder Deutschland in einer Karte dargestellt sind. Das ist unmöglich, weil eine solche Karte überfüllt und damit unübersichtlich wäre. Deshalb gibt es zu bestimmten Themen **thematische Karten.** Die Inhalte thematischer Karten werden durch Kartenzeichen (Signaturen) dargestellt, zum Beispiel durch Linien, Figuren oder Farbflächen. Aber aufgepasst: In thematischen Karten haben die Flächenfarben eine andere Bedeutung als in physischen Karten. So kann eine grüne Fläche Grünland oder Wald kennzeichnen, während diese in einer physischen Karte für Gebiete mit geringer Höhe steht.

Checkliste zum Lesen thematischer Karten

1. Informiere dich über das Thema der Karte und den abgebildeten Raum. Lies dazu den Kartentitel oder die Bezeichnung der Abbildung (**M 1**).
2. Bestimme die Lage und Größe des dargestellten Raumes. Beachte dabei den Maßstab der Karte.
3. Stelle mithilfe der Legende fest, was die Farben, Linien und Zeichen in der Karte bedeuten.
4. Beschreibe den Karteninhalt:
- Welche Farben und Zeichen treten häufig auf?
- Welche Bedeutung haben diese?
- Wie sind bestimmte Zeichen und Farben im Raum verteilt? Beachte Häufigkeit und Größe der Zeichen.
- Welcher Zusammenhang besteht zum Beispiel zwischen einer Stadt oder einer Landschaft und dem Auftreten bestimmter Farben und Zeichen in der Karte?

Beispiel: Lesen der thematischen Karte „Rheinland-Pfalz – Bodennutzung" (M 1)

1. Der Kartentitel ist: Rheinland-Pfalz (Raum) – Bodennutzung (Thema).

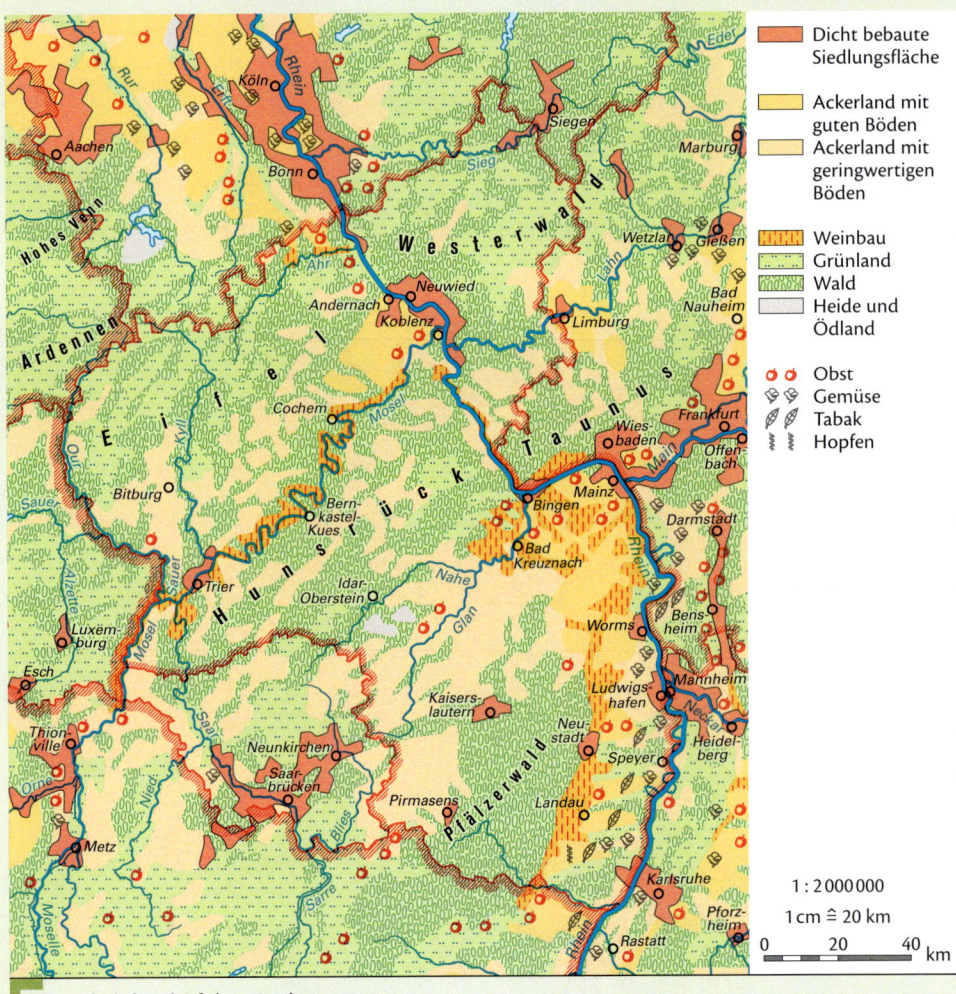

M 1 *Rheinland-Pfalz – Bodennutzung*

2. Die Karte zeigt das Bundesland Rheinland-Pfalz und angrenzende Länder. Der Maßstab der Karte ist 1 : 2 000 000.

3. Die Legende zeigt Farben und Zeichen. Die einzelnen Farben stellen Folgendes dar: rote Farbe = dicht bebaute Siedlungsflächen (große Städte), braune Farbe = Böden mit sehr guter bis guter Fruchtbarkeit, hellbraune Farbe = Böden mit mittlerer und geringerer Fruchtbarkeit, grüne Farbe = Grünland, Wiesen und Weiden, Ackerbau (z. B. Futterpflanzen), dunkelgrüne Farbe = Wald und graue Farbe = Heide und Ödland. Obst, Gemüse und Tabak sind durch Zeichen abgebildet.

4. Die Farben und Zeichen verdeutlichen die Bodennutzung in Rheinland-Pfalz. Das Gebiet westlich des Rheins zwischen Bingen und Karlsruhe sowie westlich von Koblenz zeigt Ackerland mit guten Böden. Auf den guten Böden werden Obst und Gemüse angebaut. Westlich des Rheins wird an der Weinstraße auch Tabak angebaut. Auf den Höhenzügen ist Wald, Ackerland mit geringwertigen Böden und Grünland zu finden. Weinanbau findet sich entlang von Ahr, Mosel, Saar und der unteren Nahe sowie westlich des Rheins von Bingen entlang der Weinstraße bis zur französischen Grenze im Süden. ▮

1 Ordne den Kartenausschnitt **M 1** in die Landwirtschaftskarte von Deutschland im Kartenteil ein (S. 208).

2 Erkläre am Beispiel von **M 1,** was eine thematische Karte ist.

3 Beschreibe an Beispielen die Weiterverarbeitung landwirtschaftlicher Erzeugnisse in der Industrie (**M 2**).

4 Informiere dich, welche thematischen Karten dein Schulbuch enthält. Nenne drei Beispiele.

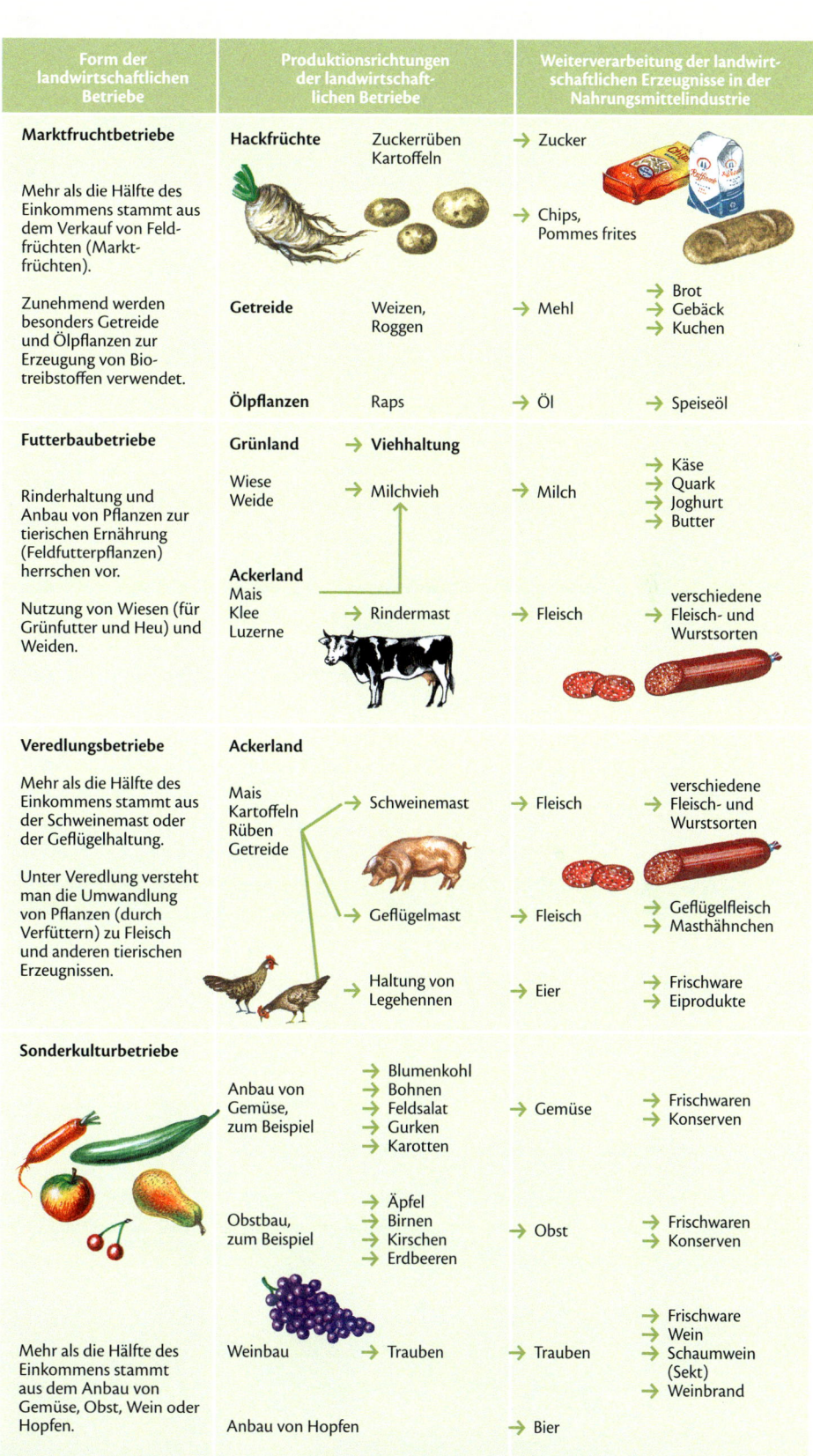

M 2 *Formen und Produktionsrichtungen landwirtschaftlicher Betriebe*

Natürliche Grundlagen beeinflussen die Landwirtschaft

M 1 *Feld mit Hagelschäden*

check-it
- Einfluss natürlicher Grundlagen darstellen
- Bedeutung von Wettervorhersagen für die Landwirtschaft erklären
- Bauernregeln erläutern
- Aussagen prüfen und begründen

Ansprüche von Pflanzen

Pflanzen benötigen Nährstoffe, Wasser, Wärme und Licht, um zu wachsen. Deshalb müssen die Landwirte bestimmte Zeiten für die Aussaat und Ernte beachten. Nur so können die Pflanzen bestmöglich wachsen und der Landwirt gute Ernteergebnisse erzielen.

Zuckerrüben beispielsweise können bereits von Anfang März bis Mitte April ausgesät werden. Für die frühe Aussaat ist jedoch wichtig, dass es wenige **Niederschläge** gibt. Die Zuckerrüben wachsen von März bis September. In dieser Zeit benötigen sie viel Wasser und Sonne. Die Rübenernte beginnt Mitte September und endet Mitte November.

Roggen wird hingegen von Ende September bis Mitte Oktober ausgesät und im folgenden Jahr im Spätsommer geerntet. Roggen ist eine anspruchslose Pflanze.

Landwirte, die unterschiedliche Pflanzen anbauen, sind zu verschiedenen Zeiten im Jahr mit Ernte und Aussaat beschäftigt.

Temperatur und Niederschlag

Die Temperatur hat große Bedeutung für die Landwirte. Ist es zu kalt, kann nicht ausgesät werden. Ist es über viele Tage sehr heiß, können die Pflanzen vertrocknen. Der Landwirt hat stets das Thermometer im Blick, um zum Beispiel die Pflanzen vor Frost oder zu großer Hitze zu schützen.

Niederschlag ist für den **Ackerbau** sehr wichtig, denn ohne Regen fehlt den Pflanzen das Wasser. Die Pflanzen drohen zu vertrocknen, sodass der Landwirt seine Pflanzen bewässern muss. Kommt es aber zu starken Regenfällen, können Schäden an den Pflanzen entstehen. Pflanzenteile können abknicken oder absterben.

Boden

Das Wachstum der Ackerpflanzen hängt nicht nur von Temperatur und Niederschlag, sondern auch von der Fruchtbarkeit des Bodens ab. Als **Boden** bezeichnen wir die oberste Schicht der Erdkruste. Entscheidend für die Fruchtbarkeit des Bodens ist seine Zusammensetzung. Fruchtbare Böden haben einen hohen Nährstoffgehalt. Sie sind deshalb bestens für den Anbau von Zuckerrüben und Weizen geeignet. Andere Pflanzen wie Kartoffeln oder Roggen können auch auf sandigen, nährstoffarmen Böden gut gedeihen. Landwirte, die auf ihren Äckern hohe Erträge erzielen wollen, müssen für ihre Böden die richtigen Pflanzen zum Anbau auswählen. Viele Landwirte verbessern durch Dünger die Fruchtbarkeit des Bodens und erzielen dadurch höhere Erträge.

M 2 *Weinanbau an steilen Lagen*

M 3 *Bauernregeln*

Oberflächenformen

Auch die Oberflächenformen haben Einfluss auf die landwirtschaftliche Nutzung. An steileren Hängen ist der Ackerbau nur eingeschränkt möglich. Traktoren und Maschinen könnten umkippen und der Boden ist schwer zu bearbeiten. Wein oder Obstbäume gedeihen aber durch die ungehinderte Einstrahlung der Sonne besonders gut an steileren Hängen.

Wetter und Boden

Das Wetter und die Fruchtbarkeit des Bodens sind von Bedeutung für den Ackerbau und die Weidewirtschaft.

Daher sind die Landwirte auf gute Wettervorhersagen angewiesen. Früher, als es noch keine Wettervorhersagen gab, nutzten die Landwirte Bauernregeln. Heute gibt es spezielle Wettervorhersagen für die Landwirtschaft.

1 Stelle die natürlichen Grundlagen, die die Landwirtschaft beeinflussen, in einer Mindmap dar (🔧).

2 Beschreibe den Einfluss der natürlichen Bedingungen auf den Ackerbau und die Ernte von Ackerfrüchten (**M 1**, **M 2**, **M 4**).

3 Erkläre, warum Wettervorhersagen für die Landwirtschaft wichtig sind (**M 1**).

4 Bildet vier Gruppen, wählt je zwei Bauernregeln aus und erläutert diese (**M 3**).

5 Begründe, warum die Landwirtschaft in den Mittelgebirgen nur wenig ertragreich ist (**M 2**).

6 Prüfe die Aussage: Das Wetter ist für die Landwirte Freud und Leid zugleich.

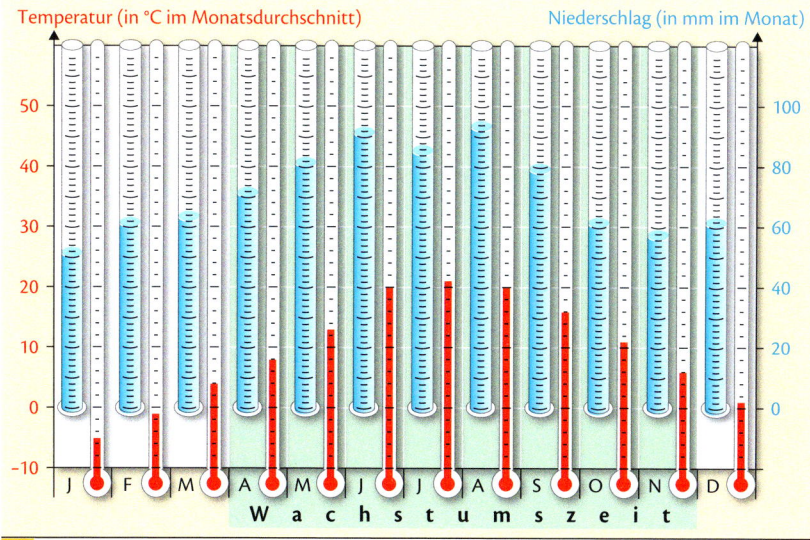

M 4 *Wachstumszeit*

Landwirtschaft in Deutschland – vielfältig und bedeutsam

check-it
- Gebiete der landwirtschaftlichen Produktion verorten
- Aufgaben und Bedeutung der Landwirtschaft erläutern
- Essgewohnheiten vergleichen
- Veränderungen in der Landwirtschaft charakterisieren
- Diagramme lesen
- Veränderungen im Verbraucherverhalten beurteilen

Landwirte erzeugen unsere Lebensmittel

Fleisch und Milch, Getreide und Kartoffeln, Obst und Gemüse werden von landwirtschaftlichen Betrieben in Deutschland produziert. Die Landwirtschaft liefert damit die „Rohstoffe" für die weiterverarbeitende Lebensmittelindustrie: die Molkereien und Fleischwarenhersteller, die kartoffelverarbeitenden Betriebe, die Hersteller von Tiefkühlkost und andere.

Die deutsche Landwirtschaft erzeugt gegenwärtig etwa 90 Prozent dessen, was wir essen und trinken. Nur wenige Lebensmittel müssen aus dem Ausland importiert werden.

Landwirte schufen und pflegen unsere Kulturlandschaft

Felder, Wiesen und Wälder, Weinberge und Obstplantagen, aber auch Dörfer prägen das Bild unserer **Kulturlandschaft**. Sie wurde vor allem durch die jahrhundertelange Arbeit von Bauern und Forstleuten geschaffen. Diese pflegen und erhalten damit unsere vielfältigen Landschaften. Das geschieht zum Beispiel durch eine umweltschonende Bearbeitung der Böden und Wiesen, den Einsatz möglichst weniger Dünge- und Pflanzenschutzmittel oder das Anpflanzen heimischer Gehölzarten. Landwirte bewirtschaften die Wiesen, damit sie nicht mit Büschen zuwachsen. Sie pflegen Brachflächen und Feldraine, pflanzen Gehölzstreifen gegen Wind und Lärm an und führen Arbeiten im Rahmen der Dorferneuerung aus. So pflegen sie die Vielfalt unserer Kulturlandschaft.

Ländliche Räume haben heute als Siedlungs-, Freizeit- und Erholungsräume eine wachsende Bedeutung. Bei einem Urlaub auf dem Bauernhof oder Freizeitaktivitäten wie Radfahren, Reiten und Wandern kann man die Landwirtschaft und die verschiedenen ländlichen Räume hautnah erleben.

Landwirte und Verbraucher – eng verbunden

Die Gewohnheiten und Ansprüche der Verbraucher verändern sich. Darauf muss sich die Landwirtschaft einstellen. Die Verbraucher in Deutschland legen vor allen Dingen Wert auf die sichere Verfügbarkeit von Lebensmitteln, auf einen möglichst niedrigen Preis, auf hohe Qualität, guten Geschmack sowie auf eine umweltverträgliche Produktion. Zunehmend werden Lebensmittel für bestimmte Personengruppen produziert: für Kleinkinder, Jugendliche oder Senioren. Arbeitnehmer müssen heute für den Kauf von Lebensmitteln weniger Zeit arbeiten. So betrug 1970 die Arbeitszeit für ein Kilogramm Schweinekotelett 96 Minuten, im Jahr 2006 nur noch 23 Minuten. Bei 250 Gramm Butter hat sich die Zeit von 22 auf vier Minuten verringert. Aber auch die Erlöse der Landwirte für die produzierten Lebensmittel sind gesunken. Von einem Euro, den der Verbraucher ausgibt, erhält der Landwirt heute nur noch etwa 25 Cent. Die verbleibenden 75 Cent teilen sich vor allem der Handel und die Lebensmittel verarbeitende Industrie.

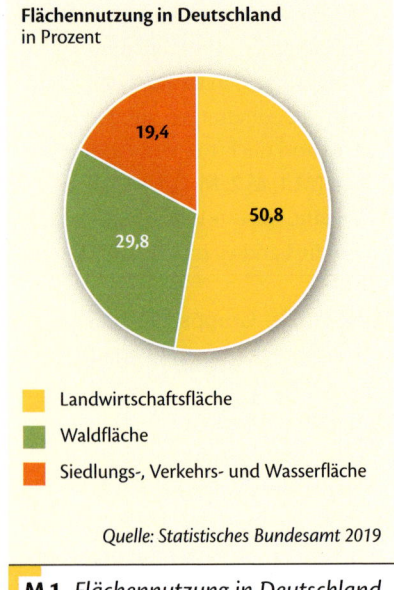

Flächennutzung in Deutschland
in Prozent

19,4
50,8
29,8

Landwirtschaftsfläche
Waldfläche
Siedlungs-, Verkehrs- und Wasserfläche

Quelle: Statistisches Bundesamt 2019

M 1 *Flächennutzung in Deutschland*

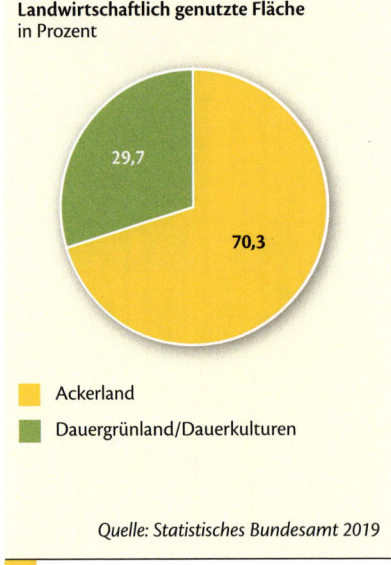

Landwirtschaftlich genutzte Fläche
in Prozent

29,7
70,3

Ackerland
Dauergrünland/Dauerkulturen

Quelle: Statistisches Bundesamt 2019

M 2 *Landwirtschaftlich genutzte Fläche*

- Höhe der Niederschlagsmengen
- Qualität der Böden
- Höhenlage und Oberflächenformen, Dauer der Vegetationszeit
- Nähe zu Absatzmärkten, zum Beispiel zu großen Städten
- Verkehrslage, zum Beispiel für den Import von Futtermitteln
- Vorschriften und Gesetze der Bundesländer, der Bundesregierung und der Europäischen Union

M 3 *Faktoren, die die landwirtschaftliche Produktion in Deutschland beeinflussen*

M 4 Agrarlandschaft

Selbstversorgungsgrad in Deutschland
2018 in Prozent

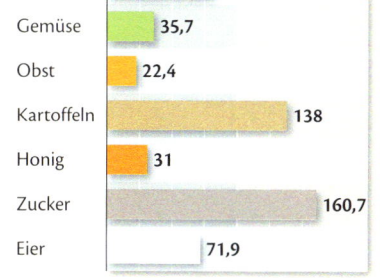

	%
Milch	111
Fleisch	115,6
Getreide	80,9
Gemüse	35,7
Obst	22,4
Kartoffeln	138
Honig	31
Zucker	160,7
Eier	71,9

Quelle: BLE 2020

M 5 Selbstversorgungsgrad mit wichtigen pflanzlichen und tierischen Erzeugnissen in Deutschland 2018

1 Erfasse in einer Tabelle wichtige Landwirtschaftsgebiete in Deutschland. Ordne diese zum Beispiel nach Gebieten mit hohem Tierbestand, Anbaugebieten von Getreide und Zuckerrüben, von Sonderkulturen (Karten S. 67 und S. 208, Atlas).

2 Erläutere die Aufgaben und die Bedeutung der deutschen Landwirtschaft (**M 1**, **M 2**, **M 5**).

3 Benenne und beschreibe Gebiete, die durch die Arbeit von Landwirten geprägt wurden und werden (**M 3**).

4 Charakterisiere die Veränderungen in der deutschen Landwirtschaft (**M 4** bis **M 7**).

5 Vergleiche die Essgewohnheiten und beurteile die Auswirkungen auf die Landwirtschaft (**M 6**, **M 7**).

6 Diskutiert in der Klasse folgende Aussagen: „Was sind uns unsere Lebensmittel wert – ist Geiz wirklich geil?", „Landwirte produzieren das, was wir kaufen."

Hier findest du zusätzliche Informationen und Links:

cornelsen.de/webcodes
Code: nivoti

Essen in Deutschland 1900–2019

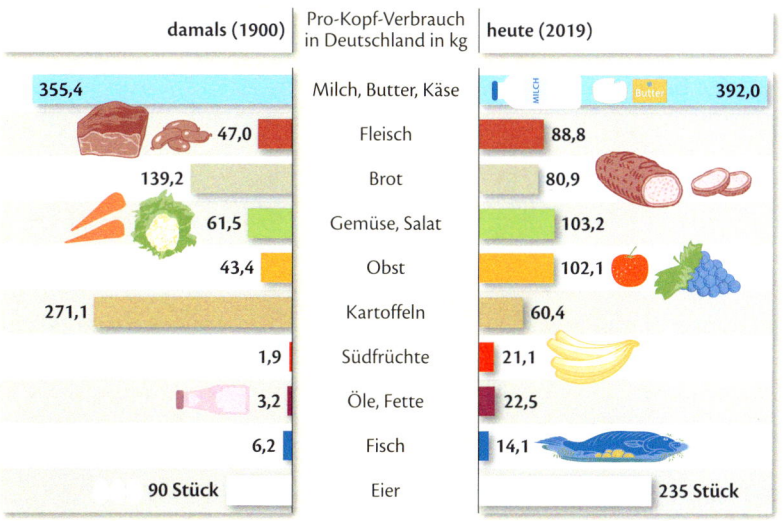

damals (1900)	Pro-Kopf-Verbrauch in Deutschland in kg	heute (2019)
355,4	Milch, Butter, Käse	392,0
47,0	Fleisch	88,8
139,2	Brot	80,9
61,5	Gemüse, Salat	103,2
43,4	Obst	102,1
271,1	Kartoffeln	60,4
1,9	Südfrüchte	21,1
3,2	Öle, Fette	22,5
6,2	Fisch	14,1
90 Stück	Eier	235 Stück

M 6 Pro-Kopf-Verbrauch von ausgewählten Nahrungsmitteln im Vergleich 1900 und 2019

Ausgaben für Lebensmittel
Anteil an den Konsumausgaben der privaten Haushalte in Prozent

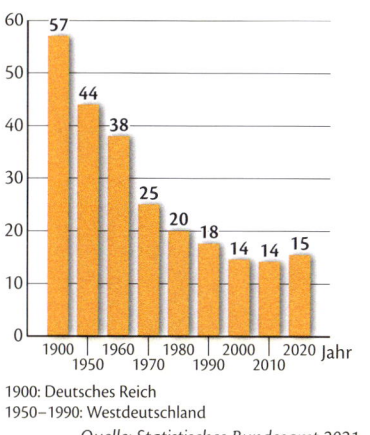

1900: Deutsches Reich
1950–1990: Westdeutschland

Quelle: Statistisches Bundesamt 2021

M 7 Lebensmittelausgaben in Deutschland

Ackerbau in den Börden

M 1 *Bördenlandschaft in der Soester Börde*

M 2 *Versuch – Wasserspeicherung von Böden*

check-it
- Merkmale der Börden nennen
- Zusammenhang zwischen dem Anbau von Feldfrüchten und natürlichen Bedingungen erläutern
- Fruchtwechsel beschreiben und begründen
- Versuch durchführen

Lage der Börden

Wie ein breiter Streifen liegen die **Börden** zwischen dem Norddeutschen Tiefland und dem Mittelgebirgsland. Sie erstrecken sich von der Jülicher Börde im Westen über die Hildesheimer Börde, die Magdeburger Börde bis in die Leipziger Tieflandsbucht im Osten. Der Name „Börde" kommt vom niederdeutschen Wort „bören", was so viel heißt wie „tragen" oder „ertragreich".

Fruchtbarkeit der Börden

Die Böden in den Börden sind sehr fruchtbar, denn sie bestehen aus **Löss**. Löss ist staubfein wie Mehl, sieht gelb-

lich aus und ist reich an Kalkteilchen. Der **Löss** wurde in der **Eiszeit** durch den Wind am Rande des Mittelgebirgslandes angeweht und dort abgelagert. Dabei entstanden mehrere Meter dicke Lössschichten. Auf diesen haben sich während vieler tausend Jahre die besten und fruchtbarsten Ackerböden in ganz Deutschland entwickelt.

Feldfrüchte aus den Börden

Die Börden werden intensiv für den **Ackerbau** genutzt. Besonders Ackerfrüchte, die hohe Ansprüche an die Qualität der Böden stellen, gedeihen dort sehr gut. Das sind vor allem Weizen und Zuckerrüben. Diese Pflanzen brauchen für ihr Wachstum ausreichend Wärme und Wasser sowie Böden mit vielen Pflanzennährstoffen wie Kalk. In den Börden erzielen die Landwirte die höchsten Erträge beim Anbau von Weizen, Raps und Zuckerrüben in Deutschland.

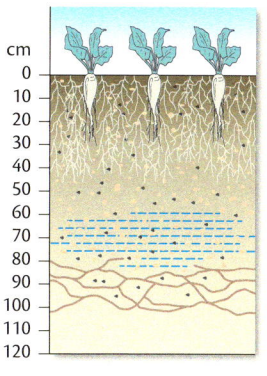

cm

0	
10	sehr fruchtbar
20	tief reichend
30	krümelig
40	stark durchwurzelt
50	
60	reich an Pflanzen-
70	nährstoffen und
80	Bodenwasser
90	durch viele Wurm-
100	gänge aufgelockert
110	frei von Steinen
120	

M 3 *Merkmale von Lössböden*

Den Landwirten in den Börden stehen große Flächen zur Verfügung, die den Einsatz moderner Maschinen und Geräte für die Aussaat, die Pflege und die Ernte ermöglichen, zum Beispiel große Traktoren, Rübenvollerntemaschinen oder Mähdrescher. Ohne die **Mechanisierung** könnten die großen Flächen nicht mit den wenigen Arbeitskräften bearbeitet werden. Die Mechanisierung gehört zum **Strukturwandel** in der Landwirtschaft.

Wenn ein Landwirt Jahr für Jahr die gleiche Ackerfrucht auf einem Feld anbauen würde, würden die Erträge zurückgehen. Dem Boden werden immer die gleichen Pflanzennährstoffe entzogen und er wird immer unfruchtbarer. Manche Pflanzen können aber auch nicht jedes Jahr auf dem gleichen Feld gedeihen. Durch eine sinnvolle Düngung und den **Fruchtwechsel** kann der Landwirt die Fruchtbarkeit des Bodens erhalten.

1 Beschreibe das Bild (**M 1**).
2 Suche die Börden in der Karte und nenne Lagemerkmale der Börden (Karte S. 208, Atlas).
3 Führe den Versuch durch. Erkläre deine Beobachtungs- und Messergebnisse (**M 2**).
4 Erläutere, was die Börden so fruchtbar macht (**M 3**).
5 Der Weizenanbau erfordert moderne Technik auf dem Acker. Erläutere diese Aussage (**M 1** und **M 4**).
6 Beschreibe den Fruchtwechsel (**M 5**).
7 Begründe die Notwendigkeit des Fruchtwechsels (**M 5**).

M 4 *Moderne Technik im Weizenanbau*

Monat	Jan.	Febr.	März	April	Mai	Juni	Juli	Aug.	Sept.	Okt.	Nov.	Dez.
1. Jahr		Unter-pflügen		Saat							Ernte	Saat
2. Jahr							Ernte		Saat			
3. Jahr						Ernte	Saat			Schneiden u. Häckseln		
4. Jahr		Unter-pflügen		Saat							Ernte	Saat

Zuckerrüben Winterweizen Wintergerste Winterraps Gründüngungspflanzen (Lupine, Wicke) Mulch (gehäckselte Gründüngungspflanzen)

M 5 *Möglicher Fruchtwechsel in den Börden*

Hier findest du zusätzliche Informationen und Links:

cornelsen.de/webcodes
Code: qunubo

Intensive Landwirtschaft – Schweinemast im Münsterland

Der Schweinemastbetrieb von Paul Averkamp liegt im Landkreis Coesfeld im Norden Nordrhein-Westfalens. Herr Averkamp lädt uns zu einem Rundgang durch seinen Betrieb ein und beantwortet gern unsere Fragen.

„Warum haben Sie so viele Ställe?"
„Schon vor Jahren stellte ich mir die Frage: Soll ich meinen Betrieb vergrößern oder aufgeben, wie viele andere Bauern es in den letzten Jahren getan haben? Früher hatte ich deutlich weniger Schweine. Doch der Preis, den ich für ein Kilogramm Schweinefleisch bekomme, ist über Jahre etwa gleich geblieben. Dagegen sind die Ausgaben für moderne Stalltechnik und für Futtermittel enorm gestiegen. Damit ich ausreichend verdiene, muss ich heute mehr Schweine mästen als früher. Dafür brauche ich große Stallanlagen."

„Wie viele Schweine mästen Sie im Jahr?"
„Pro Jahr mäste ich an die 7000 Schweine. In den acht Mastställen sind ungefähr 2400 Schweine. Die Schweine werden nach rund fünf Monaten mit einem Gewicht von etwa 105 Kilogramm geschlachtet. In jedem Stall werden deshalb zweieinhalbmal pro Jahr neue Ferkel eingestallt."

„Woher bekommen Sie die Ferkel?"
„Die Ferkel werden auf unserem Betrieb geboren. Deshalb müssen wir keine Ferkel kaufen und laufen nicht Gefahr, uns auf diesem Weg Tierseuchen einzuschleppen."

„Wie werden die vielen Schweine gefüttert?"
„Ja, das wäre wirklich unmöglich, wenn ich meinen Computer nicht hätte. Der Computer steuert die Zusammensetzung des Futters, die Futtermenge und die Wasserversorgung über Automaten. Selbst die Be- und Entlüftung der Ställe läuft automatisch."

„Woher kommt das Futter?"
„Wir lassen das Futter aus Futtermühlen anliefern. Es ist fertig gemischt, und zwar unterschiedlich für Sauen, Ferkel und Mastschweine. Für uns ist es wichtig, dass wir einwandfreies Futter mit guten Nährstoffen bekommen."

„Wie viele Leute arbeiten in Ihrem Betrieb?"
„Außer mir arbeiten im Betrieb ein Angestellter und ein Auszubildender. Alles andere erledigen Maschinen und Automaten. Meine Frau ist Lehrerin. Sie und die Kinder helfen nur selten."

„Gehört zu Ihrem Hof auch Ackerland?"
„Ja, wir bearbeiten 140 Hektar Acker- und Grünland. Weil andere Höfe in der Umgebung aufgegeben haben, konnte ich zusätzliches Ackerland pachten."

M 1 *Computergesteuerte Fütterung in einer Ferkelaufzucht*

„Was machen Sie mit den Ausscheidungen der Tiere? Es müssen doch riesige Mengen Gülle anfallen."

„Die Gülle ist wirklich ein Problem, und zwar nicht nur die Menge, sondern auch der Geruch. Da Gülle ein wertvoller Dünger ist, verwenden wir sie zur Düngung unserer Äcker. Der Boden und das Grundwasser dürfen aber nicht durch zu viel Gülle belastet werden. Deshalb ist es gesetzlich vorgeschrieben, welche Menge Gülle höchstens pro Hektar ausgebracht werden darf. Weil meine eigenen Ackerflächen für die anfallende Güllemenge nicht ausreichen, habe ich weitere Flächen gepachtet. Diese Flächen liegen aber zum Teil sehr weit entfernt."

1 Beschreibe und erkläre die Entwicklung der Schweinebestände und der Schweine haltenden Betriebe in Deutschland seit 1950 (**M 2**).

2 Nenne Gebiete, in denen viele Schweine gehalten werden. Ordne diese Gebiete den Bundesländern zu und formuliere deine Erkenntnis (Karte S. 208, Atlas).

3 Erkläre, warum Paul Averkamp so viele Schweine in einem Jahr mästen kann und welche Probleme dabei auftreten.

4 Erstelle ein Säulendiagramm zur Veränderung der Schweineanzahl pro Betrieb seit 1950. Wähle den Maßstab: Zehn Schweine entsprechen einem Millimeter (**M 2**).

5 „Wie wird aus dem Schwein ein Schnitzel?" Erläutere **M 3**.

Hier findest du zusätzliche Informationen und Links:

cornelsen.de/webcodes
Code: jayapa

Jahr	Anzahl der Schweine haltenden Betriebe	Anzahl der Schweine	Anzahl der Schweine pro Betrieb (gerundet)
1950	2 934 000	11 855 000	4
1960	1 741 000	15 735 000	9
1970	1 028 500	20 901 000	20
1980	511 200	22 444 000	44
1990	287 900	22 035 000	77
2000	123 400	25 633 000	208
2010	57 900	26 538 000	458
2020	20 400	25 480 000	1 249

M 2 *Entwicklung der Schweinebestände und der Schweine haltenden Betriebe in Deutschland*

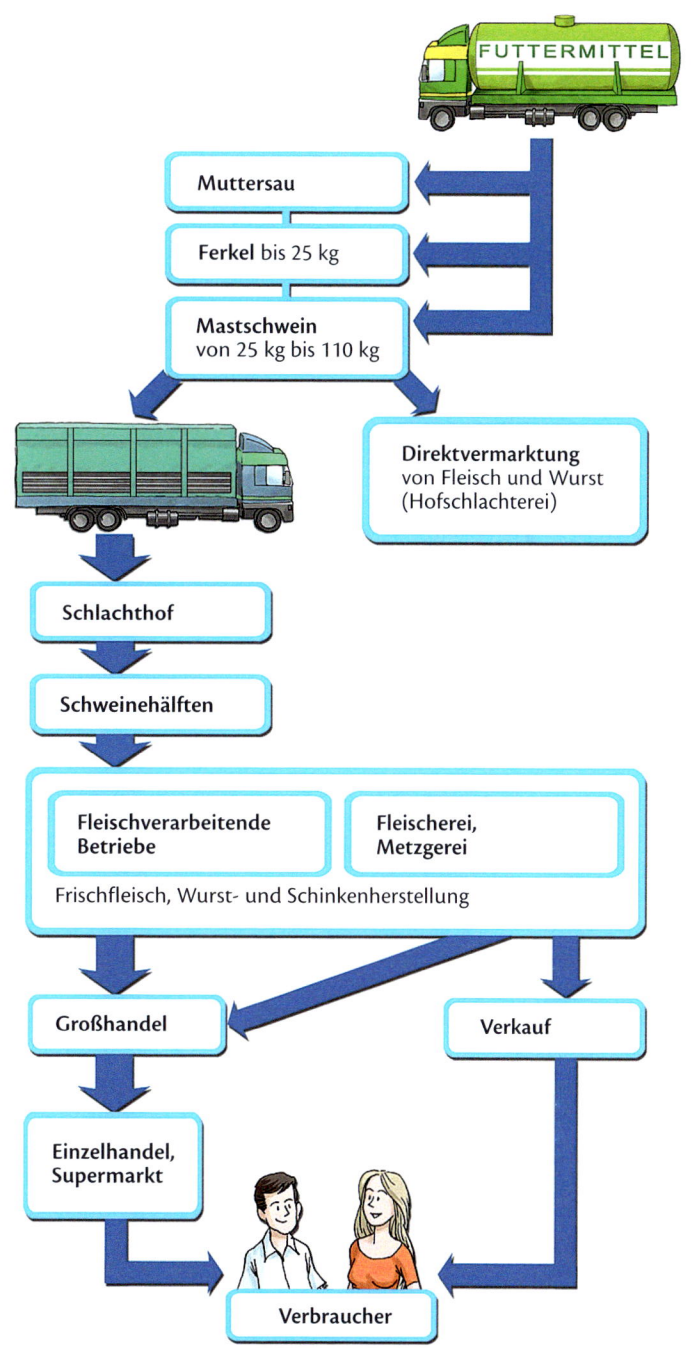

M 3 *Wie wird aus dem Schwein ein Schnitzel?*

Wir erkunden einen landwirtschaftlichen Betrieb

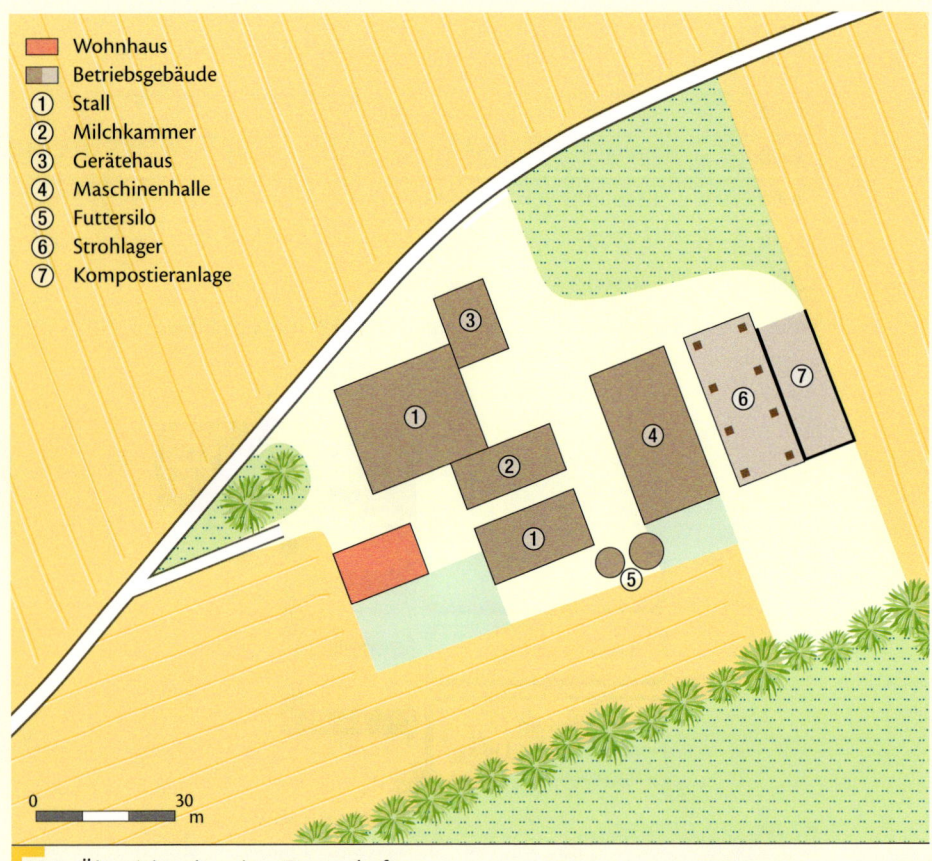

Legende:
- Wohnhaus
- Betriebsgebäude
- ① Stall
- ② Milchkammer
- ③ Gerätehaus
- ④ Maschinenhalle
- ⑤ Futtersilo
- ⑥ Strohlager
- ⑦ Kompostieranlage

0 — 30 m

M 1 *Übersichtsplan eines Bauernhofs*

Wir kaufen Eier, Milch und Zucker im Supermarkt, Kuchen beim Bäcker, Wurst beim Metzger. Doch wer produziert das Fleisch für die Wurst, das Getreide für den Kuchen und die Milch im Tetrapack?

Wo und wie werden unsere Lebensmittel hergestellt? Was und wie viel frisst und säuft eine Kuh? Ist eine Zuckerrübe süß? Fragen über Fragen. Ein Landwirt in eurer Nähe beantwortet diese gern und ihr könnt jede Menge erleben, erfahren und riechen bei der Erkundung eines Bauernhofes.

1. Schritt: Wir planen die Erkundung

Bevor wir einen Bauernhof besuchen, gibt es einiges zu bedenken und zu planen.

Wählt einen Betrieb, der in der Umgebung der Schule liegt oder gut erreichbar ist.
Überlegt, welchen Hof ihr erkunden möchtet: einen Ackerbaubetrieb, einen Hof mit Tierhaltung, einen Betrieb, der **Sonderkulturen** anbaut, oder einen Hof mit ökologischer Landwirtschaft.

Legt Inhalte für die Erkundung fest und stellt einen Fragebogen zusammen.
Achtung! Nicht zu jedem der genannten Gebiete sollt ihr Fragen stellen. Fragt das, was euch am meisten interessiert.
- Lage und Größe der Gebäude des Betriebes,
- Anzahl der Arbeitskräfte,
- Ablauf eines Arbeitstages,
- natürliche Bedingungen, wie Klima und Bodenfruchtbarkeit,
- Natur- und Umweltschutz,
- Düngung und Bewässerung,
- Lage und Größe der Felder,
- Maschinen und Geräte,
- Anbaufrüchte,
- Tiere und ihre Haltung,
- Verkauf der Produkte,
- Einnahmen, Ausgaben, Verdienst

Überlegt, ob ihr die Erkundung in Gruppen oder im Klassenverband durchführen wollt.

Fertigt eine Liste der Materialien an, die für die Erkundung benötigt werden.
- Stifte,
- Notizblöcke,
- eine feste Schreibunterlage,
- eine Fotokamera u. a.

Überlegt, was zur Vorbereitung der Erkundung im Klassenzimmer erledigt werden kann.
- Auf einer Karte die Lage des Bauernhofes feststellen.
- Informationen zur Landwirtschaft im Landkreis oder in Rheinland-Pfalz sammeln.

2. Schritt: Wir führen die Erkundung durch

Das könnt ihr tun

Befragungen durchführen, Tiere beobachten, die Hofanlage skizzieren, einen Hektar ausmessen, Feldpflanzen auf einem Quadratmeter zählen, eine Futterration zusammenstellen, Technik und Gebäude fotografieren

Wie ihr euch auf dem Bauernhof verhalten solltet:

- Bedenkt, dass ihr Gäste in einem Betrieb seid.
- Verhaltet euch ruhig und erledigt die Arbeitsaufgaben zügig.
- Stellt eure Fragen höflich.
- Betretet Felder und Ställe nur mit Erlaubnis des Landwirtes.
- Tiere dürfen nur angefasst und gefüttert werden, wenn es der Landwirt erlaubt.
- Klettert nicht auf Maschinen, Geräte oder Strohballen.

M 2 *Eine Schulklasse bei der Erkundung*

3. Schritt: Wir werten die Erkundung aus und präsentieren die Ergebnisse

Bereits vor der Erkundung solltet ihr überlegen, wie die Ergebnisse der Erkundung gesammelt und zusammengestellt werden.

Folgende Möglichkeiten bestehen:

- ein Plakat oder eine Schautafel mit Fotos, Zeichnungen, Texten, Tabellen, Diagrammen u. Ä. gestalten (**M 3**),
- ein Hofalbum aus den Ergebnissen der einzelnen Arbeitsgruppen zusammenstellen.

Überlegt, wen ihr zur Präsentation der Ergebnisse einladen könnt: eure Parallelklasse, den Landwirt oder andere Gäste.

Hier findest du zusätzliche Informationen und Links:

cornelsen.de/webcodes
Code: ragijo

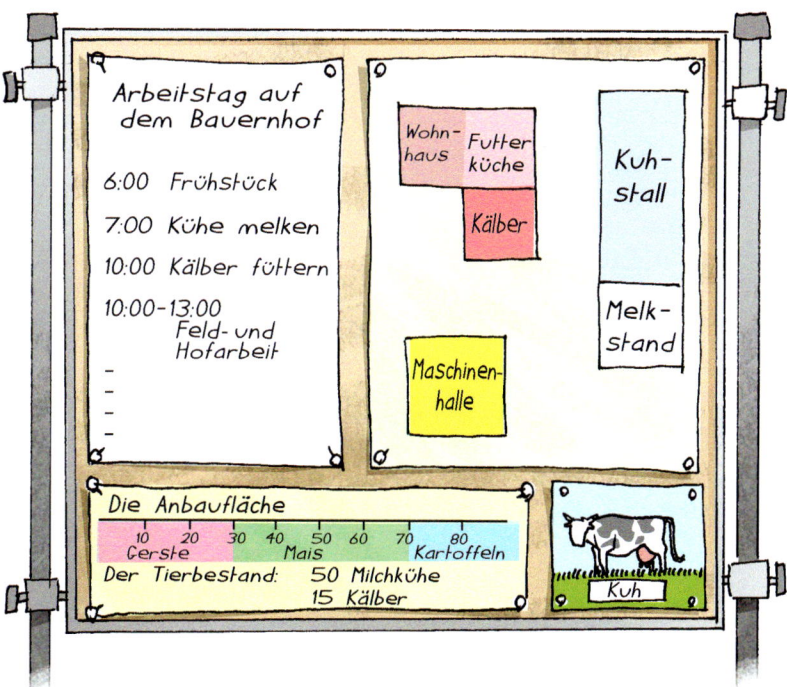

M 3 *Schautafel*

Weinbau – von der Rebe in die Flasche

M 1 *Holzfasskeller des Ahrweiler Winzer-Vereins*

check-it _____
- Lage der Weinbaugebiete beschreiben
- Arbeiten im Weinberg und im Winzerkeller darstellen
- Vorteile von Winzergenossenschaften benennen
- eine Tabelle und ein Fließdiagramm zeichnen
- Bilder und Grafiken auswerten
- im Internet recherchieren

Weinbau in Rheinland-Pfalz

Rheinland-Pfalz ist nach der Fläche das größte Weinbauland in Deutschland. Seit Jahrhunderten werden Reben angepflanzt und Wein produziert. Zusammen mit dem milden Klima bieten die steilen Hänge der Flusstäler, aber auch das Oberrheinische Tiefland nahezu

Dezember · Januar · Februar · März · April · Mai · Juni · Juli · August · September · Oktober · November

Rebschnitt
Düngen, Bodenbearbeitung
Drahtarbeiten
Reben biegen, heften, Seitentriebe entfernen
Schädlingsbekämpfung
Ausdünnen
Weinlese
Kellerarbeiten

M 2 *Arbeiten eines Winzers im Jahresverlauf*

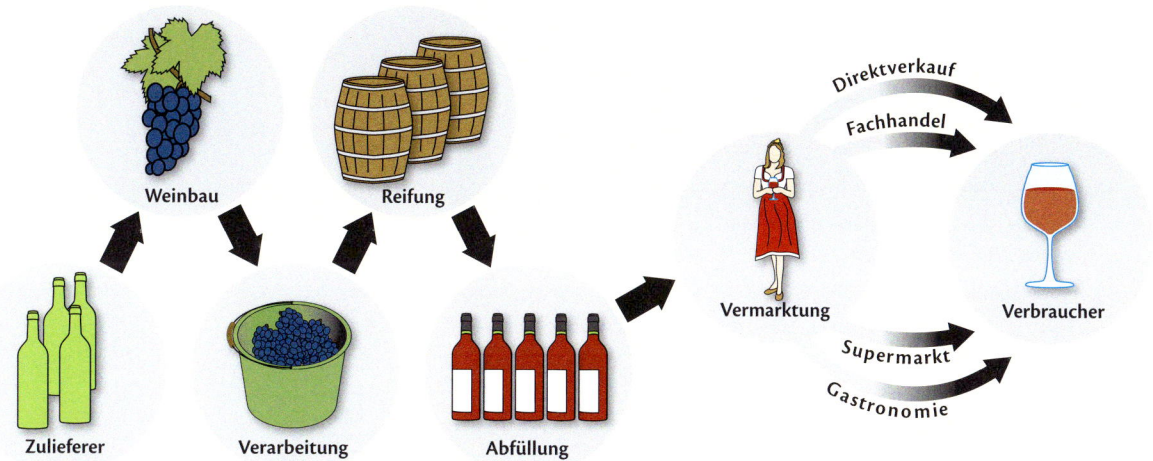

M 3 *Der Weg ins Weinglas*

ideale Bedingungen für den Weinanbau und die Erzeugung sehr guter Weiß- und Rotweine. Um eine hohe Traubenqualität und einen guten Ertrag zu erreichen, sind fast das ganze Jahr über viele verschiedene Arbeiten nötig. Diese werden in meist kleinen Familienbetrieben geleistet.

Früher verarbeiteten die Winzer die Trauben in ihren eigenen Weinkellern. Wegen der geringen Mengen wurden fast alle Produktionsschritte in mühevoller Handarbeit erledigt. Dabei war oft die ganze Familie eingebunden und schon eine schlechte Ernte oder ein Jahrgang mit geringer Qualität konnten den Familienbetrieb bedrohen.

Genossenschaften

An vielen Orten haben sich Winzer zu Genossenschaften zusammengeschlossen. So können sie gemeinsam teure Geräte und Maschinen kaufen sowie große Gebäude errichten. Außerdem werden Gewinne und Verluste auf alle Genossenschaftsmitglieder gleichmäßig verteilt.

Die Weinbauern sind heute nicht mehr in der ganzen Produktionskette der Weinherstellung tätig. Sie konzentrieren sich auf den Anbau und die Ernte von Wein. Spezialisierte Mitarbeiter der Genossenschaft übernehmen die Verarbeitung im Winzerkeller, den Vertrieb und die Vermarktung. Der gemeinsame Markenname und die grö-

ßere Produktionsmenge ermöglichen neben dem Direktverkauf auch andere Verkaufsmöglichkeiten über die Grenzen von Rheinland-Pfalz hinaus.

Arbeit im Winzerkeller

Nach der Anlieferung der Trauben müssen die Beeren zunächst von ihren Stielen getrennt werden. Danach werden sie in einer Art Mühle zerquetscht. So entsteht ein dickflüssiger Brei, die Maische. Diese muss für einige Stunden ruhen. Dadurch sammeln sich die Geschmacksstoffe aus den Kernen, dem Fruchtfleisch und den Schalen im Saft. Im nächsten Schritt wird die Maische ausgepresst und so der flüssige Most

M 4 *Möglichkeiten der Vermarktung von Wein*

von den festen Bestandteilen getrennt. Der Most wird in Fässer oder Tanks gefüllt und beginnt entweder von sich aus oder durch den Zusatz von Hefen zu gären. Die Hefe wandelt den Zucker in Alkohol um.

Nach einigen Wochen wird der frische Wein aus dem Fass gepumpt. Ein Großteil der Hefe bleibt am Boden zurück. Obwohl das Endprodukt jetzt schon trinkbar ist, lagert es noch einige Monate in Fässern, um seinen Geschmack zu verbessern.

1 Beschreibe die geographische Lage der Weinbaugebiete in Rheinland-Pfalz (Karten S. 70 **M 1** und S. 205).

2 Fertige eine Tabelle an, welche die Arbeiten im Weinberg und im Winzerkeller während eines Jahres verdeutlicht (**M 2**, **M 3**).

3 Stelle die Arbeit im Winzerkeller übersichtlich dar. Ergänze dazu das Fließdiagramm (**M 3**,).

4 Nenne die Vorteile des Zusammenschlusses der Weinbauern zu Winzergenossenschaften.

5 Erstelle ein Werbeplakat für eine Winzergenossenschaft (**M 1**, **M 4**).

Hier findest du zusätzliche Informationen und Links:

cornelsen.de/webcodes
Code: qezofu

Die Erdbeere – eine Sonderkultur

M 1 *Erntehelfer auf einem Erdbeerfeld*

check-it
- Lage der Anbaugebiete von Erdbeeren beschreiben
- Merkmale von Sonderkulturen benennen
- Vermarktung eines saisonalen Produkts erläutern
- eine Mindmap zeichnen
- zu einer Aussage Stellung nehmen

Viel Arbeit für den süßen Genuss

Fährt man im Frühsommer auf der Autobahn durch die Oberrheinische Tiefebene, so sieht man rechts und links viele Menschen gebückt in den Feldern stehen. Es sind meist Erntehelfer, die pro Stunde bis zu zehn Kilogramm Erdbeeren pflücken und für den Verkauf in 500-Gramm-Schalen packen. Ihre Arbeit beginnt am frühen Morgen und endet vor der Mittagshitze, der die leicht verderblichen Früchte nicht ausgesetzt werden dürfen. Die Erdbeerernte erfolgt fast ausschließlich in Handarbeit, da Maschinen die empfindlichen Beeren zerdrücken könnten. Jedes Erd-

beerfeld wird fünf- bis sechsmal abgeerntet, da immer nur die voll ausgereiften Früchte gepflückt werden. Außerhalb der Ernte werden Maschinen und Geräte eingesetzt, zum Beispiel zum Lockern des Bodens und zur Unkrautbekämpfung. Erst danach werden die Setzlinge gepflanzt und tragen einen Sommer lang reichlich Früchte.

Soll die Erdbeerpflanze auch im darauf folgenden Jahr noch einmal hohe Erträge liefern, so müssen im August alle neu nachgewachsenen Blüten von Hand entfernt werden. Für eine gleichbleibend hohe Erntemenge und Qualität sollten die Felder nicht dauerhaft für den Anbau von Erdbeeren genutzt werden.

	A	M	J	J	A	S	O
Äpfel				🍎	🍎	🍎	🍎
Kirschen			🍒	🍒			
Pflaumen					🫐	🫐	🫐
Weintrauben						🍇	🍇
Spargel		🌿	🌿	🌿			
Tomaten				🍅	🍅	🍅	🍅
Erdbeeren		🍓	🍓	🍓			

M 2 *Erntezeiten für Obst und Gemüse in Deutschland*

Sonderkulturen	
Klimaanspruch	hoher Wärmebedarf
Arbeitsauf-wand	hoch in Anbau, Pflege und Ernte, noch viel Handarbeit, viele Arbeitskräfte (Löhne)
Anbaudauer	mehrjährig, erste Ernte: Spargel: im 3. Jahr Weintrauben: im 4. Jahr Obstbäume: ab. 4. Jahr
Verkaufserlöse (pro Hektar) *zum Vergleich*	hoch Wein: 5000–10 000 € Spargel: 15 000–25 000 € Erdbeeren: 7500–10 000 € Getreide: 500– 1000 €
Lagerungs-fähigkeit	gering, außer Äpfel und Birnen; deshalb schnelle Verarbeitung und Vermarktung
Boden-belastung	hoch, vor allem durch Düngung und Schädlingsbekämpfung

M 3 *Sonderkulturen*

Erntemenge von Erdbeeren in Deutschland 2019
(in Tonnen)

■ 1 mm² = 100 Tonnen

7 711
11 656
48
29 877
2 563
1 325
34 609
2 086
7 913
980
5 593
1 600
27 058
11 751

Quelle: Statistisches Bundesamt 2020, Gemüseerhebung 2019

M 4 *Erdbeeranbau in Deutschland*

Kurze Erdbeerzeit

Die Erdbeere gehört zu den **Sonderkulturen** und ist ein typisches **saisonales Produkt.** Sie wächst unter den milden und feuchten Klimabedingungen des Frühjahrs besonders gut und kann dann nur wenige Monate geerntet werden. Die Haupternte findet in den Monaten Mai bis Juli statt.

Verkauf direkt vom Hof

Erdbeeren sind, weil sie reif geerntet werden, nur kurz haltbar. Für Erdbeerbauern ist es deshalb sehr wichtig, dass sie die Verbraucher schnell erreichen. Deshalb verkaufen die Landwirte ihre Produkte auf den Wochenmärkten in der Umgebung oder in Großmarkthallen. Immer mehr Obst- und Gemüsebetriebe verkaufen ihre Produkte aber auch erntefrisch im eigenen Hofladen. Auf den Erdbeerfeldern ist das Selbstpflücken beliebt. Die Kunden können die Früchte selbst auswählen und bezahlen deutlich niedrigere Preise, da sie dem Landwirt die Arbeit des Pflückens abnehmen.

1 Nenne Merkmale von Sonderkulturen. Erstelle dazu eine Mindmap (**M 1**, **M 3** bis **M 5**, 🔲).

2 Begründe, warum die Erdbeere eine Sonderkultur ist (**M 1**, **M 3**, **M 5**).

3 Beschreibe die Lage der Anbaugebiete für Erdbeeren in Deutschland (**M 4**, Karten S. 67 und S. 208).

4 Der Anbau von Sonderkulturen benötigt viele Arbeitskräfte. Erläutere diese Aussage (**M 1**, **M 3**).

Hier findest du zusätzliche Informationen und Links:

📄▶ cornelsen.de/webcodes
➕🔊 Code: gerope

M 5 *Verkauf auf dem Wochenmarkt*

Nahrungsmittel ökologisch hergestellt

check-it
- Merkmale der ökologischen Landwirtschaft benennen
- Vermarktung und Kennzeichnung der Öko-Produkte beschreiben
- Betriebe vergleichen
- Entwicklung der ökologischen Landwirtschaft beschreiben
- eine Erkundung durchführen
- Tabellen und Diagramme auswerten

Was bedeutet „ökologische Landwirtschaft"?

In der **ökologischen Landwirtschaft** werden Nahrungsmittel und andere landwirtschaftliche Produkte mit möglichst naturnahen Produktionsmethoden angebaut und hergestellt. Der Landwirt verzichtet weitgehend auf chemische Stoffe. Dadurch wird die Fruchtbarkeit der Böden erhalten. Das erfordert einen hohen Arbeitsaufwand. Öko-Produkte sind deshalb teurer.

M 1 *Tierhaltung in der ökologischen Landwirtschaft*

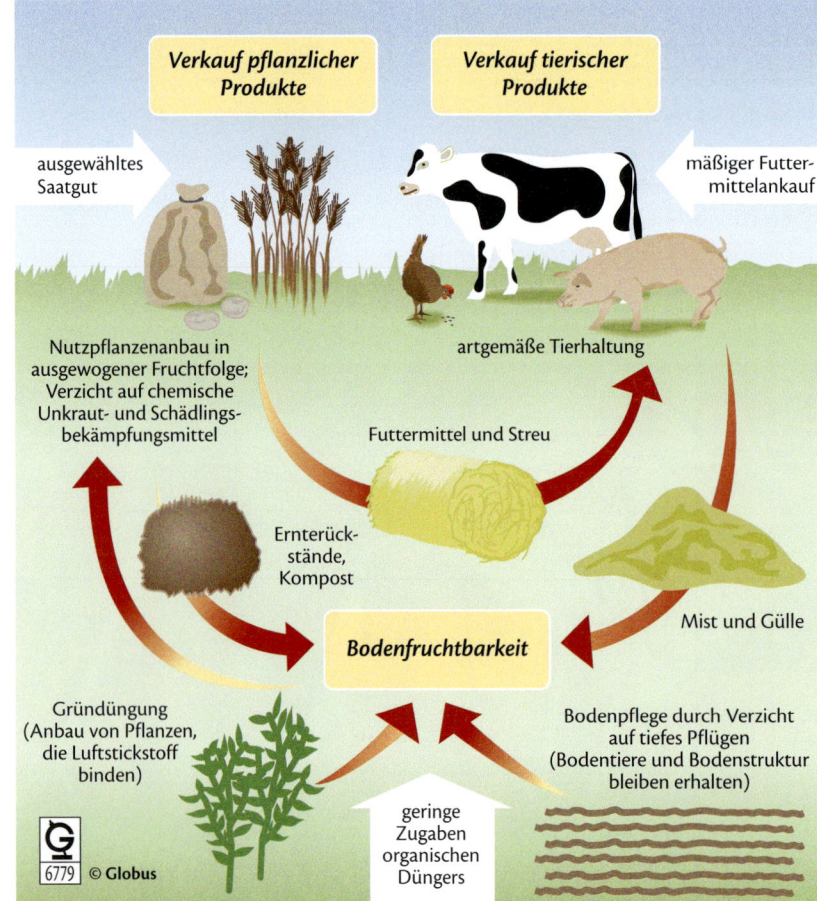

M 2 *Ökologische Landwirtschaft*

Man kann sowohl Wein, Gemüse und Obst als auch Getreide, Milchprodukte und Fleisch aus ökologischem Anbau kaufen.

Ökologische Tierhaltung

In der ökologischen Tierhaltung werden alle Tiere artgerecht gehalten, das heißt, dass zum Beispiel Schweine die Möglichkeit haben, sich zu suhlen, und Hühner Auslauf bekommen müssen. Alle Tiere haben die Möglichkeit, sich ausreichend zu bewegen. Sie werden hauptsächlich mit dem gefüttert, was im Betrieb angebaut wird. Wenn ein Tier krank wird, versucht man, es mit Naturheilverfahren zu behandeln – ohne Antibiotika. Bei der Auswahl der Tiere wird darauf geachtet, dass nur solche Tierrassen gehalten werden, die in der Gegend beheimatet sind. Da in der Regel nicht alle Tiere auf dem Hof selbst gezüchtet werden können, müssen auch in Öko-Betrieben Tiere zugekauft werden.

Ökologischer Ackerbau

Im ökologischen Anbau wird auf chemische Pflanzenschutzmittel verzichtet. Eine dem Boden und dem Klima angepasste Fruchtfolge erhält die Bodenfruchtbarkeit. Gedüngt wird mit organischem Dünger (Mist) oder durch Gründüngung, wobei man nach der Ernte z. B. Klee aussät, der später untergepflügt wird.

Vermarktung

Nicht nur wegen des hohen Arbeitsaufwandes sind ökologisch erzeugte landwirtschaftliche Produkte teurer, sondern vor allem auch wegen der geringeren Erträge. Da allerdings der Zwischenhandel entfällt, ist der Erlös für den Landwirt höher. Zudem entfallen lange Transportwege. Die Produkte werden häufig direkt auf dem Bauernhof in Hofläden oder auf örtlichen Märkten verkauft. Andere Vermarktungsmöglichkeiten sind Bio-Großhändler, Marktwagen oder der direkte Verkauf an Großküchen.

Damit mehr Verbraucher ökologisch erzeugte Produkte kaufen, bieten nicht nur spezielle Bioläden, sondern auch immer mehr große Supermarktketten Öko-Produkte an.

	Herkömmliche Betriebe	Ökologische Landwirtschaft
Produktionskosten (€ je ha)		
Pflanzenschutz	116	3
Personal	120	165
Erträge		
Milch (Liter je Kuh)	7558	5938
Weizen (dt je ha)	84	37
Preise		
Milch (€ je kg)	0,33	0,48
Weizen (€ je dt)	16,70	45,70
Gewinn je Unternehmen (in €)	41 130	56 331

1 dt = 100 kg;   Quelle: BLE 2019

M 3 *Vergleich von herkömmlichen und ökologischen Betrieben in Deutschland*

M 4 *Alles öko? Ausgewählte Bio-Zeichen*

1 Nenne Merkmale einer artgerechten Hühnerhaltung. Berücksichtige dabei die Bedürfnisse des Nutztieres Huhn, die du aus dem Fach Biologie kennst (**M 1**).

2 Erläutere, mit welchen Maßnahmen der Öko-Landwirt die Bodenfruchtbarkeit erhält beziehungsweise verbessert (**M 2**).

3 Beschreibe die Entwicklung der ökologischen Landwirtschaft in Europa (**M 5**).

4 Vergleiche herkömmliche und ökologische Betriebe. Stelle deine Ergebnisse in einem kurzen Bericht dar (**M 3**).

5 Erläutere den Nutzen der ökologischen Landwirtschaft für die Natur und den Verbraucher (**M 1** bis **M 3**).

6 Erkunde, welche Bioprodukte im Supermarkt angeboten werden. Erstelle eine Tabelle mit Produktart, Hersteller und Bio-Zeichen (**M 4**).

Hier findest du zusätzliche Informationen und Links:

 cornelsen.de/webcodes
Code: tejane

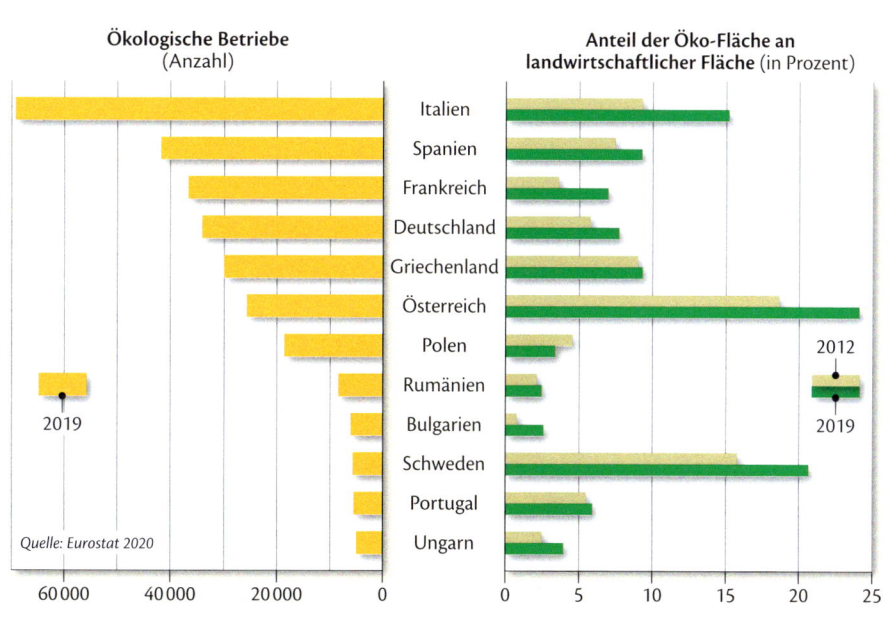

M 5 *Ökologische Landwirtschaft in Europa*

Agroforst – neue Wege in der Landwirtschaft

M 1 *Agroforst mit Hühnerhaltung*

check-it _____
- Merkmale von Holz als nachwachsenden Rohstoff benennen
- unterschiedliche Formen der Agroforstwirtschaft erläutern
- die Arbeit auf einer Kurzumtriebsplantage im Jahresverlauf beschreiben
- eine Internetrecherche durchführen
- Vor- und Nachteile der Agroforstwirtschaft beurteilen

Es gibt in der Landwirtschaft verschiedene Möglichkeiten der Energiegewinnung. Eine Quelle für **Bioenergie** ist Holz als **nachwachsender Rohstoff**. Holz wird im Agroforst angebaut. Als Agroforst bezeichnet man die Kombination von Ackerbau oder Tierhaltung und die Anpflanzung von Bäumen auf der gleichen Fläche.

Schnellwachsende Bäume
Die Baumpflanzungen werden auch **Kurzumtriebsplantagen** genannt. Dort pflanzt der Landwirt besonders schnell wachsende Bäume wie Pappeln oder Weiden auf seiner landwirtschaftlichen Nutzfläche. Der Boden wird erst mit dem Pflug tiefgründig gelockert, damit die Bäume tiefe Wurzeln ausbilden können. Danach werden die kleinen Stecklinge mit der Hand in die Erde gedrückt. Das geschieht in einem bestimmten Muster, sodass Blöcke oder Streife entstehen. So schützen sie den Boden vor Erosion und das Sonnenlicht scheint zwischen die Baumreihen. Die Kräuter und Gräser unter den Bäumen werden dadurch langfristig erhalten.

Ackerbau mal anders
In Kurzumtriebsplantagen treten dieselben Probleme wie in Wäldern auf. Zu den Gefahren zählen zum Beispiel der Verbiss von Wildtieren oder spezielle Schädlinge wie der Pappelblattkäfer. Durch **Pflanzenschutzmittel** können diese Schäden eingedämmt werden. In Wasserschutzgebieten oder der ökologischen Landwirtschaft greift der Bauer auf spezielle Schutzfolien zurück, die die Schädlinge am Fressen hindern sollen.

Möglichst schnelle Holzernte
Auf großen Agroforstflächen stehen die Bäume etwa drei bis fünf Jahre bis sie geerntet werden. Kleine Flächen mit besonderen Standortbedingungen werden nur alle sechs bis zwölf Jahre abgeerntet. Die Bäume werden im Winter mit einer Erntemaschine gefällt. Das Laub bleibt auf dem Feld liegen und düngt den Boden. Im Frühjahr bilden die Bäume aus der Wurzel neue Triebe. Damit beginnt ein neuer Kreislauf, ohne dass neu gepflanzt werden

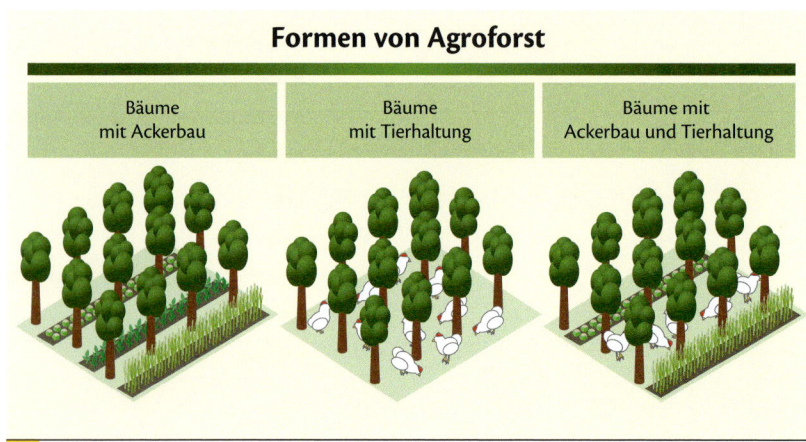

Formen von Agroforst
| Bäume mit Ackerbau | Bäume mit Tierhaltung | Bäume mit Ackerbau und Tierhaltung |

M 2 *Formen von Agroforstwirtschaft*

muss. Das Holz wird in Fabriken zu Pellets oder Hackschnitzeln verarbeitet.

Vorteile für Tiere und Umwelt

In der Kombination mit der Hühnerhaltung besitzt die Agroforstwirtschaft großes Potenzial. Die Bäume bieten Schutz vor dem Wetter und Greifvögeln sowie einen naturnahen Lebensraum für die Tiere. Der Landwirt kann seine Flächen so doppelt nutzen. Ein weiterer Vorteil ist die klimaschützende Wirkung des Agroforsts, denn **Kohlenstoffdioxid (CO$_2$)** kann darin gebunden werden. Auch im Vergleich zu anderen nachwachsenden Energieträgern wie Mais oder Raps ist das Holz der Kurzumtriebsplantage klimaschonender. Agroforst gilt als landwirtschaftliche Dauerkultur und kann mit Fördermitteln unterstützt werden.

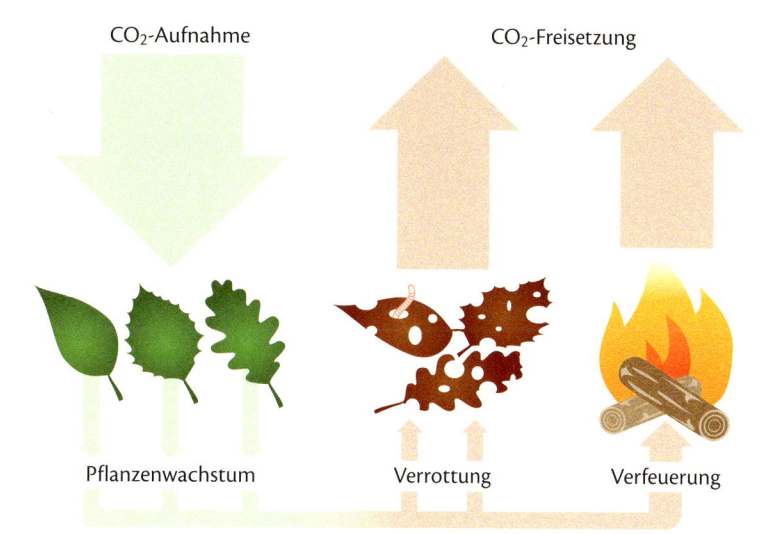

M 4 *Holz als nachwachsender Rohstoff*

Ein großer Nachteil ist, dass der Agroforst nur alle fünf Jahre geerntet werden kann. Ich verdiene also fünf Jahre kein Geld. Die Geräte für das Pflanzen und Ernten sind noch sehr teuer. Also müssen Arbeitskräfte angestellt werden, die von Hand arbeiten. Auch die Anpflanzung auf kleinen Flächen lohnt sich nicht. Ein weiterer Nachteil sind die fehlenden Möglichkeiten, das Holz zu verkaufen. Ich werde keine Kurzumtriebsplantage anlegen, wenn ich keinen Käufer für mein Holz habe. Und die Käufer werden keine großen Pelletwerke mit Häckselanlagen und Brennöfen bauen, wenn sie nicht regelmäßig neues Holz geliefert bekommen.

M 3 *Ein Landwirt berichtet*

M 5 *Eine Kurzumtriebsplantage wird gepflanzt*

1 Erläutere die Formen von Agroforst und recherchiere mögliche Beispiele in Deutschland (**M 2**, *Eine Internetrecherche durchführen*).

2 Erkläre, warum Holz ein nachwachsender Rohstoff ist (**M 4**).

3 Nenne wesentliche Merkmale der Begriffe Bioenergie, nachwachsender Rohstoff und Agroforst.

4 Beschreibe die wichtigsten Arbeiten in einer Kurzumtriebsplantage. Erstelle dazu eine Mindmap (**M 5**, *Eine Mindmap erstellen*).

5 Bildet Gruppen und diskutiert die Vor- und Nachteile der Agroforstwirtschaft. Präsentiert eure Ergebnisse (**M 1** bis **M 5**, *Eine Pro- und-Kontra-Diskussion führen*).

6 Begründe, warum ein Agroforst sowohl in der konventionellen als auch in der ökologischen Landwirtschaft sinnvoll ist (**M 2**, **M 3**).

Hier findest du zusätzliche Informationen und Links:

 cornelsen.de/webcodes
Code: bufawa

Nahrungsmittel aus aller Welt

M 1 *Obstangebot im Supermarkt*

Seit dem Mittelalter war die Bereicherung des Speiseplans um exotische Gewürze wie Pfeffer, Kardamom und Safran und exotische Nahrungs- und Genussmittel für Europäer ein ersehntes Ziel. In unserem gemäßigten Klima gedeihen die Früchte nicht, welche das ganze Jahr über Sonne und Wärme brauchen.

Heute sorgen Flugzeuge und Kühlschiffe für einen internationalen Gütertransport rund um den Globus. Nahrungsmittel aus aller Welt füllen die Regale unserer Supermärkte.

Besonders im Winter, wenn bei uns weder Obst noch Gemüse geerntet werden können, kaufen wir Bananen aus Ecuador, Ananas aus Ghana, Kiwi aus Neuseeland oder Trauben aus Südafrika.

Wir erkunden die Herkunft unserer Nahrungsmittel

Wenn du zum Einkaufen auf einen Markt oder in einen Supermarkt gehst, findest du Lebensmittel, die nicht in Deutschland erzeugt wurden.

Bei manchen Waren kannst du die Herkunft an der Verpackung ablesen oder bei einem Verkäufer erfragen.

Tipps zum Erstellen einer thematischen Weltkarte über die Herkunft unserer Nahrungsmittel

1 Sammle verschiedene Markenaufkleber, Etiketten und Banderolen von Dosen, Flaschen, Gläsern und Früchten sowie sonstigen Verpackungen. Manchmal liefern auch Werbeprospekte reichhaltiges Material, das du ausschneiden kannst.

2 Zeichne eine Weltkarte auf starkes Papier oder Pappe:

– Lege eine Folie auf eine Weltkarte im Atlas und zeichne die Umrisse der Kontinente nach.

– Projiziere mit einem Tageslichtprojektor die Weltkarte an die Tafel.

– Befestige Papier oder Pappe an der Tafel.

– Zeichne mit einem dicken Folienstift die Umrisse der Kontinente nach.

– Beschrifte die Kontinente.

3 Suche die Herkunftsländer der Nahrungsmittel auf einer Weltkarte in deinem Atlas.

4 Befestige die Markenaufkleber, Etiketten, Banderolen und sonstigen Verpackungen auf der Weltkarte jeweils im Herkunftsland der Nahrungsmittel.

Symbol	Bezeichnung
	Rinder, Milch und Milchprodukte
	Schweine
	Schafe
	Hühner, Eier
	Fisch
	Rosinen, Feigen, Datteln
	Erdnüsse, Sojabohnen
	Kaffee, Kakao
	Tee
	Weizen, Mais
	Reis
	Tomaten, Gemüse aller Art
	Oliven, Auberginen, Paprika
	Äpfel, Kiwi, Weintrauben
	Zitrusfrüchte
	Tropenfrüchte (wie Papaya, Mango usw.)
	Bananen, Ananas

M 2 *Herkunftsländer unserer Nahrungs-*

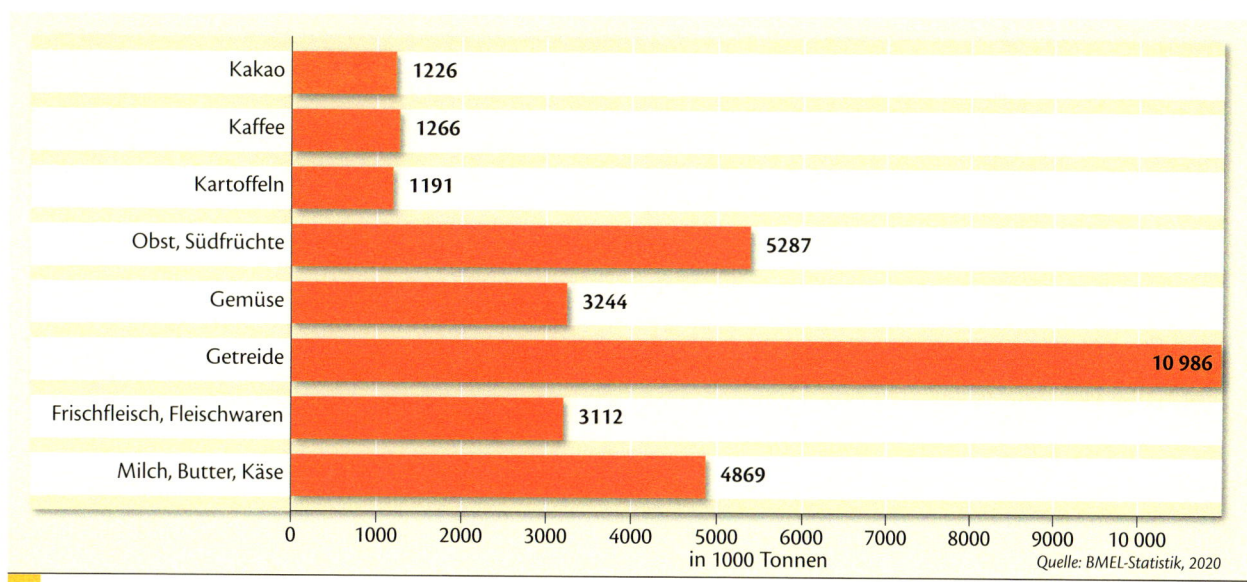

Kakao
1226
Kaffee
1266
Kartoffeln
1191
Obst, Südfrüchte
5287
Gemüse
3244
Getreide
10 986
Frischfleisch, Fleischwaren
3112
Milch, Butter, Käse
4869
0
1000
2000
3000
4000
5000
6000
7000
8000
9000
10 000
in 1000 Tonnen
Quelle: BMEL-Statistik, 2020

M3 *Einfuhr von Nahrungs- und Genussmitteln nach Deutschland 2018*

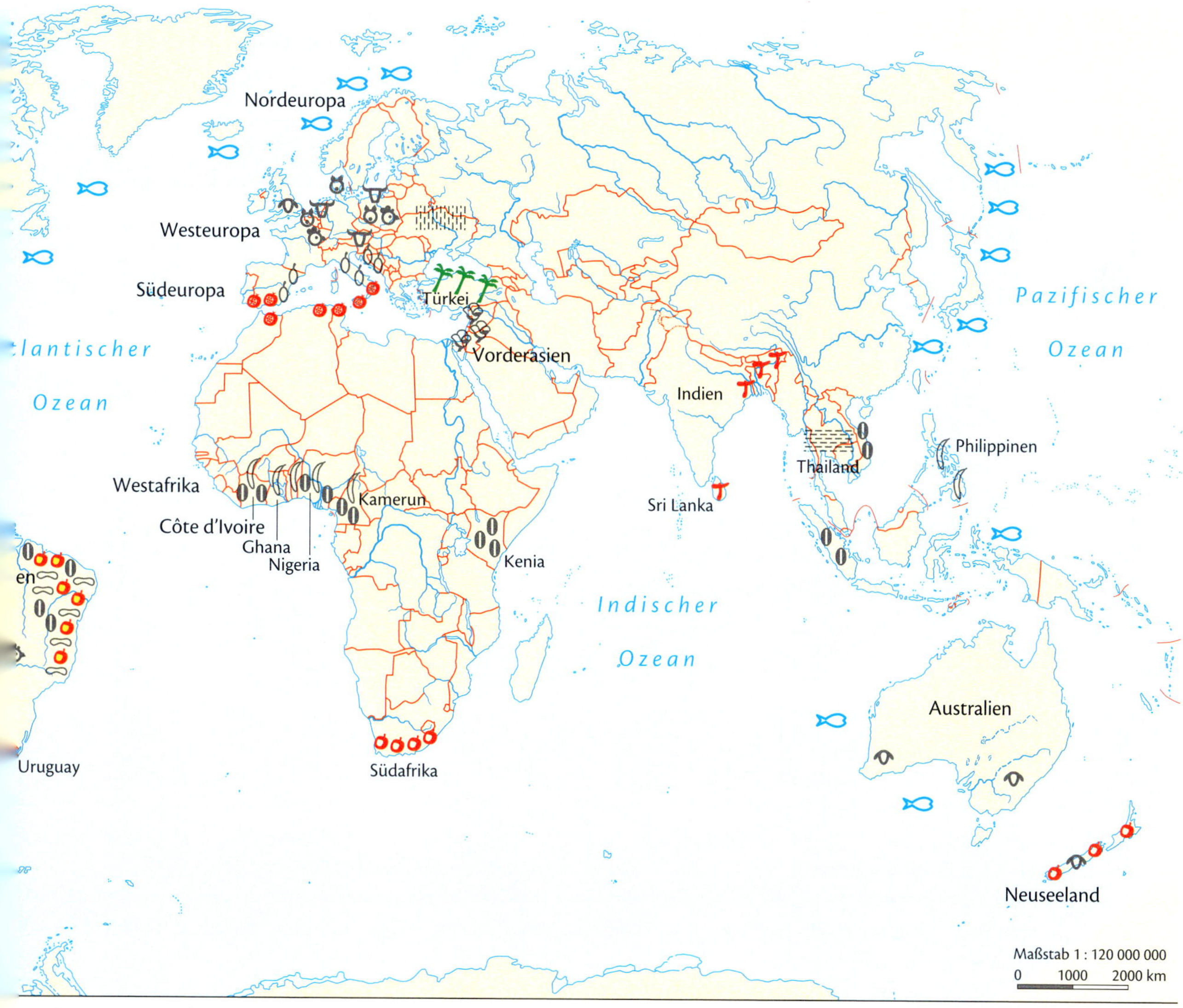

Nordeuropa
Westeuropa
Südeuropa
Türkei
Vorderasien
Indien
Thailand
Philippinen
Sri Lanka
Pazifischer
Ozean
lantischer
Ozean
Westafrika
Côte d'Ivoire
Ghana
Nigeria
Kamerun
Kenia
Indischer
Ozean
Australien
Südafrika
Uruguay
Neuseeland
Maßstab 1 : 120 000 000
0 1000 2000 km

und Genussmittel (Auswahl)

Geo-Check: Landwirtschaftliche Nutzung erläutern

M 1 *Zuckerrübenernte*

M 2 *Schweinehaltung*

M 3 *Erdbeerernte*

M 4 *Weinbau in Steillagen*

Sich orientieren

1 Ordne den Fotos die Namen der folgenden Landwirtschaftsgebiete zu: Börde, Rheinhessen, Oberrheinisches Tiefland, Münsterland (**M 1** bis **M 4**).

2 Beschreibe die geographische Lage der Gebiete (**M 1** bis **M 4**).

3 Erkläre, warum gerade dort die im Bild zu sehende Nutzungsart vorherrschend ist (**M 1** bis **M 4**).

Wissen und verstehen

4 Sortiere die Aussagen in richtige und falsche Aussagen. Verbessere die falschen Aussagen und schreibe diese richtig auf.

Richtig oder falsch?

- Das Wetter und der Boden sind wichtige Grundlagen für den Ackerbau in der Landwirtschaft.
- Auf den nährstoffreichen Lössböden in den Börden gedeihen vor allem Weizen und Zuckerrüben.
- Weizen, Zuckerrüben, Wein, Erdbeeren, Äpfel, Gemüse und Kartoffeln sind Sonderkulturen.
- In der ökologischen Tierhaltung werden alle Tiere artgerecht gehalten und hauptsächlich mit Futter versorgt, das auf dem Hof angebaut wird.
- Getreide, Kartoffeln und Holz sind nachwachsende Rohstoffe.

- Im ökologischen Ackerbau werden vorwiegend chemische Pflanzenschutzmittel verwendet, um die Bodenfruchtbarkeit zu erhalten.
- Die Erkundung eines Bauernhofes muss gut vorbereitet werden. Schon bei der Vorbereitung muss man sich Gedanken über die Auswertung der Erkundungsergebnisse und deren Präsentation machen.
- In der intensiven Schweinehaltung wird die Fütterung der vielen Schweine immer noch traditionell per Hand vollzogen.
- Der Fruchtwechsel im Ackerbau trägt dazu bei, die Fruchtbarkeit der Böden zu verringern.

Nordpolargebiet: Physische Karte
Erde: Wüsten und tropische Regenwälder

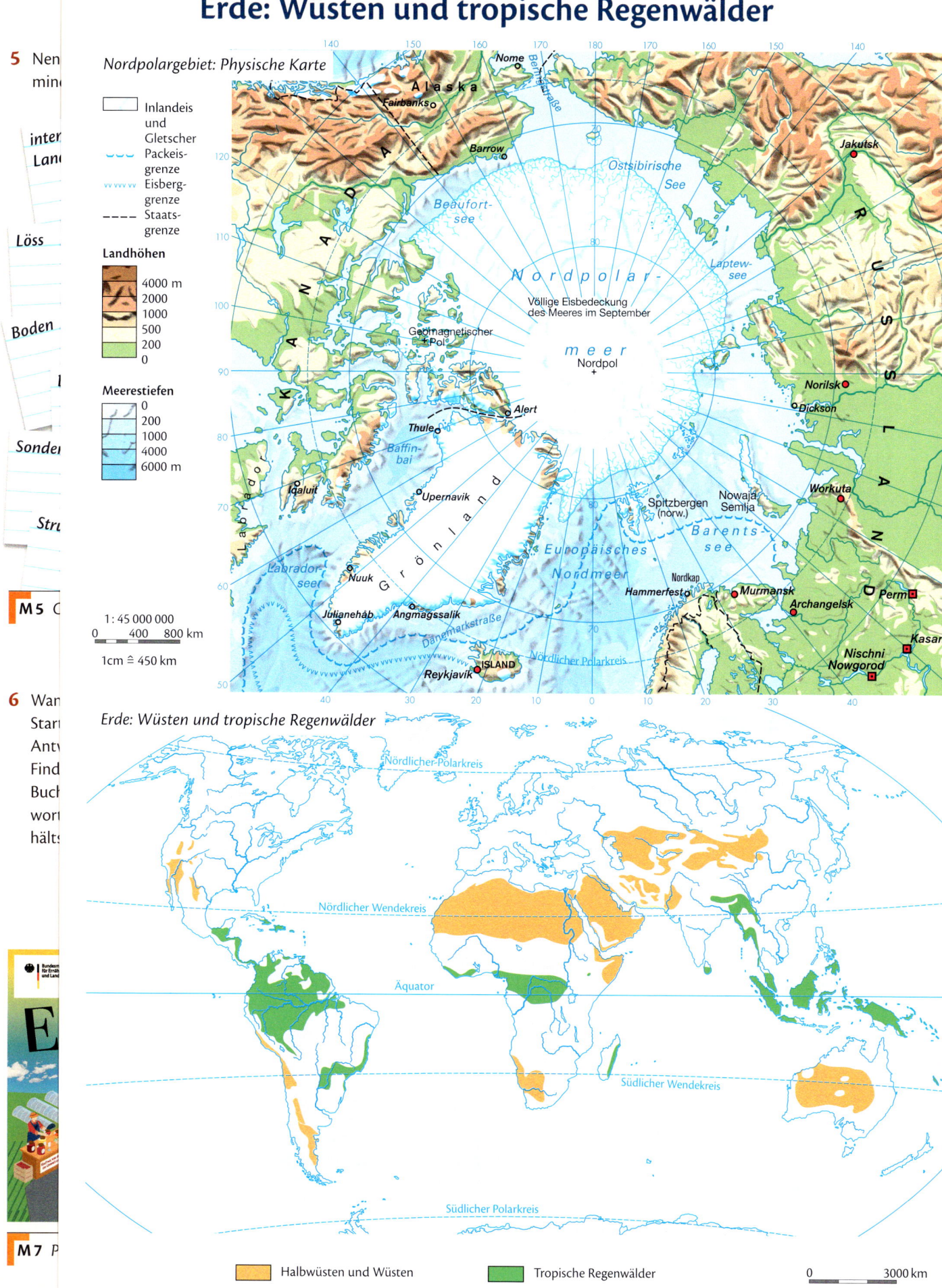

Nordpolargebiet: Physische Karte

Inlandeis und Gletscher
Packeisgrenze
Eisberggrenze
Staatsgrenze

Landhöhen
4000 m
2000
1000
500
200
0

Meerestiefen
0
200
1000
4000
6000 m

1 : 45 000 000
0   400   800 km
1cm ≙ 450 km

Erde: Wüsten und tropische Regenwälder

Halbwüsten und Wüsten   Tropische Regenwälder   0   3000 km

4 Leben in Extremräumen charakterisieren

Von eisigen Regionen über Wüsten bis zu Urwäldern

Während in manchen Regionen der Erde kaum Pflanzen anzutreffen sind, wachsen anderswo dichte Urwälder. An diese natürlichen Bedingungen muss sich das Leben und Wirtschaften der dort lebenden Menschen anpassen – auch in den Extremräumen, wo dies eine besondere Herausforderung ist.

In diesem Kapitel lernst du
- Lage und Ausdehnung der polaren Zone, der Wüsten sowie des tropischen Regenwaldes zu beschreiben,
- über Entdeckungsreisen und die Erforschung der Erde zu berichten,
- die natürliche Vielfalt der Erde zu beschreiben,
- das Leben in den Extremräumen der Erde zu vergleichen.

Dabei nutzt du
- Karten,
- Profile,
- Blockbilder,
- Klimadiagramme und
- Bilder.

Du beurteilst
- die Lebenssituation der Bewohner,
- die Anpassung von Lebewesen an die natürlichen Bedingungen in ihrem Lebensraum.

Links: Ortschaft an der Ostküste Grönlands
Rechts: Tropischer Regenwald

Menschen erforschen die Erde

M 1 *Nachbauten der drei Schiffe von Christoph Kolumbus*

check-it _____
- Reisewege der Seefahrer beschreiben
- Gründe der Entdeckungsreisen nennen
- Veränderung des Weltbilds erläutern
- über Entdeckungsreisen berichten

Seefahrer erforschen die Erde

Zu allen Zeiten zog es Menschen in die Ferne, um die Erde möglichst genau kennenzulernen. Bis ins 15. Jahrhundert glaubten die Menschen, dass die Erde eine runde Scheibe sei, auf der das Land von einem riesigen Meer umgeben wird. Seefahrer blieben in der Nähe der Küsten, da sie Angst hatten, von der Scheibe abzustürzen. So waren bis ins 15. Jahrhundert die Küsten des Mittelmeeres gut erforscht und man kannte bereits weite Teile Asiens. Über Land oder auf dem Seeweg um Afrika herum fand ein reger Handel mit Indien statt. Waren aus Asien waren vor 600 Jahren sehr begehrt in Europa. Deshalb unterstützten die Königshäuser in Spanien und Portugal alle Seefahrer, die es wagen wollten, einen kürzeren Seeweg nach Indien zu suchen. Zu ihnen gehörte auch Christoph Kolumbus, der von der Kugelgestalt der Erde überzeugt war. Er wollte Indien in nur wenigen Wochen erreichen, indem er von Europa aus einfach immer nach Westen segelte. Erst seit der Entdeckung der Antarktis um 1820 sind alle Kontinente bekannt.

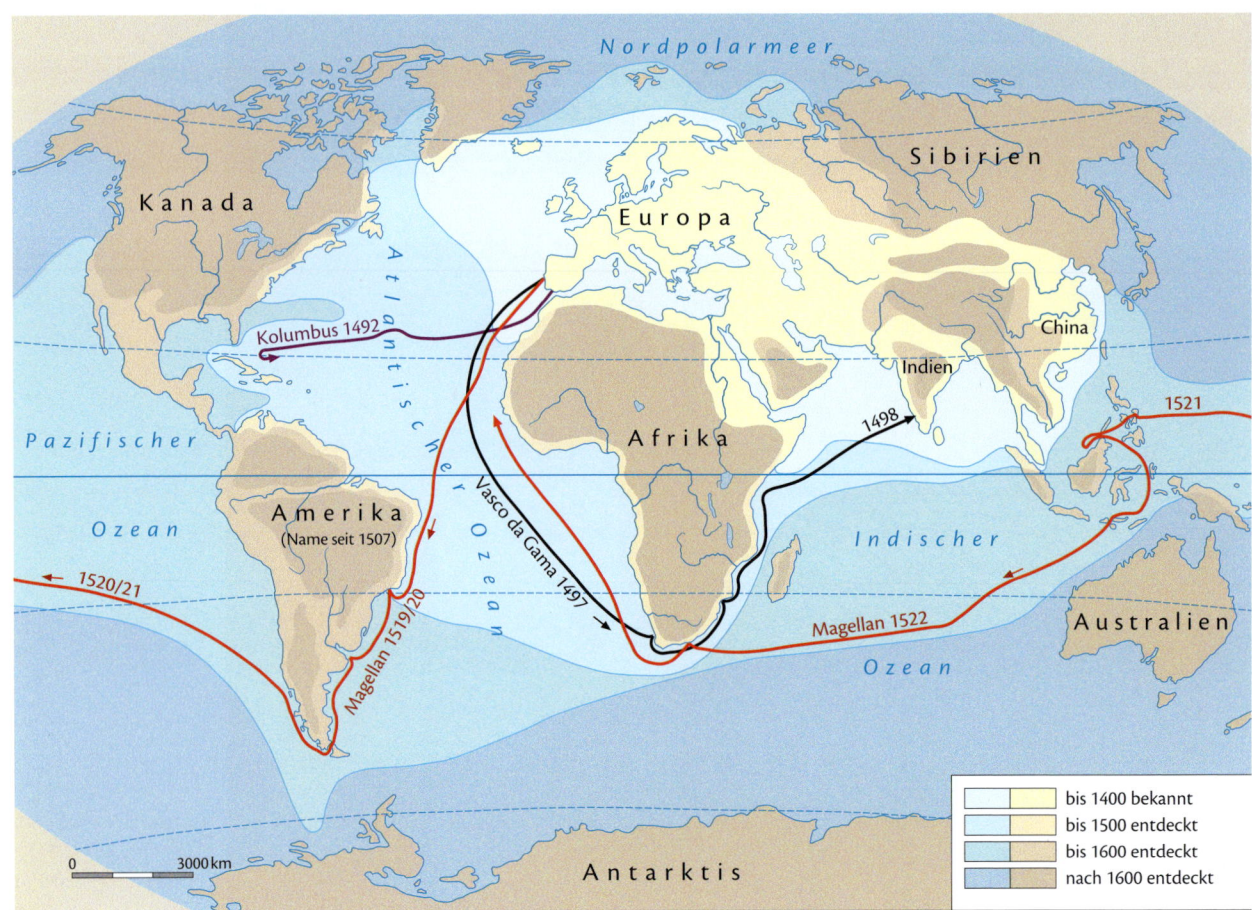

M 2 *Die wichtigsten Entdeckungsreisen von Europa aus im 15. und 16. Jahrhundert*

Christoph Kolumbus erhielt für seine Entdeckungsreise vom spanischen Königshaus drei Schiffe. Die Fahrt ins Ungewisse begann am 3. August 1492. Noch nie waren Seeleute so weit auf die offene See hinausgefahren. Der Unmut der Mannschaft nahm täglich zu. Doch eine Meuterei konnte Kolumbus verhindern.

Endlich ertönte am 12. Oktober der lang erwartete Ruf: „Licht! Land!" – endlich Land.

Kolumbus nannte das Land, eine Insel der Bahamas, „San Salvador" – Heiliger Erlöser – und dessen Bewohner „Indianer". Er wusste nicht, dass er nicht in Indien gelandet war, sondern auf einem neuen, in Europa noch unbekannten Kontinent: Amerika.

M 3 *Kolumbus erreicht Amerika am 12. Oktober 1492*

Die erste Weltumseglung

Ferdinand Magellan verließ am 10. August 1519 den Hafen von Sevilla und umfuhr Südamerika auf der später nach ihm benannten Meeresstraße. Nach einer stürmischen Fahrt erreichte er ein Meer, das ihm ruhig erschien. So nannte er es den „Stillen Ozean" (Portugiesisch: *pacifico* = friedlich, still). Er erreichte als Erster Asien über einen westlichen Weg. Magellan sah seine Heimat aber nicht wieder. Im Kampf mit Eingeborenen auf den Philippinen starben er und viele seiner Begleiter. Nur eines seiner Schiffe kehrte nach Europa zurück und hatte so die Welt umsegelt.

Die Entdeckungsfahrten über die Meere führten zu einem neuen Weltbild. Die Größe der Erde konnte neu bestimmt werden, ebenso die Ausdehnung der Ozeane. Von den Küsten aus wurde in den folgenden Jahrhunderten das Innere der Kontinente erforscht.

Erforschung der Pole

Zu den wenigen noch unerforschten Gebieten der Erde gehörten Anfang des 20. Jahrhunderts die beiden Pole. Im Jahr 1911 machten sich fast gleichzeitig zwei Forscher auf den Weg zum Südpol: Robert Scott und Roald Amundsen. Amundsen erreichte im Dezember 1911 als Erster den Südpol.

1 Bildet Gruppen. Wählt je einen der Entdeckungsreisenden des 15. und 16. Jahrhunderts aus, mit dem ihr euch beschäftigen möchtet. Beschreibt die Entdeckungsreise: Startpunkt, Ziel, Verlauf (**M 2, M 3**).

2 Nenne Gründe, warum Menschen die Erde entdecken wollten.

3 Erläutere, wie sich das Weltbild durch die Entdeckungsreisen verändert hat (**M 2**).

4 Beschreibe, wie Nord- und Südpol erforscht wurden (**M 4**).

5 Informiert euch in Gruppen über weitere Entdeckungsreisende und erstellt ein Reisetagebuch mit Berichten, Karten und Abbildungen. Stellt eure Ergebnisse in der Klasse aus.

Hier findest du zusätzliche Informationen und Links:

cornelsen.de/webcodes
Code: beziju

M 4 *Roald Amundsen hisst am Südpol die norwegische Flagge*

Natürliche Vielfalt der Erde

M 1 *Tundra*

M 2 *Laub- und Mischwald*

M 3 *Wüste*

M 4 *Regenwald*

check-it
- Begriff „Klima" kennen
- Merkmale von Klima und Vegetation benennen
- Zusammenhänge zwischen Klima und Vegetation erläutern
- Bilder beschreiben
- Bedeutung und Gefährdung der natürlichen Vielfalt diskutieren

Natürliche Vielfalt – Reichtum der Erde

Ewiges Eis, Wüsten, dichte Wälder – die Natur auf der Erde hat viele Gesichter. Sie besteht aus vielen unterschiedlichen Lebensräumen für Tiere, Pflanzen und den Menschen. Diese sind vor allem durch das **Klima** geprägt. Gebiete mit annähernd gleichen Temperaturen und Niederschlägen werden zu Zonen zusammengefasst. Durch unterschiedliche Temperaturen und Niederschläge entstehen unterschiedliche Bedingungen für das Wachstum von Pflanzen. Die natürliche Vielfalt dieser Lebensräume zeigt den Reichtum der Natur auf der Erde. Der Mensch ist Teil dieser Lebensräume. Er nutzt den natürlichen Reichtum wirtschaftlich und ist gleichzeitig von der Natur abhängig.

Natur und Mensch – ein Konflikt?

In der heutigen Zeit ist die natürliche Vielfalt der Erde bedroht. Wissenschaftler fanden heraus, dass etwa alle

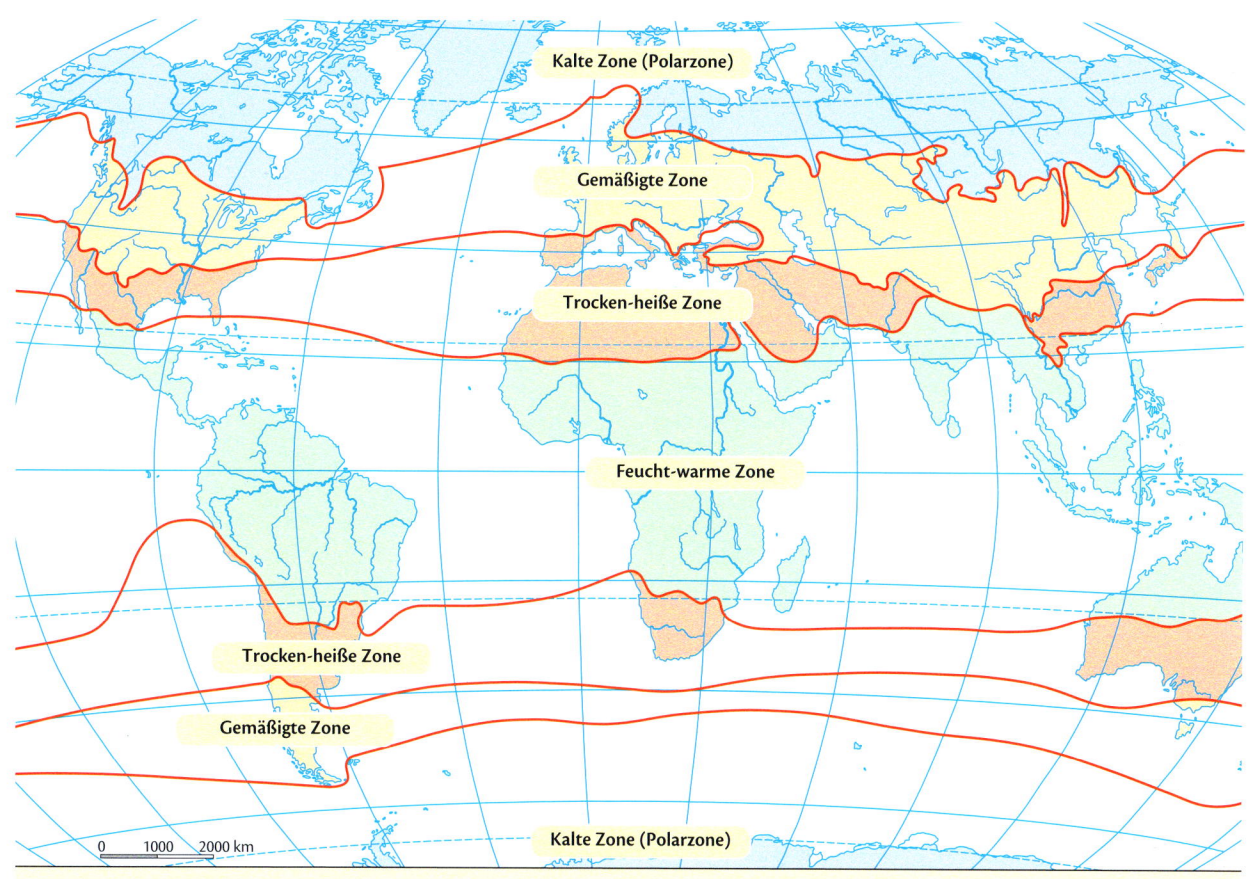

Kalte Zone (Polarzone)

Gemäßigte Zone

Trocken-heiße Zone

Feucht-warme Zone

Trocken-heiße Zone

Gemäßigte Zone

Kalte Zone (Polarzone)

0   1000   2000 km

A In dieser Zone ist es ganzjährig sehr kalt. Die Niederschläge fallen meistens in Form von Schnee. Es gibt außer einigen Moosen und Flechten im Sommer keine Vegetation. Bäume wachsen hier nicht.

B Diese Zone hat sehr heiße Sommer und milde Winter. Es fällt kein oder nur sehr wenig Niederschlag. Die Pflanzen müssen sich an die Trockenheit anpassen. Manche Gebiete sind fast pflanzenlos.

C In dieser Region ist es ständig warm. Es gibt keine Jahreszeiten. Es regnet hier besonders häufig und stark. Die Pflanzen sind ganzjährig grün und wachsen sehr dicht. Es gibt eine große Vielfalt an Pflanzen.

D Der Niederschlag und die Temperatur sind hier abhängig von der Lage. Es gibt sehr kalte bis kühle Winter und milde bis warme Sommer. Es regnet hier ganzjährig. Es gibt Laub- und Nadelbäume und viele andere Pflanzen.

M5 *Die Temperaturzonen der Erde*

20 Minuten eine Art auf unserer Erde ausstirbt. Auch unsere heimischen Pflanzen und Tiere sind betroffen – jedes dritte Tier und jede vierte Pflanze sind bereits gefährdet.

Die Hauptursache dabei ist der Mensch. Durch die weltweit steigenden Bevölkerungszahlen braucht der Mensch immer mehr Platz, um zu wohnen, um Nahrungsmittel anzubauen oder um Dinge zu produzieren. Das hat Auswirkungen auf die natürliche Vielfalt der Erde.

Der Mensch versucht die Vielfalt der Natur durch gezielte Maßnahmen zu bewahren und wiederherzustellen. ▌

1 Beschreibe die Bilder (**M1** bis **M4**).

2 Lege eine Tabelle an. Ordne den Bildern die Texte A bis D zu (**M1** bis **M5**).

3 Ordne anschließend in einer weiteren Spalte die entsprechende Temperaturzone zu (**M5**).

4 Erläutere anhand deiner Tabelle, welcher Zusammenhang zwischen Temperatur und Vegetation in der jeweiligen Zone besteht (**M1** bis **M5**).

5 Diskutiert in der Klasse, welche Bedeutung die natürliche Vielfalt der Erde für die Menschen hat und wodurch sie gefährdet ist (**M1** bis **M5**).

Wir lesen Klimadiagramme

Wetter und Klima

Unter „Wetter" versteht man das Zusammenwirken von Temperatur, Niederschlägen, Bewölkung und Wind zu einem bestimmten Zeitpunkt an einem bestimmten Ort. Das Klima beschreibt hingegen den durchschnittlichen Verlauf von Temperatur und Niederschlag an einem Ort im Laufe vieler Jahre.

Auf der ganzen Welt gibt es Klimastationen. Die Durchschnittswerte von etwa 30 Jahren werden in Klimatabellen oder anschaulicher in Klimadiagrammen dargestellt.

Checkliste zum Lesen eines Klimadiagramms

1. Schritt: Einordnen der Klimastation
Nenne den Namen der Station und das Land, in dem sie liegt. Gib die Höhenlage und die Lage im Gradnetz an.

2. Schritt: Beschreiben der Aussagen zur Temperatur
- Lies die Jahresmitteltemperatur ab.
- Ermittle den wärmsten Monat des Jahres (Monat, T in °C).
- Ermittle den kältesten Monat des Jahres (Monat, T in °C).
- Beschreibe den Verlauf der Temperaturkurve.
- Benenne die Monate, in denen Frost herrscht.

3. Schritt: Beschreiben der Aussagen zum Niederschlag
- Lies die Jahresniederschlagssumme ab.
- Ermittle den niederschlagsreichsten Monat (Monat, N in mm).
- Ermittle den niederschlagsärmsten Monat (Monat, N in mm).
- Beschreibe die Verteilung der Niederschläge über das Jahr.

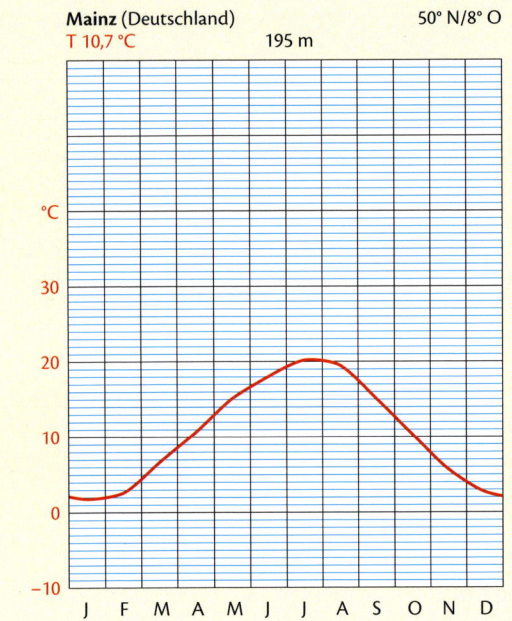

Die Temperatur wird in Grad Celsius (°C) angegeben. Die Temperaturwerte werden stündlich gemessen. Die an einem Tag gewonnenen Werte werden addiert und die Summe durch 24 geteilt. So erhält man die Tagesmitteltemperatur. Alle Tagesmitteltemperaturen eines Monats werden addiert und die Summe durch die Anzahl der Tage des Monats geteilt. So gewinnt man die Monatsmitteltemperatur.

Die Mittelwerte der Monate werden als Punkte eingetragen und durch eine rote Linie verbunden. Zehn Millimeter entsprechen zehn Grad Celsius.

M1 *Die Temperaturkurve*

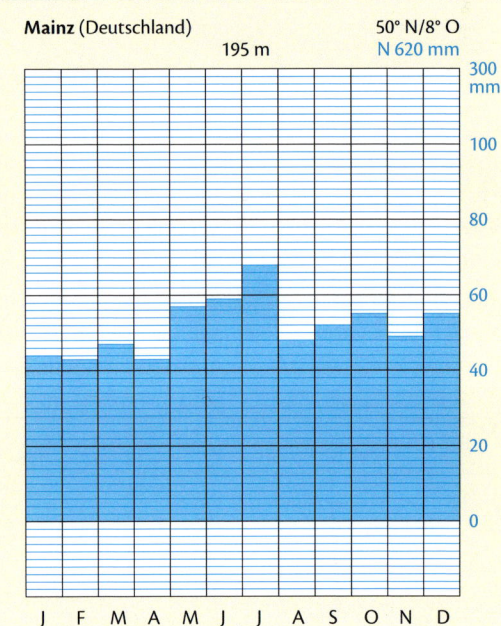

Die Niederschläge werden in Millimetern (mm) angegeben. Ein Millimeter Niederschlag bedeutet, dass auf einen Quadratmeter ein Liter Niederschlag gefallen ist. Die Niederschlagsmenge eines Monats wird addiert – so erhält man die Summe der Niederschläge eines Monats. Der Jahresniederschlag ist die Summe der Niederschläge aller zwölf Monate.

Die Monatssummen werden als blaue Säulen eingezeichnet. Zehn Millimeter entsprechen zwanzig Millimetern Niederschlag.

M2 *Die Niederschlagssäulen*

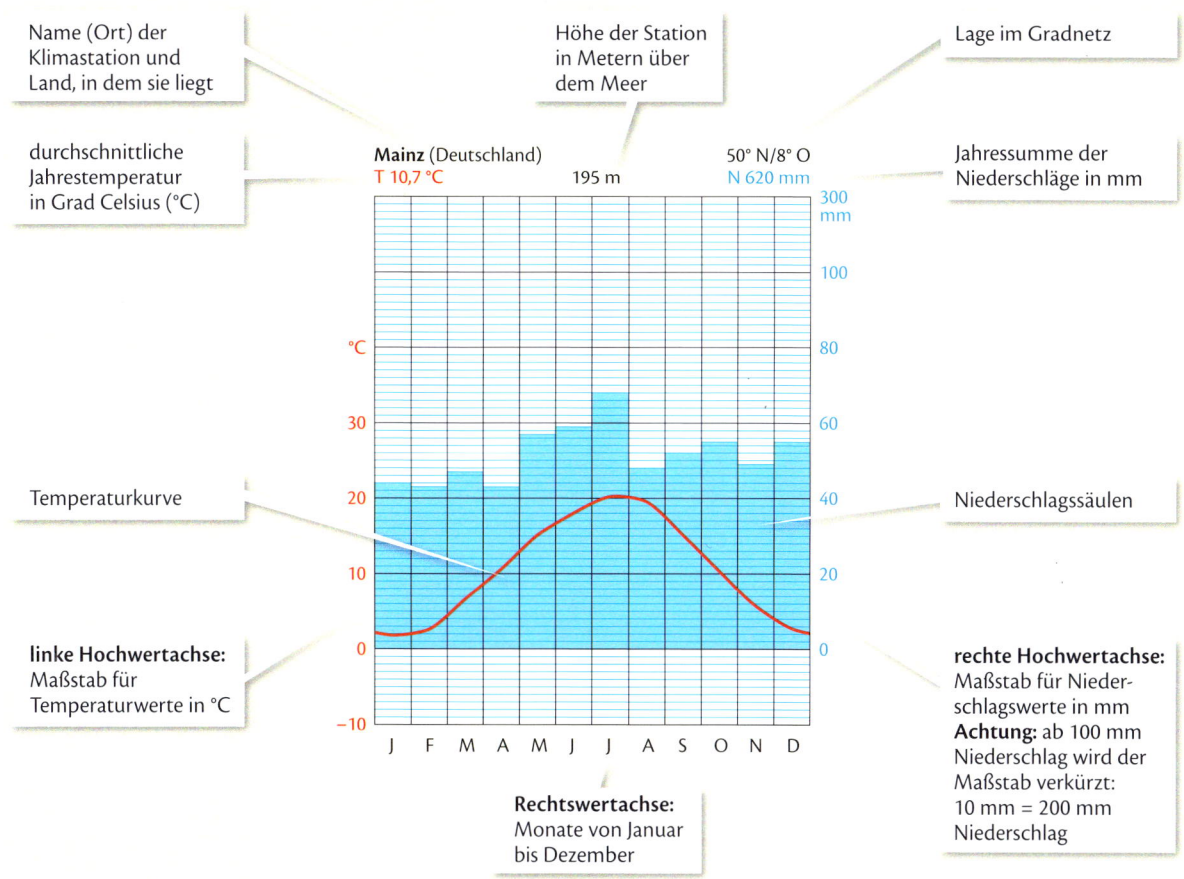

Name (Ort) der Klimastation und Land, in dem sie liegt

durchschnittliche Jahrestemperatur in Grad Celsius (°C)

Höhe der Station in Metern über dem Meer

Lage im Gradnetz

Jahressumme der Niederschläge in mm

Mainz (Deutschland)
T 10,7 °C
195 m
50° N/8° O
N 620 mm

Temperaturkurve

Niederschlagssäulen

linke Hochwertachse: Maßstab für Temperaturwerte in °C

rechte Hochwertachse: Maßstab für Niederschlagswerte in mm **Achtung:** ab 100 mm Niederschlag wird der Maßstab verkürzt: 10 mm = 200 mm Niederschlag

Rechtswertachse: Monate von Januar bis Dezember

M 3 *Der Aufbau eines Klimadiagramms*

Beispiel für das Lesen eines Klimadiagramms

1. Schritt: Die Klimastation Mainz liegt auf einer Höhe von 195 Metern über dem Meeresspiegel. Sie befindet sich auf 50 Grad nördlicher Breite sowie 8 Grad östlicher Länge.

2. Schritt: Die jährliche Durchschnittstemperatur beträgt 10,7 °C. Die drei wärmsten Monate sind Juni, Juli und August. Die kältesten Monate sind Dezember, Januar und Februar. In allen drei Monaten gibt es Frosttage. Der wärmste Monat ist der Juli mit einer Durchschnittstemperatur von 20,2 °C, der kälteste Monat ist der Januar mit einer Durchschnittstemperatur von 1,8 °C.

3. Schritt: Die Summe der Jahresniederschläge beträgt 620 Millimeter. Die drei niederschlagsreichsten Monate sind der Mai, Juni und der Juli. Am wenigsten Niederschlag fällt im Februar und April. Der niederschlagsreichste Monat ist der Juli mit 68 Millimetern Niederschlag und der niederschlagsärmste Monat ist der April mit 43 Millimetern Niederschlag.

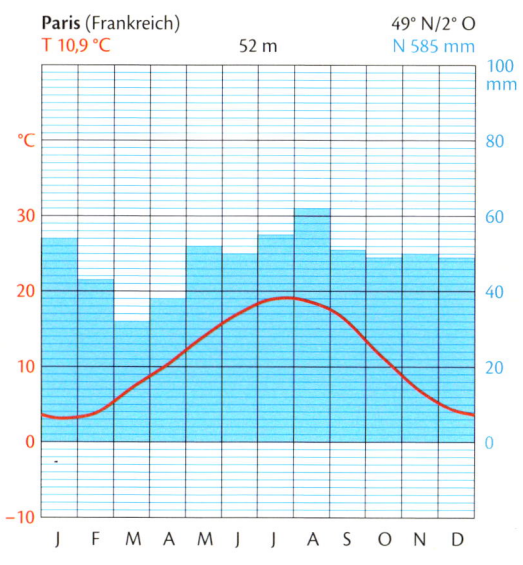

Paris (Frankreich)
T 10,9 °C
52 m
49° N/2° O
N 585 mm

1 Erkläre den Aufbau eines Klimadiagramms (**M 1** bis **M 3**).
2 Ermittle mithilfe der Checkliste wichtige Klimawerte aus dem Klimadiagramm von Paris (**M 4**).

M 4 *Klimadiagramm von Paris*

Hier findest du zusätzliche Informationen und Links:

cornelsen.de/webcodes
Code: nuyige

Polargebiete – bedeckt vom ewigen Eis?

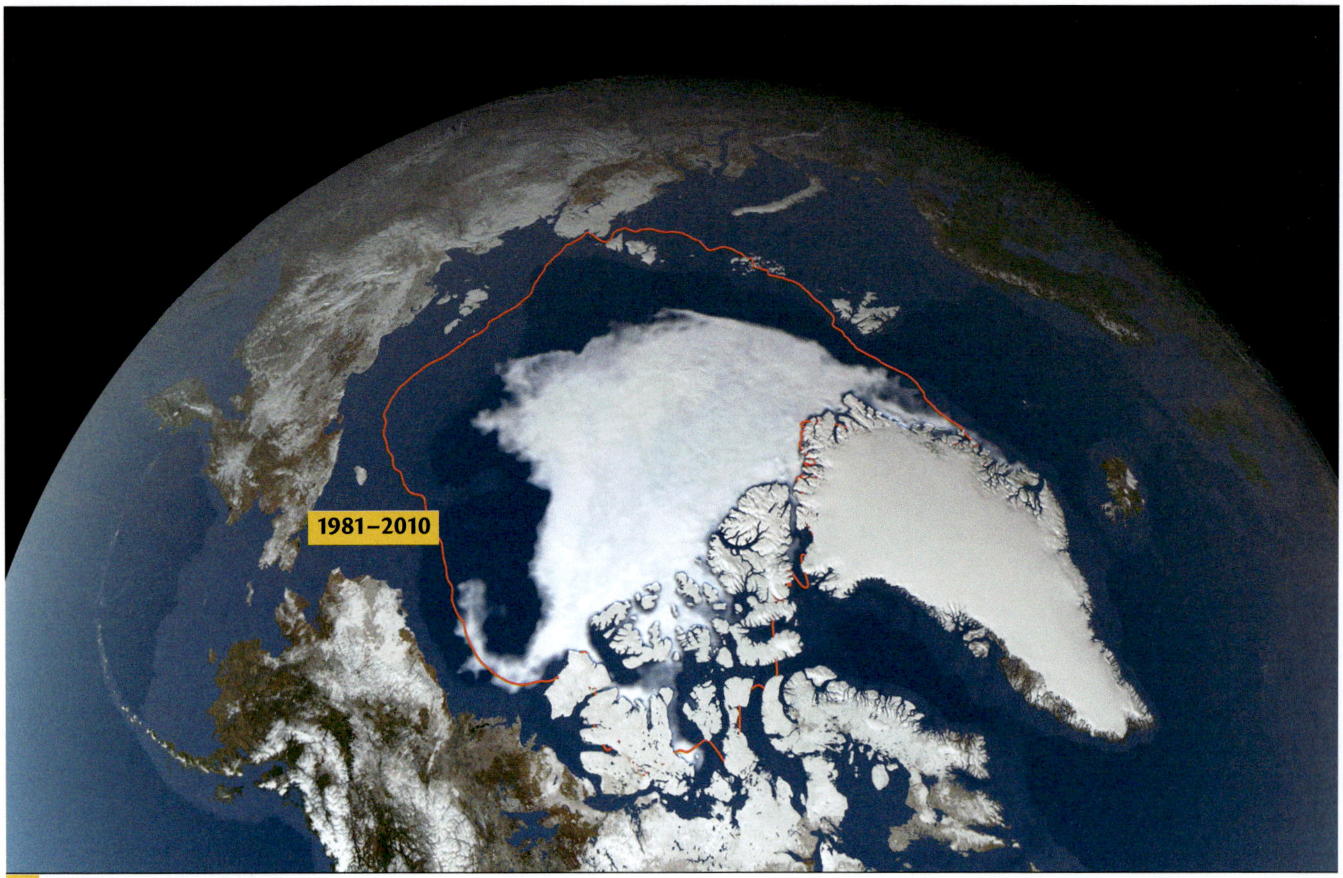

M 1 *Eisbedeckung in der Arktis am 18. September 2020 (im Vergleich zur durchschnittlichen Eisbedeckung 1981–2010)*

1981–2010

---

check-it
- geographische Lage und Ausdehnung der Polargebiete beschreiben
- Merkmale der Polargebiete kennen
- Arktis und Antarktis vergleichen
- Profile auswerten
- Auswirkungen der Klimaerwärmung auf die Polargebiete erörtern

---

An den Polen

Die Polarregionen erstrecken sich vom nördlichen beziehungsweise südlichen Polarkreis bis zu den **Polen**. Den Nordpol umgibt die Arktis, während der Südpol in der Antarktis liegt.

Die Polarregionen sind nur sehr dünn besiedelt, denn sie sind die kältesten Gebiete der Erde. Große Teile sind ganzjährig vereist, das heißt mit Eis und Schnee bedeckt.

Tauwetter an den Polen

Immer mehr Eisbären schwimmen im Sommer auf kleinen Eisschollen durchs Nordpolarmeer auf der Suche nach Nahrung. Ihr Lebensraum, das Eis der Arktis, wird immer kleiner. Seit Jahren

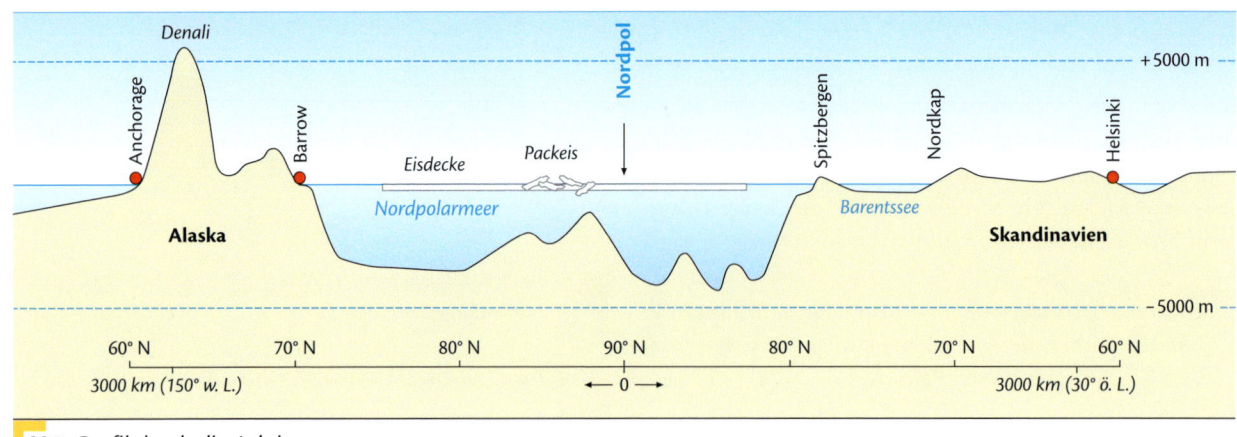

M 2 *Profil durch die Arktis*

M 3 *Eisbären auf einer Eisscholle*

M 4 *Pinguine auf dem Schelfeis*

beobachten Wissenschaftler einen deutlichen Rückgang der Eisbedeckung in den Polargebieten. Ursache hierfür ist, dass sich in den letzten 50 Jahren in der Arktis die durchschnittliche Lufttemperatur um mehr als ein Grad erhöht hat. Die weltweit gemessene Erwärmung ist nur etwa halb so hoch.

Die klimatischen Veränderungen an den Polen wirken sich aber nicht nur dort aus. Schmilzt das Eis weiter, würde der Meeresspiegel weltweit ansteigen. Rohstoffvorkommen und Schifffahrtswege, die heute noch unter Eis verborgen sind, könnten zugänglich werden. Gleichzeitig werden Menschen und Tiere der Polargebiete einen Teil ihrer Nahrungsgrundlage verlieren.

Arktis

Rund um den Nordpol erstreckt sich das Nordpolarmeer, das ebenso wie die angrenzenden Festländer und Inseln von Eis bedeckt ist. Das Meereis besteht aus Salzwasser. Die relativ dünne Eisdecke wird durch die Wellenbewegungen des Meeres in einzelne Schollen zerbrochen. So entsteht das Packeis. Das **Inlandeis** Grönlands hingegen wird von Gletschern gebildet. Diese entstehen durch Niederschläge in Form von Schnee, sodass Inlandeis aus Süßwasser besteht.

Antarktis

Im Zentrum der Antarktis liegt der Kontinent Antarktika, der von Inlandeis bedeckt ist. Es reicht an den Küsten bis aufs Meer hinaus. Von dem **Schelfeis** brechen immer wieder Eisplatten ab und schwimmen als Eisberge im Ozean.

In der Antarktis werden die tiefsten Temperaturen der Erde gemessen.

Deshalb leben hier dauerhaft keine Menschen.

1 „Eisbär und Pinguin begegnen einander in der Natur nie." Begründe diese Aussage (**M 3**, **M 4**).

2 Beschreibe die geographische Lage und Ausdehnung der Arktis und der Antarktis (**M 2**, **M 5**, Karten S. 95 oben und S. 214/215, Atlas).

3 Bildet zwei Gruppen und stellt je eines der Polargebiete vor. Vergleicht anschließend Arktis und Antarktis (**M 2** bis **M 5**).

4 Beschreibe das Abschmelzen des Eises in der Arktis und erörtere, welche Folgen das für Menschen und Tiere hat (**M 1**, Webcode).

Hier findest du zusätzliche Informationen und Links:

cornelsen.de/webcodes
Code: bakipu

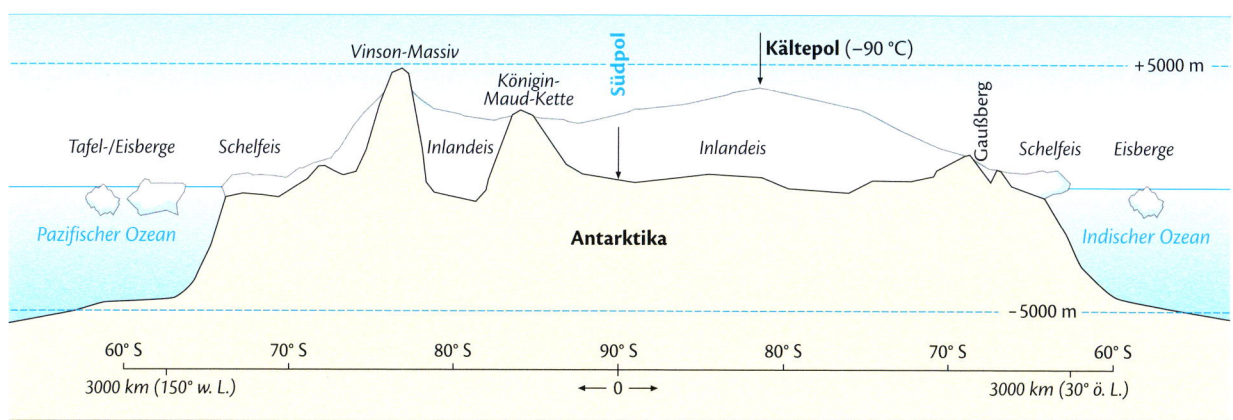

M 5 *Profil durch die Antarktis*

Polartag und Polarnacht

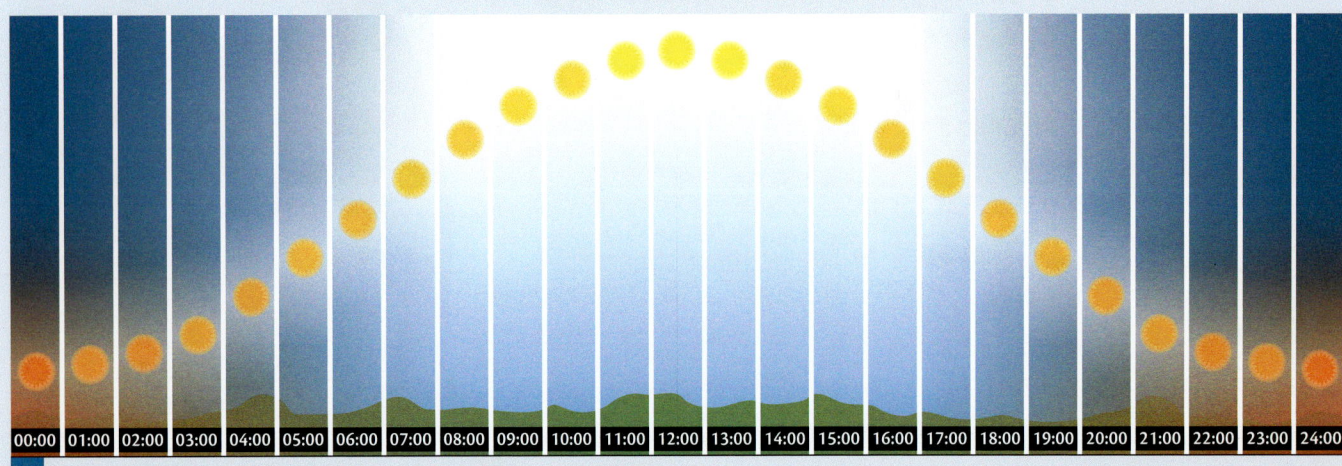

| 00:00 | 01:00 | 02:00 | 03:00 | 04:00 | 05:00 | 06:00 | 07:00 | 08:00 | 09:00 | 10:00 | 11:00 | 12:00 | 13:00 | 14:00 | 15:00 | 16:00 | 17:00 | 18:00 | 19:00 | 20:00 | 21:00 | 22:00 | 23:00 | 24:00 |

M 1 *Der Stand der Sonne am Polarkreis während des Polartages*

check-it
- Staaten nördlich des nördlichen Polarkreises benennen
- Beleuchtungsverhältnisse am und nördlich des nördlichen Polarkreises beschreiben
- Entstehung von Polartag und Polarnacht erklären

Polartag

In der Zeit vom 21. März bis 23. September geht am Nordpol die Sonne nicht unter. Diese Erscheinung heißt **Polartag.** Die Erde wird dort 24 Stunden lang von der Sonne beleuchtet, so-dass es ganztägig hell ist. Je weiter man nach Süden kommt, desto weniger Tage dauert der Polartag. Am nördlichen Polarkreis scheint die Sonne nur am 21. Juni ununterbrochen.

Da die Sonne zu dieser Zeit auch um Mitternacht noch über dem Horizont steht, spricht man auch von **Mitternachtssonne.**

Polarnacht

Im Winterhalbjahr erleben die Menschen nördlich des nördlichen Polarkreises die **Polarnacht.**

Am 21. Dezember steigt die Sonne am nördlichen Polarkreis nicht über den Horizont. In Richtung Nordpol nehmen die Tage zu, an denen die Sonne nicht aufgeht. Am Nordpol dauert die Polarnacht ein halbes Jahr. Nur um die Mittagszeit gibt es ein wenig Licht wie bei uns in der Dämmerung.

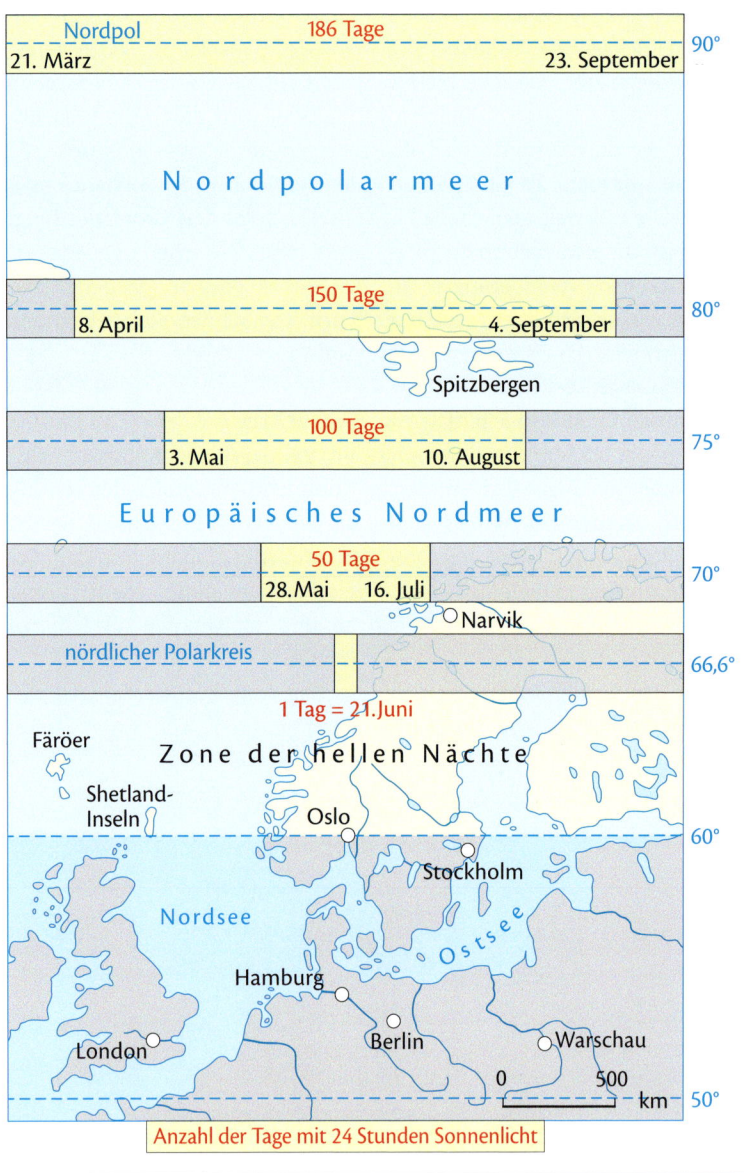

Nordpol — 186 Tage — 90°
21. März — 23. September

Nordpolarmeer

150 Tage — 80°
8. April — 4. September

Spitzbergen

100 Tage — 75°
3. Mai — 10. August

Europäisches Nordmeer

50 Tage — 70°
28. Mai — 16. Juli

Narvik

nördlicher Polarkreis — 66,6°

1 Tag = 21. Juni

Färöer — Zone der hellen Nächte

Shetland-Inseln

Oslo — 60°

Stockholm

Nordsee — Ostsee

Hamburg

London — Berlin — Warschau

0 — 500 km — 50°

Anzahl der Tage mit 24 Stunden Sonnenlicht

M 2 *Die Länge des Polartages*

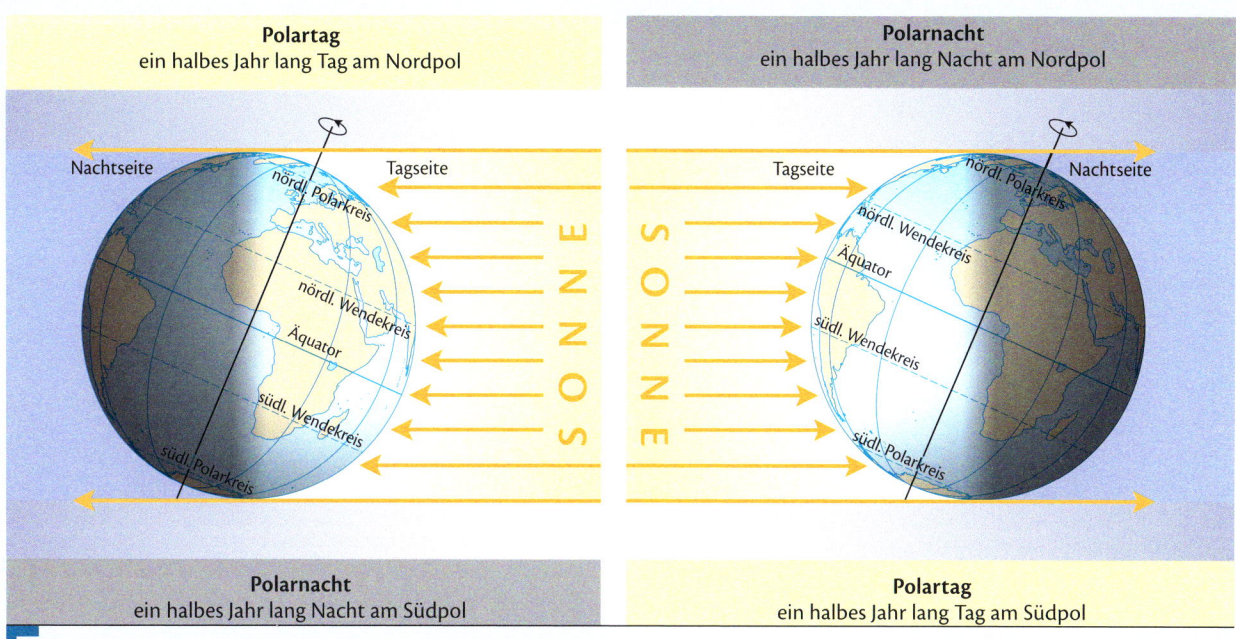

| Polartag ein halbes Jahr lang Tag am Nordpol | Polarnacht ein halbes Jahr lang Nacht am Nordpol |

Nachtseite — Tagseite — SONNE — SONNE — Tagseite — Nachtseite

nördl. Polarkreis · nördl. Wendekreis · Äquator · südl. Wendekreis · südl. Polarkreis

| Polarnacht ein halbes Jahr lang Nacht am Südpol | Polartag ein halbes Jahr lang Tag am Südpol |

M 3 *Die Beleuchtung der Polargebiete im Sommer und Winter*

Die Entstehung von Polartag und Polarnacht

Die Entstehung von Polartag und Polarnacht hängt mit der Schrägstellung der Erdachse während des Umlaufs der Erde um die Sonne zusammen. Durch die gleichbleibende Schrägstellung der Erdachse ändert sich beim Umlauf um die Sonne die Beleuchtung der Erde. Von Mitte März bis Mitte September ist die Nordhalbkugel mehr der Sonne zugewandt, von Mitte September bis Mitte März mehr die Südhalbkugel. Am 21. Juni, dem Sommeranfang auf der Nordhalbkugel, steht die Sonne mittags senkrecht über dem nördlichen Wendekreis. Das nördliche Polargebiet erhält auch dann noch Sonnenlicht, wenn es südlich des nördlichen Polarkreises bereits Nacht ist.
Auch auf der Südhalbkugel gibt es Polartag und Polarnacht. Immer, wenn am nördlichen Polarkreis Polarnacht ist, herrscht am südlichen Polarkreis Polartag – und umgekehrt.

M 4 *Das Nordkap im Juni um 23.45 Uhr*

1 Nenne fünf Staaten auf der Nordhalbkugel, die Anteil am Polargebiet haben (Karten S. 95 oben und S. 216/217, Atlas).

2 Beschreibe den Verlauf des Sonnenbogens während des Polartages (**M 1**).

3 Beschreibe die Beleuchtungsverhältnisse in Oslo, Narvik, auf Spitzbergen und am Nordpol während eines Jahres (**M 2, M 3**).

4 Erkläre die Entstehung von Polartag und Polarnacht auf der Nordhalbkugel (**M 3**).

5 Überprüfe, wo Menschen am 21. Juni den ganzen Tag ohne Sonnenlicht auskommen müssen (**M 3** und Karte S. 216/217, Atlas).

6 Vergleiche mithilfe einer Tabelle die Beleuchtungsverhältnisse im südlichen und nördlichen Polargebiet (**M 3**).

Hier findest du zusätzliche Informationen und Links:

  cornelsen.de/webcodes
Code: foqako

Leben in der kalten Zone

Bei uns in Grönland

Meine Familie und ich wohnen in einem kleinen Haus gar nicht weit von unserer Schule. Dort sitze ich gerade am Computer, um zu lernen. Meine Mutter arbeitet bei der Stadtverwaltung und mein Vater stellt ganz tolle Skulpturen her. Einige kann er an die Touristen hier verkaufen. In den Sommermonaten kommen sie immer öfter mit Kreuzfahrtschiffen zu uns. Mein Onkel organisiert für sie Fahrten mit dem Hundeschlitten. Wir benutzen heute einen Motorschlitten (Skidoo) oder im Sommer ein Quad. Wenn wir einen anderen Ort besuchen wollen, nehmen wir das Flugzeug. Fast jeder Ort hier hat einen Flugplatz, aber es gibt kaum Straßen. Auch die Waren für den Supermarkt und alles, was wir sonst so brauchen, wird mit dem Flugzeug gebracht. Mit der Jagd verdienen nur noch wenige Menschen in Grönland ihr Geld. Seitdem nur noch eine vorgeschriebene Zahl von Tieren getötet werden darf, kann man davon kaum noch leben. Ich spiele viel mit meinen Freundinnen, aber trotz Computer und Fernseher ist es hier in den langen Wintern, in denen es auch tagsüber gar nicht hell wird, oft schrecklich langweilig.

M 1 *Alukie berichtet*

M 3 *Nuuk – eine Stadt in Grönland*

check-it _____
- geographische Lage der kalten Zone beschreiben
- Naturbedingungen erläutern
- Anpassung von Pflanzen und Menschen erklären
- Bilder und Grafiken beschreiben
- Lebenssituation in der Polarzone beurteilen

An den Polen

Die kalte Zone erstreckt sich rund um die beiden Pole. Man nennt sie deshalb auch Polarzone. Den Nordpol umgibt die Arktis, während der Südpol in der Antarktis liegt.

Die kalte Zone ist nur sehr dünn besiedelt, denn sie ist das kälteste Gebiet der Erde. Große Teile sind ganzjährig mit Eis und Schnee bedeckt.

Ohne Wärme keine Pflanzen

In der kalten Zone ist die Wachstumszeit für Pflanzen sehr kurz. Nur wenige Wochen im Jahr steigen die Temperaturen über null Grad an, sodass Pflanzen wachsen können. Die fehlende Wärme führt dazu, dass nur Gräser und Moose vorkommen und vereinzelte Sträucher nur 50 Zentimeter hoch werden. Deshalb ist die kalte Zone größtenteils eine baumlose Landschaft – die **Tundra.** Die Pflanzen wachsen nur langsam. Sie haben oft dunkle Blätter, denn diese sorgen für eine stärkere Erwärmung des Bodens. Bei Schnee sind die niedrigen Pflanzen unter der Schneedecke vor Kälte geschützt. Je weiter man nach Norden kommt, desto dünner wird die Pflanzendecke. Die Tundra geht allmählich in die Eiswüste über. Nach Süden hin, wo es wärmer wird, wachsen Nadelbäume.

Ewiges Eis unter der Erdoberfläche

In der kalten Zone sind der Boden und die Gesteine seit tausenden Jahren im Untergrund ständig gefroren. Die Gebiete mit **Dauerfrost** nehmen ungefähr ein Viertel der Landmasse der Nordhalbkugel ein. Nur in den Sommermonaten taut der Boden für kurze Zeit an der Oberfläche auf. Da das Schmelzwasser in dem gefrorenen Boden des Untergrunds nicht versickern kann, bil-

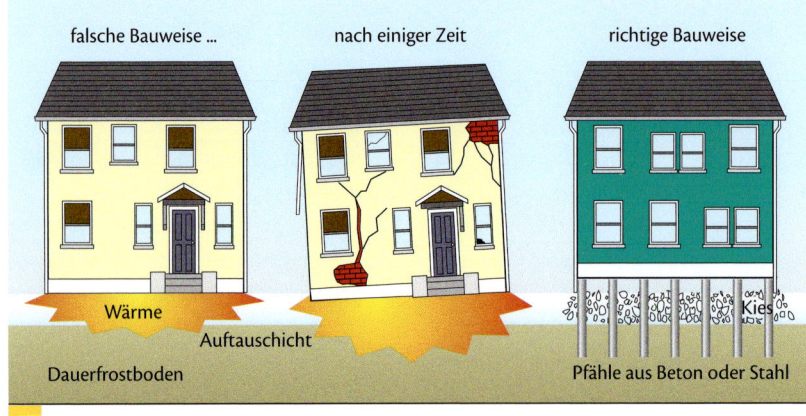

falsche Bauweise ...   nach einiger Zeit   richtige Bauweise

Wärme

Auftauschicht

Dauerfrostboden

Kies

Pfähle aus Beton oder Stahl

M 2 *Bauen im Dauerfrostboden*

den sich an vielen Stellen Sümpfe und flache Seen.

Bauen auf gefrorenem Boden

Der Bau von Häusern und Straßen ist auf dem gefrorenen Untergrund sehr aufwändig. Weite Teile der Tundra sind im Sommer unpassierbar. Menschen und Fahrzeuge versinken im Schlamm. Die Orte werden mit dem Flugzeug oder mit Schiffen versorgt. Nur im Winter können die Siedlungen auf dem Landweg erreicht werden. Die Winterstraßen verlaufen über zugefrorene Seen und Sümpfe.

Leben in der kalten Zone

Winterliche Kälte von bis zu minus 54 Grad und viele Wintermonate, an denen es nur wenige Stunden am Tag hell wird – ein Leben in der kalten Zone stellt besondere Anforderungen an die Menschen. So gibt es auf allen Parkplätzen Steckdosen, damit die Automotoren elektrisch angewärmt werden können, denn sie würden bei der großen Kälte nicht mehr funktionieren. Im Sommer machen unzählige Stechmücken das Leben schwer. Wenn die oberste Bodenschicht auftaut, bilden sich Sümpfe, die ideale Brutplätze für die Mücken sind. Da die Temperaturen nur wenige Wochen im Jahr über null Grad liegen, ist Ackerbau in der kalten Zone kaum möglich. Die Menschen leben hauptsächlich vom Fischfang, der Jagd oder der Rentierzucht. Die Rentiere weiden das ganze Jahr über auf wechselnden Weideplätzen im Freien. Rentierfleisch ist ein wichtiges Nahrungsmittel in der kalten Zone. An den Küsten ganz im Norden Grönlands werden Robben gejagt. Sie können fast vollständig verwertet werden und liefern wichtige Rohstoffe für das Überleben in der Kälte.

M 4 *Die Tundra*

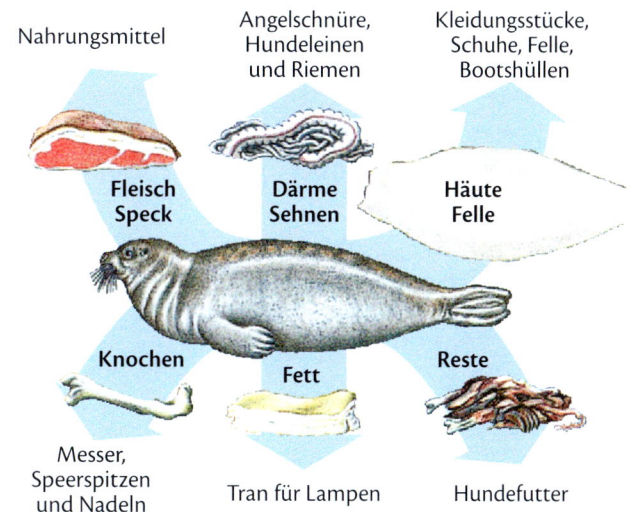

M 5 *Verwertung einer Robbe*

1 Beschreibe die geographische Lage der kalten Zone und Grönlands (S. 101 **M 5**, Karte S. 95 oben).

2 Erläutere die natürlichen Bedingungen in der kalten Zone (**M 3**, **M 4**, S. 101 **M 5**).

3 Erläutere, wie sich Pflanzen an die Bedingungen in der kalten Zone angepasst haben (**M 4**).

4 Erkläre, was beim Bau von Häusern auf Dauerfrostboden beachtet werden muss (**M 2**).

5 Erläutere die Bedeutung der Robbe für die Menschen in der kalten Zone (**M 5**).

6 Leben in der kalten Zone – Traum oder Albtraum? Begründe deine Meinung (**M 1** bis **M 5**).

Nutzung der Polarregionen – Chance oder Gefahr?

M 1 *Schifffahrtswege durch die Arktis*

check-it
- mögliche Schifffahrtsrouten durch die Arktis und ihre Bedeutung beschreiben
- Umweltprobleme in den Polarregionen erläutern
- Auswirkungen des Polartourismus grafisch darstellen
- Auswirkungen einer verstärkten Nutzung beurteilen

Forscher gehen davon aus, dass bei fortschreitender globaler Erwärmung diese beiden Schifffahrtsrouten in den Sommermonaten immer länger eisfrei und somit befahrbar sein werden. Beide Routen verkürzen den Weg für Handelsschiffe zwischen Europa und Asien gegenüber der üblichen Route durch den Sueskanal erheblich. Deshalb wird die wirtschaftliche Erschließung der Nordwestpassage bereits vorbereitet. In einer Inuit-Siedlung am Nordpolarmeer ist der Bau eines Tiefwasserhafens für Tanker geplant.

Eisfreie Schifffahrtswege in der Arktis wären auch für den Abbau der Bodenschätze von großer Bedeutung. Heute wird das im Nordpolarmeer und in Nordsibirien geförderte Erdöl und Erdgas noch durch Pipelines über die Kontinente zu den nächsten eisfreien Häfen gepumpt.

Reise zu Eisbär und Pinguin

Sowohl in der Arktis als auch in der Antarktis hat der Tourismus in den letzten Jahren stark zugenommen. Die meisten Touristen kommen mit Kreuzfahrtschiffen in die Polarregionen. Die Haupreisezeit für Polarreisen ist der Sommer. Das ist die Zeit, in der Robben und Vögel sich fortpflanzen, ihre Jungen säugen oder füttern, das Fell oder Gefieder wechseln. In diese Zeit fällt auch die kurze Wachstumsperiode der Pflanzen, sodass die Natur besonders anfällig für Störungen ist.

Schifffahrtswege ohne Eis

Im Sommer 2008 sorgte das deutsche Forschungsschiff „Polarstern" für Schlagzeilen, denn es hatte den Nordpol umrundet. Dies war möglich, weil sowohl die Nordwest- als auch die Nordostpassage erstmals gleichzeitig eisfrei waren.

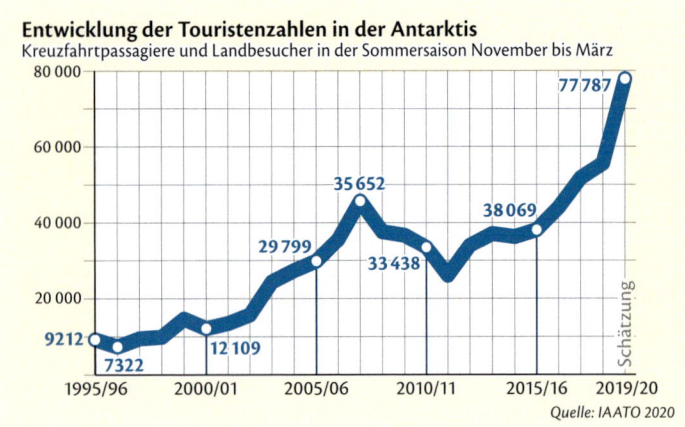

M 2 *Entwicklung der Touristenzahlen in der Antarktis*

M 3 *Pinguine und Touristen*

M 4 *Müllplatz in der Arktis*

In der Arktis können Touristen neben Naturbeobachtungen auch Helikopterausflüge, Campingtouren in die Wildnis sowie Abenteuertouren mit Kanus, Hunde- oder Motorschlitten, Skiern oder Snowboards sowie Mountainbikes unternehmen. Auch Jagden sind möglich. Solche Aktivitäten sind in der Antarktis nicht erlaubt, denn sie ist durch ein Umweltschutzabkommen als Zusatz zum Antarktisvertrag geschützt, das klare Regeln für Besucher enthält. Jeder deutsche Antarktisbesucher – auch Forscher und Wissenschaftler – benötigt eine Erlaubnis des Umweltbundesamts.

Gefahr für die Arktis

Die Polargebiete galten lange als nahezu schadstofffrei. Mit zunehmender Nutzung nehmen jedoch auch die Umweltbelastungen zu, denn die Natur ist besonders anfällig für Störungen. Selbst ein Fußtritt kann die Vegetation der Tundra für Jahre schädigen.

Der Schiffsverkehr allein führt zu einer hohen Belastung der Meere. Schiffsunfälle, bei denen Öl ausläuft, oder auslaufendes Erdöl aus Förderplattformen oder Pipelines verschlimmern die Situation. Meereis behindert den natürlichen Abbau des Öls. Zudem führt die großräumige Bewegung des Eises im Nordpolarmeer dazu, dass es über eine große Fläche verteilt wird.

Müllberge auf dem Eis

Überall dort, wo in den Polargebieten Menschen leben, türmen sich die Müllberge. Das gilt sowohl für die Siedlungen der **Inuit** in der Arktis als auch für die Forschungsstationen in der Antarktis. In der Kälte der Polargebiete verrotten organische Stoffe kaum oder nur sehr langsam. Zudem ist es in den Permafrostgebieten nicht möglich, Müll zu vergraben. Durch den lagernden Müll gelangen Schadstoffe in den Boden, die Luft und das Meer.

1 Beschreibe den Weg eines Schiffes von Hamburg nach Tokio über die Nordost- und die Nordwestpassage (**M 1**, Globus, Karten S. 95 oben und S. 214/215, Atlas).

2 Berechne die ungefähre Verkürzung der Reiseroute zwischen Hamburg und Tokio durch die Nordwestpassage im Vergleich zur Route durch den Sueskanal (**M 1**, Globus, Karten S. 95 oben und S. 214/215, Atlas).

3 Gestalte ein Werbeplakat, mit dem du wahlweise für eine Reise in die Arktis oder Antarktis wirbst. Stellt eure Plakate in der Klasse aus und verleiht einen Preis für die überzeugendste Gestaltung (**M 2**, **M 3**, Webcode, *Tipps zum Erstellen von Plakaten und Folien*).

4 Erstelle ein Fließdiagramm zu den Auswirkungen des Polartourismus (**M 3** bis **M 5**,).

5 Erläutere, mit welchen Umweltproblemen die Polarregionen zu kämpfen haben (**M 4**, **M 5**).

6 Neue Nutzungsmöglichkeiten für die Polarregionen durch Klimawandel – Chance oder Gefahr? Verfasse eine Stellungnahme dazu (**M 1** bis **M 5**).

Hier findest du zusätzliche Informationen und Links:

cornelsen.de/webcodes
Code: banebe

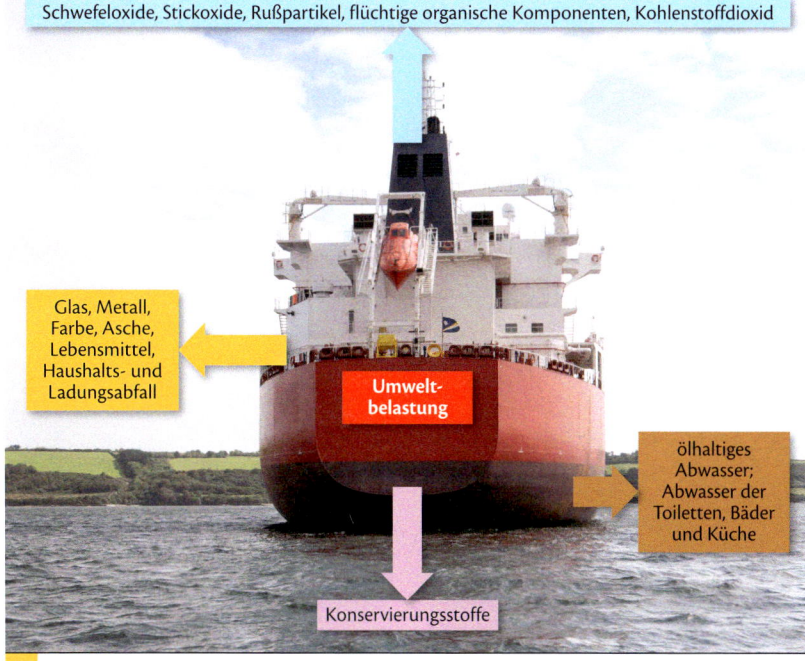

M 5 *Umweltbelastung durch Schiffe*

Wir erstellen eine Präsentation

M 1 *Präsentation mit Overheadprojektor*

check-it
- Aufbau einer Präsentation kennen
- Präsentation erstellen

Ein Bild sagt mehr als tausend Worte

Im Unterricht wird immer wieder gefordert, dass du Arbeitsergebnisse vortragen sollst – meist in Form eines Referats oder Kurzreferats.

Besonders im Erdkundeunterricht wird jedes Referat sehr viel anschaulicher, wenn zur Verdeutlichung Bilder, Karten, Diagramme oder Grafiken eingesetzt werden. Einen solchen medienunterstützten Vortrag bezeichnet man als **Präsentation**. Der Einsatz von Medien macht den Vortrag unterhaltsam und abwechslungsreich. Welches Medium am besten geeignet ist, richtet sich nach dem Thema, aber auch nach den technischen Möglichkeiten.

Checkliste zum Erstellen einer Präsentation

1. Schritt: Lege das Thema deiner Präsentation fest. Manchmal ist es sinnvoll, mit der genauen Formulierung des Themas zu warten, bis die Informationsbeschaffung abgeschlossen ist. Eventuell ergibt sich das Thema aus den Materialien.

2. Schritt: Besorge dir Informationen zu deinem Thema zum Beispiel aus Zeitungen und Zeitschriften, Büchern oder aus dem Internet.

Achtung: Wenn du Materialien in deine Präsentation übernimmst, musst du die Quelle angeben.

3. Schritt: Erstelle eine Gliederung deiner Präsentation. Achte dabei darauf, dass sie sinnvoll aufgebaut ist und der Raum auf einer Karte lokalisiert werden kann. Überlege dir einen Einstieg, der neugierig auf das Thema macht und das Interesse der Zuschauer/Zuhörer weckt.

4. Schritt: Lege fest, welches Präsentationsmedium du einsetzen willst, und stelle sicher, dass die erforderlichen Geräte zur Verfügung stehen.

5. Schritt: Stelle die Präsentation zusammen. Ordne die Materialien in der richtigen Reihenfolge deinem Vortragstext zu. Achte darauf, dass Abbildungen gut erkennbar sowie Text und Zahlen in Grafiken und Diagrammen lesbar sind.

6. Schritt: Übe deine Präsentation, denn sie sollte möglichst frei vorgetragen und nicht abgelesen werden. Beachte, dass die Medien deinen Vortrag nur unterstützen sollen. Setze sie sparsam an den Stellen ein, an denen es sinnvoll ist.

7. Schritt: Sorge vor der Präsentation dafür, dass alle Materialien und Medien vorhanden und einsatzbereit sind.

Plakat/Wandzeitung
Überschrift/Thema
klare Gliederung und klarer Aufbau
keine Sätze, nur Schlagworte
deutliche und große Schrift
Bilder und Zeichnungen, Farben gezielt einsetzen
Beim Vortrag nicht verdecken!
Nicht zum Plakat sprechen!

Overheadprojektor
Schriftgröße mindestens 16 pt
keine langen Sätze → Stichworte
große Bilder und Abbildungen
keine Abbildungen mit niedriger Auflösung
Folien sortiert einheften
mit Folie arbeiten (z. B. teilweise abdecken, mit Stift zeigen/markieren/eintragen, …)

Für jedes Präsentationsmedium gilt:
weniger ist oft mehr
Medium muss bei der Präsentation noch aus der letzten Reihe gut zu sehen sein!

Präsentationsmedien

PowerPoint-Präsentation
große Schrift (mind. 24 pt)
klare Gliederung
Farben vorsichtig einsetzen (z. B. kein greller Hintergrund)
wenige, dafür sinnvolle Effekte (Folienübergang, …)
Unbedingt vorher proben und mit der Technik vertraut machen!

Video-Dokumentation
sinnvoll schneiden, klarer Ablauf
passende Vertonung (Kommentare, O-Ton, Musik, …)
Einblendungen (Text, Bilder, …)
angemessene Länge
Zusammenspiel von Video-Beamer und Video-Recorder vorher testen

M 2 *Tipps zum Einsatz verschiedener Medien*

Am Nordpol – ewiges Eis?

M 3 *Titelfolie mit Thema und Karte zur Orientierung*

Inhalt

1. Geographische Lage der Arktis
2. Klima und Vegetation
3. Nutzung und Besiedlung
4. Veränderte Nutzung durch Erwärmung
5. Auswirkungen auf den Naturraum

M 4 *Gliederung der Präsentation*

Tipps zum richtigen Präsentieren

- Schaue in Richtung der Zuschauer/Zuhörer. Achte darauf, dass du nicht nur auf den Bildschirm oder die Präsentationswand schaust.
- Versuche frei zu sprechen und nicht abzulesen. Das gelingt besser, wenn du dir Stichpunkte auf den Merkzettel notierst.
- Unterstütze deine Präsentation durch sinnvolle Gestik und Bewegung. Dadurch wirkt das Vorgetragene lebendiger und interessanter.
- Rede laut, deutlich und nicht zu schnell. Bedenke, dass die Zuhörer deine Präsentation zum ersten Mal hören/ sehen und alles verstehen wollen.
- Fasse am Ende die angesprochenen Ergebnisse noch einmal kurz zusammen.
- Gib dem Publikum die Möglichkeit, am Schluss Fragen zu stellen. ▌

1 Erstelle eine Tabelle zu den Präsentationsmedien, in der du die jeweils erforderlichen Geräte/Materialien sowie mögliche Einsatzmöglichkeiten auflistest.
2 Bildet Gruppen und wählt ein Thema zur Polarzone aus. Mögliche Themen könnten sein:
   - Inuit früher und heute
   - Tiere in der Arktis und Antarktis
   - Veränderung des Klimas
   - Erdöl und Erdgas aus der polaren Zone
   - Polarforschung
3 Sammelt Material zu eurem Thema und wählt ein geeignetes Präsentationsmedium aus.
4 Stellt eure Präsentation zusammen und führt sie der Klasse vor.

Hier findest du zusätzliche Informationen und Links:

cornelsen.de/webcodes
Code: cineyi

M 5 *Grafiken zur Veranschaulichung*

M 6 *Russische Fahne am Nordpol*

Wüsten – trocken, doch nicht wüst und leer

In der Sahara

Die größte **Wüste** der Erde ist die Sahara in Nordafrika. Sie ist mit neun Millionen Quadratkilometern fast so groß wie Europa. Am meist tiefblauen Himmel scheint die Sonne im Jahr bis zu 4300 Stunden lang (in Deutschland durchschnittlich 1700 Stunden). Temperaturen zwischen 50 und 60 Grad Celsius sind möglich. In der Wüste kann es aber auch bitterkalt werden. Die sehr trockene Luft bietet nachts dem Boden keinen Schutz vor Wärmeverlust. Starke Abkühlung auf null Grad Celsius und darunter ist keine Seltenheit. Die starken Temperaturunterschiede zwischen Tag und Nacht führen zur Bildung von Tau, oft die einzige Feuchtigkeit in der Wüste. Wer einmal in der Sahara war, hat gespürt: Die Sahara ist ein heißes Land, in dem es schnell kalt wird. Der Wassermangel bestimmt das Leben von Pflanzen, Tieren und Menschen.

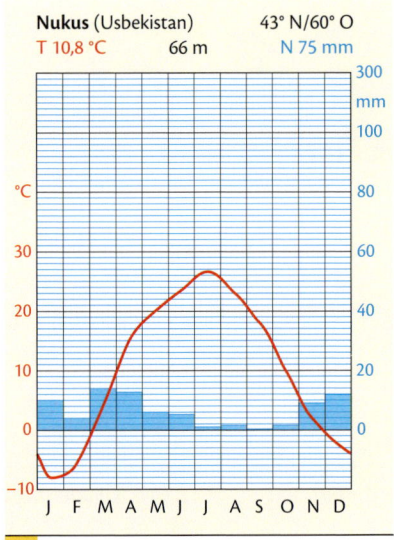

M 1 *Klimadiagramm Nukus*

M 2 *Klimadiagramm Tamanrasset*

Nukus (Usbekistan)   43° N/60° O
T 10,8 °C   66 m   N 75 mm

Tamanrasset (Algerien)   23° N/6° O
T 21,2 °C   1405 m   N 44 mm

Gesichter einer Wüste

Die großen Temperaturunterschiede zwischen Tag und Nacht führen zu Spannungen im Gestein und schließlich zur **Verwitterung** durch **Frostsprengung.** Tagsüber dehnt das Gestein sich in der Hitze aus. Wenn es sich abends abkühlt, zieht es sich wieder zusammen. Dabei entstehen Risse. Felsplatten zerspringen in scharfkantige Stücke. Manchmal klingt es wie ein Pistolenschuss, wenn ein Stein zerspringt. Auf diese Weise werden die Stein- und Felswüsten der Sahara gebil-

det. Diese **Hamadas** sind zum Teil gewaltige Erhebungen mit blankem Fels und groben Gesteinstrümmern. Trotz der extremen Trockenheit kann man dort Spuren von fließendem Wasser erkennen. Es regnet selten in den Hamadas, aber wenn, dann stürzen die Wassermassen sintflutartig nieder. Der ausgetrocknete Boden kann die riesigen Regenmengen nicht aufnehmen. In Tälern, die sonst trocken liegen, fließt das Wasser oberflächlich ab. Diese Trockentäler heißen **Wadis**. Nach Regenfällen fließen dort reißende Flüsse.

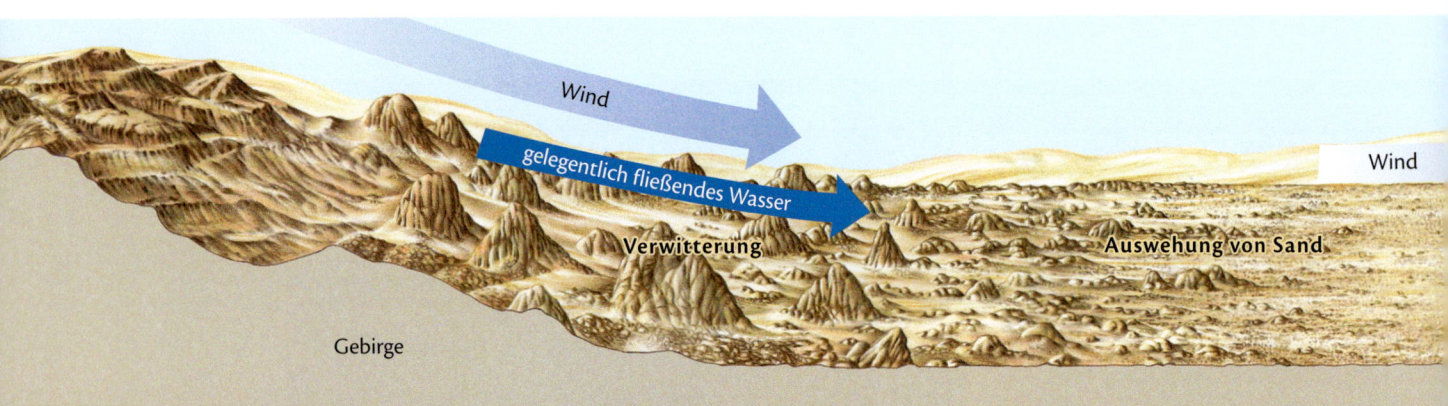

Wind

gelegentlich fließendes Wasser

Wind

Verwitterung

Auswehung von Sand

Gebirge

Felswüste (Hamada) **70 %**   Kieswüste (Serir) **10 %**

M 3 *Wüstenarten und ihr Anteil an der Fläche der Sahara*

Wehe dem, der jetzt hier sein Zelt aufgeschlagen hat oder mit dem Geländewagen auf dem Weg durch das Wadi ist. Wenn die Wadis Wasser führen, werden Geröll, Kies und auch Sand abgetragen und auf weiten ebenen Flächen abgelagert. So entstehen die Kieswüsten, die im Arabischen **Serir** heißen. Der feine Sand wird vom Wind ausgeblasen und als Sandwüste, **Erg**, abgelagert. Die **Dünen** können bis zu 300 Meter hoch werden.

1 Beschreibe die geographische Lage der Sahara (Karten S. 95 unten, S. 212 und 214/215, Atlas).
2 Vergleiche die Merkmale des Klimas in Nukus und Tamanrasset und ordne die Begriffe heiße Wüste und winterkalte Wüste zu (**M 1** und **M 2**).
3 Erläutere die Entstehung von Hamada, Serir und Erg (**M 3** bis **M 6**).
4 Stelle dar, wie sich Pflanzen an die Lebensbedingungen in der Wüste angepasst haben (**M 4**).
5 Diskutiert die Aussage: Wüsten sind trocken, aber nicht wüst und leer.

Hier findest du zusätzliche Informationen und Links:

cornelsen.de/webcodes
Code: woyewe

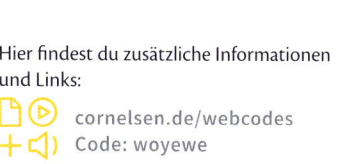

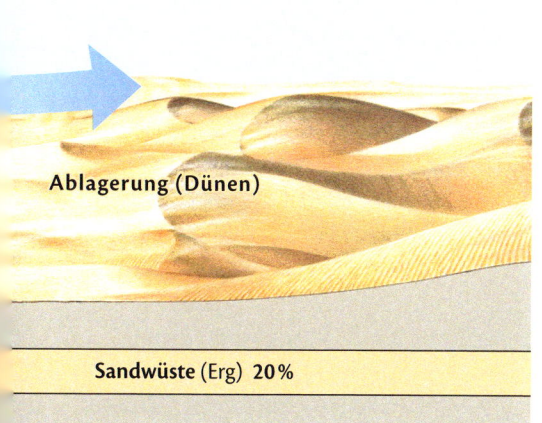

Ablagerung (Dünen)

Sandwüste (Erg) 20 %

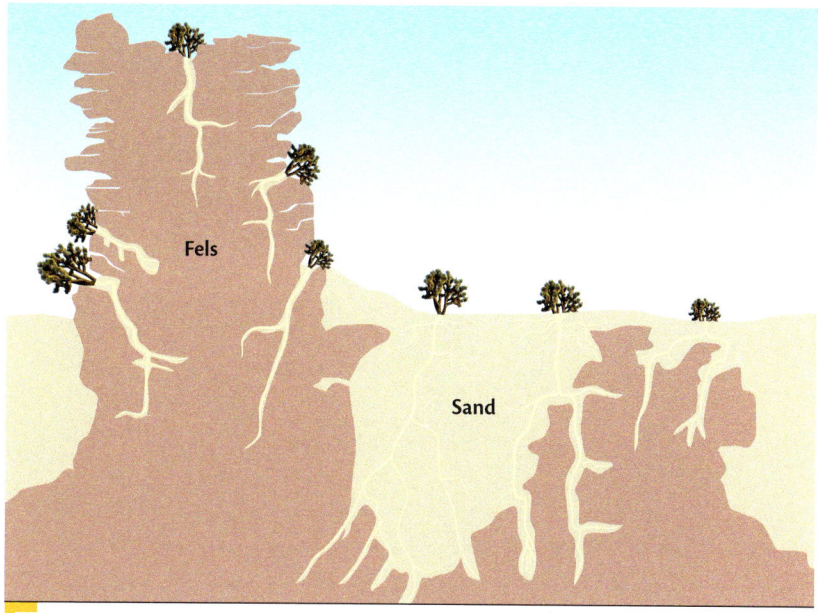

M 4 *Pflanzenwachstum bei Wassermangel*

M 5 *Fels- und Gesteinswüste (Hamada)*

M 6 *Sandwüste (Erg)*

Oasen – grüne Inseln in der Wüste

M 1 *Dattelpalmenoase*

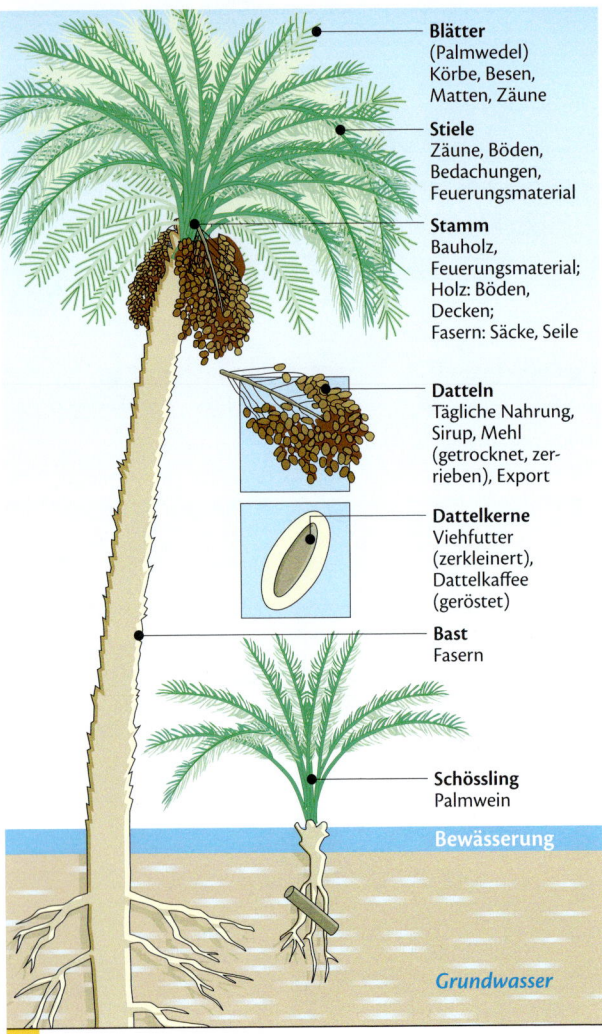

Blätter
(Palmwedel)
Körbe, Besen,
Matten, Zäune

Stiele
Zäune, Böden,
Bedachungen,
Feuerungsmaterial

Stamm
Bauholz,
Feuerungsmaterial;
Holz: Böden,
Decken;
Fasern: Säcke, Seile

Datteln
Tägliche Nahrung,
Sirup, Mehl
(getrocknet, zer-
rieben), Export

Dattelkerne
Viehfutter
(zerkleinert),
Dattelkaffee
(geröstet)

Bast
Fasern

Schössling
Palmwein

Bewässerung

Grundwasser

M 2 *Nutzung der Dattelpalme*

check-it
– Oasen lokalisieren
– Oasenarten vergleichen
– Bedeutung der Dattelpalme erklären
– Veränderungen in den Oasen erläutern
– Skizze einer Oase zeichnen
– eine Aussage erörtern

Wasser in der Wüste

„Bahr bela ma" – Meer ohne Wasser –
so nennen die Araber die Sahara. Doch
tausende **Oasen** liegen wie grüne Inseln im gelbbraunen Wüstenmeer.
Überall dort, wo es Wasser gibt, können sich in der Wüste Menschen ansiedeln. An manchen Stellen kommt das
Grundwasser der Erdoberfläche so
nahe, dass die Pflanzen es mit ihren
Wurzeln erreichen können. An wenigen Stellen tritt Wasser sogar in Quellen aus oder Menschen haben Brunnen
gegraben.
Das Wasser wird in kleinen Kanälen auf
die Anbauflächen geleitet und zur Bewässerung der Pflanzen genutzt.

Landwirtschaft in der Wüste

In traditionellen Oasengärten werden
die Pflanzen in drei Stockwerken angebaut. Die wichtigste Pflanze der Oasen

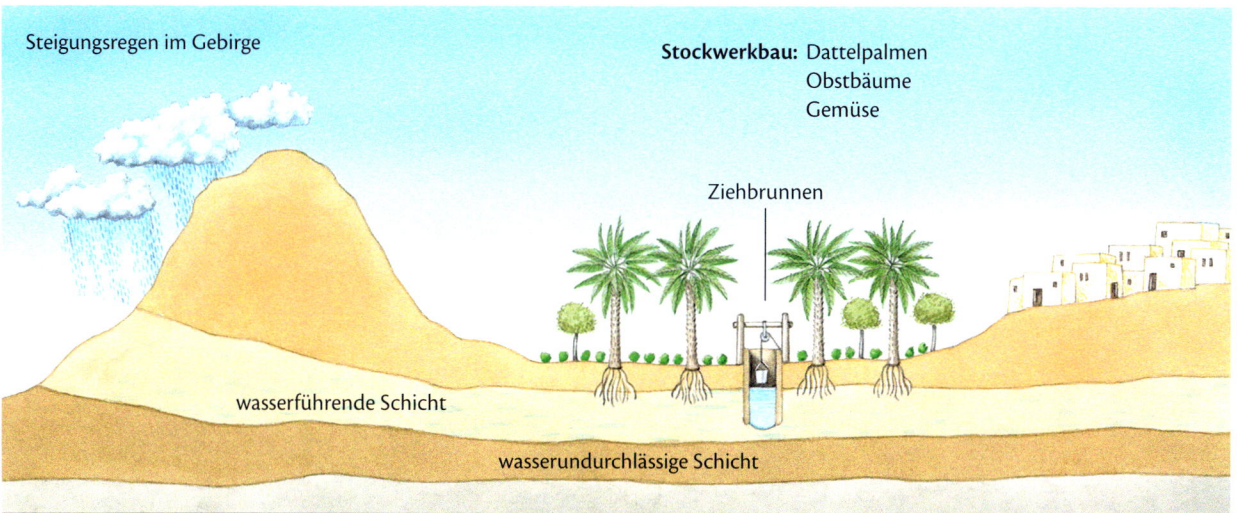

Steigungsregen im Gebirge

Stockwerkbau: Dattelpalmen
Obstbäume
Gemüse

Ziehbrunnen

wasserführende Schicht

wasserundurchlässige Schicht

M 3 *Grundwasseroase*

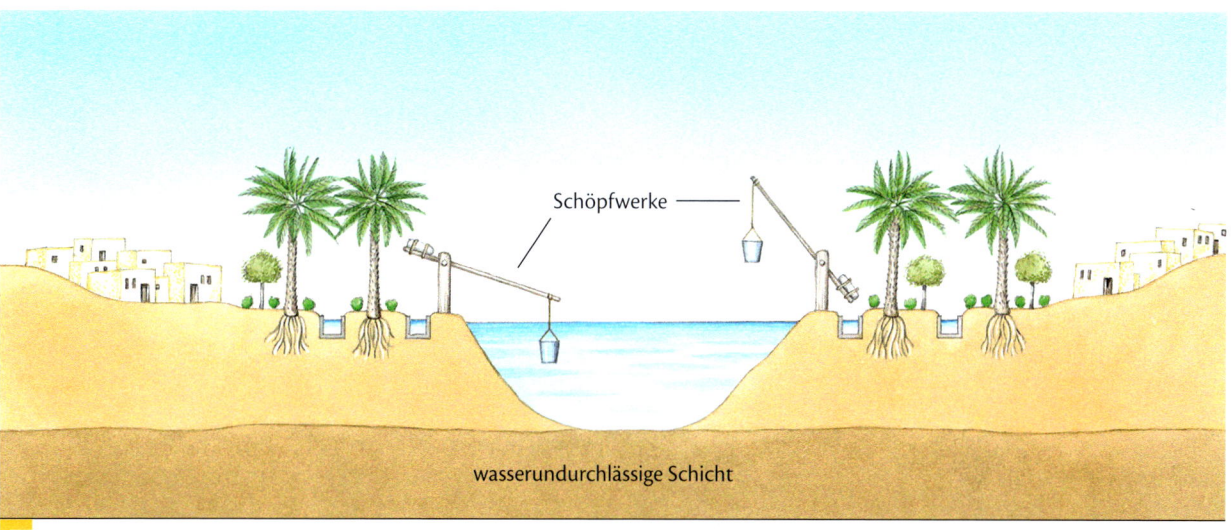

Schöpfwerke

wasserundurchlässige Schicht

M 4 *Flussoase*

ist die Dattelpalme, sie bildet das oberste und damit höchste Stockwerk. Für sie gibt es in der Oase ideale Wachstumsbedingungen, denn ihre „Füße" stehen im Wasser und ihr „Kopf" ragt in die Sonnenglut. Im Schatten der Dattelpalmen gedeihen Obstbäume wie Orangen- und Pfirsichbäume und Olivenbäume. Das unterste Stockwerk bilden die Felder mit Hirse und Weizen, Bohnen, Zwiebeln und Melonen.

Oasen im Wandel

Der Fortschritt ist auch an den Oasen in der Sahara nicht spurlos vorübergegangen. Im Norden der Sahara wurden bei der Erdölsuche große Wasservorräte gefunden. Dies ermöglichte die Ausweitung der Flächen für die Bewässerungslandwirtschaft. Durch die verbesserte Verkehrsanbindung gelangen viele neue Güter in die Oasenstädte.

Die Bewohner sind nicht mehr auf Selbstversorgung und Tauschhandel angewiesen. Damit änderten sich ihre Ernährungsgewohnheiten. Datteln werden kaum noch zur Selbstversorgung, sondern meist für den **Export** nach Europa erzeugt. Seitdem es bessere Straßen gibt, kommen auch Touristen. Einige Oasenstädte sind stark gewachsen; die größten haben heute mehr als 100 000 Einwohner. Dort gibt es Händler und Handwerker, Ärzte und Apotheken, Gaststätten und Hotels. Andere Oasen, insbesondere im Süden der Sahara, verfallen zunehmend. Junge Oasenbewohner fanden außerhalb der Oasen eine besser bezahlte Beschäftigung. Die Oasengärten und -felder können nicht mehr bewirtschaftet werden. Ohne Pflege versanden die Oasen.

1 Vergleiche die Grundwasseroase mit der Flussoase (**M 3**, **M 4**).

2 Suche eine Flussoase und eine große Oasenstadt in der Sahara und beschreibe deren Lage (Karte S. 212, Atlas).

3 Erläutere Ursachen und Folgen für die Veränderungen in den Oasen der Sahara. Fertige dazu ein Fließdiagramm an (**⁷**).

4 Zeichne nach dem Bild die Skizze einer Oase. Beschrifte die Pflanzen in den einzelnen Stockwerken (**M 1**).

5 Erörtere die Aussage: Die Dattelpalme ist die traditionelle Lebensgrundlage der Oasenbewohner.

Hier findest du zusätzliche Informationen und Links:

 cornelsen.de/webcodes
Code: xazafo

Versuche zur Entstehung von Wüsten und Wüstenbildung

Frostverwitterung in der Wüste

Benötigtes Material:
eine Metallschüssel, drei Sandsteinstücke, Wasser, Wärmelampe, Kühlschrank mit Tiefkühlfach

Versuchsbeschreibung:
- Feuchtet die Sandsteinstücke in der Schüssel mit etwas Wasser gut an.
- Stellt die Schüssel mit den Sandsteinstücken in das Tiefkühlfach.
- Erwärmt die gefrorenen Steine mit einer Wärmelampe, bis das Wasser getaut ist.
- Befeuchtet dann wieder die Steine und stellt sie in das Tiefkühlfach.
- Wiederholt diesen Vorgang mehrmals.

1 Beschreibt die Veränderung der Sandsteine.
2 Übertragt eure Beobachtungen auf die Verwitterung in der Wüste.

Dünen entstehen

Benötigtes Material:
trockener Sand, ein starker Föhn, ein größerer Karton, Streichhölzer, kleine Zweige, Knetmasse

Versuchsbeschreibung:
- Bedeckt den Boden des Kartons mit etwa einem Zentimeter Sand.
- Legt in die Mitte des Kartons kleine Hindernisse, indem ihr in die Knetmasse kleine Zweige und Streichhölzer steckt.
- Blast mit dem Föhn den Sand flach über den Boden in Richtung Hindernis.

1 Beschreibt eure Beobachtungen.
2 Übertrage deine Beobachtungen auf die Entstehung von Dünen.

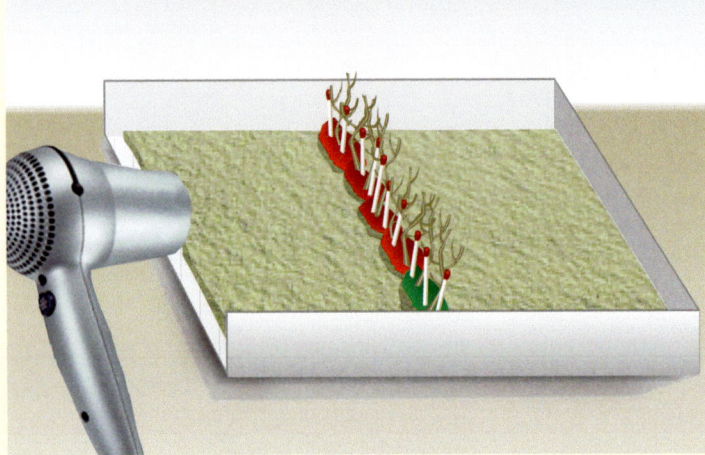

Temperaturverwitterung in der Wüste

Benötigtes Material:
ein Backblech, ein Heizstrahler, drei Steine von der Größe eines Eis, eine Metallschüssel, Wasser, Eiswürfel

Versuchsbeschreibung:
Vorsicht! Heiß! Führe diese Versuche gemeinsam mit einem Erwachsenen durch.
- Lege die Steine auf das Backblech und erhitze sie kräftig mit dem Heizstrahler.
- Gieße kaltes Wasser in die Metallschüssel und gib die Eiswürfel hinein.
- Schütte die erhitzten Steine in das Eiswasser.
- Wiederhole den Vorgang mehrfach.

1 Beschreibe, was mit den Steinen geschieht.
2 Übertrage deine Beobachtungen auf die Entstehung der Wüstenarten.

Wüstenpflanzen blühen auf

Benötigtes Material:

Rose von Jericho, Schale, Wasser

Versuchsbeschreibung:

Legt eine trockene Rose von Jericho in eine Schale.
Begießt sie mit etwas Wasser.
Lasst sie dann wieder einige Wochen ohne Wasser in der
Sonne stehen.
- Beschreibt die Veränderungen der Pflanze.
- Übertragt eure Beobachtungen auf die Pflanzen in der
  Wüste.

Bodenversalzung in der Wüste

Benötigtes Material:

100 g Blumenerde, Salz, Wasser, zwei Gefäße, Waage, Mess-
zylinder, Teelöffel, Folienschreiber, Kressesamen

Versuchsbeschreibung:

- Beschrifte ein Gefäß mit folgenden Angaben: Versuch
  mit Salz und Datum. Das zweite Gefäß erhält die Be-
  schriftung: Versuch ohne Salz und Datum.
- Gib vier Teelöffel Salz auf den Boden des dafür vorgese-
  henen Gefäßes.
- Fülle nun beide Gefäße mit je 50 g Blumenerde auf und
  drücke die Kressesamen in die Erde.
- Gieße vorsichtig so viel Wasser hinzu, dass die Erde
  sichtbar feucht aussieht.
- Stelle beide Gefäße auf die Heizung oder auf eine Stelle,
  die möglichst lange sonnig ist.

1 Beschreibe das Keimen und das Wachstum der Kresse.
2 Erkläre deine Beobachtungen.
3 Übertrage deine Beobachtungen auf den Anbau durch
  Bewässerung in den Oasen.

Im tropischen Regenwald – sehr warm und immer feucht

check-it
- Merkmale des tropischen Regenwaldes kennen
- Unterschied zwischen Tageszeiten- und Jahreszeitenklima erklären
- Wasserkreislauf im tropischen Regenwald erklären
- Klimadiagramme auswerten und vergleichen

M 1 *Im tropischen Regenwald*

M 2 *Vogelspinne*

Mit dem Boot fahren wir auf einem Nebenarm des Amazonas durch den Regenwald, denn Straßen gibt es hier nicht. Wir legen an, um in die Tiefe des Regenwaldes einzudringen. In dem dichten Gestrüpp der Pflanzen kommen wir nur langsam vorwärts. Wir wandern durch ein Gewirr von Lianen und schnurgerade gewachsenen Baumstämmen, viele davon kaum dicker als Hochsprungstangen. Nur vereinzelt treffen wir auf gewaltige Stämme mit weit ausladenden Brettwurzeln. Immer mehr verwächst der Pfad, und dann müssen wir auf allen Vieren kriechen, unter einer Schlingpflanze hindurch, über einen Baumstamm hinweg.

Äste und Zweige schlagen uns ins Gesicht und überschütten uns mit Ameisen. Die Luft ist schwül.

Wir haben uns schnell an die mittäglichen Wolkenbrüche und die feuchte und schwüle Luft, die auch in der Nacht nur wenig abkühlt, gewöhnt. Am angenehmsten sind die Stunden kurz nach Sonnenaufgang. Nur dann ist die Luft mit etwa 22 °C angenehm kühl und klar, bevor die Hitze des Tages das Thermometer auf über 35 °C im Schatten ansteigen lässt. Affen und Vögel bekommen wir kaum zu Gesicht. Sie halten sich in den Baumkronen hoch über uns auf. Aber vor Schlangen und Insekten müssen wir uns hüten. Vogelspinnen werden unsere täglichen Begleiter und wir lernen, giftige von weniger giftigen Arten zu unterscheiden. An manchen Stellen sind Blutegel, die sich unbemerkt am Körper festsaugen, eine Plage. Aber auch damit lernen wir umzugehen, ebenso wie wir uns an die ständig feuchte und klamme Kleidung gewöhnt haben.

Am schlimmsten sind das ständige Dämmerlicht und erst recht die absolute Dunkelheit während der Nacht, denn kein Licht dringt durch das Kronendach des Waldes und die Wolkenschicht.

(nach: Th. Breitbach, Aus einem Reisetagebuch)

M 3 *Eine Trekkingtour im Regenwald*

M 4 *Ein Tag im tropischen Regenwald*

Klima und Wasserkreislauf

Das ganze Jahr über fallen die Sonnenstrahlen sehr steil bis senkrecht ein. Die starke Sonneneinstrahlung bewirkt, dass ein Großteil des Regens sofort wieder verdunstet. Die feuchtwarme Luft steigt auf, kühlt sich mit zunehmender Höhe ab und der in ihr enthaltene Wasserdampf kondensiert zu Wolken. Es kommt beinahe täglich zu starken Niederschlägen. Nur ein Viertel des Wassers versickert im Boden und verlässt den Regenwald über die Flüsse. Drei Viertel des Wassers zirkulieren innerhalb des **tropischen Regenwaldes**. So entsteht ein zusammenhängender eigener Wasserkreislauf.

Tageszeitenklima

In den immerfeuchten Tropen ist es das ganze Jahr über warm und feucht. Es gibt keine Jahreszeiten wie bei uns. Der Unterschied zwischen den Durchschnittstemperaturen des kältesten und des wärmsten Monats ist kleiner als der Unterschied zwischen der Ta-

ges- und der Nachttemperatur. Deshalb bezeichnet man dieses Klima als **Tageszeitenklima.**

Unser Klima hingegen ist ein **Jahreszeitenklima**, das vom jahreszeitlichen Wechsel der Temperatur gekennzeichnet ist. ▌

1 Lege eine Tabelle an, in die du Informationen zum Klima, zu Tieren und Pflanzen im tropischen Regenwald einträgst (**M 1** bis **M 3**, Blockbild S. 124/125).

2 Werte die Klimadiagramme aus und vergleiche das Klima am Äquator und in Deutschland (**M 6**, **M 7**).

3 Erkläre den Unterschied zwischen einem Tages- und einem Jahreszeitenklima (**M 4**, **M 6**, **M 7**).

4 Zeichne ein Fließdiagramm zum Wasserkreislauf im tropischen Regenwald und erkläre ihn damit (**M 5**,).

5 Der tropische Regenwald – sehr warm und immer feucht: Begründe, warum das so ist (**M 3** bis **M 7**).

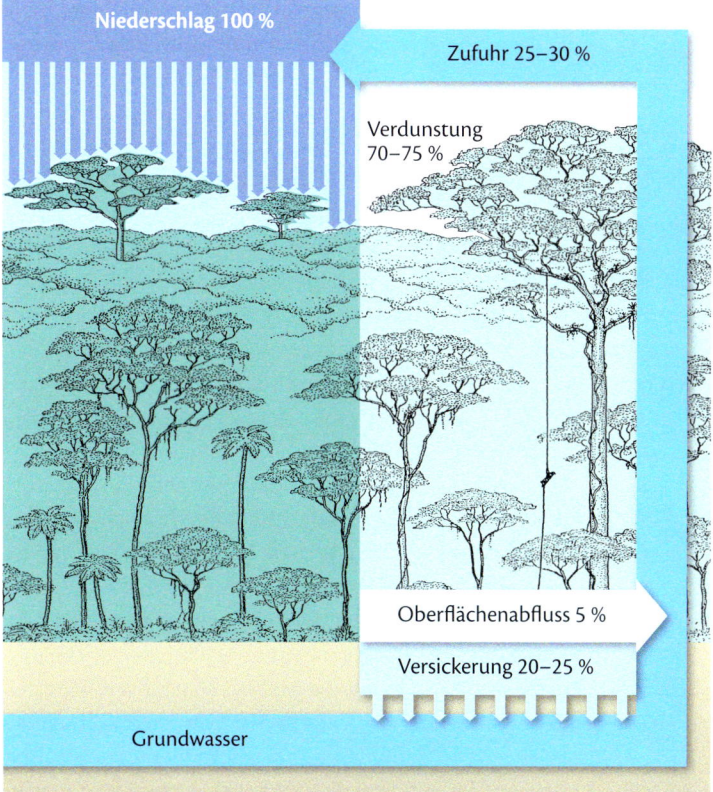

Niederschlag 100 %

Zufuhr 25–30 %

Verdunstung 70–75 %

Oberflächenabfluss 5 %

Versickerung 20–25 %

Grundwasser

M 5 *Wasserkreislauf im tropischen Regenwald*

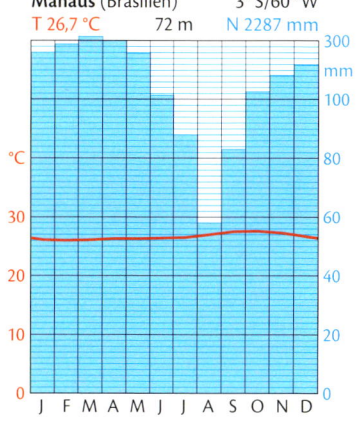

Manaus (Brasilien)   3° S/60° W
T 26,7 °C   72 m   N 2287 mm

M 6 *Klimadiagramm Manaus*

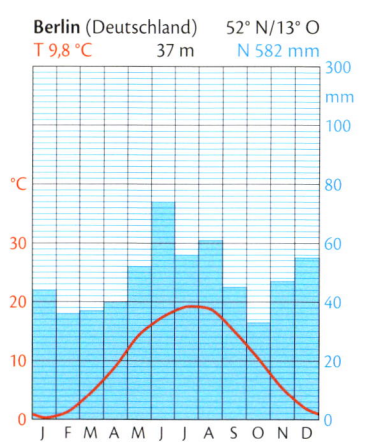

Berlin (Deutschland)   52° N/13° O
T 9,8 °C   37 m   N 582 mm

M 7 *Klimadiagramm Berlin*

Der tropische Regenwald – artenreich und immergrün

In diesem Treibhaus zu arbeiten, reicht ja schon. Aber auf Bäumen voller giftiger Spinnen, Schlangen, Frösche, Tausendfüßler und Skorpione herumzuklettern – auf solche Ideen kommen nur wir Regenwaldforscher!
Heute bringen uns Kräne, an denen eine Art Gondel hängt, in die Gipfel der Urwaldriesen. Früher mussten wir hinaufklettern – auf die schmutzigsten Bäume, die ich kenne. An den Stämmen und Ästen wachsen Moose, Farne und Orchideen. Ihre Wurzeln bilden ein dichtes Geflecht, in dem sich Laub, Exkremente sowie tote Kleintiere sammeln und verrotten. Daraus entsteht eine dünne, nährstoffreiche Humusschicht. Einige Baumarten treiben Wurzeln aus den Ästen in diese Schicht vor. Zwei Drittel aller Pflanzen und Tiere des Regenwaldes leben im Bereich der Baumkronen in 30 bis 40 Metern Höhe. Deshalb ist dieser Kronenraum für uns Forscher von großer Bedeutung. Hier können wir immer noch neue Arten entdecken, aber auch die Bedeutung der Regenwälder für das Klima der Erde erforschen.

M 1 *Forscher im Amazonas-Regenwald*

check-it
— Merkmale der Vegetation beschreiben
— Nährstoffkreislauf erklären
— Ursachen für die Nährstoffarmut der Böden benennen
— Grafiken auswerten

Der tropische Regenwald

In keiner Region der Erde gibt es so viele Pflanzen und Tiere wie im tropischen Regenwald und täglich werden neue Arten entdeckt. Rund 90 Prozent der Tiere des Regenwaldes sind Insekten. Nach Schätzungen von Forschern gibt es im Regenwald über 10 000 Baumarten. Im Vergleich dazu sind in Deutschland nur etwa 50 Baumarten bekannt. In den immerfeuchten Tropen herrscht ein beständig feuchtwarmes Klima. Wasser und Wärme bewirken ein ganzjährig kräftiges Pflanzenwachstum. Frische und welkende Blätter, Blüten und Früchte können sich gleichzeitig an einem Baum befinden. Der tropische Regenwald ist immergrün.

Der Kampf ums Licht

Auf der Suche nach ausreichend Licht hat sich der **Stockwerkbau** des tropischen Regenwaldes entwickelt. Die bis zu 40 Meter hohen Bäume, deren Kronen ein dichtes Dach bilden, nehmen einen Großteil des Sonnenlichtes auf. Dieses Kronendach ist ein wichtiger Lebensraum für Säugetiere und Vögel. Die Baumschicht wird nur vereinzelt von bis zu 70 Meter hohen Baumriesen überragt, die jedoch nicht überall anzutreffen sind. Unter der Baumschicht befindet sich die Strauchschicht mit Sträuchern und jungen Bäumen.
Die am Boden wachsenden Kräuter und Kriechpflanzen müssen mit sehr wenig Licht auskommen. Bei ihrem Kampf um das wenige Licht, das durch die Baumkronen fällt, haben die Pflanzen ganz spezielle Blätter entwickelt. Einige, die ganz unten wachsen, haben eine Oberfläche von mehr als einem Quadratmeter. Andere Pflanzen mit kleineren Blättern klettern an den Bäumen entlang zum Licht.

Der Boden

Lange Zeit vermutete man, dass die Böden des tropischen Regenwaldes besonders fruchtbar seien. Das ist jedoch ein Irrtum. Im warmen und immerfeuchten tropischen Klima verwittern Gesteine wesentlich schneller als im gemäßigten Klima Europas. In dem seit zehn Millionen Jahren kaum veränderten Klima am Äquator hat sich ein sehr tiefgründiger Boden entwickelt. Die täglichen Regengüsse waschen die Mineralien im Boden bis in tiefe Schichten aus, sodass ein harter, weitgehend unfruchtbarer Boden entsteht.

Die „Nährstofffalle"

Auf den Boden fallende Blätter und Zweige, abgestorbene Äste und Stämme sowie verendete Tiere werden von Ameisen, Termiten sowie Würmern zernagt und zersetzt. Diese Zersetzung und Umwandlung in Nährstoffe läuft sehr schnell ab, sodass sich kaum **Humus** bilden kann. Die Bäume haben deshalb nur flache Wurzeln, die direkt unter der Oberfläche bleiben. Ihre Standfestigkeit erhalten sie durch meterhohe, verzweigte **Brettwurzeln** über der Erde. Die Wurzeln der Pflan-

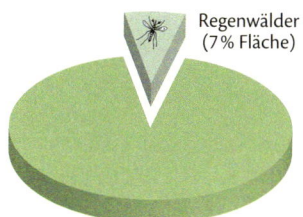

Regenwälder
(7 % Fläche)

restliche
Landmassen
(93 % Fläche)

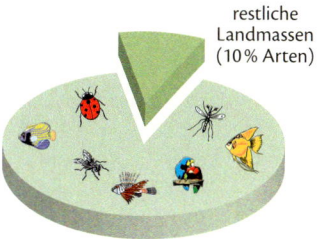

restliche
Landmassen
(10 % Arten)

Regenwälder
(90 % Arten)

- **Lebensraum Regenwald:** Er ist Lebensraum für die Ureinwohner sowie eine Vielzahl von Tier- und Pflanzenarten, die zum Teil noch nicht einmal entdeckt sind.
- **Apotheke Regenwald:** Obwohl bisher nur etwa ein Prozent aller Pflanzen im tropischen Regenwald auf ihre Heilwirkung untersucht wurde, sind schon mehrere Pflanzen entdeckt worden, die medizinische Wirkstoffe enthalten und in der Arzneimittelindustrie eingesetzt werden, zum Beispiel bei der Antibiotika-Herstellung oder bei Malaria-Medikamenten.

- **Speisekammer Regenwald:** Über 80 Prozent aller weltweiten Nutzpflanzen sind tropischen Ursprungs – wie Banane, Tomate, Kartoffel und Kakao.
- **Rohstoffquelle Regenwald:** Neben den wertvollen Edelhölzern, die im Regenwald wachsen, lagern teilweise dort auch wertvolle Bodenschätze wie Eisenerz, Gold oder Erdöl.
- **Klimaregulator Regenwald:** Die tropischen Regenwälder können große Mengen an Kohlenstoffdioxid speichern, das zur globalen Erwärmung beiträgt.

M 2 *Schatzkammer Regenwald*

zen sind von Pilzen umkleidet, welche die Nährstoffe abfangen und langsam an die Pflanzen abgeben.

1 Beschreibe den Stockwerkbau im tropischen Regenwald (**M 1**, Blockbild S. 124/125).
2 Charakterisiere den tropischen Regenwald als Schatzkammer (**M 2**).

3 Erkläre den Nährstoffkreislauf im tropischen Regenwald vor und nach der Rodung (**M 3**).
4 Benenne Ursachen für die Nährstoffarmut der Böden (**M 3**).

Hier findest du zusätzliche Informationen und Links:

cornelsen.de/webcodes
Code: juraxo

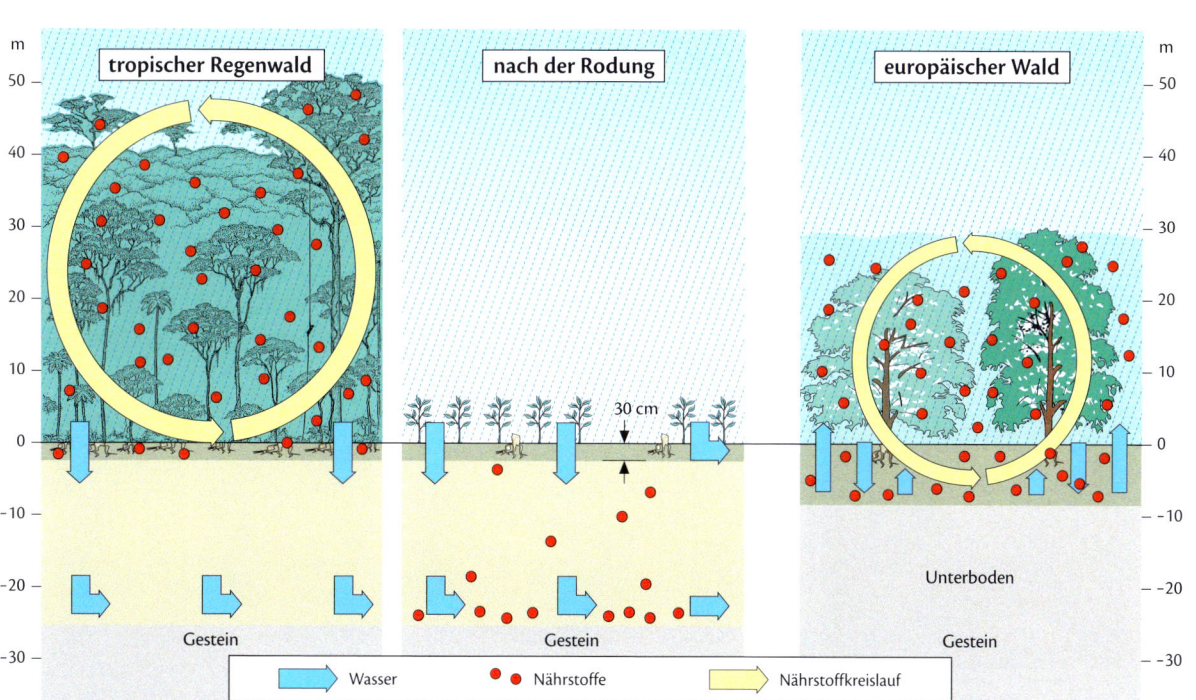

M 3 *Nährstoffkreislauf im tropischen Regenwald vor und nach der Rodung und im europäischen Wald*

Aufbau des tropischen Regenwaldes

Junge Kapuzineraffen spielen im tropischen Regenwald von Costa Rica. Im Gegensatz zu diesen bekannten Gesichtern sind die meisten Tierarten weder benannt, beschrieben noch analysiert.

Der Blue-Morpho-Schmetterling kann eine Flügelspannweite von 17 Zentimetern erreichen. Infolge seiner blau schillernden Färbung sieht man ihn noch in einem Kilometer Entfernung. Im Regenwald gibt es Millionen von Insektenarten.

über 100 Baumarten pro Hektar

Der Arakanga ist eine von über 5000 Vogelarten im tropischen Regenwald.

Eine Anakonda – sie kann bis zu 9 Meter lang und 230 Kilogramm schwer werden.

unermesslich viele, größtenteils
noch unerforschte Heilpflanzen

60 m und mehr:
Urwaldriesen

bis 50 m: obere Baumschicht/
Blätterdach

bis 40 m: mittlere Baum-
schicht mit kleineren Kronen

bis 20 m: größere Sträu-
cher und Bäume

bis 10 m: Strauch- und
Krautschicht

*Epiphyten (Aufsitzerpflanzen) auf einem
Urwaldbaum in Costa Rica (Atlantik-
Bereich)*

Brettwurzeln eines Urwaldriesen

Hier findest du zusätzliche Informationen
und Links:

cornelsen.de/webcodes
Code: dimoba

Landnutzung – vom Wanderfeldbau zum Dauerfeldbau

M1 *Brandrodung im tropischen Regenwald*

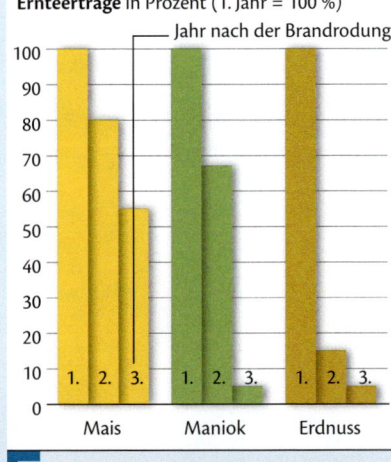

Ernteerträge in Prozent (1. Jahr = 100 %)

Jahr nach der Brandrodung

M2 *Entwicklung der Ernteerträge*

check-it
- Landnutzung im tropischen Regenwald erläutern
- Entwicklung der Ernteerträge erklären
- Wanderfeldbau, Dauerfeldbau und Plantagenwirtschaft vergleichen
- Kartenskizzen auswerten
- Auswirkungen der Nutzungsformen beurteilen

Brandrodung für den Anbau

Um Felder anlegen zu können, muss der Wald zunächst gerodet werden. Sträucher und kleinere Bäume werden umgeschlagen. Bei größeren Bäumen wird die Rinde eingekerbt, damit der Baum abstirbt. Die Urwaldriesen lässt man häufig stehen, damit sie die empfindlichen Jungpflanzen vor der Sonne schützen. Die abgehackten Büsche und Bäume werden in Brand gesetzt. Durch die **Brandrodung** entstehen freie Flächen im Regenwald, die anschließend als Felder genutzt werden. Die Asche düngt den Boden der Rodungsflächen. Bei der Feldarbeit wird die Erde zunächst mit Grabstöcken und Hacken gelockert und für die Saat vorbereitet.

Wanderfeldbau

Knollenfrüchte können bis zu zwei Jahre lang geerntet werden. Dann sinkt die Bodenfruchtbarkeit rasch ab. Nach drei bis fünf Jahren reichen die Erträge nicht mehr aus, um die Dorfbevölkerung zu ernähren. Die Rodungsinsel muss aufgegeben werden und es wird eine neue Brandrodungsfläche vorbereitet.

Wenn in Dorfnähe keine neuen Brandrodungsflächen mehr angelegt werden können, muss auch die Siedlung verlegt werden. Man nennt diese Wirtschaftsform deshalb **Wanderfeldbau**.

Die nicht mehr genutzten Rodungsflächen werden in kurzer Zeit von Büschen und Kräutern überwuchert und vom Wald zurückerobert. Nach etwa 20 Jahren ist ein **Sekundärwald** nachgewachsen, der jedoch nicht die Üppigkeit und den Artenreichtum des ursprünglichen Regenwalds erreicht.

Übergang zum Dauerfeldbau

In den tropischen Regenwäldern ist die Bevölkerungszahl stark angestiegen. Gleichzeitig werden in den Industrie-

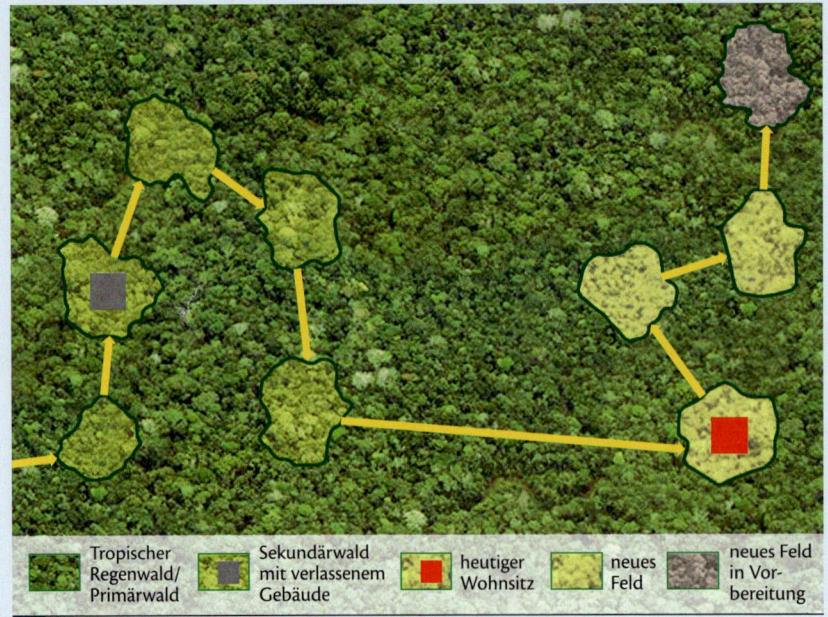

| Tropischer Regenwald/ Primärwald | Sekundärwald mit verlassenem Gebäude | heutiger Wohnsitz | neues Feld | neues Feld in Vorbereitung |

M3 *Wanderfeldbau*

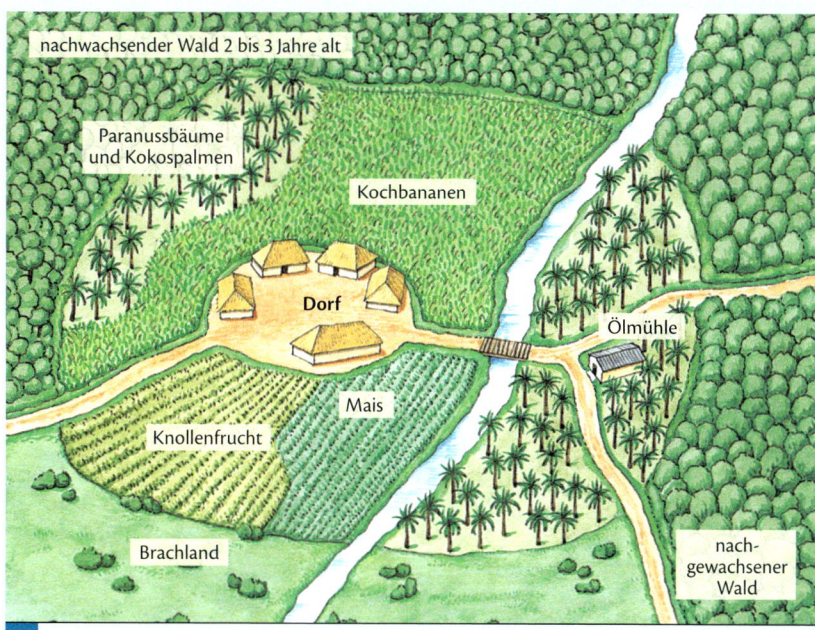

M 4 *Dorf mit Dauerfeldbau*

ländern Anbauprodukte aus den Tropen immer beliebter. Dadurch wurde das Rodungsland knapp. Die Felder konnten nicht mehr so oft gewechselt werden. Die Erträge gingen zurück und die Ernährung der einheimischen Bevölkerung war nicht mehr gesichert.

Heute werden häufig nur noch die Felder verlegt, während die Dörfer dauerhaft bewohnt werden. Viele Dorfgemeinschaften sind ganz zum Dauerfeldbau übergegangen. In der Nähe des Dorfes liegen die Hausgärten, wo alles für den täglichen Bedarf angebaut wird. In größerer Entfernung werden Produkte angebaut, die auf den Märkten der Städte verkauft oder in kleinen Betrieben weiterverarbeitet werden. So werden aus den faserigen Schalen von Kokosnüssen feste Gewebe hergestellt, die für die Innenausstattung von Autos verwendet werden.

Dauerfeldbau ist nur möglich, wenn die Bodenfruchtbarkeit zum Beispiel durch Düngen oder längere Brache erhalten bleibt.

Plantagenwirtschaft

Im 19. Jahrhundert wurden von den Europäern in den Tropen **Plantagen** angelegt und geleitet, landwirtschaftliche Großbetriebe von mindestens 100 Hektar Größe (etwa 140 Fußballfelder). Als billige Arbeitskräfte beschäftigten sie Einheimische oder Sklaven.

Inzwischen sind die meisten Plantagen im Besitz einheimischer Unternehmer oder sie gehören internationalen Konzernen. Sie beschäftigen Landarbeiter oder Saisonarbeiter, die aber häufig sehr schlecht bezahlt werden. Auf den Plantagen werden mehrjährige Nutzpflanzen oder Dauerkulturen wie Bananen, Tee oder Kakao in **Monokultur** angebaut. Da Monokulturen den Boden schnell auslaugen und anfällig für Krankheiten sowie Schädlinge sind, ist der Einsatz von künstlichen Dünge- und Pflanzenschutzmitteln hoch. Für die Anlage der Plantagen wurden riesige Flächen des tropischen Regenwaldes abgeholzt und in landwirt-

schaftliche Nutzflächen umgewandelt. Dennoch reichen die Nahrungsmittel nicht aus für die Bevölkerung, denn dort, wo Plantagenfrüchte für den Export angebaut werden, können keine Grundnahrungsmittel wie Hirse, Mais, Maniok und Gemüse mehr angebaut werden. Die Arbeitskräfte auf den Plantagen verdienen so wenig, dass ihr Verdienst oft nicht ausreicht, um Nahrungsmittel zu kaufen. ▮

1 Erläutere mithilfe eines Fließdiagramms die Landnutzung durch Wanderfeldbau im tropischen Regenwald (**M 1** bis **M 3**, 🖉).

2 Erkläre die Entwicklung der Ernteerträge (**M 2**).

3 Erläutere, was sich beim Dauerfeldbau gegenüber dem Wanderfeldbau verändert (**M 3** und **M 4**).

4 Vergleiche Wanderfeldbau, Dauerfeldbau und Plantagenwirtschaft (**M 1** bis **M 5**).

5 Beurteile die Auswirkungen der Landnutzungsformen für den tropischen Regenwald und die Bewohner (**M 1** bis **M 5**).

6 Sammelt Rezepte mit Früchten aus dem tropischen Regenwald und plant ein Regenwald-Essen in der Schule (Kochbücher, 🖉 *Eine Internetrecherche durchführen*).

M 5 *Teeplantage in Ruanda*

Geo-Check: Leben in Extremräumen charakterisieren

Sich orientieren

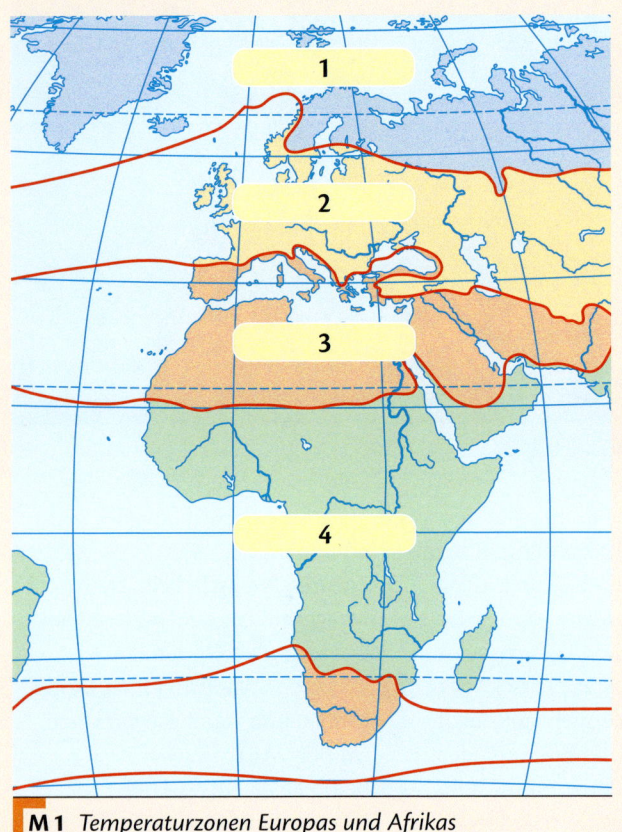

M1 *Temperaturzonen Europas und Afrikas*

1 Benenne die Temperaturzonen (1 bis 4) Europas und Afrikas (**M1**).

2 Nenne für jede Temperaturzone zwei Länder, die in ihr liegen (**M1**, Karte S. 216/217).

3 Ordne die Klimadiagramme den Landschaften zu, indem du die Buchstaben in den Fotos mit den Zahlen in den Klimadiagrammen kombinierst (**M2**).

M2 *Klima und Vegetation*

Urlaubsregionen Europas

Europa: Urlaubsregionen

- Badeurlaub an der Küste
- Winterurlaub im Gebirge
- andere Urlaubsgebiete
- • Stadt mit besonderer touristischer Bedeutung

0   200   400 km

Urlaubsregion Alpen

- • Bedeutender Fremdenverkehrsort im Alpenraum
- ⤴ Pass
- — Eisenbahn
- Autobahn und andere Fernverkehrsstraße
- — Staatsgrenze
- ⊣·⊢ Eisenbahntunnel
- ⊣⊢ Straßentunnel

0   50   100 km

5 Tourismus und Erholungsräume vergleichen

Sommer, Sonne, Urlaubszeit – wo verbringen wir unsere Ferien?

Badeurlaub an der Nordsee oder am Mittelmeer? Zum Skifahren oder Wandern in die Alpen? Wie wäre es mit einer Radtour? Überall dort, wo wir unsere Ferien verbringen, verändern sich Orte und Landschaften – eine Chance oder Gefahr für die Tourismusgebiete?

In diesem Kapitel lernst du
- die Lage von Reisezielen und -gebieten in Europa zu beschreiben,
- Besonderheiten des Tourismus in verschiedenen Reisegebieten zu erläutern,
- Merkmale der Begriffe Städtetourismus, Badetourismus, Massentourismus und umweltfreundliches Reisen zu benennen,
- Radfahren als eine Form umweltfreundlichen Reisens zu charakterisieren,
- die wirtschaftliche Bedeutung und Folgen des Tourismus zu erläutern,
- Reisen in künstliche Erlebniswelten zu charakterisieren.

Dazu nutzt du
- physische und thematische Karten,
- Bilder,
- Klimadiagramme und
- Diagramme.

Du beurteilst
- Massentourismus und andere Formen des Reisens bezüglich ihrer Einflüsse auf die Umwelt.

Blick auf Benidorm an der Costa Blanca, Spanien

Auf in den Urlaub!

M 1 *Häufigste Urlaubsform: Badeurlaub*

check-it
- Reiseziele verorten
- Tourismusformen vergleichen
- Entwicklung des Tourismus erläutern
- Trends im Reiseverhalten kennzeichnen
- Ursachen und Folgen für die Umwelt vergleichen
- Informationen aus Diagrammen entnehmen
- umweltfreundliches Reisen diskutieren

Tourismus – eine Erfindung des 20. Jahrhunderts?

Bis Ende der 1960er-Jahre diente die Freizeit des Menschen in erster Linie dazu, sich zu erholen, um fit für die Arbeit zu sein beziehungsweise zu bleiben. Urlaubsreisen waren eher selten. Mit dem wachsenden materiellen Wohlstand, kürzeren Arbeitszeiten, längeren gesetzlich garantierten Urlaubszeiten in den hoch entwickelten Industrieländern Europas, Nordameri-

kas und in Japan setzte ein Wandel ein: Freizeit wurde zur eigentlichen Lebenszeit, die intensiv und bewusst geplant und genutzt wird. Dabei spielen die Suche nach immer neuen Erlebnissen und Reisezielen, die Nervenkitzel versprechen, aber andererseits auch Überlegungen zur Umweltverträglichkeit von Reisen eine zunehmend größere Rolle. Außerdem beeinflussen weitere Faktoren die rasante Entwicklung des **Tourismus** bis in die Gegenwart. Die Lebenserwartung der Menschen wird immer höher. Die Generation 50+ ist deshalb zu einer bedeutenden Zielgruppe im internationalen Tourismus geworden. Der Ausbau der **Verkehrswege** und damit verbunden mehr Verkehrsverbindungen ermöglichen es, räumliche Distanzen immer schneller und bequemer zu überwinden.

In Deutschland und anderen Industrieländern, aber zunehmend auch in Ländern wie China, Indien oder Brasilien hat das Reisen außerdem ein hohes soziales Image. Reisen, möglichst mehrmals im Jahr, ist „in" und Teil des gesellschaftlichen Wertewandels hin zur Erlebnisgesellschaft.

Trends in Freizeit und Tourismus

Ein Trend im Tourismus, der seit etwa zehn Jahren zu beobachten ist, ist die

Unterscheidungsmerkmal	Beispiele für Tourismusformen
Aktivität	Ski-, Wander-, Bade-, Golftourismus
Dauer	Tages-, Kurz-, Langzeittourismus
Motivation	Urlaubs-, Geschäfts-, Gesundheitstourismus
Entfernung	Nah-, Ferntourismus
Beherbergung	Hotel-, Campingtourismus, Urlaub auf dem Bauernhof
Verkehrsmittel	Rad-, Auto-, Flugtourismus
Jahreszeit	Sommer-, Wintertourismus
Herkunft	Binnen-, Auslandstourismus
Reiseziel	Küsten-, Hochgebirgstourismus

M 2 *Tourismusformen*

	Übernachtungen 2019 in Mio.	Veränderung zum Vorjahr
Deutschland[1]	495,6	3,68
Spanien	469,8	0,62
Frankreich	446,5	0,86
Italien	436,7	1,84
Österreich	127,9	2,13
Niederlande	123,4	6,34
Griechenland[2]	123,1	–
Polen	93,3	5,04
Kroatien	91,2	1,80
Portugal	77,6	4,28

Quelle: Eurostat 2020, [1] Statistisches Bundesamt 2020, [2] Wert 2018

M 3 *Übernachtungszahlen in Europa (2019)*

kürzere Aufenthaltsdauer vor Ort. Kurzzeittourismus mit ein bis vier Übernachtungen liegt im Trend, weil offenbar lieber häufiger verreist wird. Trendziele sind das Mittelmeer und Fernreisen. Zu den Trends gehören Eventreisen, etwa zu Musikevents wie Konzerten oder Musicals und Sportevents wie Olympischen Spielen oder Weltmeisterschaften. Begehrt sind auch Aktivreisen, insbesondere mit Extremsportarten.

Ein Trend sind auch Reisen in künstliche Welten, das heißt Nachbauten von Originalen wie den Grabkammern der ägyptischen Pharaonen. Leichte und kostengünstige Erreichbarkeit sowie geringere Gefahren liegen dieser Entwicklung zugrunde.

Tourismus und Umwelt

Der Tourismus trägt heute fast überall auf der Welt zur Belastung und Zerstörung der natürlichen Umwelt bei. Eine intakte Umwelt ist aber für Urlaub und Erholung eine unerlässliche Voraussetzung. Außerdem steigt die Zahl der umweltbewussten Urlauber. Umweltprobleme durch den Tourismus entstehen durch die touristische Erschließung eines Ortes oder einer Region und die touristische Nutzung selbst. Bei der touristischen Erschließung beeinträchtigen zum Beispiel der Flächenverbrauch für den Bau von Verkehrswegen und Parkplätzen, von Hotel-, Freizeit- und Sportanlagen, aber auch Lärm und Luftverschmutzung die natürliche Umwelt.

Durch die touristische Nutzung kommen unterschiedliche Umweltbelastungen und -zerstörungen dazu: im Hochgebirge durch Skipisten, durch erhöhtes jahreszeitlich unterschiedliches Aufkommen an Müll und Abwasser, die Versorgung mit Trinkwasser und Ähnliches.

Deshalb gibt es verstärkt Bestrebungen zum Umweltschutz in Reisegebieten bis hin zu einem **nachhaltigen Tourismus**.

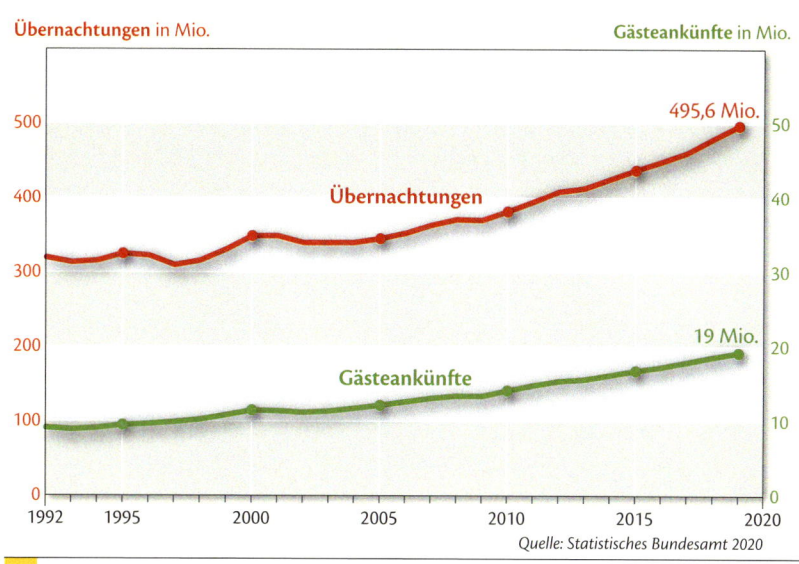

Übernachtungen in Mio. **Gästeankünfte** in Mio.

Quelle: Statistisches Bundesamt 2020

M 4 *Entwicklung des Tourismus in Deutschland*

Wohin reisen die Deutschen?

Beliebteste Urlaubsreiseziele im In- und Ausland 2018
(Anteile in %)

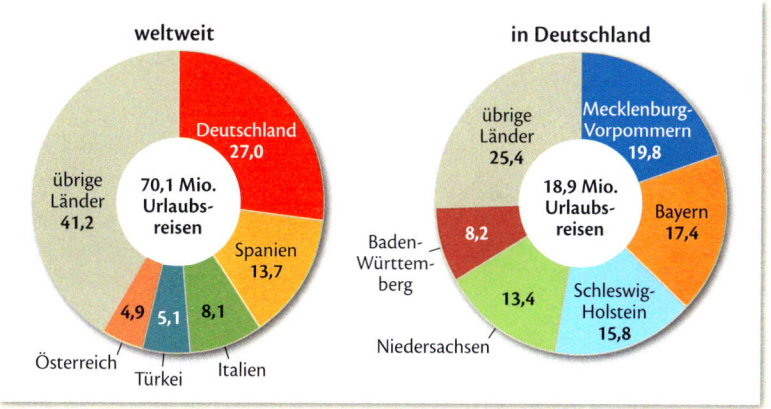

Quelle: Forschungsgemeinschaft Urlaub und Reisen e.V. 2019

M 5 *Wohin reisen die Deutschen?*

1 Benenne verschiedene Tourismusformen und ordne ihnen Reiseziele in Rheinland-Pfalz, Deutschland und Europa zu (**M 1**, **M 2**, Karten S. 131, S. 204, S. 206 und S. 210/211).

2 Erläutere Entwicklungen im Tourismus (**M 1**, **M 3** bis **M 5**).

3 Verorte die Reiseziele der Deutschen im In- und Ausland auf einer Karte (**M 5**).

4 Stelle Trends im Tourismus dar (**M 3** bis **M 5**).

5 Vergleiche Ursachen und Folgen des Tourismus für die Umwelt. Zeichne dazu eine Tabelle (**M 1** bis **M 5**).

6 Diskutiert, welche Möglichkeiten es gibt, umweltfreundlich zu reisen (**M 2**).

Die Alpen – ein attraktiver Erholungsraum

M 1 *In den Alpen bei Grindelwald*

check-it
- geographische Lage Grindelwalds beschreiben
- Sommer- und Wintertourismus unterscheiden
- Veränderungen durch Tourismus erläutern
- Panoramabild auswerten
- Urlaub in den Alpen planen

Urlaub in den Alpen

Grindelwald ist einer der ältesten Ferienorte in den Berner Alpen. Hierher kommen sowohl im Sommer als auch im Winter Touristen aus der ganzen Welt. Der Tourismus ist heute die wichtigste Erwerbsquelle für die Bevölkerung. Grindelwald hat 4113 Einwohner (2020). In der Hauptreisezeit im Sommer und Winter übernachten pro Tag etwa 11000 Touristen in diesem Ort. Da die Alpen von vielen großen Städten aus schnell erreicht werden können, kommen zu den Übernachtungsgästen in Grindelwald noch ein-

M 2 *Panoramabild von Grindelwald im Winter*

	2010	2015	2017	2018	2019
Hotels	454 169	484 623	527 536	575 535	617 033
Ferienwohnungen	426 034	547 468	560 590	589 861	600 671
Camping	30 642	28 613	32 445	30 538	32 685
Berghäuser, Herbergen, Ferienheime	119 942	90 691	90 268	92 071	94 538
Gesamttotal	**1 030 787**	**1 151 395**	**1 210 839**	**1 288 005**	**1 344 927**

Quelle: Grindelwald Tourismus: Jahresbericht 2019

M 3 *Entwicklung der Übernachtungszahlen in Grindelwald*

mal 5000 bis 6000 Tagestouristen hinzu. Die Gemeinde muss für diese vielen Menschen Parkplätze, Straßen und Wege sowie Freizeiteinrichtungen zur Verfügung stellen.

Veränderungen durch Tourismus

In den letzten 50 Jahren ist aus dem Alpendorf Grindelwald, das hauptsächlich aus verstreut auseinander liegenden Bergbauernhöfen bestand, ein Ort mit einem städtischen Zentrum geworden. Dort sind viele Geschäfte, Hotels und Restaurants zur Versorgung der Touristen entstanden.

Die ehemaligen Bergbauern arbeiten heute meistens im Tourismus oder im Baugewerbe, denn es entstehen noch immer neue Gebäude, aber auch Straßen, Parkplätze, Bergbahnen und Eisenbahnstrecken.

1 Beschreibe die geographische Lage Grindelwalds sowie der Berner Alpen und benenne die drei höchsten Berge, die du im Sommer-Panoramabild findest (**M 4**, Karten S. 131 unten und S. 210/211, Atlas).

2 Bildet zwei Gruppen: die Sommer- und die Wintertouristen. Erstellt jeweils eine Mindmap, was man im Sommer oder Winter in Grindelwald unternehmen kann (**M 1**, **M 2**, **M 4**, *Eine Mindmap erstellen*).

3 Vergleiche die Übernachtungszahlen und beschreibe die Veränderungen von 2010 bis 2019 (**M 3**).

4 Plane eine Urlaubsreise in einen Alpenort. Nutze Reiseprospekte oder das Internet. Begründe, warum du lieber im Sommer oder im Winter reisen möchtest (**M 1**, **M 2**, **M 4**, *Eine Internetrecherche durchführen*).

Hier findest du zusätzliche Informationen und Links:

cornelsen.de/webcodes
Code: hinitu

M 4 *Panoramabild der Berner Alpen im Sommer*

Tourismus in den Alpen – Chance oder Gefahr?

M 1 *Die Alpenregion vor 50 Jahren und heute*

check-it

- räumliche Auswirkungen des Tourismus erläutern
- Folgen des Massentourismus in den Alpen beschreiben
- wirtschaftliche Bedeutung des Alpentourismus erläutern
- zu Chancen und Gefahren durch den Tourismus Stellung nehmen

Tourismus schafft Wohlstand

In der Winter- und Sommersaison kommen jedes Jahr Hunderttausende Urlauber in die Alpen. Deshalb haben sich die Ferienorte in hohem Maße auf Touristen eingestellt. Die meisten Einwohner sind mit der Betreuung der Urlauber beschäftigt – sei es als Skilehrer, Bergführer, Hotelangestellte oder als Verkäufer in den Geschäften.

Der Tourismus ist für die Alpenorte und deren Bewohner eine wichtige Einnahmequelle geworden. Neun von zehn Arbeitsplätzen hängen heute vom Tourismus ab. Für Jugendliche stehen in ihren Heimatgemeinden viele Berufsmöglichkeiten offen, die es ansonsten nur in der Stadt gibt. Ohne den Tourismus müssten sie ihr Dorf verlassen und anderswo eine Arbeit suchen.

Tourismus schafft Probleme

Mit der Entwicklung des Tourismus hat sich das Aussehen der Orte in den Alpen stark verändert. Für den **Massentourismus** müssen immer mehr Straßen, Hotels, Freizeiteinrichtungen und Bergbahnen gebaut werden. Selbst die Gebirgsregionen bis in Höhen von 3000 Metern werden touristisch erschlossen. Zur Anlage von Bergbahnen, Skiliften und Pisten wurden große Teile

Schüler interviewen den Bergführer Marco B. aus Grindelwald:

Marco B.: Viele Touristen suchen neben dem Naturerlebnis den sportlichen Kick! Dabei denken sie nicht daran, dass man sich in den Bergen so verhalten sollte, dass die Natur geschont wird.

Schüler: Was kann man für die Umwelt tun?

Marco B.: Zunächst einmal: Bleibt auf den Wegen bzw. Pisten, im Sommer wie im Winter.

Schüler: Aber Mountainbikefahren macht doch querfeldein erst richtig Spaß!

Marco B.: Jeder Tourist abseits der Wege stört die Tiere und schädigt die Pflanzen. Und außerdem ist es gefährlich. Mountainbikes reißen zudem tiefe Furchen in den Boden. Die Alpengemeinden haben nicht ohne Grund viel Geld für Wander- und Mountainbikewege ausgegeben. Man kann Spaß haben und trotzdem die Umwelt schonen. Jeder Feriengast sollte auch einmal überprüfen, was er von einem Bergurlaub erwartet. Das gilt übrigens auch für Sportarten wie Rafting, Eisklettern usw.

Ich weiß, junge Leute suchen die Herausforderung – aber das sollte nicht auf Kosten der Umwelt geschehen.

M 2 *Umweltverträglicher Urlaub in den Alpen – aber wie?*

Einrichten von Schutz-
zonen ohne Liftanlage
und Straßen

Fördern von Wissen und Verständnis für den
Alpenraum bei Einheimischen und Touristen

Erhöhen der Einkünfte
durch bessere Angebote
für Touristen

Landwirtschaft, Kultur und Tourismus
werden Partner

Verschönerung des Ortsbildes

Fördern der Zusammenarbeit aller
Interessengruppen

M 3 *Die Gemeinde Grindelwald plant einen umweltverträglichen Tourismus*

des Waldes oberhalb der Orte gerodet. Die Abgase der vielen Autos schädigen zunehmend den **Bergwald**. Dieser Nadelwald an den Hängen bildet den wirksamsten Schutz vor **Lawinen** (an den Gebirgshängen abrutschenden Schneemassen) oder Muren (Schlammlawinen). Jahrhundertelang war es deshalb streng verboten, diesen **Bannwald**, der Häuser und Verkehrswege im Tal schützt, abzuholzen.

1 Erläutere die Veränderungen in der Alpengemeinde in den letzten 50 Jahren (**M 1**).

2 Stelle Nutzen und Nachteile des Tourismus in einer Tabelle gegenüber (**M 1, M 2**).

3 „Der Bergwald ist ein Schutzwald." Erläutere diese Aussage (**M 1**).

4 Bildet Gruppen und sammelt Vorschläge, wie man die Planungen der Gemeinde Grindelwald in Taten umsetzen könnte. Beratet eure Vorschläge in einer „Gemeinderatssitzung" (**M 3**).

5 Tourismus – Chance oder Gefahr? Nimm zu dieser Frage Stellung und gestalte dazu ein Lernplakat (*Lernplakate erstellen*).

Hier findest du zusätzliche Informationen und Links:

cornelsen.de/webcodes
Code: teduze

Naherholung in der Eifel

M 1 *Ausflugsziel Burg Eltz in Wierschem*

check-it _____
- geographische Lage der Eifel beschreiben
- Merkmale von Naherholung nennen
- Freizeitangebote in der Eifel beschreiben
- Vor- und Nachteile der Eifel als Naherholungsgebiet benennen
- Entfernungen messen
_____

Reiseziele ganz nah

Wandern auf dem Saar-Hunsrück-Steig, Radtouren entlang der Lahn oder der Mosel, baden im Gelterswoog oder klettern im Kletterwald – Rheinland-Pfalz hat vielfältige und attraktive Angebote für die Freizeitgestaltung.

Ein **Naherholungsgebiet** sollte in ein bis höchstens drei Stunden Fahrt erreichbar sein, denn die Besucher verbringen nur kurze Zeit dort. Die Aufenthaltsdauer liegt in der Regel zwischen ein paar Stunden und einem Wochenende.

Angebote für Touristen

Beliebt bei Touristen ist die Eifel wegen ihrer ausgedehnten Waldgebiete, der vielen Seen und Burgen. Neben der Landschaft mit ihrer Tier- und Pflanzenwelt sind es die kleinen Dörfer und Städte mit vielen Fachwerkbauten, die die Touristen anlocken. Besonders beliebt bei Touristen ist die Rennstrecke des Nürburgrings sowie der Nationalpark Eifel. Dort können die Besucher während geführter Wanderungen mit einem Nationalpark-Ranger viel über die Natur der Eifel erfahren.

Reisen im Einklang mit der Natur

Naherholung ist häufig eine Form des **sanften Tourismus**. Das bedeutet, dass die Besucher die Natur und die Kultur des Urlaubsortes erleben, aber möglichst wenig schädigen. Das beginnt schon bei der Anreise, für die öffentliche Verkehrsmittel wie Bus oder Bahn genutzt werden können. Der Urlaubsort und seine Umgebung können ganz ohne Auto zum Beispiel bei Wanderungen und Radtouren erkundet werden, um der Natur möglichst wenig zu schaden.

1. Beschreibe die geographische Lage der Eifel (Karten S. 204 und S. 206, Atlas).
2. Nenne Merkmale von Naherholung und beschreibe ein Naherholungsgebiet in der Nähe deines Heimatortes (**M 1** bis **M 2**, Karte S. 204, Atlas).
3. Miss jeweils die Entfernung (Luftlinie) von Koblenz, Mainz, Ludwigshafen und Kaiserslautern nach Daun in der Eifel. Begründe, ob für diese Städte die Eifel ein Naherholungsgebiet ist (Karte S. 204).
4. Beschreibe die Freizeitmöglichkeiten in der Eifel (**M 1** bis **M 3**).
5. Erstelle eine Tabelle mit Gründen für und gegen einen Wochenendausflug in die Eifel (**M 3**).
6. Begründe, ob du einen Ausflug in die Eifel unternehmen würdest.

Hier findest du zusätzliche Informationen und Links:

 cornelsen.de/webcodes
Code: waruto

M 2 *Einen Vulkanausbruch erleben im Lava-Dome Mendig*

„Kurzstrecken mit dem Flugzeug zu fliegen ist viel umweltschädlicher als mit dem Auto zu fahren. Darum fahren wir lieber mit dem Auto, wenn wir ein Familienwochenende machen."

„Mit dem Auto sind wir viel flexibler. Es ist auch weniger Stress für meine Eltern, denn das Gepäck können wir bequem in den Kofferraum packen."

„Jedes Wochenende wandern in der Eifel – wie langweilig!"

„Ich freue mich jedes Mal auf das Picknick."

„Die Landschaft kenne ich schon, nämlich aus dem Fernsehen. Aber ich möchte sie gerne einmal erleben!"

„Ich bin eigentlich froh, wenn wir nicht so lange mit der Bahn fahren müssen, um etwas Neues zu sehen."

„Die Eifelstadt Gerolstein fand ich echt gut."

„Mein Onkel hat ein Café hier in der Eifel. Wenn viele Touristen am Wochenende kommen, hat seine Familie mehr Geld zum Leben."

„Es ist schrecklich, wenn jedes Wochenende wieder so viele Menschen hier sind, man im Lokal so lange warten muss, es auf den Straßen zu Staus kommt..."

M 3 *Gedanken zur Naherholung in der Eifel*

Wir planen eine Radtour in Rheinland-Pfalz

M1 *Start zur Radtour in Bad Ems*

Mit dem Fahrrad umweltfreundlich reisen

Einmal ganz ohne Flugzeug oder Auto in den Urlaub? – Da ist eine Fahrradtour eine gute Idee. Fahrradfahren macht nicht nur Spaß und ist gesund durch die Bewegung an der frischen Luft – es ist auch eine Möglichkeit, umweltfreundlich zu reisen.

Mit dem Fahrrad in Rheinland-Pfalz unterwegs

Um weite Anfahrtswege zu vermeiden, bietet sich eine Fahrradtour im eigenen Bundesland an. Das Netz der Radfernwege in Rheinland-Pfalz verläuft über 1200 Kilometer durch die Flusstäler von Rhein, Mosel, Ahr, Lahn, Nahe, Saar und Kyll. Ergänzt werden sie durch Themenrouten, die entlang von landschaftlichen und kulturellen Besonderheiten verlaufen und dabei auch die Mittelgebirge überqueren. Sie sind deshalb eher etwas für Sportliche und trainierte Radfahrer.
Alle Radfernwege sind durchgehend beschildert und gut ausgebaut. Da ist es gar nicht so leicht, sich für eine Route zu entscheiden.

Ihr könnt

- Gruppen bilden und euch jeweils über einen der rheinland-pfälzischen Radfernwege informieren (Webcode),
- Übernachtungsmöglichkeiten und touristische Attraktionen entlang des Radfernwegs auflisten,
- jeweils ein Infoblatt zu „eurem" Radfernweg erstellen (**M3**) und diesen der Klasse vorstellen,
- die einzelnen Infoblätter zu einem Radfernwege-Führer zusammenfassen,
- Informationen sammeln über Radwege im Umkreis des Schulortes,
- eine Tages-Tour im Umkreis des Schulortes planen.

Reiseziel und -verlauf planen

1. **Radfernwege vergleichen**
   - Nähe und Erreichbarkeit vom Wohnort
   - Streckenverlauf, zum Beispiel Steigungen, Radwege oder Straßen
   - touristische Angebote entlang der Strecke
2. **Streckenabschnitte und Tagestouren festlegen**
   - Dauer der Radtour
   - Kilometer pro Tag
3. **Anreise inklusive Fahrradtransport planen**

Unterkunft auswählen

1. **Übernachtungsmöglichkeiten vergleichen**
   - Campingplätze
   - Jugendherbergen
   - Hotels und Pensionen
2. **Übernachtungen planen**
   - gewünschte Unterkunft für die einzelnen Tagestouren aussuchen und gegebenenfalls buchen

Ausrüstung überprüfen

1. **Fahrräder überprüfen**
   - Verkehrstüchtigkeit (z. B. Reifen, Beleuchtung)
   - Sicherheit (z. B. Bremsen, Katzenauge)
   - Reparaturset
2. **Gepäcktransport planen**
   - Gepäck selbst transportieren
   - Gepäckservice organisieren
3. **Ausrüstung der Fahrer**
   - wetterfeste Fahrradkleidung
   - Fahrradhelm
   - eventuell Packtaschen

M2 *Planung der Radtour – der Familienrat tagt*

Balduinstein an der Lahn

Kurzinformation	
Länge	Länge 245 km, davon 59 km in Rheinland-Pfalz
Verlauf	Flussradweg
geeignet für	– Touren-, Trekking- und Reiserad – Familien
besondere Merkmale	– landschaftlich reizvoll – kulturelle Sehenswürdigkeiten – meistens asphaltierte Radwege

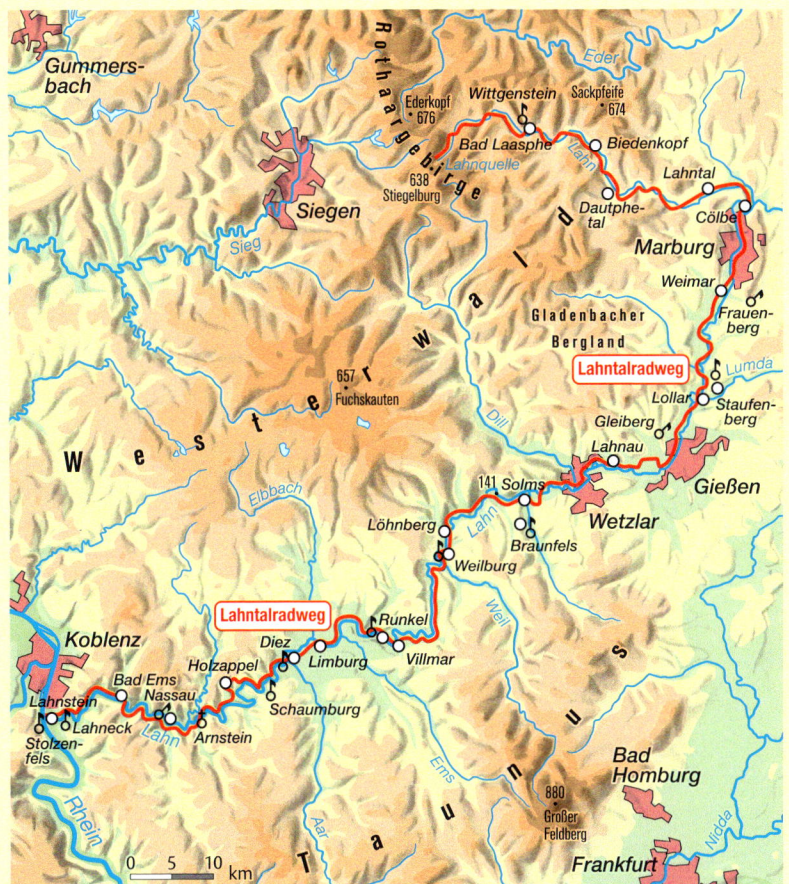

Karte des Lahntalradwegs

Radfahrer in Limburg an der Lahn

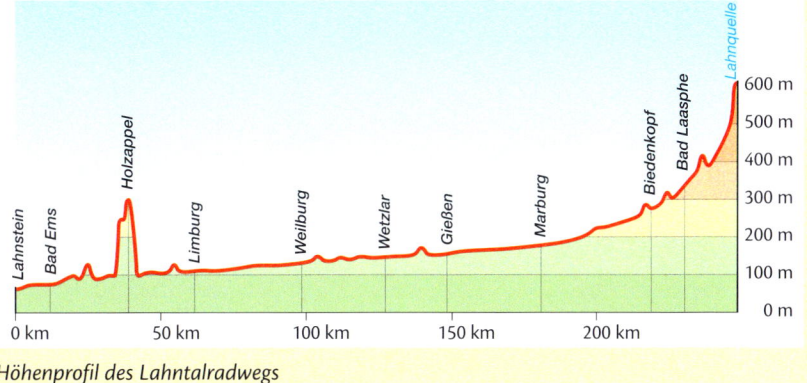

Höhenprofil des Lahntalradwegs

Hier findest du zusätzliche Informationen und Links:

cornelsen.de/webcodes
Code: veciro

M 3 *Der Lahntalradweg*

Das Watt – ein einzigartiger Lebensraum

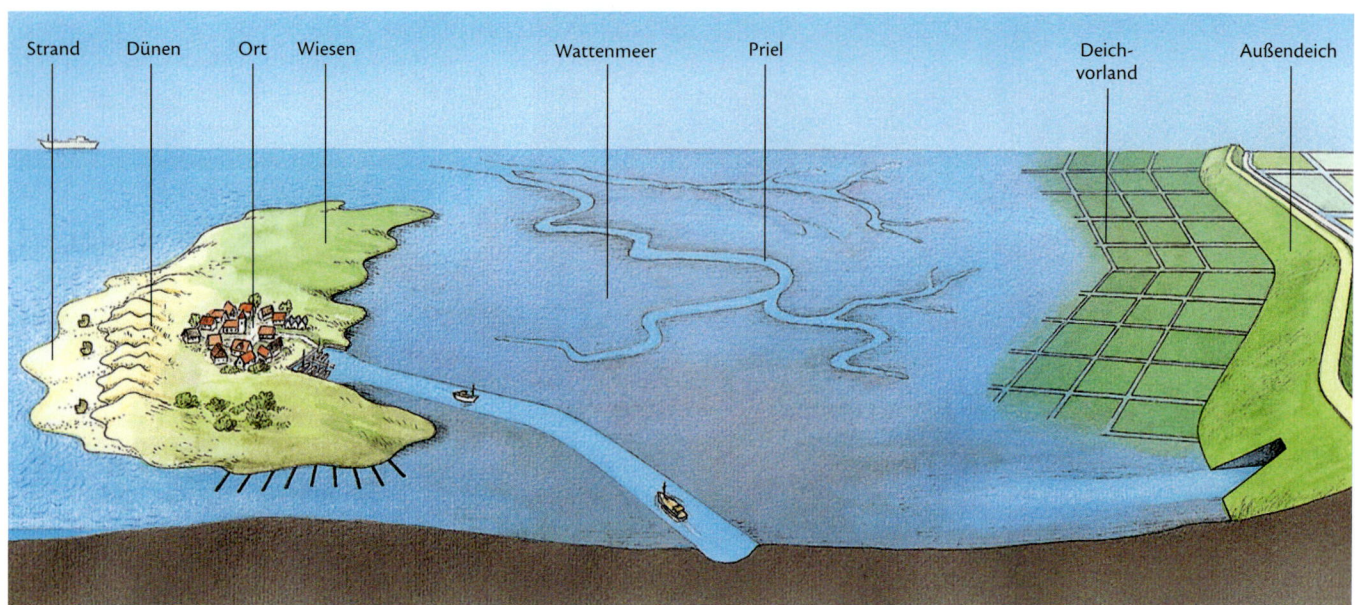

M 1 *Blockbild der Nordseeküste vom Meer zum Festland*

Strand Dünen Ort Wiesen Wattenmeer Priel Deich-vorland Außendeich

check-it
- geographische Lage des Wattenmeeres beschreiben
- Merkmale und Bedingungen des Lebensraumes Wattenmeer erläutern
- Blockbilder auswerten
- Notwendigkeit des Naturschutzes begründen
- Schlussfolgerungen für das Verhalten im Nationalpark ziehen

Das Wattenmeer

Als **Wattenmeer** bezeichnet man den flachen Teil des Meeres im Küstenbereich, der zweimal täglich bei **Ebbe** trockenfällt bzw. bei **Flut** von Wasser bedeckt ist. Das Watt bildete sich bereits vor vielen Jahrtausenden an der deutschen Nordseeküste. Es umfasst sowohl die Festlandsküste als auch die Inseln mit ihren Sandbänken. Das Watt besteht aus zehn bis zwanzig Meter dicken Ablagerungen aus Sand und Schlamm. Diese Ablagerungen werden auch als „Schlick" bezeichnet. Als Grenze des Wattenmeeres zur offenen Nordsee ist die 10-Meter-Tiefenlinie festgelegt worden. Die äußeren Bereiche einschließlich der tiefen **Priele**

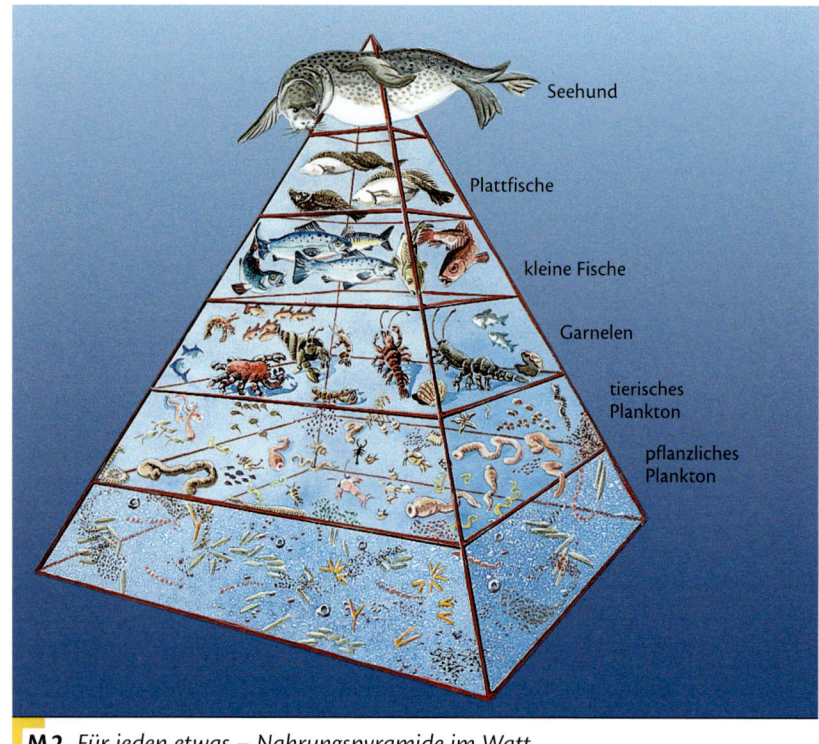

Seehund
Plattfische
kleine Fische
Garnelen
tierisches Plankton
pflanzliches Plankton

M 2 *Für jeden etwas – Nahrungspyramide im Watt*

Achtung
Wattenläufer
Vorsicht bei kommender Flut.
Priele laufen zuerst voll.
Es entsteht starke Gegenströmung.
Lebensgefährlich!
Bei aufkommendem Nebel das Watt
sofort verlassen.   Lebensgefahr!

M 3 *Warnschild*

(Rinnen im Watt) sind ständig von Wasser bedeckt.

Bei Flut strömt das Wasser zuerst in den Prielen aufs Watt. Diese sind zum Teil einige Meter tief und haben eine starke Strömung, sodass sie für Wattwanderer gefährlich werden können.

Nationalpark Wattenmeer

Weil das Wattenmeer einer der wenigen noch natürlichen Lebensräume in Deutschland ist, wurde es dem besonderen Schutz dreier Nationalparks unterstellt: Schleswig-Holsteinisches Wattenmeer, Hamburgisches Wattenmeer und Niedersächsisches Wattenmeer.

Die Fläche der **Nationalparks** ist in drei Schutzzonen unterteilt: In der Zone 1 gelten die strengsten Regeln. Hier sollen die Rast- und Brutplätze für Seevögel sowie die Seehundbänke geschützt werden. In Zone 2 ist ein Betreten erlaubt, jedoch nicht während der Brutzeit (zwischen dem 1. April und dem 31. Juli). In der Zone 3 befinden sich Badestrände, Kur- und Erholungseinrichtungen, aber keine Wohnhäuser.

1 Beschreibe die Lage der Wattgebiete an der deutschen Nordseeküste (**M 5**, Karten S. 31 und S. 206, Atlas).

2 Nenne und beschreibe die Lebensräume im Wattenmeer (**M 1**, 🔼 *Blockbilder lesen*).

3 Erläutere, wie sich der Seehund seinem Lebensraum Wattenmeer angepasst hat (**M 2**).

4 Lege eine Tabelle an, in die du einträgst, wie man sich im Nationalpark Wattenmeer richtig verhält (**M 4**, **M 5**).

5 Begründe, warum das Watt ein einzigartiger Lebensraum ist (**M 1** bis **M 3**).

6 Erkläre, warum der Seehund besonders unter Umweltschäden im Watt leidet (**M 2**).

Hier findest du zusätzliche Informationen und Links:

📄▶ cornelsen.de/webcodes
➕🔊 Code: poqimu

M 4 *Richtiges Verhalten im Nationalpark Wattenmeer*

M 5 *Nationalpark Wattenmeer*

Urlaub auf Wangerooge

M 1 *Wattwanderung in der Nordsee*

M 2 *Fahrradtour über die Insel*

check-it
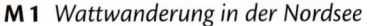
- geographische Lage Wangerooges beschreiben
- Freizeitaktivitäten auf Wangerooge nennen
- Hauptsaison und Nebensaison vergleichen
- Ortsplan von Wangerooge lesen

Urlaub auf Wangerooge

Der weite Badestrand vor der Strandpromenade lockt viele Urlauber in den Sommermonaten, der Hauptsaison, nach Wangerooge. Man kann hier in der Sonne liegen und träumen, aber auch auf gemieteten Fahrrädern die Insel erkunden. Viele Gäste entscheiden sich für eine interessante Wattwanderung. Ein ortskundiger Führer erzählt dabei viel über die Pflanzen und Tiere sowie andere Besonderheiten des Wattenmeeres. Auf die Gefahren durch die **Gezeiten** weist er immer wieder besonders hin.

Badevergnügen in der Nordsee

Viele Urlauber kommen zum Schwimmen und Spielen in den Wellen an die weiten Strände der Insel Wangerooge. Das Baden ist allerdings wegen der Strömung des Wassers gefährlich. Außerdem darf nur bei Flut geschwommen werden, denn selbst für geübte Schwimmer ist es unmöglich, gegen den Ebbestrom voranzukommen. So ist das Baden nur an gekennzeichneten und während der Badezeit bewachten Abschnitten des Strandes erlaubt.

Unternehmungen auf Wangerooge

Für die Unterhaltung der Gäste gibt es Konzerte, Vorträge, Tanz, Theaterauf-

Monat	Übernachtungen
Januar	20 958
Februar	24 516
März	39 946
April	86 879
Mai	78 795
Juni	107 106
Juli	158 826
August	154 251
September	87 504
Oktober	93 047
November	33 921
Dezember	39 481
Gesamt	**925 233**

Quelle: Kurverwaltung Wangerooge 2020

M 3 *Tourismus auf Wangerooge (2019)*

M 4 *Badestrand im Sommer*

N o r d s e e

Tisch-
tennis-
raum

Spiel-
platz

Mehrzweck-
halle

Kinder-
spielhaus

Tennis-
anlage

Straße zum Westen

Minigolf

Untere Strandpromenade

Obere Strandpromenade

Peterstraße

Peterstraße

Elisabeth-Anna-Straße

Elisabeth-Anna-Straße

Anton-Günther-Straße

Zedeliusstraße

Westingstraße

Charlottenstraße

Charlottenstraße

Polizei

Friedrich-

Grund-
schule

Friesenstraße

Straße

Kapitän-

Zedeliusstraße

Wittenberg-

August-

Carstensstraße

straße

Kinder-
garten

Wasserwerk

Insel-
schule

Charlottenstraße

Bootsweg

Siedlerstraße

Sport-
halle

Flug-
aufsicht

Bahnhofstraße

Rösing-

Bahnhof

Am Wattenmeer

Siedlerstraße

Im Dorfgroden

Christian-Janßen-Straße

▮ öffentliches Gebäude	❶ Gemeindeverwaltung	❺ Gästekindergarten	❾ Surf- und Segelschule
▮ übrige Bebauung	❷ Servicegebäude	❻ Kleiner Kursaal	Ⓗ Hundetoilette
— Eisenbahn	❸ Gesundheitszentrum	❼ Meerwasser-Freizeitbad	
▮ Strand	❹ Kurverwaltung	❽ Liegeterrasse	0 100 200 300 m

M 5 *Ortsplan von Wangerooge*

---

führungen, Ausstellungen und vieles andere mehr. Bei schlechtem Wetter kann man in der Fußgängerzone bummeln oder das Meerwasserhallenbad besuchen.

Wangerooge – nicht nur eine Badeinsel

Vor allem im Frühjahr und im Herbst kommen viele Gäste wegen der gesundheitsfördernden Eigenschaften der salzhaltigen Luft. Diese heilt vor allem Haut- und Atemwegserkrankun-

gen. Als anerkanntes Heilbad verfügt Wangerooge über Einrichtungen für Kuren und ärztliche Behandlungen. ▮

1 Beschreibe die Lage von Wangerooge (Karte S. 145 **M 5**, Atlas).

2 Erläutere die Verteilung der Gäste im Verlaufe eines Jahres. Verwende die Begriffe „Hauptsaison" und „Nebensaison" (**M 3**).

3 Arbeitet in Gruppen und plant eine Klassenfahrt nach Wangerooge. Entscheidet dabei auch, welche

Freizeitaktivitäten ihr bei gutem und bei schlechtem Wetter unternehmen wollt (**M 1**, **M 2**, **M 4**, **M 5**, 🔎 *Eine Internetrecherche durchführen*).

Hier findest du zusätzliche Informationen und Links:

cornelsen.de/webcodes
Code: buvuha

Ein Tag in Budapest

M 1 *Blick auf Budapest und Donau*

check-it
- Merkmale des Städtetourismus benennen
- ausgewählte Sehenswürdigkeiten Budapests kennen
- Ursachen für das Wachstum des Städtetourismus benennen
- Stadtplan von Budapest lesen
- ein Werbeplakat gestalten

Sehenswürdigkeiten in Budapest

1 Burgpalast (*Budavári palota*) ✔
2 Historisches Museum ✔
  (*Történeti Múzeum*)
3 Fischerbastei
4 Matthiaskirche
5 Kettenbrücke ✔
  (*Széchenyi Lánchíd*)
6 Burgtheater
7 Seilbahn
8 Gellértberg ✔
9 Parlament ✔
10 Türkisches Bad

M 2 *Steffis Top Five*

Große Stadt – wenig Zeit

Viele Touristen, die eine Stadt besuchen, haben nur einen oder wenige Tage Zeit, denn der Aufenthalt in einer Stadt ist meist teuer. Daher können sie auf ihrer Städtereise nur die Stadt, aber nicht das Umland erkunden. Ein beliebtes Ziel für Städtetouristen ist die ungarische Hauptstadt Budapest, die jährlich von etwa 4,6 Millionen Urlaubern (2019) besucht wird. Besonders aus den Nachbarländern wie Österreich und der Slowakei, aber auch aus Deutschland reisen die Städtetouristen an, um sich die zahlreichen Attraktionen anzusehen. Viele Reiseveranstalter bieten Wochenendreisen nach Budapest an. Die Touristen bringen viel Geld in die Stadt.

Die Stadt hat zahlreiche Museen und Kirchen, aber besonders bekannt ist sie wegen der über hundert heißen Quellen und Brunnen.

Spuren der Römerzeit können in den Ruinen von Militärlagern und Bädern besichtigt werden. Budapest entstand durch die Zusammenlegung von zwei Städten: Buda und Pest. Auf der östlichen, flachen Seite der Donau liegt Pest, das zwei Drittel der Stadtfläche einnimmt, auf der westlichen, bergigen Seite Buda, wo es über 200 Höhlen gibt. Den Touristen stellt sich die Frage: Welche Sehenswürdigkeiten sollten wir bei unserem Aufenthalt unbedingt besichtigen?

„Auf der Budaer Seite erhebt sich das größte und bekannteste Gebäude der Stadt: der Burgpalast. Er nimmt den gesamten Südteil des Burgbergs ein. Die Geschichte dieses riesigen Gebäudes reicht bis in die Anfänge des 13. Jahrhunderts zurück. Autos können zwar zur Burg hinauffahren, im Sommer sind Parkplätze jedoch rar."

M 3 *Der Burgpalast*

„Eigentlich ist die Donau die Hauptattraktion Budapests. Der Fluss wird im Stadtgebiet von insgesamt neun Brücken überspannt. Die älteste von ihnen ist die Kettenbrücke. Sie ist auch ein Wahrzeichen von Budapest. Die Kettenbrücke ist eine ‚Hängebrücke'. Ihren Namen trägt sie wegen der eisernen Ketten, die entlang der 375 Meter langen Brücke gespannt sind."

M 4 *Die Kettenbrücke*

„Die Fischerbastei auf dem Burgberg überragt die Stadt. Von ihrer Aussichtsterrasse hat man einen beeindruckenden Blick auf die Donau und Buda."

M 5 *Die Fischerbastei*

Steffis Tipp:

utca (út)	->	Straße	
tér	->	Platz	
híd	->	Brücke	
körút (krt)	->	Ringstraße	
hegy	->	Berg	
pályaudvar (pu)	->	Bahnhof	
Metro (M)	->	U-Bahn	

M 6 *Steffis Tipp: Ungarisch für Stadttouristen*

Besuchsziele auswählen

Auch Steffi aus Trier möchte mit ihren Eltern für ein Wochenende nach Budapest reisen. Damit sie ihre Zeit dort gut nutzen können, haben sie sich einen Reiseführer gekauft. Eine Liste der beliebtesten Touristenziele (**M 2**) hilft ihnen, eine Auswahl zu treffen.
Steffi liest ihren Eltern aus dem Reiseführer vor, für welche Attraktionen sie sich entschieden hat.

1 Die Donau durchfließt Budapest. Wo hat sie ihre Quelle und wo ihre Mündung (Karte S. 210/211, Atlas)?
2 Suche alle fünf von Steffi ausgewählten Touristenattraktionen (✔) auf dem Stadtplan. Plane einen Stadtrundgang, auf dem du alle Attraktionen besuchst (**M 1** bis **M 5**, **M 7**).
3 Finde auf dem Stadtplan Beispiele für die in **M 6** genannten ungarischen Bezeichnungen. Fertige hierzu eine Tabelle an.
4 Die Zahl der Städtereisenden steigt weltweit. Nenne Ursachen für die Attraktivität von Städtereisen für Touristen.
5 Gestalte ein Werbeplakat für die Stadt Budapest und stelle es der Klasse vor. Besorge dir hierzu Reiseprospekte aus dem Reisebüro (✔).

Hier findest du zusätzliche Informationen und Links:

cornelsen.de/webcodes
Code: pekuji

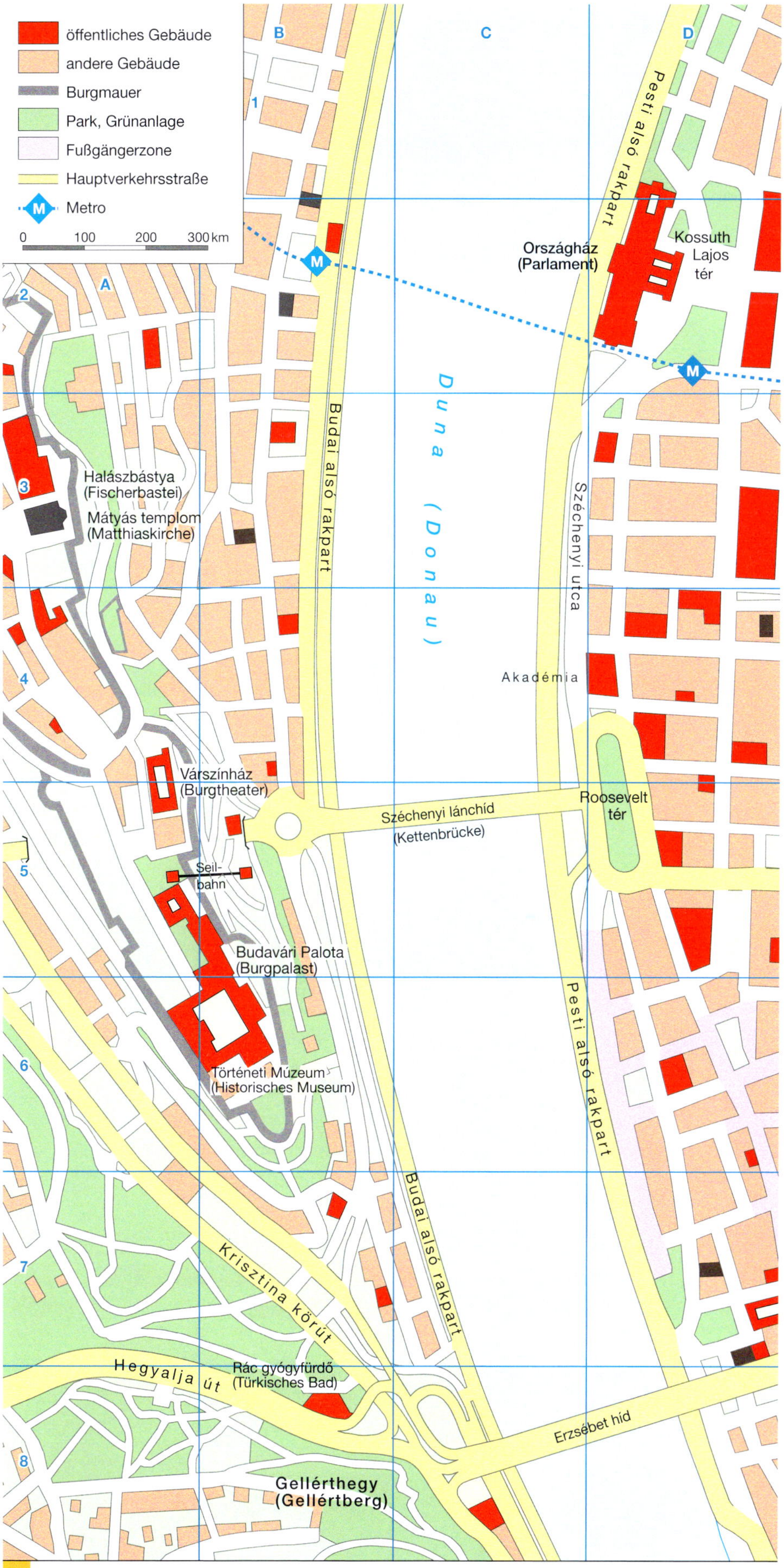

Kartenlegende

■	öffentliches Gebäude
■	andere Gebäude
▬	Burgmauer
■	Park, Grünanlage
■	Fußgängerzone
▬	Hauptverkehrsstraße
◆M	Metro

0   100   200   300 km

Duna (Donau)

Budai alsó rakpart

Pesti alsó rakpart

Széchenyi utca

Országház (Parlament)

Kossuth Lajos tér

Halászbástya (Fischerbastei)

Mátyás templom (Matthiaskirche)

Akadémia

Várszínház (Burgtheater)

Széchenyi lánchíd (Kettenbrücke)

Roosevelt tér

Seilbahn

Budavári Palota (Burgpalast)

Történeti Múzeum (Historisches Museum)

Krisztina körút

Hegyalja út

Rác gyógyfürdő (Türkisches Bad)

Erzsébet híd

Gellérthegy (Gellértberg)

M 7 *Innenstadt Budapests*

Das Mittelmeer – Badewanne für Millionen

M 1 *Sonnenbaden*

M 2 *Wassersport*

check-it _____
- Lage der Touristenstrände zuordnen
- Merkmale und Ursachen des Massentourismus benennen
- Klimamerkmale der Mittelmeer- und der Nordseeküste vergleichen
- Diagramme lesen und vergleichen
- touristische Attraktivität der Mittelmeerküste begründen

Ab in den Süden

In den Sommermonaten heißt es für Millionen Europäer: ab in den Süden. Die Folgen sind endlose Autoschlangen mit oft kilometerlangen Staus, Warteschlangen vor Tunnels und Mautstellen, Gedränge an Flughäfen und Fähren. Doch nichts kann die Urlauber von ihrem Ziel abhalten: Sonne, Strand und Meer, aber auch kulturelle Sehenswürdigkeiten der Mittelmeerländer.

Mehr Freizeit zum Reisen

Noch nie hatten die Europäer, auch wir Deutschen, so viel Freizeit und Urlaub wie in der Gegenwart. Die Urlaubsdauer hat sich seit 30 Jahren mehr als verdreifacht. Die meisten Deutschen können heute mehr als vier Wochen im Jahr Urlaub machen. Das Auto und der Ausbau von Verkehrswegen über die Alpen, eine zunehmende Zahl von Flugverbindungen und preisgünstige Flüge haben das Reisen vereinfacht. Ein- oder mehrmalige Urlaubsreisen im Jahr sind für viele Europäer selbstverständlich und gehören zur Lebensqualität.

Massentourismus am Mittelmeer

Mittelmeer heißt das Traumziel von Millionen Touristen jedes Jahr. Das Mittelmeer hat sich zum wichtigsten Reiseziel der Welt entwickelt und der Tourismus soll weiter wachsen. Bis 2020 werden jedes Jahr bis zu 350 Millionen Urlauber am Mittelmeer erwartet.

Warum zieht es so viele Menschen an die Küsten im Süden Europas? Der Mittelmeerraum ist relativ schnell erreichbar, bietet preisgünstigen Urlaub, aber auch tolle Strände und viele Möglichkeiten, im Urlaub aktiv zu sein: Surfen, Segeln und vieles mehr.

In den letzten Jahrzehnten entstanden entlang der Küsten unzählige touristische Einrichtungen wie Flugplätze, Straßen, Ferienclubs, große Hotels,

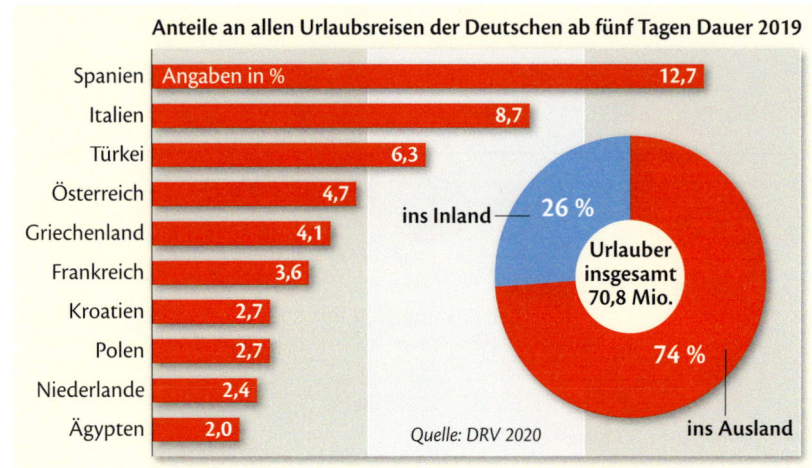

Anteile an allen Urlaubsreisen der Deutschen ab fünf Tagen Dauer 2019

Angaben in %

Land	%
Spanien	12,7
Italien	8,7
Türkei	6,3
Österreich	4,7
Griechenland	4,1
Frankreich	3,6
Kroatien	2,7
Polen	2,7
Niederlande	2,4
Ägypten	2,0

ins Inland — 26 %

Urlauber insgesamt 70,8 Mio.

74 %

ins Ausland

Quelle: DRV 2020

M 3 *Beliebteste Reiseziele der Deutschen*

M4 *Touristenstrände und Ferienorte am Mittelmeer*

Ferienwohnungen, Campingplätze, Restaurants, Cafés, Pools und Bootshäfen. Das Aussehen vieler Orte hat sich dadurch völlig verändert. Die Zahl der Urlauber ist im Sommer oft hundertmal größer als die Einwohnerzahl der Küstenorte.

Der Massentourismus ist zu einer Belastung für Mensch und Natur geworden. Der Tourismus schafft aber auch Arbeitsplätze und ist eine wichtige Einnahmequelle für die Einwohner und die Staaten im Mittelmeerraum.

1 Ordne den Mittelmeerländern Spanien, Frankreich, Italien, Kroatien, Griechenland und Türkei bekannte Touristenstrände und Ferienorte zu. Gestalte dazu eine Mindmap (**M4**, Karten S. 131 oben und S. 210/211, 2).

2 Nenne Merkmale, Ursachen und Folgen des Massentourismus. Lege dazu eine Tabelle an (**M1** bis **M6**).

3 Berechne, wie viele Deutsche in den Ländern Urlaub machen, die Anteil am Mittelmeer haben (**M3**).

4 Begründe, warum es so viele Menschen im Urlaub an die Mittelmeerküsten zieht (**M1** bis **M6**).

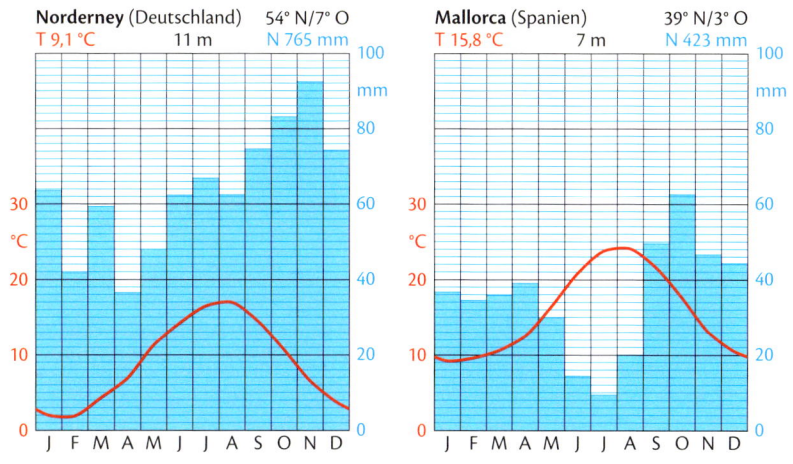

M5 *Klimadiagramme von Norderney und Mallorca*

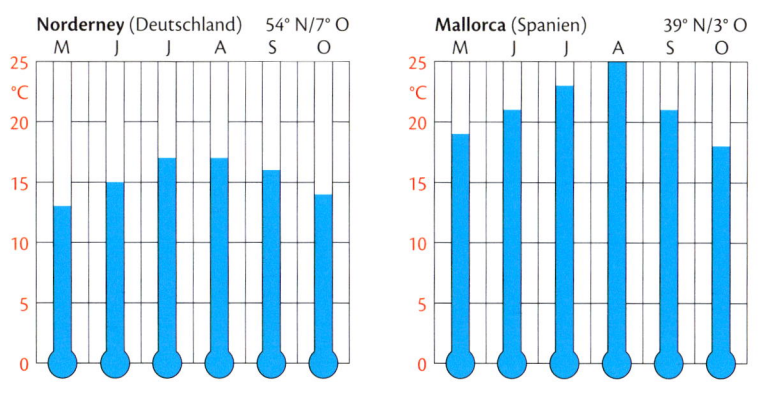

M6 *Wassertemperaturen der Nordsee und des Mittelmeers*

Benidorm – Wolkenkratzer am Badestrand

M 1 *Benidorm an der Costa Blanca*

check-it
- geographische Lage Benidorms beschreiben
- Veränderungen durch den Massentourismus am Beispiel Benidorms erläutern
- Stadtpläne vergleichen
- Vor- und Nachteile eines Urlaubs in Benidorm erörtern

Benidorm

Costa Blanca: weiße Küste – ein verlockender Name. An diesem Küstenabschnitt zwischen Valencia im Norden und Alicante im Süden liegt Benidorm: weiße Strände unter strahlender Sonne, Apfelsinen-, Zitronen- und Mandelbäume, wohin das Auge schaut. Benidorm, die lebhafte Ferienstadt für einen erlebnisreichen Urlaub, wird eingerahmt von majestätischen Bergen. Sie bietet ein riesiges Unterhaltungsprogramm: Freizeitparks, Diskotheken, Bars und vieles mehr.

Die Qualität des Wassers und der Strände ist gut bis sehr gut. Um die seit 40 Jahren anhaltende Bebauung in geregelte Bahnen zu lenken, haben einige angrenzende Orte ein Bauverbot für Gebäude mit mehr als vier Stockwerken ausgesprochen. Häuser in landestypischer Bauweise werden wieder häufiger errichtet. Beton zählt immer noch zu den bevorzugten Baumaterialien. Außerdem wird für die Trennung des Abfalls gesorgt.

Wenn nach den trockenen Sommermonaten auch im Winter nur geringe Niederschlagsmengen auftreten, kann es zur Wasserknappheit kommen. Die Trinkwasserversorgung für Einwohner und Urlauber ist dennoch sichergestellt. Aus anderen Gebieten Spaniens, auch aus Madrid, wird Wasser herangeführt. Zusätzlich werden mobile Meerwasserentsalzungsanlagen betrieben.

Vom Fischerdorf zur Ferienstadt

Die Entwicklung Benidorms vom verschlafenen Fischerdorf zur quirligen Ferienstadt begann in den 1960er-Jahren. Deutsche und spanische Touristen erkannten die Vorzüge der kilometerlangen feinsandigen Strände, der warmen Sommer und milden Winter. Infolge billiger Charterflüge und einer starken Werbung kamen immer mehr Touristen. Aus Fischern wurden Kellner, Taxifahrer, Tennislehrer und Cafébesitzer.

Doch Anfang der Achtzigerjahre kam Benidorm als „Urlaubsfabrik" in Verruf. Probleme mit der Müllentsorgung traten auf. Hotelburgen aus grauem Beton und Umweltprobleme führten zum Ausbleiben der Touristen. Denn nicht jedem gefällt der Urlaubsspaß rund um die Uhr: tagsüber volle Strände und abends das laute Nachtleben im Freien.

M 2 Benidorm 1960

Jahr	Einwohner
1950	2 787
1960	6 161
1981	24 983
1991	42 442
2001	51 873
2011	68 045
2019	68 721

M 3 Entwicklung der Einwohnerzahl (Bewohner mit ständigem Wohnsitz in Benidorm)

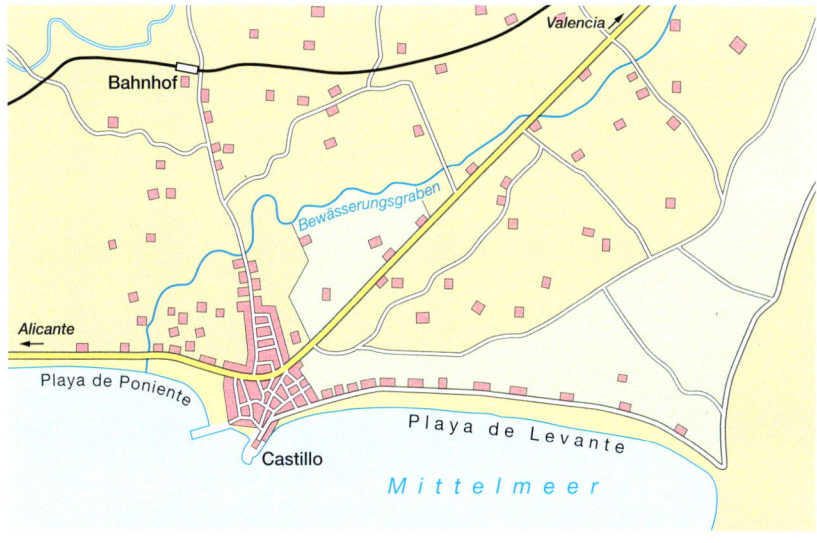

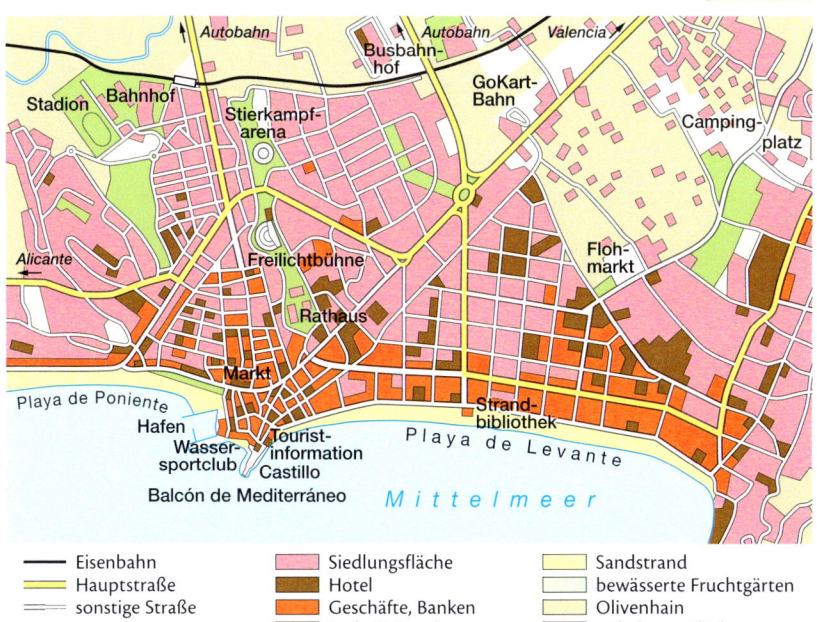

▬▬ Eisenbahn	▮ Siedlungsfläche	▮ Sandstrand
▬▬ Hauptstraße	▮ Hotel	▮ bewässerte Fruchtgärten
══ sonstige Straße	▮ Geschäfte, Banken	▮ Olivenhain
0 ──── 500 m	▮ Park, Grünanlage	▮ unbebaute Fläche

M 4 Benidorm zwischen 1960 und 2010

Benidorm ist „in"

Jedes Jahr fahren etwa 5,5 Millionen sonnenhungrige und Vergnügung liebende Urlauber nach Benidorm. Im Sommer zieht die Kombination aus Baden, Sport und städtischem Leben vor allem junge Spanier und Briten an. Doch auch im Winter schläft Benidorm nicht. Denn jedes Jahr überwintern Tausende Rentner im milden Klima der weißen Küste.

1 Beschreibe die geographische Lage von Benidorm (S. 151 **M 4**, Karten S. 131 oben und S. 214/215, Atlas).

2 Nenne Gründe, warum Benidorm als Ferienstadt bezeichnet wird (**M 1**).

3 Erläutere, wie der Massentourismus das Ortsbild von Benidorm verändert hat (**M 1** bis **M 4**).

4 Bildet zwei Gruppen: Gruppe 1 stellt Gründe zusammen, die für einen Urlaub in Benidorm sprechen, Gruppe 2 stellt Gründe zusammen, die gegen einen Urlaub in Benidorm sprechen. Tauscht eure Argumente anschließend aus und diskutiert in der Klasse (**M 1** bis **M 4**, *Eine Pro-und-Kontra-Diskussion führen*).

Hier findest du zusätzliche Informationen und Links:

cornelsen.de/webcodes
Code: ticera

Der Europa-Park – eine künstliche Erlebniswelt

Freizeitparks schaffen Erlebniswelten

Freizeitparks benötigen keine historischen Sehenswürdigkeiten in Städten, kein Meer und keine Berge. Freizeitparks sind künstlich gebaute Erlebniswelten. Sie locken ihre Besucher mit Erlebnishotels und Erlebnisgaststätten, Erlebnisbadelandschaften, Erlebnismuseen, Erlebniszoos, Erlebnissportparks und anderen Attraktionen. Nervenkitzel, Abenteuer und die Aktivität der Besucher stehen an erster Stelle. Die Zielgruppe dafür sind Familien, aber auch Gruppen, die gemeinsam etwas erleben möchten.

Die Freizeitparks in Deutschland sind unterschiedlich alt. Viele Freizeitparks stammen aus den 1970er- oder 1980er-Jahren. Der Europa-Park in Rust feierte 2020 sein 45-jähriges Bestehen. Sie passen ihre Attraktionen allerdings immer wieder an die sich verändernden Wünsche der Besucher an und schaffen dadurch neue künstliche Erlebniswelten.

Größter Freizeitpark Deutschlands: Europa-Park

Warum durch Europa reisen? Ein Besuch im Europa-Park in Rust bietet Erlebnisse aus verschiedenen Ländern Europas im Südwesten Deutschlands. In den 18 Themenbereichen erwarten die Besucher über 100 Attraktionen und Shows. Nervenkitzel bei einer rasanten Achterbahnfahrt oder in Rulantica, der neuen Indoor-Wasserwelt gleich neben dem Europa-Park, Essen auf dem schwimmenden Bistro-Boot wie in Frankreich und Kinderdisco am Abend – kein Problem.

Die Besucher werden angeregt, auf Entdeckungstouren durch das künstlich geschaffene Europa zu gehen, aktiv zu sein, Spaß zu haben und dabei den Alltag zu vergessen.

Wer selbst beim Essen einen Action-Kick sucht, geht ins weltweit erste Loopingrestaurant „FoodLoop". Dort sausen die Speisen auf Schienen rasant über den Köpfen der Gäste hinweg und schlagen Loopings und Purzelbäume, bevor sie schließlich ihren Bestimmungsort am Tisch der Gäste erreichen.

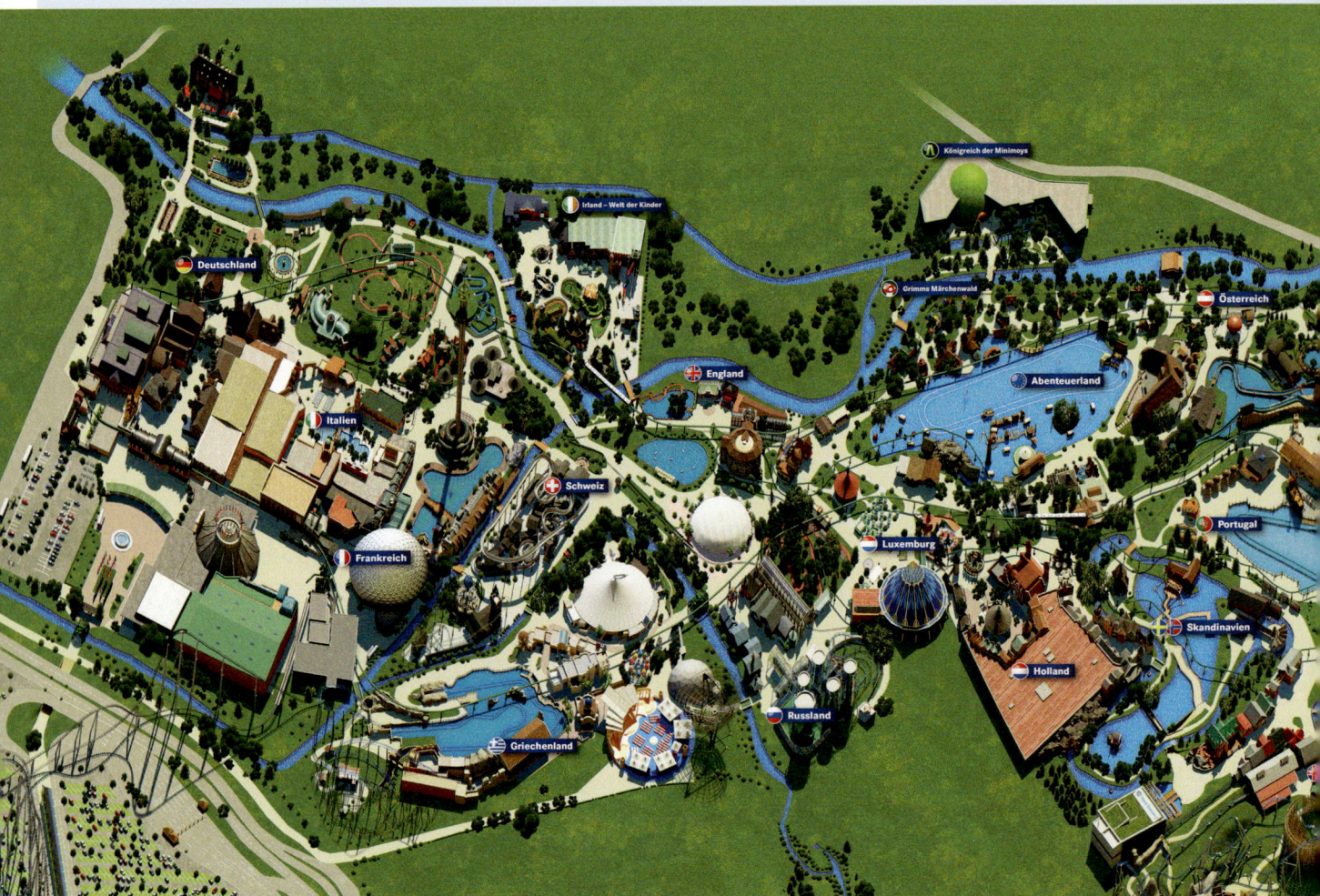

M 1 *Übersichtsplan des Europa-Park in Rust*

1 Beschreibe die Lage der Freizeit-
parks in Deutschland und nenne
Gründe für deren Verteilung (**M 2**,
Karten S. 204 und S. 207, Atlas).

2 Erläutere die Besonderheiten eines
Freizeitparks am Beispiel des Euro-
pa-Parks in Rust (**M 1**, **M 3**).

3 Bildet Gruppen und plant eintägige und mehrtägige Besuche im Europa-Park. Gestaltet dazu eine Präsentation ( ).

4 Vergleiche eine Radtour mit dem
Besuch eines Freizeitparks (**M 1**,
M 3, S. 142/143).

5 Diskutiert, warum sich Freizeitparks mit ihren künstlichen Erlebniswelten großer Beliebtheit erfreu-
en (**M 1** bis **M 3**,).

M 2 *Freizeitparks in Deutschland*

M 3 *Silver Star im Europa-Park*

Hier findest du zusätzliche Informationen
und Links:

 cornelsen.de/webcodes
Code: zozedu

Geo-Check: Tourismus und Erholungsräume vergleichen

Sich orientieren

Die Tabelle zeigt die zehn Länder, die 2019 weltweit von den meisten Touristen besucht wurden.

Rang	Land	Besucher 2019 in Mio.
1	Frankreich	90,2
2	Spanien	83,7
3	USA	78,7
4	China	67,6
5	Italien	64,7
6	Türkei	52,2
7	Mexiko	44,9
8	Thailand	39,7
9	Deutschland	39,4
10	Großbritannien	36,9

Quelle: DRV 2019

M 1 *Internationaler Tourismus*

1 Benenne die Länder, die in Europa liegen, und schreibe deren Namen in dein Heft (**M 1**).
2 Ordne diesen Ländern ihren Umriss zu, indem du hinter dem Namen die richtige Nummer notierst (**M 2**).
3 Beschreibe die geographische Lage der bedeutendsten Tourismusländer Europas (**M 3**, Karte S. 210/211).

M 2 *Länderumrisse*

Wissen und verstehen

4 Sortiere jedem Ort (linke Puzzleteile) einen passenden Begriff zu (rechte Puzzleteile). Schreibe die Begriffspaare in dein Heft.

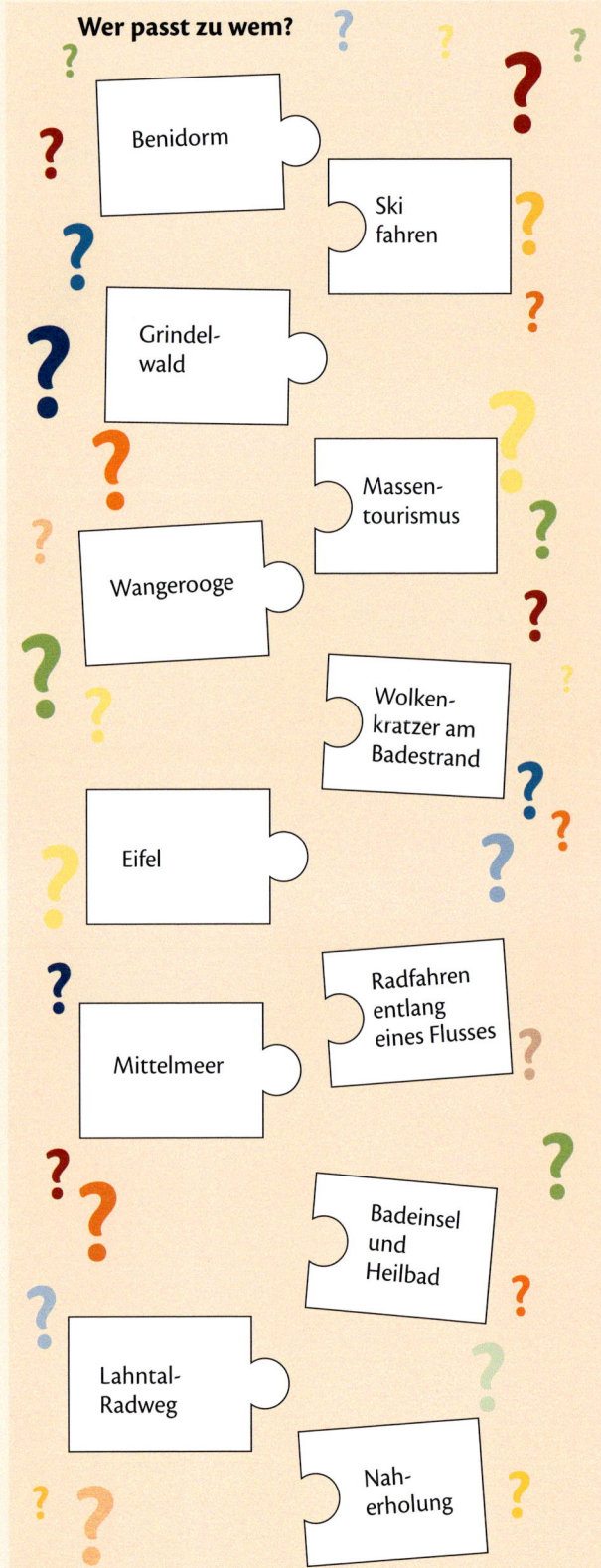

Wer passt zu wem?

Benidorm

Ski fahren

Grindel-wald

Massen-tourismus

Wangerooge

Wolken-kratzer am Badestrand

Eifel

Radfahren entlang eines Flusses

Mittelmeer

Badeinsel und Heilbad

Lahntal-Radweg

Nah-erholung

M 3 *Schnitzeljagd zum Tourismus*

Wirtschaft in Europa

5 Sortiere ... orte von Bergbau und Industrie
Verbesse...
richtig a...

Richtig o...

= Benido...
ten Stra...

= Budape...
tourism...

= Die Ge...
träglich...

= In Grie...
wander...

= Das Mi...
der Eur...

= Im Som...
temper...

= Ein Nah...
Rheinla...

= Wanger...

Sich verstä...

7 Beschrei...
haben si...

8 Diskutier...
trägliche...

WEN...
GRÜNDE...
SCHUTZE...
VERZICHT...
NOCH L...
UNS DE...
UNSERE...
TRENN...

M5 Umw...

6 Wirtschaftsräume untersuchen

In diesem Kapitel lernst du
- die geographische Lage ausge-wählter Industrie- und Dienst-leistungsstandorte zu beschreiben,
- die Arbeitsbedingungen in den Wirtschaftsbereichen zu unterscheiden,
- die wirtschaftliche Nutzung ausgewählter Gebiete in Deutschland zu beschreiben,
- Produkte kennen, die in Deutschland hergestellt werden,
- Dienstleistungsbereiche und Dienstleistungsstandorte zu charakterisieren.

Du nutzt dazu
- Industriekarten und andere thematische Karten,
- Bilder,
- Tabellen und Diagramme
- sowie das Internet.

Du beurteilst
- die Bedeutung von Rohstoff-vorkommen und Wirtschafts-bereichen für die jeweilige Region.

Wirtschaftsräume – Spiegelbild wirtschaftlicher Aktivitäten

Eine Vielzahl von Produktions- und Lagerhallen sowie eine sehr gute Verkehrsanbindung zeichnen viele Wirtschafts-räume aus, die durch Industrie oder Dienstleistung geprägt sind. Aber auch Bergbau und Landwirtschaft prägen den Raum. Gehe auf Entdeckungstour! Wo im Bild erkennst du wirtschaftliche Tätigkeiten des Menschen?

Gewerbepark mit Containerhafen bei Germersheim

Die Wirtschaft – drei unterschiedliche Bereiche

check-it
- Wirtschaftssektoren benennen
- den Wirtschaftssektoren Tätigkeitsfelder und Tätigkeiten zuordnen
- die Entwicklung der Wirtschaftssektoren vergleichen
- Diagramme auswerten
- Bilder zuordnen
- eine Tabelle erstellen
- eine Internetrecherche durchführen
- eine Mindmap erstellen

Vielfalt in der Wirtschaft

Es gibt viele Tätigkeiten, die Menschen in der Wirtschaft ausüben, zum Beispiel Braunkohle fördern, Getreide anbauen, Kartoffeln ernten, Kartoffeln zu Kartoffelchips verarbeiten, aus Holz Möbel herstellen, am Bankschalter Kunden beraten, Lastwagen fahren, Kranke pflegen, im Supermarkt die Regale auffüllen. Diese Tätigkeiten werden unterschiedlichen Bereichen der Wirtschaft zugeordnet. Diese Wirtschaftsbereiche werden als **Wirtschaftssektoren** bezeichnet.

Primärer, sekundärer und tertiärer Sektor

Der **primäre Sektor** umfasst Arbeiten, bei denen Nahrungsmittel oder Futtermittel für Tiere erzeugt werden. Außerdem werden pflanzliche Rohstoffe wie Holz und Wolle, aber auch **Rohstoffe** für die Industrie wie Erze, **Erdöl** und Kohle gewonnen oder gefördert. Im primären Sektor erfolgt keine Verarbeitung der Rohstoffe.

Zu Produkten verarbeitet werden die Rohstoffe in der Industrie und im Handwerk, die den **sekundären Sektor** bilden. Aus Milch entsteht Joghurt, aus Schweinefleisch Bratwurst, aus Baumwolle Jeans, aus Erdöl Kunststoff, Kohle wird in Strom umgewandelt. Maschinen, Autos, Computer und Smartphones sind hochwertige Produkte, die die Industrie herstellt.

Die **Dienstleistungen** bilden den **tertiären Sektor**. Die Tätigkeiten dort sind vielfältig. In den letzten Jahren sind neue Tätigkeiten dazugekommen, zum Beispiel der Internethandel oder die Pflege älterer Menschen.

M 1

M 2

M 3

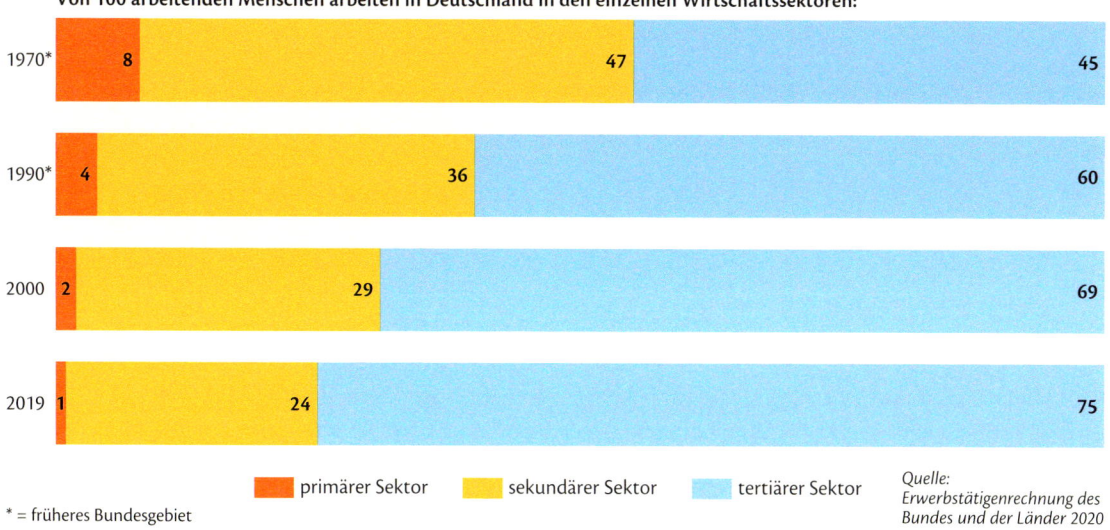

Von 100 arbeitenden Menschen arbeiten in Deutschland in den einzelnen Wirtschaftssektoren:

	primärer Sektor	sekundärer Sektor	tertiärer Sektor
1970*	8	47	45
1990*	4	36	60
2000	2	29	69
2019	1	24	75

■ primärer Sektor   ■ sekundärer Sektor   ■ tertiärer Sektor

Quelle: Erwerbstätigenrechnung des Bundes und der Länder 2020

* = früheres Bundesgebiet

M 4 *In Deutschland in den drei Wirtschaftssektoren arbeitende Menschen*

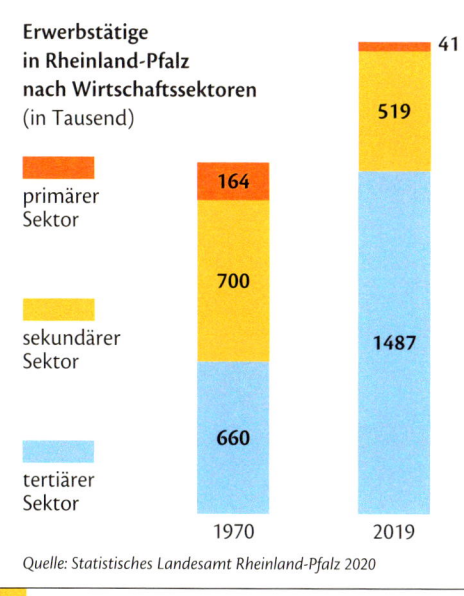

Erwerbstätige in Rheinland-Pfalz nach Wirtschaftssektoren (in Tausend)

■ primärer Sektor
■ sekundärer Sektor
■ tertiärer Sektor

1970: primärer 164, sekundärer 700, tertiärer 660
2019: primärer 41, sekundärer 519, tertiärer 1487

Quelle: Statistisches Landesamt Rheinland-Pfalz 2020

M 5 *In den drei Wirtschaftssektoren arbeitende Menschen in Rheinland-Pfalz*

Sektor	Tätigkeitsfeld
primärer Sektor	– Landwirtschaft – Forstwirtschaft – Fischereiwirtschaft – Bergbau (Abbau von Kohlen, Erzen und anderen Rohstoffen)
sekundärer Sektor	– Bergbau (Verarbeitung der im primären Sektor abgebauten Rohstoffe) – Industrie – Handwerk – Energie- und Wasserversorgung – Energieerzeugung – Baugewerbe
tertiärer Sektor	– Bildung – Handel – Verkehr – Banken – Versicherungen – öffentliche Dienste (z. B. Rathäuser oder Finanzämter) – freie Berufe (z. B. Ärzte oder Rechtsanwälte)

M 6 *Wirtschaftssektoren und deren Tätigkeitsfelder*

1 Ordne den Fotos eine Bildunterschrift zu, die den Namen des Wirtschaftssektors und die dort dargestellte Tätigkeit enthält (**M 1** bis **M 3**).

2 Suche im Internet drei weitere Fotos für unterschiedliche Tätigkeiten in den drei Wirtschaftssektoren (🔍).

3 Fertige eine Mindmap zu den Wirtschaftssektoren und deren Tätigkeitsfeldern an (**M 6**, 🔍 *Eine Mindmap erstellen*).

4 Landwirt, Bäcker und Backwarenverkäuferin sind Tätigkeiten in unterschiedlichen Wirtschaftssektoren. Ordne den Tätigkeiten die Wirtschaftssektoren zu und erläutere den Zusammenhang zwischen den drei Tätigkeiten.

5 Vergleiche die Entwicklung der Arbeitsplätze in den einzelnen Wirtschaftssektoren in Deutschland und Rheinland-Pfalz (**M 4**, **M 5**).

6 Nenne Gründe, warum immer weniger Menschen im primären und sekundären Sektor arbeiten (**M 4**, **M 5**).

7 Erstelle eine Tabelle, in der du auflistest, welche Dienstleistungen du im Laufe eines Tages in Anspruch nimmst.

Hier findest du zusätzliche Informationen und Links:

 cornelsen.de/webcodes
Code: redoyi

Wir lesen eine Industriekarte

check-it _____
- Merkmale einer Industriekarte benennen
- Schrittfolge für das Lesen einer Industriekarte nennen und anwenden

Was ist eine Industriekarte?

Die Industriekarte ist eine thematische Karte. Durch Kartenzeichen, Linien und Farben werden Industrieräume und Industriezweige dargestellt.

Checkliste zum Lesen einer Industriekarte

1. Informiere dich über das Thema der Karte und den abgebildeten Raum. Lies dazu den Kartentitel in der Bezeichnung der Abbildung (**M 1, M 2**).
2. Bestimme die Lage und Größe des dargestellten Raumes. Beachte dabei den Maßstab.
3. Stelle mithilfe der Legende fest, was die Farben und Kartenzeichen bedeuten.
4. Beschreibe den Karteninhalt:
- Welche Kartenzeichen treten sehr häufig auf?
- Welche Standorte von Industrie treten besonders hervor?
- Welche Industriezweige sind in bestimmten Industriegebieten zu finden?
- Wie sind die Industriegebiete räumlich verteilt?

M 1 *Industrie Spanien und Portugal*

Beispiel: Lesen der thematischen Karte „Industrie Niederlande, Belgien, Luxemburg" (M 2)

1. Der Kartentitel ist Industrie (Thema) Niederlande, Belgien und Luxemburg (Raum).

2. Die Karte zeigt die Länder Niederlande, Belgien und Luxemburg, im Norden die Nordsee, im Osten Deutschland und im Süden Frankreich. Der Maßstab der Karte ist: 1 : 3 000 000.

3. Die Legende zeigt Farben, Linien und Zeichen. Die lila Farbe stellt Ballungsräume dar. Die Linien zeigen die Verlaufsstrecken der Pipelines für Erdöl und Erdgas. Durch Zeichen sind die Industriezweige, wie zum Beispiel die Elektro- und die chemische Industrie, Verhüttung und Herstellung von Metallen oder die Kraftwerke abgebildet. Es finden sich auch Zeichen, die für Bodenschätze oder bedeutende Fischereihäfen stehen.

4. Die bedeutendsten Industriegebiete der Niederlande zum Beispiel finden sich im Westen, in und um die Städte Den Haag, Rotterdam und Amsterdam. Sie liegen an Erdöl- und Erdgaspipelines und es befinden sich dort Erdölraffinerien und Wärmekraftwerke.

1 Ordne die Kartenausschnitte in die physische Karte Europas ein (**M 1**, **M 2**, Karte S. 210/211).

2 Erkläre am Beispiel von **M 1** und **M 2**, was eine thematische Karte ist.

3 Ermittle die Aussagen der Karte „Standorte von Bergbau und Industrie" für die Städte Paris, Mailand und den Ballungsraum Mittelengland (Karte S. 159 oben).

4 Informiere dich darüber, welche thematischen Karten dein Schulbuch enthält, und nenne drei Beispiele.

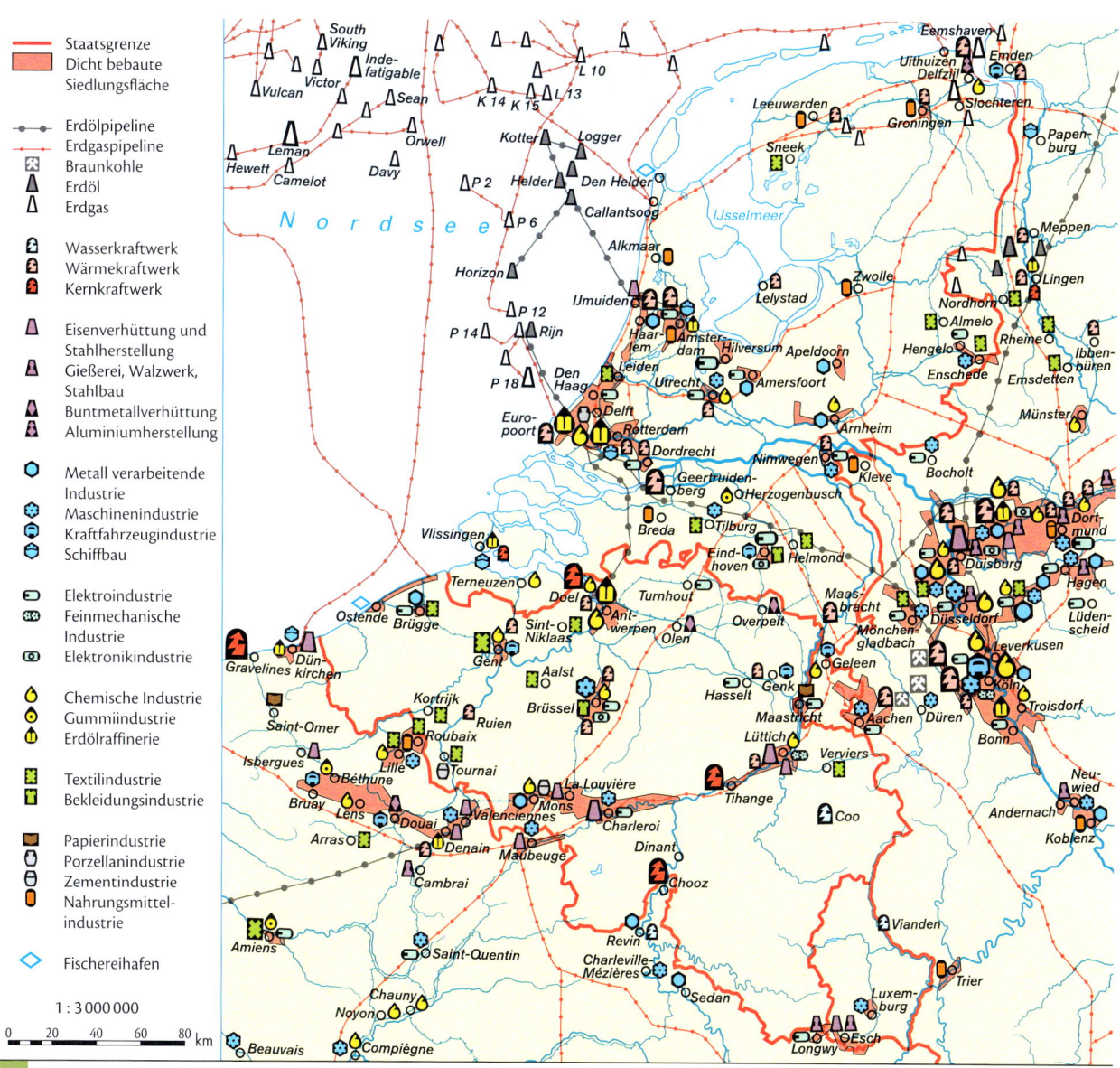

M 2 *Industrie Niederlande, Belgien, Luxemburg*

Erdöl aus der Nordsee

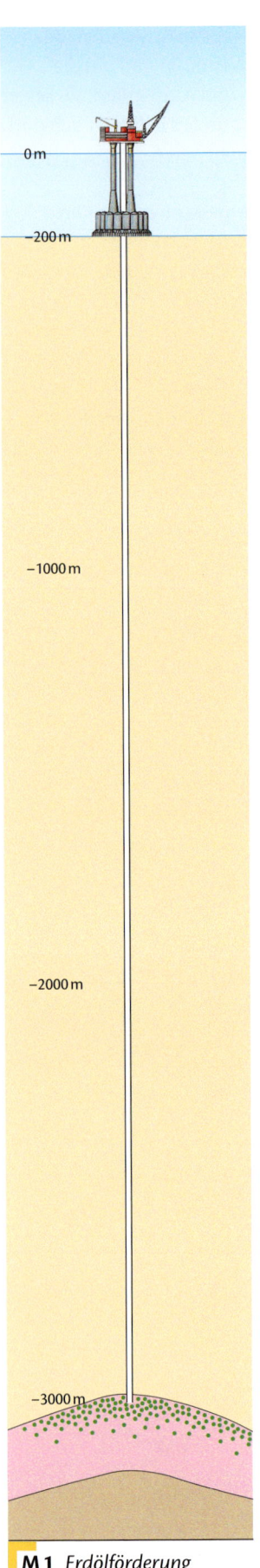

M 1 *Erdölförderung*

M 2 *Erdölbohr- und Förderinsel in der Nordsee*

check-it
- geographische Lage der Erdölfelder in der Nordsee beschreiben
- Erdölförderung in der Nordsee beschreiben
- Arbeitsbedingungen erläutern
- Erdölprodukte nennen
- Bedeutung des Erdöls für Norwegen beurteilen

Erdöl vom Meeresgrund

1965 entdeckte man etwa 500 Kilometer vor der Küste Norwegens in der Nordsee riesige Erdölvorkommen. Erdöl entstand vor vielen Jahrmillionen aus Pflanzen- und Tierresten. Kleinstlebewesen, die auf den Meeresboden absanken, wurden dort kaum zersetzt, da kein oder zu wenig Sauerstoff vorhanden war. Schichten aus Schlamm,

Daten einer Bohrinsel

Zahl der Pfeiler	4
Fläche des Arbeitsdecks	114 m × 55 m
Höhe	271 m
Gewicht	836 000 t
Unterkünfte	278
Baukosten	rd. 3 Mrd. €

Beachte: Es gibt Bohrinseln, die auf dem Meeresboden fest stehen, und schwimmende Bohrinseln, die im Meeresboden verankert sind.

Höhenvergleiche

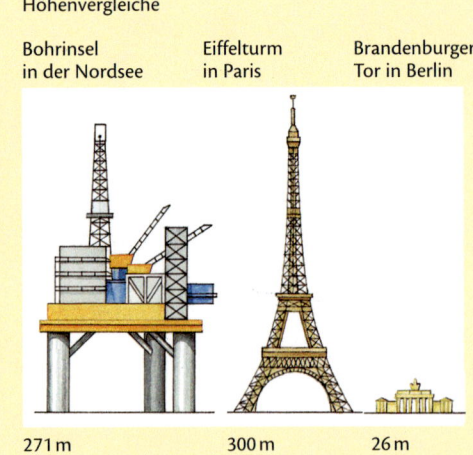

Bohrinsel in der Nordsee 271 m — Eiffelturm in Paris 300 m — Brandenburger Tor in Berlin 26 m

M 3 *Eine Bohrinsel im Vergleich*

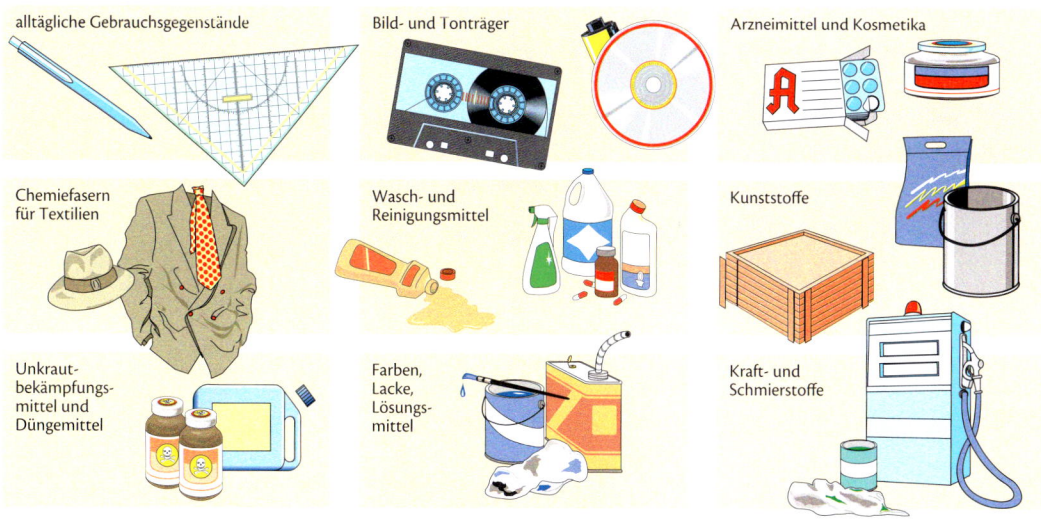

alltägliche Gebrauchsgegenstände

Bild- und Tonträger

Arzneimittel und Kosmetika

Chemiefasern für Textilien

Wasch- und Reinigungsmittel

Kunststoffe

Unkraut-bekämpfungs-mittel und Düngemittel

Farben, Lacke, Lösungs-mittel

Kraft- und Schmierstoffe

M 4 *Produkte aus Erdöl*

die unter dem hohen Gewicht zu Gestein gepresst wurden, überlagerten die Teilchen. Durch den Druck des Gesteins stiegen die Temperaturen auf über 100 °C an, wobei sich Erdöl bildete.

Bei weiter steigenden Temperaturen trennten sich Erdöl und Erdgas. Deshalb trifft man heute oft an gleicher Stelle in verschiedenen Schichten sowohl Erdöl als auch Erdgas an.

Erdöllagerstätten befinden sich in Tiefen von 1500 bis 6000 Metern. Um Erdöl und Erdgas aus dem Meer fördern zu können, benötigt man riesige Plattformen, von denen aus man in den Meeresboden bohren kann.

Stavanger – Zentrum der norwegischen Erdölwirtschaft

Da Erdöl und Erdgas sehr begehrte Rohstoffe sind, ist Norwegen eines der reichsten Länder der Erde.

Die norwegische Ölfirma Statoil sowie viele internationale Erdölkonzerne haben ihren Sitz in Stavanger. Vom Hafen der Stadt aus sind die Erdölförderplattformen in der Nordsee gut zu erreichen. Außerhalb der Stadt liegt der drittgrößte Flughafen Norwegens, von dem aus die Erdölplattformen ebenfalls versorgt werden.

Stavanger ist heute eine moderne Großstadt. Hier findet man viele Geschäfte, Krankenhäuser sowie Museen und andere kulturelle Einrichtungen.

Hier findest du zusätzliche Informationen und Links:

cornelsen.de/webcodes
Code: pimuwo

1 Beschreibe eine Förderplattform. Berücksichtige dabei auch die Größe (**M 1** bis **M 3**, **M 6**).
2 Erläutere die Arbeitsbedingungen auf einer Bohrinsel (**M 2**, **M 6**).
3 Nenne alle Erdölprodukte, die du heute schon benötigt hast (**M 4**).
4 Beschreibe die geographische Lage der Erdölfördergebiete in der Nordsee (Karten S. 159 oben und S. 165 **M 2**).
5 Erdöl – das schwarze Gold. Erläutere, welche Bedeutung das Erdöl für Norwegen hat (**M 4**, **M 5**).
6 Erdöl – nicht nur Segen, sondern auch Fluch. Erläutere diese Behauptung.

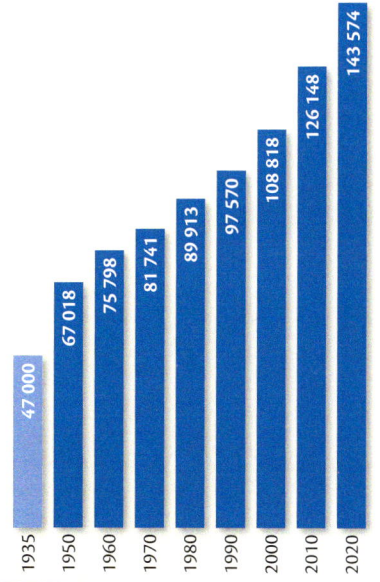

Jahr	Einwohner
1935	47 000
1950	67 018
1960	75 798
1970	81 741
1980	89 913
1990	97 570
2000	108 818
2010	126 148
2020	143 574

M 5 *Einwohnerzahl Stavangers*

Ein Arbeiter auf einer Ölbohrinsel berichtet: Wir starten mit dem Hubschrauber in Stavanger. Nach eineinhalb Stunden Flug landen wir auf einer Bohrplattform im Erdölfeld Ekofisk. Es ist eiskalt dort draußen und der Wind peitscht uns den Regen ins Gesicht. Wir machen uns gleich an die Arbeit. Sieben Tage müssen wir nun hier bleiben und arbeiten, dann haben wir eine Woche frei. Auf dem von Bohrschlamm verschmierten Arbeitsdeck schrauben Männer am Bohrgestänge. Sie tragen alle Schutzhelme. Wegen des Krachs der Dieselmotoren, die das Bohrgestänge antreiben, verständigen sie sich nur mit Handzeichen.

Es wird ein harter Tag werden, denn der Wetterbericht kündigt Orkanböen an. Bis zu 30 Meter hohe Wellen können dabei an die Standbeine der Plattform klatschen. Bei sehr schweren Stürmen können im Meeresboden verankerte Plattformen umkippen. Bei solch einem Unfall starben 1980 über 100 Menschen.

Die Bohrinsel ist wie ein kleiner Ort. Hier gibt es Werkstätten, ein Kraftwerk, Labors, eine Wetter- und eine Funkstation, Unterkünfte und Aufenthaltsräume. Ein Koch und ein Arzt sind für die Mannschaft da.

M 6 *Auf einer Bohrinsel*

Von der Kohle zu erneuerbaren Energien

M 1 *Braunkohletagebau im Rheinland*

check-it
- die geographische Lage der Braunkohlenreviere in Deutschland beschreiben
- Förderung von Braunkohle im Tagebau erläutern
- Energiegewinnung aus Braunkohle, Wind und Sonne vergleichen
- Diagramme auswerten
- Fließdiagramm erstellen
- Aussagen überprüfen und begründen

Braunkohle im Tagebau

Braunkohle ist ein **fossiler Brennstoff**, der zur Gewinnung von Energie genutzt wird. Sie ist bräunlich bis schwarz und entsteht, wenn organisches Material, zum Beispiel abgestorbene Pflanzen, unter der Erde starkem Druck und Luftabschluss ausgesetzt ist. Die Braunkohle im Rheinischen Braunkohlerevier ist fast 20 Millionen Jahre alt. Sie liegt in einer Tiefe von bis zu 400 Metern. Darüber liegen mächtige Schichten aus anderem Material. Die Braunkohleschichten sind bis zu 70 Meter dick.

In Deutschland werden pro Jahr etwa 130 Millionen Tonnen Braunkohle im **Tagebau** gefördert. Damit liegt Deutschland weltweit auf Platz eins. Die Braunkohleflöze können in Tagebauen abgebaut werden. Riesige Schaufelradbagger tragen zuerst die oberen Gesteinsschichten ab, die **Abraum** genannt werden. Schaufelradbagger sind fast 100 Meter hoch, 225 Meter lang und 13 500 Tonnen schwer.

Danach kann die Braunkohle gefördert werden. Mit Abraumbrücken und Förderbändern wird sie innerhalb des Tagebaus transportiert und schließlich auf die Lastwagen geladen, die die abgebaute Kohle in die nahegelegenen Kraftwerke bringen.

Von der Kohle zum Strom

In einem Kohlekraftwerk wird das Rohmaterial zerkleinert, getrocknet und gereinigt. Danach wird die Kohle vollständig verbrannt. Mit der Wärme, die dadurch erzeugt wird, wird ein Wasserkessel erhitzt und das Wasser in Wasserdampf umgewandelt. Der Dampf treibt die Turbinen an, die über ihre Bewegung Generatoren in Gang setzen. Der erzeugte Strom des Kraftwerks wird dann mit Strom aus anderen Quellen gemischt, bevor er in die Haushalte geleitet wird.

Über 90 Prozent der geförderten Braunkohle wird heute als Brennstoff zur Stromerzeugung genutzt. Nur ein kleiner Teil der gewonnenen Kohle wird zu festen Brennstoffen verarbeitet. Dazu gehören **Koks** für die Stahlindustrie oder Briketts für das Heizen in privaten Haushalten.

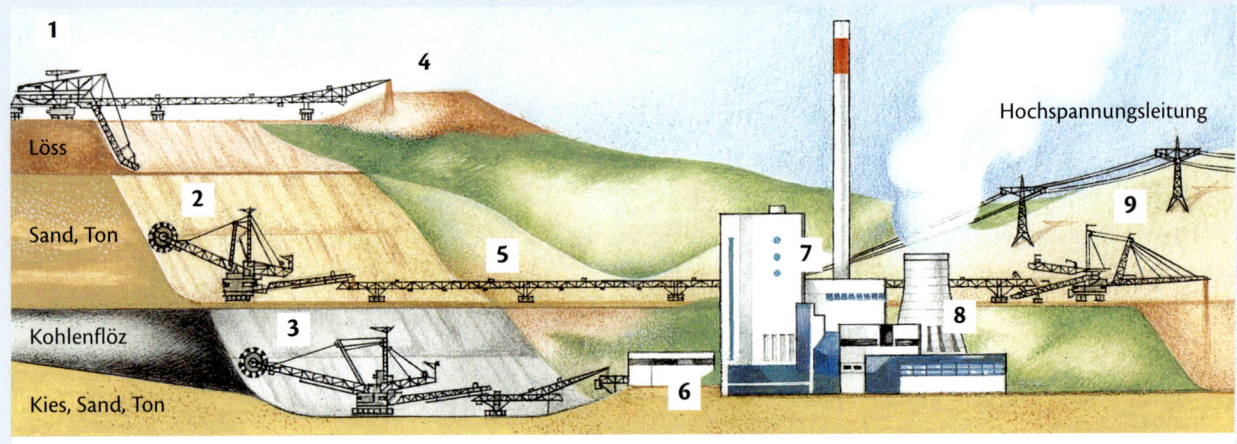

Löss
Sand, Ton
Kohlenflöz
Kies, Sand, Ton
Hochspannungsleitung

1 Bodenbagger	3 Kohlenbagger	5 Förderbänder	7 Wärmekraftwerk	9 Abraum-
2 Abraumbagger	4 Bodenkippe	6 Kohlenbunker	8 Kühlturm	verkippung

M 2 *Braunkohletagebau und Stromerzeugung*

Energie aus Wind und Sonne

Anders als die fossilen Brennstoffe wie zum Beispiel die Braunkohle sind **erneuerbare Energien** unendlich verfügbar und umweltfreundlich. Deshalb wird Strom immer öfter aus erneuerbaren Energien wie Sonne oder Wind gewonnen.

Bei einem Windrad bewegt der Wind einen Rotor, der wiederum einen Generator antreibt. Bewegungsenergie wird so in elektrische Energie umgewandelt. Je stärker und je öfter der Wind bläst, desto ertragreicher ist das Windrad. Windkraft ist zwar unbegrenzt verfügbar und kostengünstig, aber nur schwer planbar.

Wie der Wind, so dient auch die Sonne als natürliche Energiequelle, die für jeden nutzbar, umweltfreundlich und kostenlos ist. Solaranlagen bestehen aus mehreren Solarzellen. Die eintreffende Sonnenstrahlung erzeugt ein elektrisches Feld, also Strom, zwischen den metallischen Oberflächen der Solarzellen. So kann die Sonnenkraft eingefangen und Strom erzeugt oder Wasser erwärmt werden. Häufig werden Solarzellen auf Hausdächer montiert oder in einem Solarpark auf großer Fläche aufgestellt. Scheint die Sonne nicht, kann auch kein Strom gewonnen werden. Deshalb sind Solaranlagen besonders für sonnige Standorte geeignet.

1 Beschreibe die geographische Lage der Braunkohlenreviere in Deutschland (**M 3**, Karte S. 209).

2 Erläutere, wie die Braunkohle gefördert wird. Erstelle dazu ein Fließdiagramm (**M 2**, 📕).

3 Erkläre, wie aus Braunkohle Strom entsteht, und benenne andere Nutzungsformen (**M 2**).

4 Werte die Diagramme aus und vergleiche die Zusammensetzung des Stroms von 1990 und heute (**M 4**).

5 Vergleiche die Energiegewinnung aus Braunkohle, Wind und Sonne (**M 4**, **M 6**).

6 Diskutiert, ob die Energieversorgung in Deutschland durch den Kohleausstieg gefährdet ist (**M 4**, **M 5**).

Hier findest du zusätzliche Informationen und Links:

 cornelsen.de/webcodes
Code: geqivu

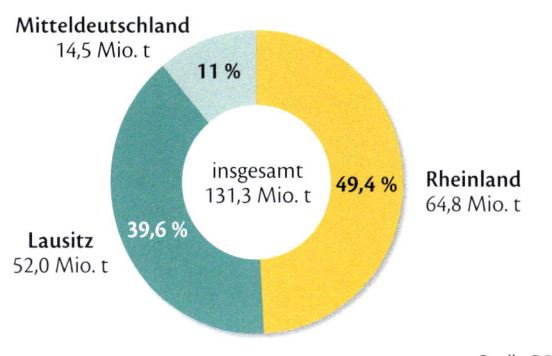

Quelle: DEBRIV 2020

M 3 *Braunkohleförderung nach Revieren in Deutschland 2019*

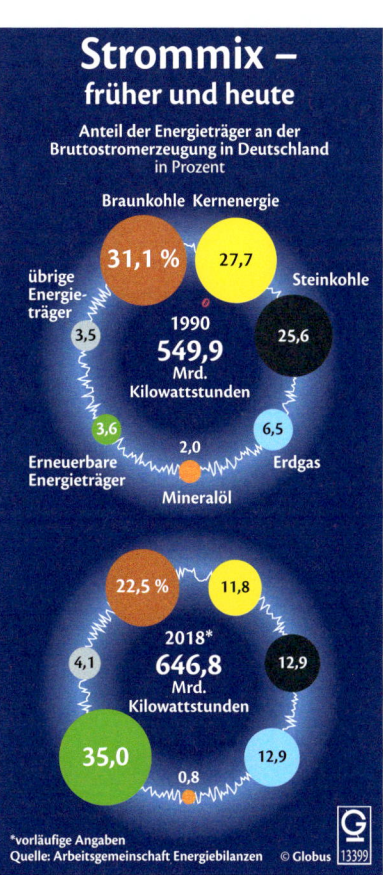

M 4 *Energieträger im Wandel*

M 6 *Windräder*

Bis spätestens 2038 sollen in Deutschland alle Kohlekraftwerke abgeschaltet werden. Dabei werden zuerst die älteren Kraftwerke stillgelegt. Ab 2026 wird in regelmäßigen Abständen überprüft, ob die Stromversorgung auch ohne Kohlekraftwerke gesichert ist. Ist dies der Fall, so könnten die verbliebenen Kohlekraftwerke auch früher abgeschaltet werden. Sowohl die Unternehmen als auch die betroffenen Regionen erhalten Entschädigungen oder finanzielle Zuschüsse zum

Beispiel für Rekultivierungsmaßnahmen oder die Schaffung von Arbeitsplätzen außerhalb der Förderung und Verstromung von Braun- und Steinkohle. Damit die Stromversorgung in Deutschland auch nach dem schrittweisen Abschalten der Kohlekraftwerke gesichert ist, muss vor allem der Anteil erneuerbarer Energien an der Stromerzeugung ausgebaut werden. Deshalb werden in Deutschland vor allem die Wind- und Wasserkraft, aber auch die Solarenergie gefördert.

M 5 *Beendigung der Stromgewinnung aus Kohle*

Nutzung erneuerbarer Energie am Schulort erkunden

Wofür brauchen wir Energie?

Jeder von uns verbraucht Energie. Das gilt für den Alltag, in der Schule und im Haushalt. Es lohnt sich, darüber nachzudenken, wie oft am Tag wir Energie brauchen. Das beginnt mit dem warmen Wasser bei der Morgenwäsche, bei der Fahrt zur Schule mit dem Schulbus und geht im Klassenzimmer weiter. In einer Stadt mit 17 000 Einwohnern sind das im Jahr etwa 500 000 Megawattstunden. Die Hälfte davon entfällt auf den Wärmebedarf und jeweils ein Viertel auf Stromverbrauch und Verkehr. Bei der herkömmlichen Energieerzeugung wird oft die Umwelt belastet und die fossilen Energieträger gehen zur Neige. Daher sollten alle Beteiligten vermehrt auf Umweltverträglichkeit achten. Hier können erneuerbare Energiequellen einen wertvollen Beitrag zum Schutz der Umwelt leisten. In fast allen Städten werden bereits solche Energiequellen genutzt. Eine andere Möglichkeit ist, den Energieverbrauch einzuschränken.

Ihr könnt

- euch in Gruppen einteilen und mit einem der Bereiche, in denen Energie verbraucht wird, näher beschäftigen.
- eure Ergebnisse auf einem Plakat zusammenstellen und sie anschließend der Klasse präsentieren.
- mit den Ergebnissen einen Infostand in der Aula zum Thema Energienutzung einrichten oder sie an einem Projekttag anderen Klassen vorstellen.

- eine Energie-AG gründen: Lasst zum Beispiel ein Modul zur Gewinnung von Solarenergie an der Schule installieren und ladet mit der gewonnenen Energie Handy-Akkus oder E-Bikes auf. Der überschüssige Strom kann eingespeist und für die Finanzierung von Klassenfahrten verwendet werden. Der Stromversorger der Schule unterstützt eventuell ein solches Projekt.
- euch bei der Stadt oder dem Landkreis nach dem/der „Klimaschutzbeauftragten" oder „Klimaschutzmanager" erkundigen. Plant ein Treffen für ein Interview. Stellt Fragen zu Energieverbrauch und Energieversorgung an eurem Schulort. Ihr könnt dazu eine Tabelle ausfüllen. Stellt eure Ergebnisse als Balkendiagramm oder Streifendiagramm dar.

Ihr könnt euch auch das „Klimaschutzkonzept" am Schulort vorstellen lassen, das erklärt, wie in Zukunft Energie gespart werden soll.

Im Schulhaus

- Sprecht mit eurem Hausmeister: Findet heraus, wie viel Energie in eurer Schule verbraucht wird. Lest am Anfang und am Ende eines Schultages den Energiemengenzähler der Heizung und den Stromzähler (**M6**) ab. Stellt anschließend die Werte in einer Tabelle zusammen und ermittelt den Tages- und Wochenverbrauch.

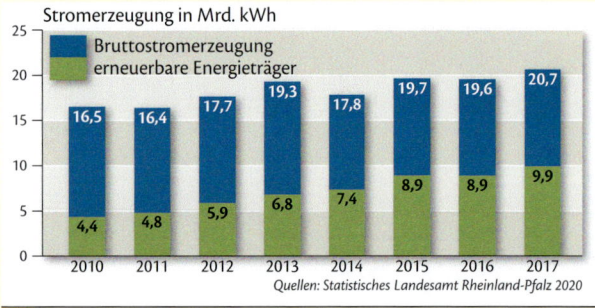

M1 Stromerzeugung in Rheinland-Pfalz (in Mio. kWh)

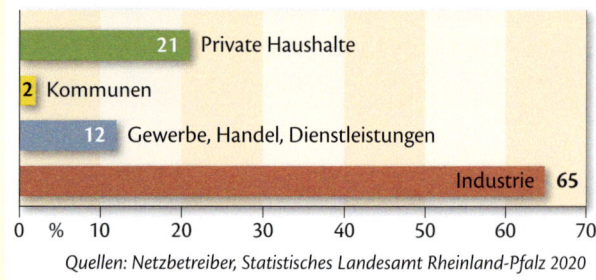

M2 Stromverbrauch nach Verbrauchergruppen in Rheinland-Pfalz

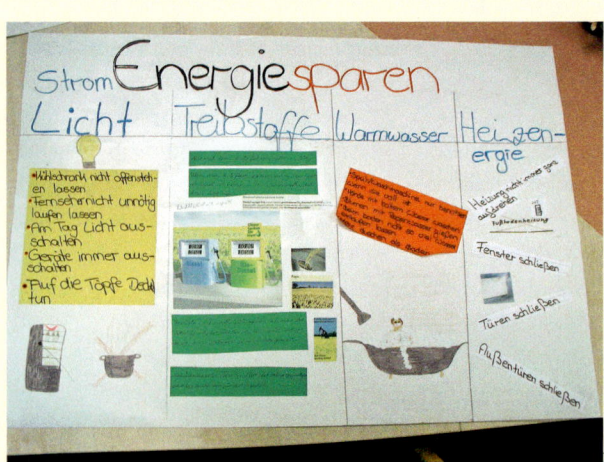

M3 Plakat mit Energiesparregeln

M4 Foto einer Photovoltaikanlage in einer Siedlung

– Vergleicht den Energiejahresverbrauch der Schule mit den durchschnittlichen Werten eines Einfamilienhauses für vier Personen. Die Werte für eure Schule könnt ihr beim Hausmeister oder „Klimamanager" eurer Stadt erfragen.

Energieverbrauch pro Jahr	Einfamilienhaus (4 Personen)
Strom	4 200 kWh/Jahr
Wärmeenergie	12 MWh
durchschnittlicher Wärmeverbrauch	100 kWh/m²/Jahr

– Findet heraus, welche Energiequellen die Schule nutzt. Befragt dazu den Hausmeister.
– Wenn die Schule eigene Energiequellen wie etwa eine Photovoltaikanlage besitzt, bittet den Hausmeister, diese besichtigen zu dürfen, und macht Fotos davon.

Im Klassenzimmer

– Beobachtet in eurem Klassenzimmer, wie lange und wofür Energie verbraucht wird. Legt dazu eine Tabelle an:

Energieverbrauch im Klassenzimmer

Tag	Unterrichts-stunde	Geräte	Zeit
Montag, 20.11.	1	– Lampen – Whiteboard – Kassettenrekorder – …	– 45 Minuten – 20 Minuten – 10 Minuten – …
	2	…	…
	3	…	…
	4	…	…
	5	…	…
	6	…	…
Dienstag,	1	…	…
	…	…	…

M 5 *Beobachtungsbogen*

– Überlegt, bei welchen Gelegenheiten man Energie einsparen könnte. Stellt dazu Regeln auf (M 3).
– Ihr könnt eine Energiepolizei in der Klasse einrichten, die auch die Lehrer erinnert, wenn Energie gespart werden kann.
– Überlegt, bei welcher Gelegenheit ihr zu Hause Energie nutzt (M 7).
– Legt eine Tabelle an, in der ihr an einem Tag der Woche eintragt, wie lange ihr wofür Energie verbraucht habt und wo ihr Energie sparen könntet.

M 6 *Stromzähler*

– Erkundigt euch bei euren Eltern, welche Energiequellen bei euch zu Hause genutzt werden. Vergleicht eure Ergebnisse mit denen eurer Klassenkameraden.
– Überlegt, wie man zu Hause Energie sparen kann (M 3, M 7).

M 7 *Energieversorgung im Einfamilienhaus*

Auf dem Schulweg

– Legt für eine Woche ein Fahrtenbuch der Autos eurer Familie an und notiert die gefahrenen Kilometer. Berechnet den Benzinverbrauch pro Tag und Woche bei einem Kraftstoffverbrauch von 7,5 l auf 100 km.
– Macht eine Umfrage in eurer Klasse, wer den Schulweg mit welchem Verkehrsmittel zurücklegt. Ermittelt, wer wie viel Energie verbraucht. Füllt dazu einen Umfragebogen aus (M 8).
– Wodurch wird auf dem Schulweg noch Energie verbraucht? Erstellt eine Liste.
– Macht Vorschläge, wie man auf dem Schulweg Energie sparen könnte.
– Manche Gebäude erzeugen Energie selbst. Macht Fotos von Gebäuden auf eurem Schulweg, die selbst Energieanlagen besitzen. Ihr könnt eure Fotos anschließend auf dem Stadtplan verorten (M 4).

Kraftstoffverbrauch pro Schüler

Schüler-name	Verkehrsmittel (l pro 100 km)				Wegstrecke (in km)	Kraftstoff-verbrauch (l)
	Zug 2 l	Auto 7,5 l	Bus 1,4 l	Fuß/Fahrrad		
Peter				x	5	–
…						

Energieverbrauch durch genutzte Verkehrsmittel auf dem Schulweg

	Schülerzahl	Wegstrecke (in km)	Kraftstoffverbrauch (l)
Zug			
Auto			
Bus			
Fuß/Fahrrad			

M 8 *Umfragebogen*

Hier findest du zusätzliche Informationen und Links: cornelsen.de/webcodes Code: tuminu

Tongewinnung im Westerwald

M 1 *Tonabbau bei Meudt im Tagebau*

check-it _____

– geographische Lage der Tonabbaugebiete beschreiben
– Abbau und Nutzung des Tons erläutern
– Maßnahmen der Rekultivierung beschreiben
– Industriekarte lesen
– Bedeutung des Tons für die Region beurteilen

Abbau im Tagebau

Das größte und älteste Tonbergbaugebiet Deutschlands liegt im Westerwald. Vor rund 30 Millionen Jahren herrschte dort ein sehr feuchtes und warmes Klima, in dem die älteren Gesteine stark zerkleinert wurden. Die feinen Tonteilchen wurden abgetragen und lagerten sich in Mulden oder Seen wieder ab. So entstanden mächtige Tonschichten, die im Westerwald rund 80 Meter dick sind. Darüber befindet sich heute nur noch eine Deckschicht aus Sand oder Lehm. Die Materialien, die aus dem ursprünglichen Gestein in dem Ton enthalten sind, bestimmen die Zusammensetzung des Tons und geben den Tonschichten ganz unterschiedliche Farben. Der reinste Ton, der in der Natur vorkommt, ist die fast weiße sogenannte Porzellanerde (Kaolin).

Im Westerwald gibt es heute noch mehr als 50 Tongruben, die von 13 Unternehmen betrieben werden. Jährlich werden 3 bis 3,5 Millionen Tonnen Ton gefördert. Der Ton wird mit großen Baggern im Tagebau abgebaut. Dazu muss zunächst die Schicht über dem Ton abgetragen werden. Dieser Abraum wird in der Nähe des Tagebaus gelagert, da er zum Aufschütten der Gruben verwendet wird. Der Ton wird mit Lastkraftwagen oder auf Förderbändern in die weiterverarbeitenden Betriebe transportiert.

Rekultivierung

Der Tagebau hinterlässt Spuren in der Landschaft. Wenn der Ton in einer Grube abgebaut ist, ist die Abbaufirma verpflichtet, die Landschaft wiederherzustellen. Das bezeichnet man als **Rekultivierung**.

Ist der Ton abgebaut, wird das entstandene Loch mit dem Abraum oder zum Beispiel Bodenaushub oder Abbruchmaterial von Gebäuden wieder aufgefüllt. Darauf wird Mutterboden verteilt, der anschließend wieder bepflanzt werden kann. An zahlreichen Stellen im Westerwald sind neue landwirtschaftliche Flächen, Wälder oder Naturschutzgebiete, aber auch Sportplätze oder Straßen entstanden, die auf ehemaligen Tongruben angelegt sind. Auf vielen Rekultivierungsflächen legten die Bergbaufirmen Teiche an, die Lebensraum vieler Tiere und Pflanzen sind. So können Arten wieder angesiedelt werden, die auch durch den Tagebau vom Aussterben bedroht waren, wie zum Beispiel der Laubfrosch.

Quelle: Bundesanstalt für Geowissenschaften und Rohstoffe

■ Abbaustelle von Ton

0 50 100 km

M 2 *Abbau von Ton in Deutschland*

Verwendung des Tons

Im südlichen Westerwald zwischen Montabaur und dem Rhein wird wegen der Tonvorkommen schon seit Jahrhunderten Keramik hergestellt. Seit dem Mittelalter ist das Töpferhandwerk im Westerwald ein bedeutender Erwerbszweig. Es konnte sich dort entwickeln, weil die hochwertigen Tonvorkommen leicht im Tagebau abbaubar waren. Die Brennöfen wurden mit Holz aus den Wäldern befeuert.

Die Töpferei war für die vielen Kleinbauern, die von den geringen Erträgen der Landwirtschaft nicht leben konnten, ein wichtiger Nebenerwerb.

Im 19. Jahrhundert wirkte sich die industrielle Revolution auch auf das Töpferhandwerk aus. Durch die Erfindung von Pressen, Schneide- und Knetmaschinen wurde die Arbeit der Töpfer erleichtert. Gebrauchsgegenstände aus Porzellan konnten nun in industrieller Massenproduktion gefertigt werden.

Heute ist der Westerwald das Zentrum der deutschen Keramikindustrie. Es wird eine Vielzahl keramischer Produkte hergestellt. Wegen der Nähe zur Keramikherstellung wurde in Höhr-Grenzhausen der ingenieurwissenschaftliche Fachbereich Werkstofftechnik Glas und Keramik der Universität Koblenz-Landau sowie das

M 3 *Rekultivierte Landschaft nach dem Abbau von Ton*

Forschungsinstitut für anorganische Werkstoffe Glas/Keramik GmbH angesiedelt.

1 Beschreibe die geographische Lage der Tonabbaugebiete in Deutschland (**M 2**, Karte S. 209).

2 Erläutere, wie Ton abgebaut wird (**M 1**, Webcode).

3 Erstelle eine Pinnwand zu den Maßnahmen der Rekultivierung (**M 3**, *Eine Internetrecherche durchführen*).

4 Ton ist vielseitig nutzbar. Erläutere, was aus dem Ton des Westerwaldes hergestellt wird (**M 4**).

5 Diskutiert in der Klasse, welche Bedeutung der Ton für den Westerwald hat (**M 1** bis **M 4**).

Hier findest du zusätzliche Informationen und Links:

cornelsen.de/webcodes
Code: xedaza

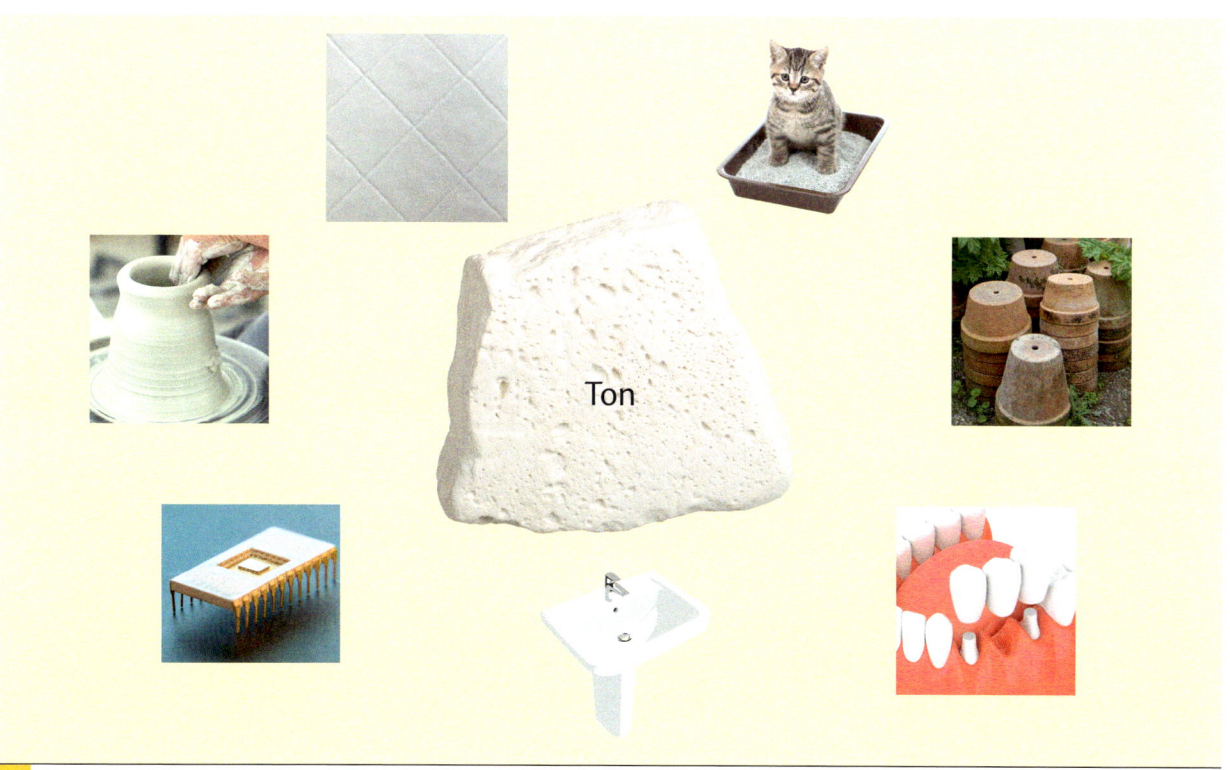

Ton

M 4 *Verwendungsmöglichkeiten für Ton*

Wir erkunden ein Bergwerk

M 1　*Besichtigung stillgelegter Bergwerke*

Das Rheinische Schiefergebirge – reich an Steinen und Mineralien

In den Mittelgebirgen sind bei der Gebirgsbildung Mineralien und Gesteine entstanden, die schon seit Jahrhunderten abgebaut werden. Dazu zählen Schiefer, Basalt, Kalkstein, Sandstein, Bims, Ton und Quarzit. Da die Landwirtschaft hier nur wenig ertragreich war, mussten die Menschen andere Erwerbsquellen finden. So bauten sie schon früh mit einfachsten Methoden Bodenschätze ab. In einigen Gebieten gewinnt man seit langem Schiefer und Ton, im nördlichen Westerwald an der Grenze zu Nordrhein-Westfalen und Hessen fand man Eisenerz.

Anfangs wurden die Bodenschätze nur an der Erdoberfläche geschürft. Wahrscheinlich erst ab dem frühen Mittelalter gruben die Bergleute waagerechte Gänge (Stollen), um an die tieferliegenden Gesteine und Mineralien heranzukommen. Vom Tal aus wurden Stollen in den Berg geschlagen. Dadurch konnte das Wasser abfließen. Die Erfindung der Dampfmaschine ermöglichte es ab dem 19. Jahrhundert, auch in größere Tiefen vorzustoßen, sodass man vom Stollenbetrieb zum Tiefbau übergehen konnte.

Heute ist der Bergbau in den Mittelgebirgen in der Regel nicht mehr rentabel, sodass die meisten Bergwerke stillgelegt sind.

Planung und Vorbereitung der Erkundung

Informiert euch im Internet oder im Fremdenverkehrsamt eures Schulortes, ob es in der Nähe ein oder mehrere Besucherbergwerke gibt, und beschließt dann, welches ihr besuchen wollt.

Vorbereitung:

1. Bildet Gruppen und teilt unter den Gruppen die Themen auf, auf die bei der Erkundung jeweils genau geachtet werden soll, z. B.
   - Was wurde abgebaut und wofür wurde es verwendet?
   - Wie lange war das Bergwerk in Betrieb?
   - Sind die Vorkommen aufgebraucht oder könnte man weiter fördern?
   - Wie waren die Arbeitsbedingungen der Bergleute?
   - Wo kamen sie her und benötigten sie eine Ausbildung?
   - Wurden die Gesteine/Mineralien in der Nähe des Bergwerks verarbeitet?
2. Erstellt eine Liste der Materialien, die ihr für die Erkundung des Bergwerks benötigt, zum Beispiel:
   - warme, wasserabweisende Kleidung,
   - feste Schuhe,
   - eine Taschenlampe,
   - einen Fotoapparat,
   - Block und Stift für Notizen.
3. Legt einen Termin für eure Erkundung fest und meldet euch beim Bergwerk an. Die meisten Bergwerke können aus Sicherheitsgründen nur im Rahmen einer Führung erkundet werden.

Durchführung der Erkundung

Vor Beginn der Führung werdet ihr erklärt bekommen, wie ihr euch im Bergwerk zu verhalten habt, damit nichts passiert. Da sich aus den Felsen auch immer Steine lösen und in engen Durchgängen scharfe Felskanten vorstehen können, ist das Tragen eines Helms in der Regel Pflicht. Während der Führung könnt ihr Fotos und Notizen zu eurem Thema machen. Der Führer wird euch sicher auch gerne Fragen beantworten.

M 2　*Stolleneingang eines ehemaligen Bergwerks*

M 3　*Schutzhelme zur Bergwerksbesichtigung*

Schmittenstollen	Das Besucherbergwerk liegt im Lemberg bei Bad Münster am Stein im Nahetal. Hier wurde bis 1942 Quecksilber abgebaut.	
Kupferbergwerk Fischbach	Im Nahetal bei Fischbach befand sich früher eines der größten und bedeutendsten Kupferbergwerke im westlichen Deutschland. Das Bergwerk war bis 1792 in Betrieb.	
Edelsteinmine Steinkaulenberg	Im Steinkaulenberg in Idar-Oberstein wurden bis 1875 in Stollen Edelsteine wie Achate, Bergkristalle, Rauchquarze und Amethyste abgebaut.	
Lavakeller	Unter der Stadt Mendig in der Eifel wurde in Stollen und Schächten seit dem späten Mittelalter schwarzer Basalt abgebaut, der durch einen Lavastrom der letzten Vulkanausbrüche entstanden war. Im Laufe der Jahrzehnte entwickelte sich das größte Basaltlava-Bergwerk der Welt.	

M 4 *Beispiele für Besucherbergwerke in Rheinland-Pfalz*

Präsentation der Ergebnisse

Erstellt in eurer Gruppe mit den Fotos und den Informationen der Erkundung ein Plakat. Ihr könnt mithilfe der Plakate eure Ergebnisse der Klasse präsentieren und eine Ausstellung in der Schule für eure Familien machen. Auch Steine und Mineralien, die ihr eventuell von eurer Erkundung mitgebracht habt, könnt ihr präsentieren.

Ihr könnt

- eine Karte mit allen Besucherbergwerken in Deutschland oder Rheinland-Pfalz gestalten,
- einen Besucherführer erstellen zu dem Bergwerk, das ihr erkundet habt,
- Steine und Mineralien im Umkreis des erkundeten Bergwerks sammeln, beschriften und ausstellen.

Verdichtungsräume entstehen

M 1 *Neubaugebiet im Umland von Mainz*

Verdichtungsräume sind durch folgende Merkmale gekennzeichnet:
- In ihnen leben mehr als 150 000 Menschen auf mehr als 100 Quadratkilometern.
- Es leben mehr als 1000 Menschen auf einem Quadratkilometer.
- Hier gibt es eine hohe Zahl an Arbeitsplätzen.

Ein Verdichtungsraum muss nicht mit Stadtgrenzen oder Grenzen eines Bundeslandes übereinstimmen.

M 3 *Merkmale eines Verdichtungsraums*

check-it
- Wandel von Dörfern im stadtnahen Raum erläutern
- Begriff Verdichtungsraum erklären
- Verdichtungsräume verorten
- Veränderungen im stadtnahen ländlichen Raum beurteilen

Dörfer verändern sich

Früher arbeiteten in einem **Dorf** die meisten Bewohner in der Landwirtschaft. Daneben gab es noch einige Handwerksbetriebe, kleine Läden und ein Gasthaus.

Heute arbeiten in den stadtnahen Dörfern nur noch wenige Menschen in der Landwirtschaft. Auch die meisten Handwerksbetriebe sind aus den Dörfern verschwunden. In vielen Dörfern gibt es noch eine Metzgerei und einen Bäckerladen. Vor allem in den Dörfern im Umland der größeren Städte haben sich am Dorfrand Supermärkte oder Einkaufsmärkte angesiedelt oder die Dorfbewohner kaufen ihre Lebensmittel in der Stadt.

Das Aussehen der Dörfer im Umland der größeren Städte hat sich in den letzten Jahrzehnten wegen der Suburbanisierung stark verändert. Viele Menschen, vor allem Familien mit Kindern, ziehen es vor, auf dem Land zu wohnen, obwohl sie in der Stadt arbeiten. So sind in den Umlandgemeinden größerer Städte große Neubaugebiete mit Einfamilienhäusern entstanden. Bauernhäuser wurden umgebaut zu Wohnhäusern, aus Scheunen und Ställen wurden kleine Werkstätten, Gasthäuser oder Wohnungen. Entlang der Straßen und Eisenbahnlinien haben sich Gewerbegebiete angesiedelt. So entstehen auch wieder neue Arbeitsplätze in den Dörfern.

Verdichtungsräume entstehen

Verdichtungsräume sind Räume mit besonders hoher **Bevölkerungsdichte**. In ihnen hat sich eine Vielzahl von Unternehmen wie zum Beispiel Banken und Versicherungen oder Industriebetriebe angesiedelt, die eine große Zahl an Arbeitsplätzen zur Verfügung stellen. Verdichtungsräume bestehen aus

Verdichtungsraum	Fläche in km²	Einwohner
Rhein-Ruhr	8 984,48	11 108 117
Berlin	2 794,03	4 544 525
Rhein-Main	2 554,57	3 146 343
Stuttgart	2 972,65	3 016 208
München	2 000,16	2 374 272
Hamburg	1 382,57	2 342 356
Rhein-Neckar	1 338,52	1 410 711
Nürnberg/Fürth/Erlangen	1 563,44	1 228 597
Halle/Leipzig	1 248,39	1 038 996
Bielefeld	1 158,34	929 005
Chemnitz/Zwickau	2 039,56	873 745
Hannover	573,47	796 298
Dresden	645,13	790 534
Saar	1 308,32	758 249

Quelle: Statistisches Bundesamt 2020

M 2 *Fläche und Einwohner ausgewählter Verdichtungsräume*

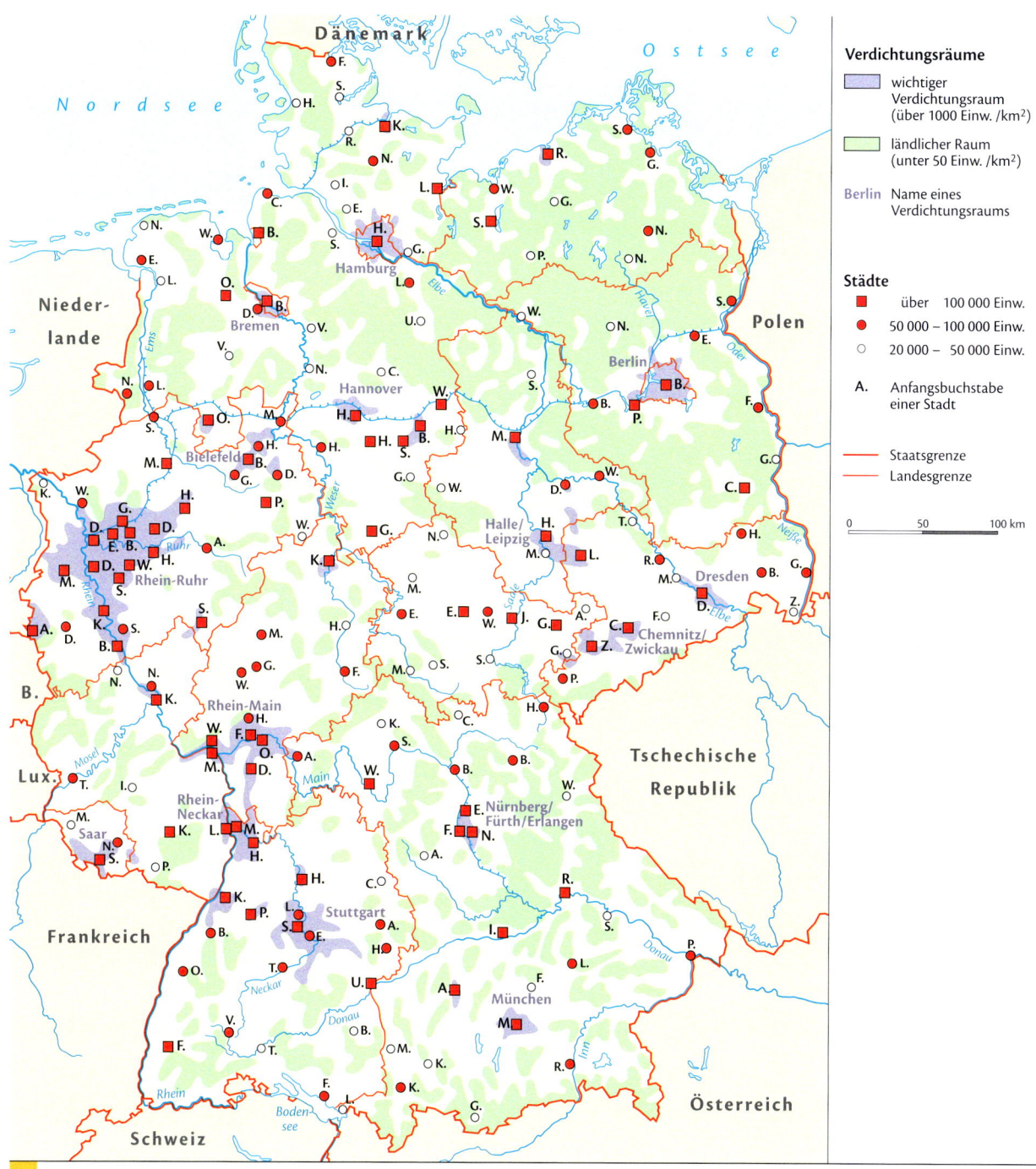

M 4 *Verdichtungsräume in Deutschland*

Legende:

Verdichtungsräume
- wichtiger Verdichtungsraum (über 1000 Einw./km²)
- ländlicher Raum (unter 50 Einw./km²)
- Berlin Name eines Verdichtungsraums

Städte
- über 100 000 Einw.
- 50 000 – 100 000 Einw.
- 20 000 – 50 000 Einw.
- A. Anfangsbuchstabe einer Stadt
- Staatsgrenze
- Landesgrenze

0   50   100 km

---

einer oder mehreren großen Städten und ihrem Umland. Sie üben eine starke Anziehungskraft aus, da sie über gute Bildungseinrichtungen, Krankenhäuser und Ärzte, Geschäfte und kulturelle Angebote sowie eine gute Verkehrsanbindung verfügen. So hält der Zuzug in die Verdichtungsräume weiter an. Immer mehr Wohnsiedlungen, Gewerbegebiete und Verkehrswege entstehen. So gehen zurzeit in Deutschland täglich rund 66 Hektar Landwirtschafts- und Erholungsfläche durch Be-

bauung verloren. Das entspricht etwa einer Fläche von 90 Fußballfeldern. Die Bundesregierung hat sich zum Ziel gesetzt, bis zum Jahr 2030 die Neuinanspruchnahme von Flächen für Siedlungen und Verkehr auf unter 30 Hektar pro Tag zu verringern.

1 Erläutere die Veränderungen im stadtnahen ländlichen Raum (**M 1**).

2 Erkläre, was man unter einem Verdichtungsraum versteht (**M 3**).

3 Benenne die Verdichtungsräume in Rheinland-Pfalz und beschreibe ihre Lage (**M 4**).

4 Vergleiche die Verdichtungsräume hinsichtlich ihrer Größe und Einwohnerzahl (**M 2**).

5 Bildet Gruppen und diskutiert die Vor- und Nachteile der Veränderungen im Umland aus der Sicht eines Landwirts, einer Bewohnerin der Neubausiedlung, eines Naturschützers und eines Dorfpolitikers.

BASF Ludwigshafen

M 1 *Firmengelände der BASF in Ludwigshafen*

check-it
- geographische Lage der BASF beschreiben
- Gründe für die Standortwahl erläutern
- Produkte der BASF und Geschäftsbereiche benennen
- Bilder und Diagramme auswerten
- Bedeutung der BASF für Ludwigshafen beurteilen

Die BASF – ein Weltkonzern

Die BASF (Badische Anilin- und Sodafabrik) wurde 1865 gegründet. In den ersten Jahren verarbeitete die BASF den Teer aus der Steinkohleproduktion zu Farbstoff. Heute werden neben den Farbstoffen auch Kunststoffe, Chemikalien und Pflanzenschutzmittel hergestellt. Die BASF ist das weltweit größte Unternehmen für chemische Produkte.

Die BASF hat in Deutschland rund 20 Standorte und beschäftigt etwa 50 000 Mitarbeiter. Allein in Ludwigshafen sind es fast 40 000 Beschäftigte. Damit ist BASF einer der wichtigsten Arbeitgeber in der Region. Dort

Geschäfts-bereich	Produkte	Umsatzan-teil 2019
Chemikalien	Grund- und Ausgangsstoffe für die anderen Bereiche und die chemische Industrie	17 %
Materialien	Kunststoffe	20 %
Lösungen für die Industrie	Inhalts- und Zusatzstoffe für Farben, Lacke, Harze, Kraftstoffe, Schmiermittel, Baustoffe, Papier, Druckfarben, Verpackungsmittel und Klebstoffe	15 %
Oberflächen-technologie	Lacke und Oberflächenbehandlung, Katalysatoren für Autos und Batteriematerialien	23 %
Ernährung und Pflege	Inhalts- u. Zusatzstoffe für Lebens-, Futter-mittel u. Medikamente, Reinigungs- u. Körperpflegemittel, Duft- u. Geschmacksstoffe	11 %
Landwirtschaft	Pflanzenschutz, Düngemittel, Saatgut	14 %

M 2 *Geschäftsbereiche der BASF*

Unglaublich, wo BASF überall drinsteckt. Zahnpasta, Kaugummi oder kühlende Cremes bei Sportverletzungen – sie alle schmecken oder riechen nach dem beliebtesten Aroma weltweit, das chemisch hergestellt wird: Menthol.

Vitamine: Wir alle nehmen sie nahezu täglich zu uns, denn sie werden beispielsweise in Nahrungsergänzungsmitteln, Medikamenten, Lebensmitteln und Getränken verwendet.

Ein Schuh, der leicht und rutschfest ist und sich sowohl für einen Marathonlauf als auch für einen Spaziergang eignet – in vielen Sicherheits-, Lauf- und Freizeitschuhen stecken moderne Kunststoffe.

M 3 *Produkte der BASF im Alltag*

arbeiten Elektro- und Metalltechniker, Chemikanten, Laboranten, Informatiker oder Industriekaufleute. Neben der Ausbildung bietet das Unternehmen auch Studienprogramme an, in denen man sich zum Betriebswirt, Maschinenbauer oder Chemietechnologen ausbilden lassen kann.

Lage am Rhein

Das Unternehmen liegt in Ludwigshafen direkt am Rhein. Dort fanden die Unternehmer gute **Standortbedingungen**. Über den Fluss werden die Produkte über drei Häfen und große Pipelines angeliefert und wieder abtransportiert. Probleme bereiten jedoch in heißen und trockenen Sommern langanhaltende Niedrigwasserereignisse. Deshalb beteiligt sich BASF an verschiedenen Maßnahmen zum Schutz vor Niedrigwasser. So beteiligt sich die BASF am Aufbau eines Frühwarnsystems für Niedrigwasser. Es wurden niedrigwassergeeignete Schiffe gechartert sowie die Ladestellen flexibel gestaltet. Die BASF entwickelt darüber hinaus gemeinsam mit Partnern einen eigenen Schiffstyp.

Der Rhein ist aber nicht nur Transportweg. Das Wasser des Rheins dient außerdem zur Kühlung der Produktionsanlagen. Dazu wird das Flusswasser entnommen und anschließend in den Fluss zurückgegeben. Um den Wasserbedarf zu reduzieren, kann Wasser dank der Nutzung von Rückkühlwerken mehrfach zur Kühlung eingesetzt werden.

Schutz der Umwelt

Die BASF ist bestrebt, den Ausstoß von klimaschädlichen Stoffen zu reduzieren. Die Produktion der Chemikalien benötigt viel Energie. Hierbei setzt das Unternehmen auf Strom aus erneuerbaren Energien. In vielen Produktionen entstehen Schadstoffe als Nebenerzeugnisse. Mit Filteranlagen, die in die Schornsteine und Abflussrohre eingebaut werden, soll das Eindringen der Schadstoffe in die Luft und das Wasser verhindert werden. Ein weiteres Verfahren, das von BASF genutzt wird, ist die Kraft-Wärme-Kopplung. Dabei werden die Energie der Gase und die Wärme, die durch Verbrennung entsteht,

Werksfläche	Gesamtzahl Gebäude	Anlagen	Produktionsbetriebe
~10 km²	~2 000	~200	~125

Rohrleitungen	Straßen	Bahnstrecken	Absatz (pro Jahr)
~2 850 km	~106 km	~230 km	~8,1 Mio. t

Binnenschiffe (täglich)	Lastkraftwagen (täglich)	Eisenbahnwaggons (täglich)	AGV* Transporte (täglich)
~15	~1 900	~400	~30
Anteil am Gesamt-Transportvolumen	Anteil am Gesamt-Transportvolumen	Anteil am Gesamt-Transportvolumen	
40 %	35 %	25 %	

*Automated Guided Vehicles

M 4 *Produktion und Transport am Standort Ludwigshafen*

M 5 *Kläranlage der BASF*

wieder in der Produktion eingesetzt. Um den Ausstoß noch weiter einzudämmen, sollen auch beim Einkauf und bei der Anlieferung der Rohstoffe nachhaltigere Möglichkeiten gesucht werden. Das Abwasser der Produktionsstätten wird in der betriebseigenen Kläranlage gereinigt.

Zukunftsbranche Biotechnologie

Neben der Forschung für mehr Klima- und Umweltschutz wird in Zukunft auch die Biotechnologie ein wichtiges Aufgabenfeld der BASF sein. Vor allem die Entwicklung neuer künstlicher Geschmacks- und Aromastoffe, die möglichst natürlich riechen und schmecken, soll vorangetrieben werden.

1 Beschreibe die geographische Lage der BASF (**M 1**, Karte S. 205).

2 Erläutere, warum der Standort Ludwigshafen ausgewählt wurde (**M 1**, **M 4**, **M 5**, Karte S. 205).

3 Liste die Geschäftsbereiche der BASF auf und nenne jeweils zwei Beispiele für Produkte, die dort hergestellt werden (**M 2**, **M 3**).

4 Erläutere, wie sich die BASF um den Schutz der Umwelt bemüht (**M 4**, **M 5**).

5 Beurteile, welche Bedeutung die BASF für die Region Ludwigshafen hat (**M 1**, **M 4**).

Hier findest du zusätzliche Informationen und Links:

 cornelsen.de/webcodes
Code: kerire

Hightech aus München

M 1 *Herstellung von Computerchips*

sehr wichtig, sodass die Firmen in der Regel sehr erfolgreich sind und schnell wachsen.

Bei den Hightechindustrien spielen Forschung und Entwicklung eine große Rolle. Die Produktionsstätten sehen oft aus wie Labors. Da die verwendeten Materialien sehr empfindlich sind, müssen die Fabrikhallen total staub- und schmutzfrei sein. Viele Produktionsschritte werden von Robotern, die durch Computer gesteuert werden, ausgeführt. Sehr gut ausgebildete Arbeitskräfte kontrollieren nur noch die Produktion.

Hightechindustrien sind in der Regel sehr umweltfreundlich, da sie kaum Abgase erzeugen. Sie können sich deshalb auch in Städten ansiedeln.

Zusammenarbeit mit Forschungseinrichtungen

Hightechunternehmen müssen ständig forschen und Neues entwickeln, damit sie auf dem neuesten Stand der Technik bleiben. Sie arbeiten deshalb eng mit Universitäten und Forschungsinsti-

check-it
- geographische Lage Münchens beschreiben
- Merkmale der Hightechindustrien nennen
- Gründe für die Ansiedlung der Hightechindustrie in München benennen
- thematische Karte lesen
- eine Internetrecherche durchführen

Industrie der Zukunft

„Hightech" bedeutet so viel wie „Hochtechnologie". **Hightechindustrien** beschäftigen sich mit den neuesten Techniken. Sie sind deshalb für die Zukunft

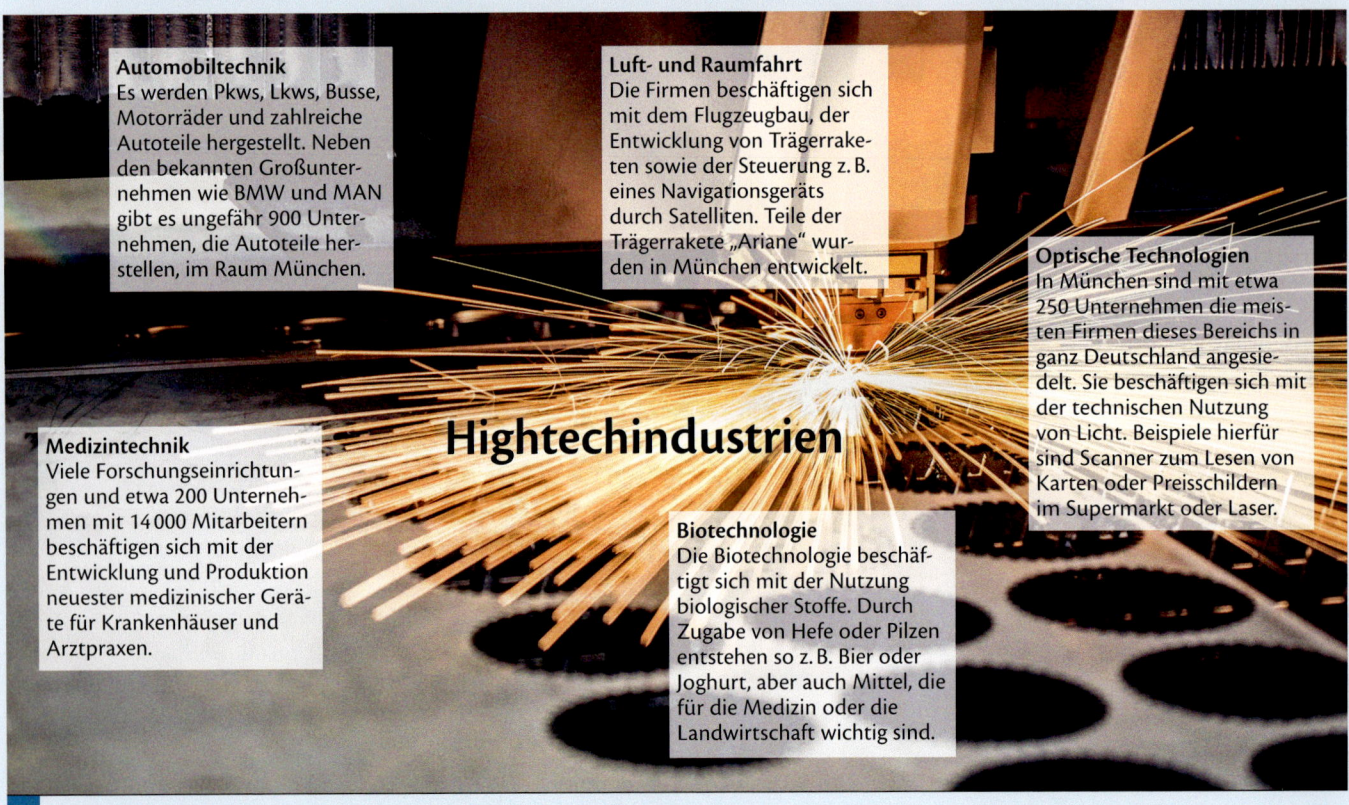

Automobiltechnik
Es werden Pkws, Lkws, Busse, Motorräder und zahlreiche Autoteile hergestellt. Neben den bekannten Großunternehmen wie BMW und MAN gibt es ungefähr 900 Unternehmen, die Autoteile herstellen, im Raum München.

Luft- und Raumfahrt
Die Firmen beschäftigen sich mit dem Flugzeugbau, der Entwicklung von Trägerraketen sowie der Steuerung z. B. eines Navigationsgeräts durch Satelliten. Teile der Trägerrakete „Ariane" wurden in München entwickelt.

Optische Technologien
In München sind mit etwa 250 Unternehmen die meisten Firmen dieses Bereichs in ganz Deutschland angesiedelt. Sie beschäftigen sich mit der technischen Nutzung von Licht. Beispiele hierfür sind Scanner zum Lesen von Karten oder Preisschildern im Supermarkt oder Laser.

Medizintechnik
Viele Forschungseinrichtungen und etwa 200 Unternehmen mit 14 000 Mitarbeitern beschäftigen sich mit der Entwicklung und Produktion neuester medizinischer Geräte für Krankenhäuser und Arztpraxen.

Hightechindustrien

Biotechnologie
Die Biotechnologie beschäftigt sich mit der Nutzung biologischer Stoffe. Durch Zugabe von Hefe oder Pilzen entstehen so z. B. Bier oder Joghurt, aber auch Mittel, die für die Medizin oder die Landwirtschaft wichtig sind.

M 2 *Hightechindustrien im Großraum München*

	München	Umland
1950	831 937	572 046
1970	1 293 590	800 432
1980	1 298 941	929 355
1990	1 277 576	1 089 782
2000	1 247 934	1 038 500
2010	1 353 186	1 333 594
2020	1 560 909	1 444 466

Quelle: Landeshauptstadt München und Bayerisches Landesamt für Statistik

M 3 *Einwohner Münchens und des Umlandes 1950–2020*

Städte-Ranking

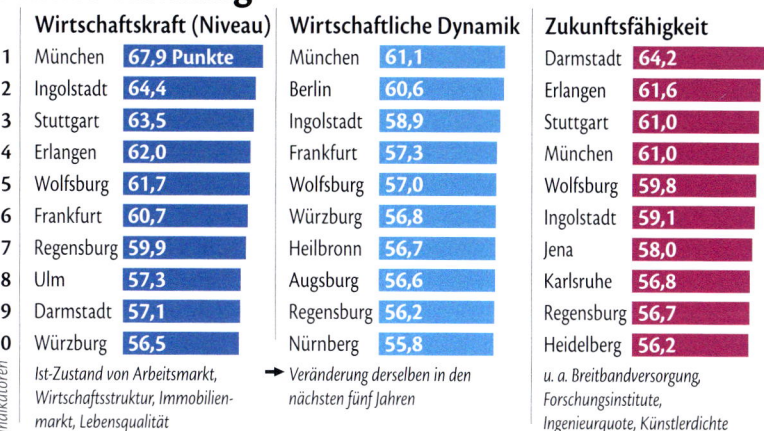

	Wirtschaftskraft (Niveau)	Wirtschaftliche Dynamik	Zukunftsfähigkeit		
1	München	67,9 Punkte	München	61,1	Darmstadt	64,2
2	Ingolstadt	64,4	Berlin	60,6	Erlangen	61,6
3	Stuttgart	63,5	Ingolstadt	58,9	Stuttgart	61,0
4	Erlangen	62,0	Frankfurt	57,3	München	61,0
5	Wolfsburg	61,7	Wolfsburg	57,0	Wolfsburg	59,8
6	Frankfurt	60,7	Würzburg	56,8	Ingolstadt	59,1
7	Regensburg	59,9	Heilbronn	56,7	Jena	58,0
8	Ulm	57,3	Augsburg	56,6	Karlsruhe	56,8
9	Darmstadt	57,1	Regensburg	56,2	Regensburg	56,7
10	Würzburg	56,5	Nürnberg	55,8	Heidelberg	56,2

Indikatoren: *Ist-Zustand von Arbeitsmarkt, Wirtschaftsstruktur, Immobilienmarkt, Lebensqualität* → *Veränderung derselben in den nächsten fünf Jahren* *u. a. Breitbandversorgung, Forschungsinstitute, Ingenieurquote, Künstlerdichte*

dpa•29345 Untersuchung der 71 größten kreisfreien Städte Quelle: Wirtschaftswoche, IW Consulting

M 4 *Städte-Ranking*

tuten zusammen. Im Raum München gibt es zwei Universitäten, viele Hochschulen und Forschungseinrichtungen. Jedes Jahr werden deshalb viele **Patente** entwickelt und beim Europäischen und Deutschen Patentamt in München angemeldet. ▮

1 Nenne Merkmale von Hightechindustrien (**M 1, M 2, M 4**).

2 Beschreibe die Verbreitung von Hightechbetrieben im Großraum München und erläutere die Auswirkungen auf die Bevölkerungsentwicklung (**M 3, M 5**).

3 Beschreibe die Lage Münchens und erläutere, warum die Stadt bei Hightechbetrieben und ihren Mitarbeitern so beliebt ist (**M 5**, Karten S. 31 und S. 206, Atlas).

4 Erläutere, warum die Hightechindustrie auch als „weiße Industrie" bezeichnet wird (**M 1**).

5 Bildet Gruppen und wählt eine Hightechindustrie aus. Gestaltet dazu eine Pinnwand (**M 2**).

Hier findest du zusätzliche Informationen und Links:

📄▶ cornelsen.de/webcodes
➕🔊 Code: hamuyu

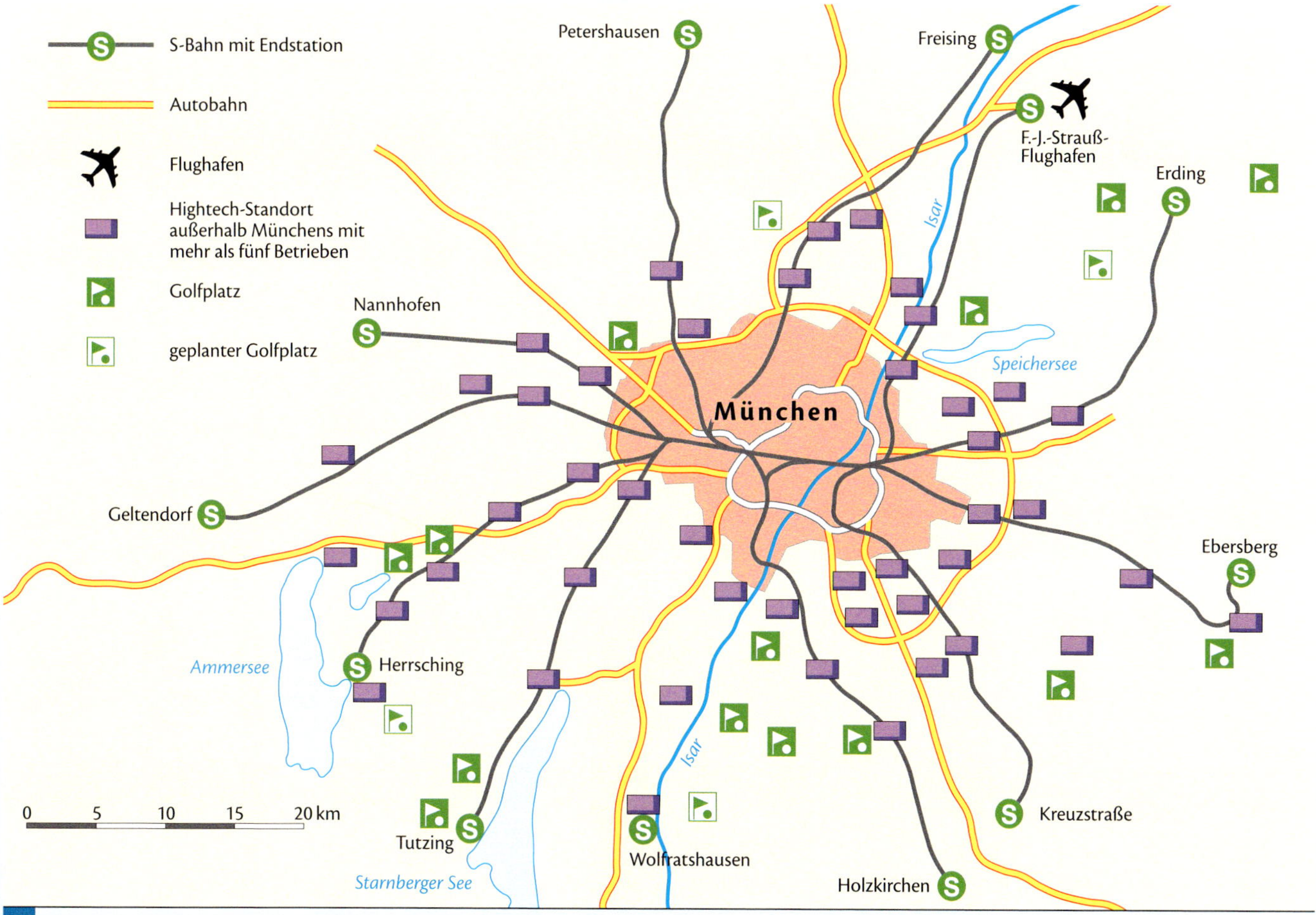

Legende:
- Ⓢ — S-Bahn mit Endstation
- — Autobahn
- ✈ Flughafen
- ▮ Hightech-Standort außerhalb Münchens mit mehr als fünf Betrieben
- Golfplatz
- geplanter Golfplatz

Kartenbeschriftungen: Petershausen, Freising, F.-J.-Strauß-Flughafen, Erding, Isar, Speichersee, Nannhofen, **München**, Ebersberg, Geltendorf, Ammersee, Herrsching, Kreuzstraße, Tutzing, Wolfratshausen, Holzkirchen, Starnberger See, Isar

0 5 10 15 20 km

M 5 *Hightechunternehmen im Großraum München*

Frankfurt/Main – ein vielseitiger Dienstleistungsstandort

check-it
- geographische Lage von Frankfurt beschreiben
- Frankfurt als Dienstleistungszentrum charakterisieren
- Cluster zeichnen

Dienstleistungsunternehmen konzentrieren sich in großen Städten. Deshalb gibt es dort eine wachsende Zahl von Arbeitsplätzen im Dienstleistungsgewerbe. So arbeiten in Frankfurt am Main über 80 Prozent der Beschäftigten im Dienstleistungsbereich, während es in Deutschland durchschnittlich nur rund 74 Prozent der Beschäftigten sind. Auch Wiesbaden und Mainz weisen eine hohe Anzahl von Dienstleistungsunternehmen mit entsprechenden Arbeitsplätzen auf. Das Rhein-Main-Gebiet hat sich zu einem der wichtigsten Dienstleistungszentren in Deutschland entwickelt.

Die Stadt Frankfurt am Main kann auf eine lange Tradition im europäischen Waren- und Zahlungsverkehr zurückblicken. An der Kreuzung wichtiger Handelswege von West nach Ost und an einer Furt durch den Main gelegen, wurde Frankfurt bereits zu Beginn des 13. Jahrhunderts als Handelssiedlung gegründet. Schon ab dem 16. Jahrhundert gab es dort erste Einrichtungen des Finanzwesens – wie private Bankhäuser und eine Börse. Seit der Mitte des 20. Jahrhunderts erlebt Frankfurt am Main einen wahren Boom bei der Entwicklung als Dienstleistungszentrum. Großbanken, Handels- und Versicherungsgesellschaften, internationale Reiseunternehmen sowie viele andere Dienstleistungsbereiche haben ihren Sitz in Frankfurt am Main. Außerdem ist die Stadt ein bedeutender internationaler **Verkehrsknotenpunkt.**

Zu den bedeutendsten Finanzplätzen weltweit gehören Tokio, London, New York und Frankfurt am Main. Deshalb ist Frankfurt Sitz der Deutschen Börse, aber auch vieler großer in- und ausländischer Banken: Europäische Zentralbank (EZB), Deutsche Bundesbank, Landesbank Hessen-Thüringen, Asian Development Bank und viele mehr. Insgesamt sind über 200 Banken in Frankfurt am Main ansässig, davon etwa 190 ausländische Banken. Auch viele internationale Versicherungsgesellschaften haben in Frankfurt am Main ihren Firmensitz oder eine Vertretung. Im Bereich der Finanz- und Versicherungsdienstleistungen sind mehr als 60 000 Menschen beschäftigt.

M 1 *Internationales Finanz- und Versicherungszentrum*

Aufgrund seiner zentralen Lage in Deutschland und Europa kreuzen sich im Gebiet Frankfurt/Rhein-Main verschiedene Verkehrswege. Wie kaum in einer anderen Region Europas sind der internationale Luft-, Schienen- und Straßenverkehr sowie die Binnenschifffahrt in diesem Gebiet vernetzt. Große Unternehmen des Verkehrs (z. B. Speditionen) haben deshalb dort ihre Firmensitze. Sie bieten vielfältige Dienstleistungen für den Transport von Gütern und Personen an. Der Frankfurter Hauptbahnhof ist der größte Personenbahnhof Europas mit täglich bis zu 350 000 Fahrgästen. Das Frankfurter Kreuz gehört zu den meist befahrenen Autobahnkreuzen Europas, das täglich durchschnittlich 330 000 Fahrzeuge passieren.

M 2 *Verkehrsknotenpunkt*

In einem Einkaufszentrum sind verschiedene Geschäfte des Einzelhandels, Gastronomie und Freizeiteinrichtungen wie Fitnesscenter in unmittelbarer Nachbarschaft unter einem Dach zu finden. Einkaufszentren bieten deshalb viele Möglichkeiten für den Konsum und unterschiedliche Jobs im Dienstleistungssektor. Die Beliebtheit von Einkaufszentren bei den Kunden ist groß, denn sie bieten meist viele Möglichkeiten zum Shoppen unabhängig vom Wetter, Restaurants und Cafés oder einfach nur Bänke zum Verweilen. Allein in Frankfurt am Main gibt es fünf große Einkaufszentren, im gesamten Rhein-Main-Gebiet sind es mehr als 100.

M 3 *Einkaufszentrum*

Die Stadt Frankfurt am Main verfügt über eine Vielzahl an national und international anerkannten Forschungs- und Bildungseinrichtungen. Hierzu gehören die Johann-Wolfgang-Goethe-Universität, weitere Hoch- und Fachschulen sowie zahlreiche Forschungsinstitute. Die Frankfurter Universität besteht erst seit 1914 und ist damit eine der jüngeren deutschen Universitäten. Seitdem hat sie sich zu einer der größten Universitäten in Deutschland entwickelt, an der rund 45 000 Studierende eingeschrieben sind. Von großer Bedeutung ist die enge Zusammenarbeit zwischen Forschungseinrichtungen und Wirtschaftsunternehmen. Diese Kooperation stellt sicher, dass Forschungsaufträge aus der Praxis erwachsen und Forschungsergebnisse zügig in die Praxis überführt werden.

M 4 *Bildungs- und Forschungsstandort*

Die Alte Oper Frankfurt, viele Theater und Musikveranstaltungen, aber auch zahlreiche Museen prägen den Ruf der Kulturstadt Frankfurt. Am Ufer des Mains sind Museen wie Perlen auf einer Kette aufgereiht: das Deutsche Architekturmuseum, das Deutsche Filmmuseum, das Museum für Kommunikation und andere mehr. Die Bedeutung als Kulturstandort zeigt sich auch darin, dass etwa 160 Verlage für Bücher, Zeitungen und Zeitschriften in Frankfurt am Main angesiedelt sind. Darunter sind große Namen wie die Frankfurter Allgemeine Zeitung oder die Frankfurter Rundschau.

Auch andere Medienbereiche – wie Film- und Videoproduzenten, Nachrichten- und Presseagenturen, Entwickler und Verlage für elektronische Medien – arbeiten in Frankfurt am Main.

M 5 *Kulturstandort*

1 Beschreibe die geographische Lage von Frankfurt am Main (Karten S. 204, S. 206, Atlas).

2 Charakterisiere Frankfurt am Main als Dienstleistungszentrum und erstelle ein Cluster, das einen Überblick über die wichtigsten Dienstleistungsbereiche gibt (**M 1** bis **M 5**, 🔍).

3 Recherchiere im Internet und erarbeite einen Kurzvortrag zum Thema: Frankfurt am Main als Kultur- oder Bildungsstandort (🔍 *Eine Internetrecherche durchführen, Einen Kurzvortrag, ein Kurzreferat halten*).

Geo-Check: Wirtschaftsräume untersuchen

Sich orientieren

1 Zeichne das Gitternetz in dein Heft und trage die gesuchten Begriffe ein. Das Lösungswort in den markierten Feldern, von oben nach unten gelesen, ergibt den Begriff für einen Raum, in dem sich z. B. Bevölkerung und Arbeitsplätze ballen (**M 1**).

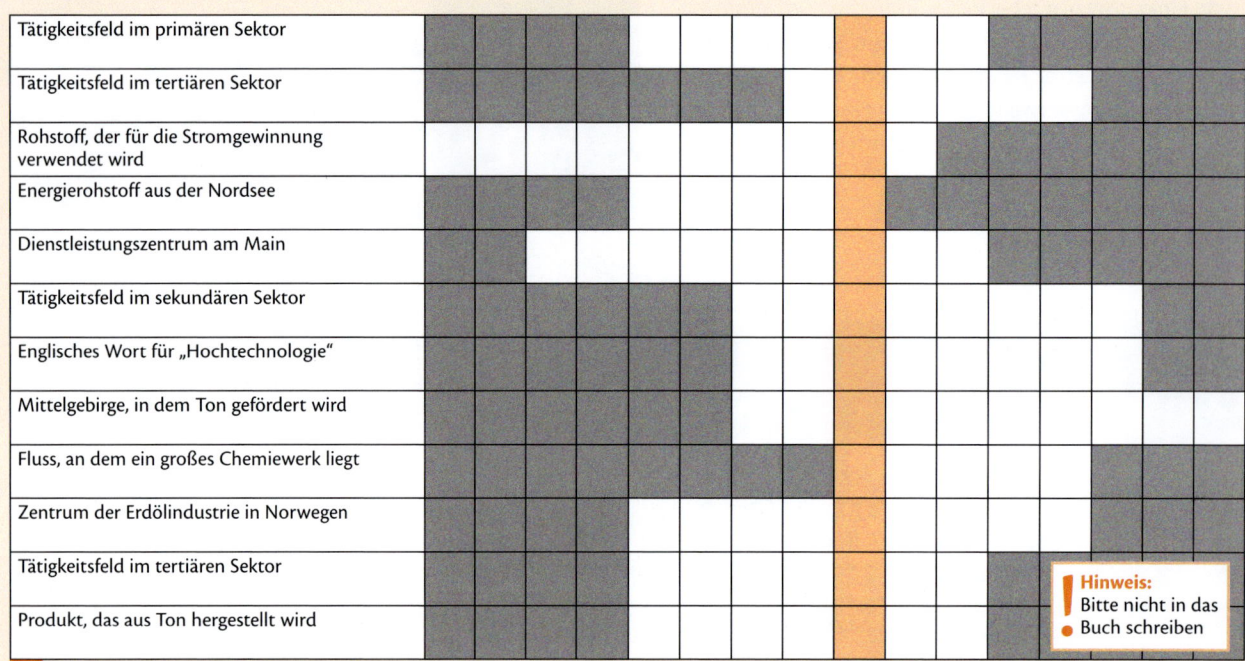

Tätigkeitsfeld im primären Sektor													
Tätigkeitsfeld im tertiären Sektor													
Rohstoff, der für die Stromgewinnung verwendet wird													
Energierohstoff aus der Nordsee													
Dienstleistungszentrum am Main													
Tätigkeitsfeld im sekundären Sektor													
Englisches Wort für „Hochtechnologie"													
Mittelgebirge, in dem Ton gefördert wird													
Fluss, an dem ein großes Chemiewerk liegt													
Zentrum der Erdölindustrie in Norwegen													
Tätigkeitsfeld im tertiären Sektor													
Produkt, das aus Ton hergestellt wird													

! Hinweis: Bitte nicht in das Buch schreiben

M 1 *Rätsel (Umlaute = 1 Buchstabe)*

Hier findest du das Rätselschema zum Downloaden:

cornelsen.de/webcodes
Code: xihuwa

Wissen und verstehen

2 Ordne jedem dieser Begriffe mindestens zwei Merkmale zu (**M 2**).

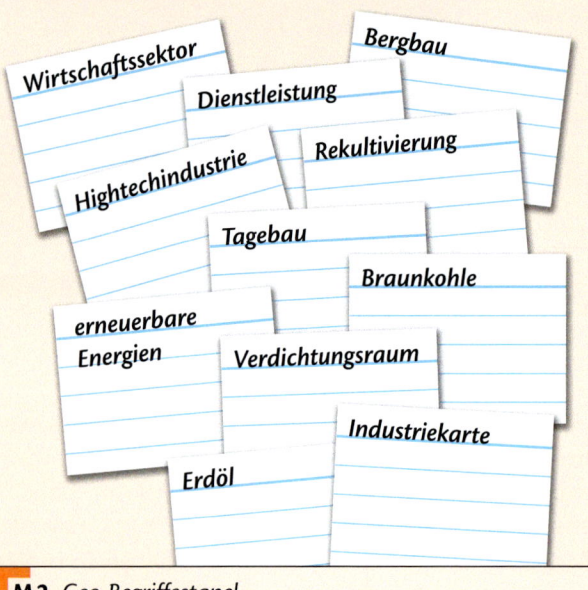

Wirtschaftssektor · Bergbau · Dienstleistung · Hightechindustrie · Rekultivierung · Tagebau · Braunkohle · erneuerbare Energien · Verdichtungsraum · Industriekarte · Erdöl

M 2 *Geo-Begriffestapel*

3 Sortiere die Aussagen in richtige und falsche. Verbessere die falschen Aussagen und schreibe sie richtig auf.

Richtig oder falsch?

- Die Hightechindustrie beschäftigt sich mit den neuesten Technologien aus der Automobilbranche, Medizintechnik und Luft- und Raumfahrt.
- In Verdichtungsräumen gehen die Bevölkerungszahlen zurück.
- Viele internationale Erdölfirmen haben ihren Sitz in Stavanger.
- Produkte aus Ton verwendet man im Haushalt und in der Medizin.
- Braunkohle und Ton werden im Tagebau gefördert.
- Braunkohle ist ein erneuerbarer Energierohstoff.
- Wenn der Ton abgebaut ist, bleibt die Grube zurück.
- Der Rhein ist nur Transportweg für die BASF.
- Die Stadt Frankfurt am Main ist ein Zentrum der verarbeitenden Industrie.
- Noch heute werden in den Mittelgebirgen viele Bergwerke betrieben.

Können und anwenden

4 Erläutere, was auf einer Industriekarte darstellt ist (Karte S. 205).

5 Wiederhole die Schrittfolge, die du beim Lesen einer Industriekarte beachten musst (S. 164).

Sich verständigen, beurteilen und handeln

7 Sowohl die Energiegewinnung aus Braunkohle als auch der Braunkohletagebau sind aus Umweltschutzgründen sehr umstritten. Begründe diese Aussage (**M 3**).

6 Wähle ein Industriegebiet aus, zum Beispiel Koblenz/Neuwied, Mainz, Ludwigshafen oder Trier. Stelle die Informationen aus der Karte zu dem gewählten Industriegebiet in einem zusammenhängenden Text zusammen (Karte S. 205).

M 3 *Braunkohletagebau und Braunkohlekraftwerk im Rheinischen Revier*

8 Aber auch manche Arten der Stromgewinnung durch erneuerbare Energien werden kritisiert. Informiere dich über Vor- und Nachteile der erneuerbaren Energieformen und liste diese in einer Tabelle auf (**M 4**).

M 4 *Windräder im Hunsrück*

9 Erstelle einen Beobachtungsbogen, auf dem du einträgst, wofür du in einer Woche Strom verbrauchst (**M 5**).

10 Markiere auf deiner Liste Möglichkeiten, wo du Strom sparen könntest, und versuche dies in der nächsten Woche umzusetzen.

Wochentag	Geräte	Dauer
Montag	Licht	30 Minuten
	Föhn	5 Minuten
	Herd	5 Minuten
	Handy	…
	…	
Dienstag	…	…

M 5 *Muster des Beobachtungsbogens*

Arbeitsaufträge und ihre Bedeutung

Arbeitsaufträge haben einen bestimmten Zweck: Sie helfen dir, die Materialien in deinem Erdkundebuch richtig zu erschließen und zu bearbeiten. Materialien sind zum Beispiel: Bilder, Diagramme, Karten, Profile, Schaubilder, Tabellen, Texte. Dabei werden deine Fähigkeiten und Fertigkeiten, also deine Kompetenzen trainiert.

Wenn du die Arbeitsaufträge bearbeitet hast, kannst du selbst kontrollieren, ob du alles richtig gemacht hast. Am Anfang einer Doppelseite steht im „check-it"-Kasten, was du wissen und können sollst.

Bereich Wissen und Kenntnisse	
Arbeitsauftrag	**Was von dir erwartet wird**
Analysiere	Du untersuchst gezielt Materialien und stellst fest, welche der einzelnen Aussagen von Bedeutung oder richtig sind.
Arbeite heraus	Du entnimmst Informationen aus den Materialien und gibst sie unter bestimmten Gesichtspunkten wieder.
Berichte	Du erkennst Informationen und Aussagen und gibst diese richtig wieder.
Beschreibe	Du gibst in eigenen Worten zusammenhängend, sachlich und möglichst genau wieder, was die Materialien aussagen. Erklärungen sind nicht nötig.
Charakterisiere/kennzeichne	Du benennst und beschreibst typische Merkmale eines Sachverhaltes, die dir auffallen.
Entwickle	Du findest zu einer Problemstellung selbstständig eine Lösung und begründest diese.
Erkläre	Du stellst mit eigenen Worten die Ursachen, Folgen und Gesetzmäßigkeiten von Sachverhalten und Abläufen verständlich und schlüssig dar.
Erläutere	Du beschreibst die Zusammenhänge von Sachverhalten und erklärst diese verständlich anhand von Beispielen.
Fasse zusammen	Du legst die wichtigsten Aussagen eines Sachverhaltes dar.
Gliedere	Du unterscheidest Merkmale oder Aussagen nach vorgegebenen oder selbst gewählten Kriterien.
Nenne/benenne	Du gibst einen Sachverhalt ohne Erklärung wieder.
Ordne ein/zu	Du versuchst Sachverhalte oder Räume in einen Zusammenhang zu stellen.
Stelle dar/lege dar	Du zeigst einen Sachverhalt sprachlich oder grafisch ausführlich auf.
Vergleiche	Du ermittelst Gemeinsamkeiten und Unterschiede, stellst diese gegenüber und formulierst ein Ergebnis.
Verorte/lokalisiere	Du findest auf einer Karte einen Fluss, eine Stadt oder einen Ort und beschreibst seine geographische Lage.
Zeige auf	Du gibst komplexe Informationen und Sachverhalte knapp und eventuell vereinfacht wieder.

Bereich Methoden und Arbeitstechniken	
Arbeitsauftrag	**Was von dir erwartet wird**
Erstelle/fertige an	Du stellst Sachverhalte zeichnerisch dar in Diagrammen, Kartenskizzen, Fließdiagrammen und anderen Darstellungen und beschriftest diese mit Fachbegriffen.
Führe durch	Du untersuchst einen Sachverhalt, zum Beispiel durch eine Befragung oder durch einen Versuch, nach einer genauen Anleitung.
Gestalte	Du fertigst mit verschiedenen Materialien zu einem vorgegebenen Thema ein Produkt an. Das kann zum Beispiel ein Lernplakat oder eine Collage sein.
Plane	Du legst deine Vorgehensweise zur Bearbeitung einer Fragestellung, einer Problemstellung oder eines Projektes fest.
Präsentiere	Du stellst einen Sachverhalt anderen in verständlicher Form und möglichst mit von dir erarbeiteten Aussagen und Materialien vor.
Recherchiere/informiere dich	Du suchst selbstständig oder mit Hilfe Informationen zu unbekannten Sachverhalten und stellst diese zusammen.
Werte aus	Du entnimmst Informationen und Sachverhalte aus Karten, Texten, Diagrammen oder Tabellen und gibst diese in Aussagen wieder.
Zeichne	Du stellst einen Sachverhalt zeichnerisch dar, zum Beispiel als Karte, Skizze oder Diagramm.

Bereich Beurteilen und Bewerten	
Arbeitsauftrag	**Was von dir erwartet wird**
Begründe	Materialien beinhalten Aussagen und stellen Behauptungen auf. Du suchst Argumente oder Beispiele, die diese Aussagen und Behauptungen unterstützen.
Beurteile	Du prüfst Aussagen, Vorschläge oder Maßnahmen auf ihre Richtigkeit, indem du Einzelheiten benennst und zu einem eigenen Urteil kommst.
Bewerte	Du nimmst persönlich Stellung zu den Materialien oder Aussagen und begründest anschließend deine Meinung.
Erörtere/diskutiere	Du entwickelst zu einer Problemstellung eigene Gedanken, untersuchst Pro und Kontra und vergleichst dieses miteinander, bevor du zu einem Sachurteil kommst.
Nimm Stellung	Du vertrittst zu einer Aussage eine eigene Meinung und begründest diese.
Prüfe/überprüfe	Du untersuchst an konkreten Sachverhalten, ob Aussagen, Behauptungen und Darstellungsweisen richtig beziehungsweise stimmig sind.

Lösungstipps zu den Aufgaben

Kapitel 1   Die Erde erkunden

S. 15

2 Sortiere die Planeten nach ihrer Größe und ordne ihnen die Entfernung von der Sonne zu (**M 1**, **M 3**). Lege dazu eine Tabelle an.

▶ Du benötigst eine Tabelle mit 3 Spalten und 8 Zeilen. Die Tabelle könnte folgendermaßen aussehen:

Name des Planeten	Größe (Durchmesser)	Entfernung von der Sonne
Jupiter	143 000 km	780 Mio. km
Saturn	120 500 km	1430 Mio. km
…	…	…

7 Erkläre, welche Folgen es hätte, wenn die Erde sich nicht um die eigene Achse drehen würde. Nutze dazu den Globus (**M 2**).

▶ Gehe bei der Lösung wie folgt vor:
  – Nenne die Folgen der Erdrotation, die du täglich erleben kannst.
  – Nimm die Taschenlampe oder einen Diaprojektor und führe den Versuch **M 2** durch, ohne den Globus zu drehen.

S. 17

4 Erläutere das Gradnetz der Erde (**M 3**).

▶ Bei der Lösung der Aufgabe solltest du folgende Fragen beantworten:
  – Wozu wird das Gradnetz der Erde gebraucht?
  – Wie verlaufen die Breitenkreise?
  – Wie werden die Breitenkreise eingeteilt?
  – Welchen besonderen Breitenkreis gibt es?
  – Wie werden die Längenkreise eingeteilt?
  – Welchen besonderen Längenkreis gibt es?

5 Bestimme die geographische Lage der Orte A bis H (**M 3**).

▶ Gehe dabei nach der Schrittfolge in **M 4** vor. Beachte insbesondere den Nullmeridian (0° Länge) und den Äquator (0° Breite).

S. 19

6 Erkläre die Begriffe „Landhalbkugel" und „Wasserhalbkugel" (**M 4**).

▶ Deine Erklärung sollte Antworten auf folgende Fragen enthalten:
  – Wie lässt sich die Verteilung von Land und Wasser auf der Erde treffend benennen?

  – Wo befindet sich die „Landhalbkugel" und warum wird diese so bezeichnet?
  – Wo befindet sich die „Wasserhalbkugel" und warum wird diese so bezeichnet?

7 Begründe, warum Weltkarten so unterschiedlich aussehen können (**M 1**, **M 5**).

▶ Beachte bei der Beantwortung, aus welchem Land die Atlaskarte stammt.

S. 23

1 Benenne Unterschiede zwischen Schrägluftbild und Senkrechtluftbild. Fertige dazu eine Tabelle an (**M 1**, **M 2**).

▶ Die Tabelle könnte folgendermaßen aussehen:

Schrägluftbild	Senkrechtluftbild
…	…

2 Vergleiche Senkrechtluftbild, Stadtplan und Karte. Ergänze dazu die Tabelle (**M 2** bis **M 5**).

▶ Die Tabelle könnte folgendermaßen aussehen:

Senkrechtluftbild	Stadtplan	Karte
…	…	…

3 Erkläre, wie und warum sich die Darstellung von Nieder-Olm auf den Karten verändert (**M 4**, **M 5**).

▶ Berücksichtige dabei die Größe des dargestellten Raumes in beiden Karten, den Zeichenschlüssel und den Maßstab.

Kapitel 2   Deutschland und Rheinland-Pfalz kennenlernen

S. 39

1 Benenne die Objekte in der stummen Karte. Nutze dazu die physische Karte (**M 1**, Karten S. 31 und S. 206, Atlas).

▶ Du sollst die Buchstaben und Zahlen in der Karte mit Namen versehen. Lege dir dazu eine Liste an nach folgendem Vorbild:

Städte	Großlandschaften	Flüsse, Seen
1 Kiel	A Norddeutsches	a Ems
2 Lübeck	Tiefland	b Weser
3 …	B Mittelgebirgsland	c …
	C …	

Meere	Mittelgebirge, höchste Berge
A …	a Harz, Brocken 1141 m
B …	b Rothaargebirge
	c …

4 Erstelle ein Lernplakat zu einer Großlandschaft, das Bilder, Karten oder andere Abbildungen und einen erläuternden Kurztext enthalten sollte (**M 2, M 3,** 🖊️).
▶ Beachte die Arbeitstechnik *Lernplakate erstellen*.

S. 43

1 Beschreibe die geographische Lage und die Abfolge der Landschaften in Rheinland-Pfalz vom Westerwald bis zum Oberrheinischen Tiefland (**M 1**).
▶ Beachte dabei
 – die Begrenzung durch Flüsse und Gebirge,
 – benachbarte Bundesländer,
 – benachbarte Landschaften Hessens,
 – die Lage größerer Städte.

5 Prüfe die Richtigkeit der folgenden Aussage und begründe deine Meinung: „Rheinland-Pfalz liegt im Mittelgebirgsland."
▶ Informiere dich über das Aussehen und Merkmale des Mittelgebirgslandes und vergleiche mit den Landschaften von Rheinland-Pfalz. Informationen hierzu findest du auf S. 39, **M 2** und **M 3** sowie S. 46, Textabschnitt „Was ist ein Mittelgebirge?".

S. 47

5 Stelle landschaftliche Besonderheiten der Vulkaneifel dar (**M 1, M 2,** S. 43 **M 3**).
▶ Bei den Besonderheiten solltest du auf die vulkanischen Oberflächenformen, die Gesteine und deren Nutzung eingehen.

7 Gestalte einen Kurzvortrag zum Thema „Der Laacher See – größter See in Rheinland-Pfalz"(🖊️).
▶ Beachte die Arbeitstechniken *Eine Internetrecherche durchführen* und *Einen Kurzvortrag, ein Kurzreferat halten*.

S. 50

6 Beschreibe die Fahne Deutschlands und das Wappen von Rheinland-Pfalz. Recherchiere im Internet über die Bedeutung des Wappens und fasse deine Ergebnisse in einem Kurzvortrag zusammen (**M 1, M 2,** 🖊️).
▶ Beachte die Hinweise zu den Arbeitstechniken *Eine Internetrecherche durchführen* und *Einen Kurzvortrag, ein Kurzreferat halten*.

S. 55

1 Beschreibe die geographische Lage von Mainz (**M 2,** Karten S. 31 und S. 204).
▶ Beachte dabei die geographische Lage innerhalb von Rheinland-Pfalz und Deutschlands. Benenne den Fluss, an dem die Stadt liegt, sowie angrenzende Gebirge, Landschaften und Nachbarstädte. Beschreibe mithilfe der Himmelsrichtungen.

S. 57

6 Beurteile die Bedeutung Berlins als Bundeshauptstadt.
▶ Beachte dabei, welche Einrichtungen in der Bundeshauptstadt vertreten sein müssen und welche Bedeutung eine Bundeshauptstadt im Ausland hat.

S. 61

3 Nenne Probleme, die auftreten können, wenn viele Menschen vom Wohnort zum Arbeitsplatz pendeln (**M 2**).
▶ Berücksichtige dabei den Verkehr, die Umweltbelastung, die Situation tagsüber und abends in der Stadt und in den Umlandgemeinden. Weitere Informationen findest du im Textabschnitt „Pendler".

4 Dörfer haben heute viel mehr zu bieten als Bauernhöfe. Charakterisiere die Veränderungen im ländlichen Raum (**M 1** und **M 3**).
▶ Berücksichtige dabei Bodennutzung, Bebauung, Berufe, Verkehr, Freizeit …

S. 63

1 Beschreibe die geographische Lage Ruandas (Karten S. 214/215 und S. 216/217, Atlas).
▶ Beachte dabei
 – die Lage innerhalb Afrikas,
 – Nachbarstaaten,
 – Gebirge,
 – Flüsse und
 – Städte.
▶ Verwende die Himmelsrichtungen und die Breitengrade zur Beschreibung der Lagebeziehungen.

2 Erläutere, wie sich die Lebensbedingungen in Ruanda verändern (**M 1** bis **M 3**).
▶ Berücksichtige dabei
  – Bildungschancen,
  – Arbeitsmöglichkeiten,
  – die Rolle der Frauen sowie
  – die Bedeutung der Regierung und der Gemeinschaftsarbeit.
▶ Weitere Informationen findest du in den Textabschnitten „Boom-Land" und „Die Rolle der Frauen".

Kapitel 3   Landwirtschaftliche Nutzung erläutern

S. 73

1 Stelle die natürlichen Grundlagen, die die Landwirtschaft beeinflussen, in einer Mindmap dar (🧩).
▶ Beachte für die Lösung der Aufgabe die Arbeitstechnik *Eine Mindmap erstellen*. Gehe nach der Schrittfolge zum Erstellen einer Mindmap vor.

4 Bildet vier Gruppen, wählt je zwei Bauernregeln aus und erläutert diese (**M 3**).
▶ Bei der Lösung der Aufgabe solltet ihr folgende Punkte beachten:
  – Klärt zunächst die Bedeutung aller Worte in den Bauernregeln.
  – Welche Aussage wird über das Wetter in der Bauernregel getroffen?
  – Wie würdet ihr diese Regel heute ausdrücken?

5 Begründe, warum die Landwirtschaft in den Mittelgebirgen nur wenig ertragreich ist (**M 2**).
▶ Beachte bei der Begründung die Besonderheiten des Niederschlags, der Oberflächenformen und der Sonneneinstrahlung in den Mittelgebirgen.

6 Prüfe die Aussage: Das Wetter ist für die Landwirte Freud und Leid zugleich.
▶ Überlege dazu zunächst, welche positiven und negativen Auswirkungen das Wetter für die Landwirtschaft haben kann. Erkläre anschließend, ob die Aussage richtig ist.

S. 75

5 Vergleiche die Essgewohnheiten und beurteile die Auswirkungen auf die Landwirtschaft (**M 6, M 7**).
▶ Ermittle zuerst, welche Lebensmittel heute häufiger und welche seltener gegessen werden. Überlege danach, in welchen Betrieben diese produziert werden.

S. 77

1 Beschreibe das Bild (**M 1**).
▶ Gehe bei der Bildbeschreibung nach der Checkliste auf S. 40 vor. Achte besonders auf die Bodennutzung, den Waldanteil und die Dörfer.

2 Suche die Börden in der Karte und nenne Lagemerkmale der Börden (Karte S. 208, Atlas).
▶ Gehe so vor:
Lies den Absatz „Lage der Börden" auf S. 76. Die Börden sind nach Städten benannt, in deren Umgebung sie liegen. Suche diese Städte auf der physischen Karte S. 206. Berücksichtige bei der Beschreibung zum Beispiel die Lage zu Mittelgebirgen und großen Flüssen.

5 Der Weizenanbau erfordert moderne Technik auf dem Acker. Erläutere diese Aussage (**M 1** und **M 4**).
▶ Betrachte das Foto **M 1** und beachte die Größe der Felder, die Beschaffenheit der Böden und die Oberflächenform.

7 Begründe die Notwendigkeit des Fruchtwechsels (**M 5**).
▶ Überlege, was passieren würde, wenn man immerzu zum Beispiel nur Weizen auf einem Feld anbauen würde. Erläutere, wie sich das auf die Fruchtbarkeit des Bodens und die Erträge auswirken würde.

S. 79

1 Beschreibe und erkläre die Entwicklung der Schweinebestände und der Schweine haltenden Betriebe in Deutschland seit 1950 (**M 2**).
▶ Verwende zur Erklärung die Begriffe Intensivierung und Spezialisierung.

3 Erkläre, warum Paul Averkamp so viele Schweine in einem Jahr mästen kann und welche Probleme dabei auftreten.
▶ Beachte dabei, wie lange die Schweine auf dem Hof bleiben, wie sie gefüttert werden und was sie ausscheiden.

4 Erstelle ein Säulendiagramm zur Veränderung der Schweineanzahl pro Betrieb seit 1950. Wähle den Maßstab: Zehn Schweine entsprechen einem Millimeter (**M 2**).
▶ Trage auf der waagerechten Achse im Abstand von 1 cm die Jahre ein. Sie muss also 7 cm lang sein. Auf der senkrechten Achse wird die Anzahl der Schweine pro Betrieb eingetragen. Sie muss mehr als 12 cm lang sein. Unterteile sie in gleichmäßige Abstände zu je 10 mm und beschrifte sie = 100 Schweine.
▶ Beachte auch die digitale Methode *Grafiken, Schemata und Diagramme erstellen*.

S. 83

1 Beschreibe die geographische Lage der Weinbaugebiete in Rheinland-Pfalz (Karten S. 70 **M 1** und S. 205).
▶ Nutze bei deiner Beschreibung die Lage zu den Gebirgen, Flüssen und Städten.

2 Fertige eine Tabelle an, welche die Arbeiten im Weinberg und im Winzerkeller während eines Jahres verdeutlicht (**M 2, M 3**).
▶ So könnte deine Tabelle aussehen:

Monat	Tätigkeit
Januar	Kellerarbeiten, Rebschnitt
Februar	
März	
April	
Mai	
Juni	
...	

3 Stelle die Arbeit im Winzerkeller übersichtlich dar. Ergänze dazu das Fließdiagramm (**M 3**, 🔑).
▶ Beachte die Arbeitstechnik *Fließdiagramme zeichnen*.

5 Erstelle ein Werbeplakat für eine Winzergenossenschaft (**M 1, M 4**).
▶ Beachte die Arbeitstechnik *Tipps zum Erstellen von Plakaten und Folien*.

S. 85

1 Nenne Merkmale von Sonderkulturen. Erstelle dazu eine Mindmap (**M 1, M 3** bis **M 5**, 🔑).
▶ Gehe nach der Schrittfolge zum Erstellen einer Mindmap vor (🔑 *Eine Mindmap erstellen*).

3 Beschreibe die Lage der Anbaugebiete für Erdbeeren in Deutschland (**M 4**, Karten S. 67 und S. 208).
▶ Nutze bei deiner Beschreibung die Lage zu den Gebirgen, Flüssen und Städten.

S. 87

1 Nenne Merkmale einer artgerechten Hühnerhaltung. Berücksichtige dabei die Bedürfnisse des Nutztieres Huhn, die du aus dem Fach Biologie kennst (**M 1**).
▶ Hinweise findest du in **M 1**, im Text „Ökologische Tierhaltung" sowie in deinem Biologiebuch. Suche zunächst nach Oberbegriffen zur ökologischen Tierhaltung und ergänze dann, was du zu den Oberbegriffen jeweils findest:
– Tierhaltung: artgerecht, …
– …

2 Erläutere, mit welchen Maßnahmen der Öko-Landwirt die Bodenfruchtbarkeit erhält beziehungsweise verbessert (**M 2**).
▶ Gehe so vor:
Suche in der Grafik das Wort „Bodenfruchtbarkeit".
Betrachte alle Pfeile, die zu diesem Wort hinführen, also zeigen, wie Öko-Landwirte diese erhalten beziehungsweise verbessern.
Notiere die Maßnahmen und überlege dabei, ob du sie eventuell gliedern kannst.

4 Vergleiche herkömmliche und ökologische Betriebe. Stelle deine Ergebnisse in einem kurzen Bericht dar (**M 3**).
▶ Beachte dabei Arbeitsaufwand, Produktionskosten, Erträge und Preise für die Produkte.

S. 89

6 Begründe, warum ein Agroforst sowohl in der konventionellen als auch in der ökologischen Landwirtschaft sinnvoll ist (**M 2, M 3**).
▶ Denke dabei an die Funktion von Wäldern als CO_2-Speicher.

Kapitel 4 **Leben in Extremräumen charakterisieren**

S. 99

2 Nenne Gründe, warum Menschen die Erde entdecken wollten.
▶ Lies dazu den Text „Seefahrer erforschen die Erde".

3 Erläutere, wie sich das Weltbild durch die Entdeckungsreisen verändert hat (**M 2**).
▶ Gehe dabei folgendermaßen vor: Stelle zunächst fest, welche Kontinente und Ozeane bis 1400 den Menschen bekannt waren. Liste dann auf, welche Kontinente und Ozeane bis 1500, bis 1600 und nach 1600 entdeckt wurden.

S. 101

2 Lege eine Tabelle an. Ordne den Bildern die Texte A bis D zu (**M 1** bis **M 5**).
▶ So könnte deine Tabelle aussehen:

Bild	Merkmale	Zone
M 1	...	...
M 2	...	...

S. 105

2 Beschreibe die geographische Lage und Ausdehnung der Arktis und der Antarktis (**M 2**, **M 5**, Karten S. 95 oben und S. 214/215, Atlas).
▶ Beachte dabei z. B.: von welchem Meer sie umgeben sind, auf welcher Erdhalbkugel sie liegen und benachbarte Kontinente und Staaten.

4 Beschreibe das Abschmelzen des Eises in der Arktis und erörtere, welche Folgen das für Menschen und Tiere hat (**M 1**, Webcode).
▶ Betrachte **M 1** und beschreibe den dort abgebildeten Rückgang des Eises. Überlege, welche Folgen es für Menschen und die dort lebenden Tiere hat, wenn sich der Lebensraum stark verändert. Berücksichtige dabei z. B. die Ernährung oder die Möglichkeiten der Fortbewegung.

S. 107

5 Überprüfe, wo Menschen am 21. Juni den ganzen Tag ohne Sonnenlicht auskommen müssen (**M 3** und Karte S. 216/217, Atlas).
▶ Überlege dazu, wo am 21. Juni Polarnacht ist.

6 Vergleiche mithilfe einer Tabelle die Beleuchtungsverhältnisse im südlichen und nördlichen Polargebiet (**M 3**).
▶ Deine Tabelle könnte folgendermaßen aussehen:

	nördliches Polargebiet	südliches Polargebiet
Sommer		
Winter		

S. 109

1 Beschreibe die geographische Lage der kalten Zone und Grönlands (S. 101 **M 5**, Karte S. 95 oben).
▶ Beachte dabei zum Beispiel
  – die Breitenkreise,
  – von welchen Meeren sie umgeben ist,
  – auf welcher Erdhalbkugel sie liegt,
  – welche Kontinente Anteil haben,
  – benachbarte Zonen.

2 Erläutere die natürlichen Bedingungen in der kalten Zone (**M 3**, **M 4**, S. 101 **M 5**).
▶ Beachte dabei zum Beispiel die Temperaturen und die Pflanzen, die dort wachsen. Weitere Informationen findest du in den Textabschnitten „Ohne Wärme keine Pflanzen" und „Ewiges Eis unter der Erdoberfläche".

3 Erläutere, wie sich Pflanzen an die Bedingungen in der kalten Zone angepasst haben (**M 4**).
▶ Beachte dabei die Höhe der Pflanzen und die Dichte des Bewuchses. Weitere Informationen findest du in dem Textabschnitt „Ohne Wärme keine Pflanzen".

6 Leben in der kalten Zone – Traum oder Albtraum? Begründe deine Meinung (**M 1** bis **M 5**).
▶ Bei der Begründung solltest du zum Beispiel berücksichtigen, welche Möglichkeiten des Wohnens, des Arbeitens, des Transports und der Freizeitgestaltung es gibt. Vergleiche die Lebensbedingungen mit denen in deiner Heimat.

S. 111

4 Erstelle ein Fließdiagramm zu den Auswirkungen des Polartourismus (**M 3** bis **M 5**,).
▶ Fasse die Informationen aus den Textabschnitten „Reise zu Eisbär und Pinguin" sowie „Gefahr für die Arktis" zu den Auswirkungen des Polartourismus in dem Fließdiagramm zusammen.
▶ Beachte außerdem die Arbeitstechnik *Fließdiagramme zeichnen*.

5 Erläutere, mit welchen Umweltproblemen die Polarregionen zu kämpfen haben (**M 4**, **M 5**).
▶ Benenne die Umweltprobleme, die du in den Abbildungen ablesen kannst, und erläutere, warum diese speziell in den Polarregionen sehr problematisch sind. Weitere Informationen findest du in den Textabschnitten „Gefahr für die Arktis" sowie „Müllberge auf dem Eis".

S. 115

1 Beschreibe die geographische Lage der Sahara und Grönlands (Karten S. 95 unten, S. 212 und S. 214/215, Atlas).
▶ Beachte dabei zum Beispiel
  – die Breitenkreise,
  – von welchen Meeren sie umgeben sind,
  – auf welcher Erdhalbkugel sie liegen,
  – welche Kontinente Anteil haben,
  – benachbarte Zonen.

3 Erläutere die Entstehung von Hamada, Serir und Erg (**M 3** bis **M 6**).
▶ Erläutere, welche Kräfte in der Wüste dazu führen, dass aus Fels- und Gesteinswüsten Kies- und Sandwüsten werden. Unterscheide, wodurch das Gestein zerkleinert und wodurch Material transportiert wird.

4 Stelle dar, wie sich Pflanzen an die Lebensbedingungen in der Wüste angepasst haben (**M 4**).
▶ Berücksichtige bei deiner Antwort z. B., wie Wüstenpflanzen an Wasser kommen, wie sie bei Wassermangel überleben können und wie sie sich an den Wassermangel anpassen können.

S. 117

3 Erläutere Ursachen und Folgen für die Veränderungen in den Oasen der Sahara. Fertige dazu ein Fließdiagramm an (✐).
▶ Gehe folgendermaßen vor. Wähle eine Veränderung in den Oasen aus und benenne die Ursache und die sich daraus ergebenden Folgen. Benutze dazu auch den Text.
▶ Beachte dazu außerdem die Arbeitstechnik *Fließdiagramme zeichnen*.

S. 121

2 Werte die Klimadiagramme aus und vergleiche das Klima am Äquator und in Deutschland (**M 6**, **M 7**).
▶ Beachte dabei die Höchst- und Tiefsttemperaturen, den Temperaturverlauf übers Jahr, die Höhe und die Verteilung der Niederschläge übers Jahr.

4 Zeichne ein Fließdiagramm zum Wasserkreislauf im tropischen Regenwald und erkläre ihn damit (**M 5**, ✐).
▶ Beachte die Arbeitstechnik *Fließdiagramme zeichnen*.

5 Der tropische Regenwald – sehr warm und immer feucht: Begründe, warum das so ist (**M 3** bis **M 7**).
▶ Schaue dir noch einmal die Abbildung **M 4** „Ein Tag im tropischen Regenwald" an.

S. 123

3 Erkläre den Nährstoffkreislauf im tropischen Regenwald vor und nach der Rodung (**M 3**).
▶ Beachte dabei, in welchem Bereich sich Nährstoffteilchen und Wasser jeweils bewegen und wie sich das auf die Bodenbeschaffenheit und auf das Pflanzenwachstum auswirkt.

S. 127

1 Erläutere mithilfe eines Fließdiagramms die Landnutzung durch Wanderfeldbau im tropischen Regenwald (**M 1** bis **M 3**, ✐).
▶ Beachte die Arbeitstechnik *Fließdiagramme zeichnen*.

▶ Das Fließdiagramm könnte folgendermaßen aussehen:

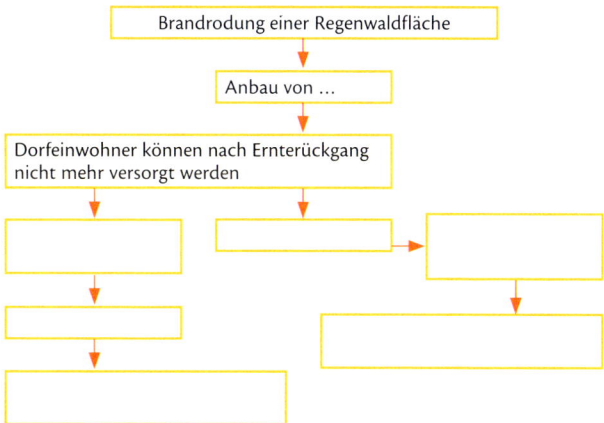

2 Erkläre die Entwicklung der Ernteerträge (**M 2**).
▶ Berücksichtige die Nährstoffverhältnisse im tropischen Regenwald und was mit den Nährstoffen passiert, wenn der Regenwald gerodet ist (S. 126 **M 2**).

4 Vergleiche Wanderfeldbau, Dauerfeldbau und Plantagenwirtschaft (**M 1** bis **M 5**).
▶ Der Vergleich sollte folgende Aspekte beinhalten:
  – Wem gehört das Land?
  – Wer bearbeitet es und welchen Nutzen hat er?
  – Welche Hilfsmittel werden eingesetzt?
  – Wie wirkt sich das auf den Boden aus?
  – Wofür ist die Ernte bestimmt?

5 Beurteile die Auswirkungen der Landnutzungsformen für den tropischen Regenwald und die Bewohner (**M 1** bis **M 5**).
▶ Lege zunächst eine Tabelle an, in die du die Vor- und Nachteile a) für den tropischen Regenwald und b) für die Bewohner einträgst:

	Vorteile		Nachteile	
	tropischer Regenwald	Bewohner	tropischer Regenwald	Bewohner
Wanderfeldbau	…	…	…	…
Dauerfeldbau	…	…	…	…
Plantagenwirtschaft	…	…	…	…

▶ Werte anschließend deine Tabelle aus und beurteile die Auswirkungen. Begründe deine Einschätzung.

Kapitel 5 Tourismus und Erholungsräume vergleichen

S. 135

2 Erläutere Entwicklungen im Tourismus (**M 1, M 3** bis **M 5**).
▶ Orientiere dich bei der Erläuterung der Entwicklung des Tourismus an der Anzahl der Reisenden und den Veränderungen in den einzelnen Regionen.

4 Stelle Trends im Tourismus dar (**M 3** bis **M 5**).
▶ Lese dazu den Textabschnitt „Trends in Freizeit und Tourismus".

5 Vergleiche Ursachen und Folgen des Tourismus für die Umwelt. Zeichne dazu eine Tabelle (**M 1** bis **M 5**).
▶ Die Tabelle könnte folgendermaßen aussehen:

Ursache durch den Tourismus	Folge für die Umwelt
Neubau von Hotels und Hotelanlagen	erhöhter Verbrauch an Trinkwasser
…	…
…	…

S. 137

1 Beschreibe die geographische Lage Grindelwalds sowie der Berner Alpen und benenne die drei höchsten Berge, die du im Sommer-Panoramabild findest (**M 4,** Karten S. 131 unten und S. 210/211, Atlas).
▶ Berücksichtige dabei
  – die Lage der Berner Alpen innerhalb der Alpen (Himmelsrichtung),
  – das Land, in dem die Berner Alpen und Grindelwald liegen,
  – die Lage des Ortes Grindelwald in den Berner Alpen (Nähe zu anderen Orten, Seen, Bergen).

S. 139

3 „Der Bergwald ist ein Schutzwald." Erläutere diese Aussage (**M 1**).
▶ Überlege dazu, wo der Bergwald liegt und was dieser in den Alpentälern schützen kann.

S. 140

1 Beschreibe die geographische Lage der Eifel (Karten S. 204 und S. 206, Atlas).
▶ Benenne Bundesländer, die Anteil an der Eifel haben, und beschreibe die geographische Lage innerhalb dieser Bundesländer. Beschreibe mithilfe der Himmelsrichtungen, welche Flüsse und Landesgrenzen die Eifel begrenzen. Benenne Städte, die in der Eifel oder an ihrem Rand liegen.

3 Miss jeweils die Entfernung (Luftlinie) von Koblenz, Mainz, Ludwigshafen und Kaiserslautern nach Daun in der Eifel. Begründe, ob für diese Städte die Eifel ein Naherholungsgebiet ist (Karte S. 204).
▶ 1. Suche die Städte auf den Karte.
▶ 2. Miss die Entfernung zwischen den Städten mit einem Lineal.
▶ 3. Rechne die Entfernung mithilfe des Maßstabs in die Länge um, die sie in der Wirklichkeit beträgt (S. 52/53). Begründe anschließend, ob diese Entfernungen für einen Ausflug oder Kurzurlaub geeignet sind.

5 Erstelle eine Tabelle mit Gründen für und gegen einen Wochenendausflug in die Eifel (**M 3**).
▶ Die Tabelle kann folgendermaßen aussehen:

Vorteile	Nachteile
– unterschiedliche Freizeitaktivitäten zum Beispiel Wandern, Rad fahren, Tretboot fahren, klettern	– viele Menschen bei schönem Wetter
– …	– …

S. 145

1 Beschreibe die Lage der Wattgebiete an der deutschen Nordseeküste (**M 5,** Karten S. 31 und S. 206, Atlas).
▶ Du kannst
  – die Bundesländer nennen, an die diese angrenzen,
  – Städte aufzählen, die am Wattenmeer liegen,
  – Flüsse nennen, die ins Wattenmeer münden,
  – Inseln nennen, die im Wattenmeer liegen.

5 Begründe, warum das Watt ein einzigartiger Lebensraum ist (**M 1** bis **M 3**).
▶ Denke bei deiner Begründung an die Gezeiten, an die Tiere und an den Menschen.

S. 147

1 Beschreibe die Lage von Wangerooge (Karte S. 145 **M 5**, Atlas).
▶ Beachte dabei, in welchem Meer die Insel liegt, zu welcher Inselgruppe sie gehört, die Lage zu Nachbarinseln und dem Festland.

S. 149

5 Gestalte ein Werbeplakat für die Stadt Budapest und stelle es der Klasse vor. Besorge dir hierzu Reiseprospekte aus dem Reisebüro (🔎).
▶ Beachte dazu außerdem die *Tipps zum Erstellen von Plakaten und Folien*.

S. 151

1 Ordne den Mittelmeerländern Spanien, Frankreich, Italien, Kroatien, Griechenland und Türkei bekannte Touristenstrände und Ferienorte zu. Gestalte dazu eine Mindmap (**M 4**, Karten S. 131 oben und S. 210/211, 🔎).
▶ Beachte dazu außerdem die Arbeitstechnik *Eine Mindmap erstellen*.

2 Nenne Merkmale, Ursachen und Folgen des Massentourismus. Lege dazu eine Tabelle an (**M 1** bis **M 6**).
▶ Die Tabelle könnte so aussehen:

	Massentourismus
Merkmale	…
Ursachen	…
Folgen	…

S. 153

1 Beschreibe die geographische Lage von Benidorm (S. 151 **M 4**, Karten S. 131 oben und S. 214/215, Atlas).
▶ Beachte dabei die Lage in Europa, in Spanien, das Meer, den Küstenabschnitt.

3 Erläutere, wie der Massentourismus das Ortsbild von Benidorm verändert hat (**M 1** bis **M 4**).
▶ Vergleiche dazu die Karten in **M 4**. Ermittle die Veränderungen in der Nutzung der Flächen und überlege, welche Nutzungen typisch für den Tourismus sind.

S. 155

1 Beschreibe die Lage der Freizeitparks in Deutschland und nenne Gründe für deren Verteilung (**M 2**, Karten S. 204 und 207, Atlas).
▶ Beachte dabei die Lage der Freizeitparks zu großen Städten und zu anderen Ländern.

3 Bildet Gruppen und plant eintägige und mehrtägige Besuche im Europa-Park. Gestaltet dazu eine Präsentation (🔎).
▶ Informiert euch im Internet über Anreisemöglichkeiten, Öffnungszeiten, Eintrittspreise, Übernachtungsmöglichkeiten.
▶ Beachtet die Arbeitstechniken *Eine Internetrecherche durchführen* und *Eine Präsentation erstellen*.

5 Diskutiert, warum sich Freizeitparks mit ihren künstlichen Erlebniswelten großer Beliebtheit erfreuen (🔎 , **M 1** bis **M 3**).
▶ Sammelt Argumente, die für und gegen Freizeitparks als künstliche Erlebniswelten sprechen.
▶ Beachtet die Arbeitstechnik *Eine Pro-und-Kontra-Diskussion führen*.

Kapitel 6   Wirtschaftsräume untersuchen

S. 163

2 Suche im Internet drei weitere Fotos für unterschiedliche Tätigkeiten in den drei Wirtschaftssektoren (🔎).
▶ Beachte die Arbeitstechnik *Eine Internetrecherche durchführen*.

6 Nenne Gründe, warum immer weniger Menschen im primären und sekundären Sektor arbeiten (**M 4**, **M 5**).
▶ Bedenke, dass heute viele Tätigkeiten in der Wirtschaft nicht mehr vom Menschen selbst ausgeführt werden, sondern er zahlreiche „Helfer" hat.

7 Erstelle eine Tabelle, in der du auflistest, welche Dienstleistungen du im Laufe eines Tages in Anspruch nimmst.
▶ Die Tabelle könnte folgendermaßen aussehen:

Uhrzeit	Beispiel Dienstleistung
7.00	Radio hören
7.15	Wasser zum Duschen vom Wasserwerk
…	…

S. 167

4 Beschreibe die geographische Lage der Erdölfördergebiete in der Nordsee (Karten S. 159 oben und S. 165 **M 2**).
▶ Beachte, welche Küsten in der Nähe sind, zu welchen Staaten die Bohrinseln gehören und ob es Leitungen (Pipelines) zu Küstenorten gibt.

S. 169

1 Beschreibe die geographische Lage der Braunkohlenreviere in Deutschland (**M 3**, Karte S. 209).
▶ Benenne bei deiner Lagebeschreibung
  – die Namen der Fördergebiete,
  – das jeweilige Bundesland, in dem es liegt,
  – Landschaften und Flüsse der Umgebung,
  – Städte, die im oder in der Nähe der Fördergebiete liegen.

2 Erläutere, wie die Braunkohle gefördert wird. Erstelle dazu ein Fließdiagramm (**M 2**, 🔑).
▶ Beachte dazu die Arbeitstechnik *Fließdiagramme zeichnen*.
▶ Weitere Informationen findest du im Textabschnitt „Braunkohle im Tagebau".

5 Vergleiche die Energiegewinnung aus Braunkohle, Wind und Sonne (**M 4**, **M 6**).
▶ Fertige dazu eine Tabelle an, in der du die Vor- und Nachteile gegenüberstellst.

S. 173

1 Beschreibe die geographische Lage der Tonabbaugebiete in Deutschland (**M 2**, Karte S. 209).
▶ Beachte dabei
  – die Lage zu Flüssen und Gebirgen,
  – größere Städte in der Nähe,
  – in welchen Bundesländern sie liegen.

S. 177

1 Erläutere die Veränderungen im stadtnahen ländlichen Raum (**M 1**).
▶ Beachte dabei
  – die Art der Häuser,
  – die Berufe der Bewohner,
  – die Dichte der Bebauung,
  – die Entwicklung der Grünflächen.
▶ Weitere Informationen findest du im Textabschnitt „Dörfer verändern sich".

5 Bildet Gruppen und diskutiert die Vor- und Nachteile der Veränderungen im Umland aus der Sicht eines Landwirts, einer Bewohnerin der Neubausiedlung, eines Naturschützers und eines Dorfpolitikers.
▶ Berücksichtigt dabei sowohl die Veränderungen als auch die Auswirkungen auf
  – die Art des Wohnens,
  – die beruflichen Möglichkeiten,
  – die Versorgung zum Beispiel mit Geschäften, Schulen, Kindergärten,
  – die Auswirkungen auf die Pflanzen und die Tierwelt.

S. 179

1 Beschreibe die geographische Lage der BASF (**M 1**, Karte S. 205).
▶ Beachte dabei
  – die Lage zu Flüssen,
  – die Verkehrslage (Autobahnen, Eisenbahnlinien),

  – benachbarte Städte,
  – benachbarte Bundesländer und Staaten.

2 Erläutere, warum der Standort Ludwigshafen ausgewählt wurde (**M 1**, **M 4**, **M 5**, Karte S. 205).
▶ Berücksichtige alles, was für einen Chemiebetrieb wichtig ist, zum Beispiel:
  – Wasser,
  – Rohstoffe,
  – Verkehrswege.

S. 181

1 Nenne Merkmale von Hightechindustrien (**M 1**, **M 2**, **M 4**).
▶ Erkläre, was man unter dem Wort versteht, und nenne Beispiele. Beschreibe **M 1** im Hinblick auf die Beschäftigten und die Produktionsstätte.

3 Beschreibe die Lage Münchens und erläutere, warum die Stadt bei Hightechbetrieben und ihren Mitarbeitern so beliebt ist (**M 5**, Karten S. 31 und S. 206, Atlas).
▶ Beachte dabei die Verkehrsanbindung, das Umland, Freizeitmöglichkeiten und Besonderheiten der Stadt.

4 Erläutere, warum die Hightechindustrie auch als „weiße Industrie" bezeichnet wird (**M 1**).
▶ Überlege, durch welche anderen Adjektive du das Adjektiv weiß ersetzen könntest im Hinblick auf die Produktionsbedingungen in Betrieben der Hightechindustrien.

5 Bildet Gruppen und wählt eine Hightechindustrie aus. Gestaltet dazu eine Pinnwand (**M 2**).
▶ Eure Pinnwand sollte folgende Aspekte beinhalten: Firmen, Produkte und deren Verwendung, Standorte im Raum München.

S. 183

2 Charakterisiere Frankfurt am Main als Dienstleistungszentrum und erstelle eine Mindmap, die einen Überblick über die wichtigsten Dienstleistungsbereiche gibt (**M 1** bis **M 5**, 🔑).
▶ Benenne dazu Merkmale zur Bedeutung und zur Entwicklung des Dienstleistungsbereichs.
▶ Beachte die Arbeitstechnik *Eine Mindmap erstellen.*

Arbeitstechniken

Fließdiagramme zeichnen

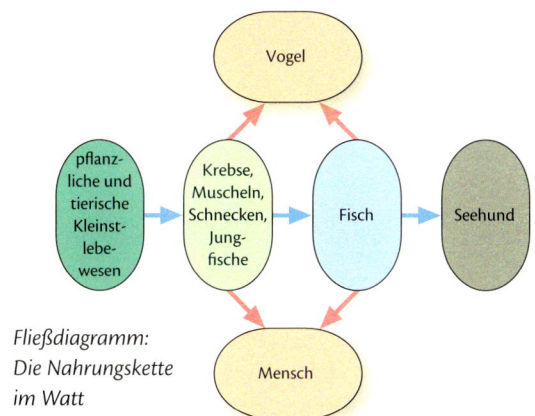

*Fließdiagramm:
Die Nahrungskette
im Watt*

Mit Fließdiagrammen können Abläufe und Entwicklungen anschaulich dargestellt werden, wie bei diesem Beispiel die Nahrungskette im Watt.

Eine Internetrecherche durchführen

Eine gute Möglichkeit, Informationen zu beschaffen, bietet das Internet. Allerdings solltet ihr folgende Hinweise bei der Arbeit mit dem Internet beachten.

Zunächst solltet ihr prüfen, ob die Internetrecherche sinnvoll ist. Sie kann sinnvoll sein, wenn

- ihr schnell Informationen benötigt,
- ihr aktuelles Datenmaterial sucht,
- ihr Material benötigt, über das die örtlichen Bibliotheken nicht oder nicht so schnell verfügen können,
- ihr vielleicht noch nicht genau wisst, welche Informationen es zu einem Thema gibt.

Wie finde ich was im Internet?

Am einfachsten ist es, wenn man die Adresse kennt. Sehr häufig wird inzwischen in Zeitungen, Zeitschriften und im Fernsehen die Internetadresse angegeben – sie beginnt mit „www". Achtet darauf, die Adresse genau anzugeben – vor allem die Punkte. Manche Adressen sind naheliegend:
www.deutschland.de
Viele Adressen sind hingegen unbekannt. Sie müssen über „Suchmaschinen" herausgefunden werden. Wichtige Suchmaschinen sind: www.google.de, www.metager.de, www.yahoo.de. Und die bekanntesten Suchmaschinen für Kinder findet ihr unter: www.blindekuh.de oder www.fragfinn.de

Mit Suchmaschinen arbeiten

1. Schritt: Gib den Namen der Suchmaschine ein.
2. Schritt: Auf der Startseite der Suchmaschine gibst du den Suchbegriff ein: „Wattenmeer". Die Suchmaschine durchforstet das ganze Web und du erhältst innerhalb kürzester Zeit auf dem Bildschirm eine Liste mit Internetadressen. An der Statuszeile kannst du ablesen, wie viele Einträge diese Liste umfasst.

3. Schritt: Die Liste ist zu lang? Du kannst deine Auswahl auch durch zwei oder mehr Suchbegriffe einschränken (z.B. „Gefährdungen", „Naturschutzpark").
4. Schritt: Sobald du eine vielversprechende Adresse hast, klickst du mit dem Mauszeiger auf diesen Link. Findest du unter der angezeigten Seite Informationen, die du zur Lösung deiner Fragestellung gebrauchen kannst, solltest du sie komplett oder in Auszügen auf der Festplatte deines Computers speichern und ausdrucken. Gib die Adresse dieser Seite als „Quelle" an, auch wenn du nur Auszüge verwendest. **Und Achtung:** Jeder kann im Internet Inhalte ungeprüft veröffentlichen. Du musst also auch prüfen, von wem die Informationen stammen und – soweit dies geht – ob sie sachlich richtig sind.

Einen Kurzvortrag, ein Kurzreferat halten

Ein Kurzvortrag ist eine mündliche Form der Präsentation, also der Darstellung eines Themas. Ein Kurzvortrag ist in drei Abschnitte gegliedert: Einleitung – Hauptteil – Schluss. Wenn du einen Kurzvortrag zu einem bestimmten Thema halten sollst, beachte folgende Schritte:

1. Das Thema/Problem erfassen: Wie genau lautet das Thema deines Vortrages? Formuliere eine passende Überschrift oder Fragestellung.
2. Informationen recherchieren, sammeln und ordnen: Informationsquellen können dein Schulbuch, weitere Bücher aus Bibliotheken oder das Internet sein. Angesichts der Fülle der Informationen musst du Schwerpunkte festlegen und das vorhandene Material sortieren.
3. Erstelle eine Gliederung für dein Referat. Bedenke, dass es sich um einen kurzen Vortrag handelt (etwa fünf bis zehn Minuten).
4. Du kannst bei deinem Vortrag auch Anschauungsmaterial einsetzen: Bilder, Gegenstände, Tabellen, ein Poster oder Ähnliches sowie Schlüsselwörter an die Tafel schreiben.
5. Referate sollen frei vorgetragen werden. Dabei hilft dir eine Zusammenstellung der wichtigsten Stichwörter auf Karteikarten. Achte dabei auf eine gut lesbare und große Schrift. Beschränke dich auf das Wesentliche. Vermeide komplizierte und verschachtelte Sätze.
6. Damit euer Minireferat gelingt, müsst ihr den Vortrag üben. Es empfiehlt sich, alles einem Freund oder einer Freundin oder der Familie vorzutragen.
7. **Tipps für den eigentlichen Vortrag:**
   - Stelle dich so hin, dass dich alle sehen können.
   - Versuche frei zu sprechen.
   - Orientiere dich an deinen Stichwörtern.
   - Schau beim Sprechen die Zuhörer/Mitschüler an.
8. Nach dem Vortrag können die Zuhörer Rückfragen stellen, um Begriffe und Sachverhalte präzisieren zu können.

Lernplakate erstellen

Das Lernplakat dient der Ergebnissicherung. Mit einem Lernplakat kann man wichtige Lernergebnisse zusammenfassen und das veranschaulichen, was man sich unbedingt merken will und anderen mitteilen möchte.

Lernplakate können gut in Gruppen entworfen werden:

1. Die Teilnehmer legen den Inhalt des Lernplakats fest.
2. Sie verständigen sich über die Aussage, die ihr Plakat vermitteln soll.
3. Sie sammeln Ideen für Materialien und die Überschriften.

Für die Fertigstellung werden Plakatkarton und dicke Filzstifte benötigt. Für kurze Sprüche ist ein Hochformat besser geeignet als ein Querformat. Format, Bild und Text müssen gut zusammenwirken. Die Aussage des Plakats muss auf weite Entfernung lesbar sein.

Tipps zum Erstellen von Plakaten und Folien

Überschrift: Jedes Plakat/jede Folie hat einen Namen.

- Große Schrift: Nur so ist der Text auch lesbar. Bei Plakaten am besten dicke Stifte verwenden.
- Struktur: Der Aufbau muss mit einem Blick erkennbar sein. Da helfen
  - Blockbildung,
  - Trennlinien,
  - Kästen.
- Sinneinheiten sollen räumlich nah beieinander stehen.
- Wichtiges hervorheben: Dies lässt sich durch farbige Schrift, Unterstreichen, Umrahmen oder Schraffieren erreichen.
- Farben: Sie beleben das Plakat/die Folie. Pro Darstellung maximal drei Farben verwenden.
- Bild schlägt Wort: Nicht nur Text, sondern auch Schemazeichnungen, Diagramme oder Bilder verwenden.
- Mut zur Lücke: Auch Freiflächen sind Gestaltungselemente. Mindestens ein Drittel freilassen.
- Fernwirkung: Aus mindestens fünf Metern Entfernung müssen Plakate noch gut lesbar sein. Bei Folien sollte dies auch vom hinteren Bereich des Raumes möglich sein.

Eine Mindmap erstellen

Eine Mindmap ist eine Gedankenlandkarte. Sie hilft, Informationen zu ordnen und besser im Gedächtnis zu behalten. Bei einer Mindmap fängt man in der Mitte an. Mindmaps bestehen aus Hauptästen und Nebenästen. Es werden immer nur Stichwörter aufgeschrieben.

Eine Mindmap zu erstellen, funktioniert in drei Schritten:

- Nehmt ein unliniertes Blatt Papier und schreibt euer Thema/den zentralen Begriff in die Mitte des Blattes.
- Überlegt, welche wichtigen Oberbegriffe euch zu dem Thema einfallen. Von der Mitte ausgehend zeichnet ihr für jeden gefundenen Oberbegriff die Hauptstränge (Äste) und an jedem Ast notiert ihr den Oberbegriff.
- Von den Ästen gehen Zweige ab, an denen ihr die untergeordneten Gesichtspunkte und Begriffe notieren könnt.

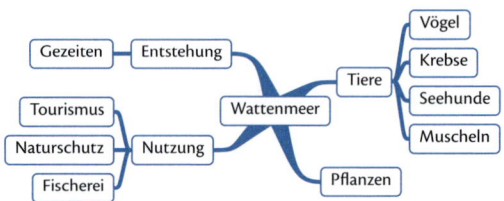

Grundstruktur einer Mindmap

Eine Pro-und-Kontra-Diskussion führen

In einer Pro-und-Kontra-Diskussion werden unterschiedliche Positionen kurz und prägnant einander gegenübergestellt und argumentativ begründet. Die Arbeitstechnik eignet sich für strittige Sachverhalte, die aus eurer Sicht kontrovers diskutiert werden können. Dabei müsst ihr auch Sichtweisen und Begründungen vertreten, die vielleicht nicht eurer eigenen Meinung entsprechen.

A Vorbereitungen:

Folgende Rollen müssen vorab festgelegt werden: Moderator, zwei Anwälte und ein bis vier Sachverständige. Alle übrigen Schüler bilden das Publikum. Der Moderator erhält einen Ablaufplan.

Sachverständige und Anwälte bereiten sich in vorgelagerten Arbeitsgruppen intensiv auf ihre Aufgabe vor. Das spätere Publikum kann daran beteiligt werden.

B Ablauf:

Eine Pro-und-Kontra-Diskussion kann in sieben Phasen unterteilt werden:

1. Eröffnung (5 Min.): Der Moderator eröffnet die Diskussion, begrüßt die Teilnehmer, verweist auf die Spielregeln und nennt das Thema.
2. Erste Abstimmung (5 Min.): Vor der Diskussion stimmt das Publikum das erste Mal geheim über eine strittige Frage zum Thema ab. Das Ergebnis wird festgehalten.
3. Plädoyers (2 Min.): Die Anwälte halten Eingangsplädoyers: Sowohl der Pro-Anwalt als auch der Kontra-Anwalt erhalten dafür eine Minute Zeit. Beide begründen ihre Position und werben um Zustimmung.
4. Befragung der Sachverständigen (5 bis 20 Min.): Maximal vier Sachverständige, die nicht diskutieren dürfen, sondern nur auf Fragen antworten, werden von den Anwälten abwechselnd befragt.
5. Schlussplädoyers (2 Min.): Jeder Anwalt erhält wiederum eine Minute Zeit, um seine Position zu verdeutlichen, indem er auf die Aussagen der Sachverständigen eingeht.
6. Zweite Abstimmung (5 Min.): Nach der Diskussion stimmt das Publikum erneut ab, um festzustellen, ob einige Zuhörer ihre Meinung geändert haben.
7. Auswertungsgespräch (20 bis 30 Min.): Im Anschluss an eine Pro-und-Kontra-Diskussion findet eine Auswertung statt. Bei diesem Gespräch werden die Plausibilität und Überzeugungskraft der Argumente diskutiert.

Lexikon

Abraum (S. 168): Gesteins- oder Erdmassen, die abgetragen werden müssen, um Bodenschätze abbauen zu können, zum Beispiel beim Braunkohlentagebau.

Ackerbau (S. 72): Teil der Landwirtschaft, bei dem Nutzpflanzen (z. B. Weizen, Mais, Kartoffeln) auf unterschiedlich großen Feldern angebaut werden. Zum Ackerbau gehören das Pflügen und der → *Fruchtwechsel*.

Äquator (S. 16): (lat. *aequus* = gleich) der Kreis um die Erdkugel, der an allen Punkten denselben Abstand von den → *Polen* hat. Er teilt die Erde in Nord- und Südhalbkugel und hat eine Länge von rund 40 000 Kilometern. Im → *Gradnetz* ist ihm 0° Breite zugewiesen und er ist der größte → *Breitenkreis*.

Bannwald (S. 139): Wald, der unter Schutz gestellt worden ist und der nicht gerodet werden darf. Er dient in Gebirgen als Schutz vor → *Lawinen*.

Basalt (S. 46): dunkles, oft schwarzes Gestein; entsteht, wenn dünnflüssiges Gestein aus dem Erdinnern an der Erdoberfläche austritt und relativ schnell erkaltet.

Bergwald (S. 139): Wald in Gebirgen, der zumeist zwischen 700 und 1400 Metern Höhe wächst.

Bevölkerungsdichte (S. 176): Ergebnis der Teilung aus der Bevölkerungszahl und der Fläche eines Gebietes; meist auf ein Land oder einen Landesteil bezogen und in „Einwohner/km²" angegeben.

Boden (S. 72): oberste Verwitterungsschicht der Erdkruste, die außer zerkleinertem Gestein auch → *Humus*, kleine Lebewesen, Luft und Wasser enthält.

Börde (S. 76): ebene und baumarme Landschaft am Nordrand der → *Mittelgebirge*. Auf den fruchtbaren Böden, die sich auf den Ablagerungen des → *Löss* entwickelt haben, werden vorwiegend Weizen, Zuckerrüben und Gerste angebaut.

Brandrodung (S. 126): Abbrennen von Wald, Busch- oder Grasland, damit es als Ackerland genutzt werden kann.

Breitenkreis (S. 16): im → *Gradnetz* Linien, die parallel, d. h. mit gleichem Abstand zum → *Äquator* um die Erde verlaufen.

Brettwurzel (S. 123): oberirdische, bis zu 10 m hohe, flügelförmige Wurzeln von hohen Bäumen im → *tropischen Regenwald*.

Bruttonationaleinkommen (BNE) (S. 63): Maß für die wirtschaftliche Leistung einer Volkswirtschaft in einem Jahr in Geldwerten; es umfasst den Wert der Sachgüter und Dienstleistungen, die über einen Markt abgesetzt werden, also nicht die Leistungen im Privathaushalt. Nicht einbezogen werden Produktionen ausländischer Unternehmen im Inland, wohl aber die Erträge von inländischen Unternehmen im Ausland.

Bundeshauptstadt (S. 56): Sitz der Regierung und des Parlaments eines Bundesstaates.

City (S. 55): die Innenstadt von Großstädten, in der sich das Geschäftsviertel befindet.

Dorf (S. 176): ländliche Siedlung mit überwiegend bäuerlichen Betrieben; heute auch Bezeichnung für eine Siedlung, die nicht die Merkmale einer Stadt hat.

Dauerfrostboden (S. 108): ständig gefrorener Boden, der nur in den Sommermonaten an der Oberfläche auftaut.

Düne (S. 115): Sandhügel, der vom Wind angeweht worden ist.

Durchbruchstal (S. 47): enges Flusstal im Gebirge. Der Fluss hat sich bei der Heraushebung des Gebirges tief in das Gestein eingeschnitten.

Ebbe (S. 144): → *Gezeiten*.

Eiszeit (S. 76): Vor etwa zwei Millionen Jahren begann ein Zeitabschnitt der Erde, der durch den Wechsel von wärmeren und kälteren Abschnitten gekennzeichnet ist. Während der Kaltzeiten drangen Gletscher aus Skandinavien bis nach Norddeutschland vor. Die letzte Eiszeit endete vor ca. 10 000 Jahren.

Erdöl (S. 162): wichtiger Brennstoff, entstanden unter Luftabschluss und Druck aus organischem Material; Erdöl ist Ausgangsstoff zur Herstellung von Treibstoff, chemischen Produkten, Kunststoffen, Arzneimitteln usw.

Erdrotation (S. 15): Eigendrehung der Erde um ihre Achse von West nach Ost, die im Zeitraum von 24 Stunden vollzogen wird. Sie bewirkt die Entstehung von Tag und Nacht.

Erg (S. 115): bezeichnet eine Sandwüste. Typisch für einen Erg sind → *Dünen*.

Flut (S. 144): → *Gezeiten*.

fossiler Brennstoff (S. 168): in erdgeschichtlicher Vergangenheit entstandener und nicht erneuerbarer Energieträger wie Braunkohle, Steinkohle, Torf, Erdgas und → *Erdöl*.

Fruchtwechsel (S. 77): eine mehrjährige Abfolge unterschiedlicher Anbaufrüchte auf demselben Feld. Der Fruchtwechsel verhindert, dass der → *Boden* einseitig beansprucht wird.

Gezeiten (S. 146): das regelmäßige Heben und Senken des → *Meeresspiegels* an der Küste. Das Sinken des Wassers wird als „Ebbe" bezeichnet, das Ansteigen als „Flut".

Globus (S. 16): (lat. Kugel) ein verkleinertes, kugelförmiges Abbild der Erde. Er ist gewöhnlich mit einer durch die → *Pole* gehenden Achse befestigt und drehbar.

Gradnetz (S. 16): ein Netz aus (gedachten) → *Längen- und* → *Breitenkreisen*, das den → *Globus* überzieht. Es dient der Orientierung und der genauen Lagebestimmung von Orten auf der Erdkugel.

Großlandschaft (S. 40): Deutschland wird in drei Großlandschaften eingeteilt:

Norddeutsches Tiefland: tief gelegenes Land mit geringen Höhenunterschieden. Die Landhöhen betragen zwischen 2, 3 Meter unter dem Meeresspiegel bis 200 Meter über dem → *Meeresspiegel*.

Mittelgebirgsland: abwechslungsreiche Landschaft mit gerundeten Formen und Höhen bis zu 1 500 Meter.

Alpenvorland und Alpen: Höhen von 500 bis 1 500 Meter (Alpenvorland) und über 1 500 Meter (Alpen).

Hamada (S. 114): Fels- oder Steinwüste. Eine Hamada enthält nur wenig Sand.

Hightechindustrie (S. 180): Sparte der Industrie, die sich mit Hochtechnologien beschäftigt. Dazu gehören etwa Biotechnologie und Medizintechnik sowie optische Technologien und Raumfahrttechnik.

Höhenlage (S. 37): Lage eines Punktes der Erdoberfläche in Bezug auf seine Höhe über dem → *Meeresspiegel*.

Höhenlinie (S. 36): verbindet alle Punkte, die in gleicher Höhe über dem → *Meeresspiegel* liegen. Mithilfe solcher Höhenlinien stellt man Geländeformen auf Karten dar.

Höhenpunkt (S. 37): Punkt in einer Karte, dessen Höhe über dem → *Meeresspiegel* bekannt und angegeben ist.

Höhenschicht (S. 36): durch → *Höhenlinien* begrenzte Schicht der Erdoberfläche; wird in → *physischen Karten* als Fläche abgebildet.

Humus (S. 123): oberste Bodenschicht, bestehend aus abgestorbenen und zersetzten Pflanzen, zum Teil auch aus Kleintieren; meist sehr fruchtbar.

Infrastruktur (S. 62): für die wirtschaftliche Entwicklung eines Gebietes und das Zusammenleben der Menschen notwendige Einrichtungen: z. B. Verkehrswege, Schulen, Krankenhäuser.

Inlandeis (S. 105): mehrere tausend Meter dicke Eismasse, die große Teile einer Landfläche bedeckt (z. B. Grönland, Antarktis).

Inuit (S. 111): Angehöriger der ethnischen Gruppe mit gleicher Sprache und Kultur, deren Siedlungsgebiete in den arktischen Regionen Kanadas und auf Grönland liegen.

Jahreszeitenklima (S. 121): durch deutliche Temperaturunterschiede zwischen Sommer und Winter entstehen vier Jahreszeiten mit Frühling und Herbst als Übergangszeiten.

Karte (S. 22): maßstäblich verkleinerte und erläuterte Grundrissdarstellung eines Ausschnittes der Erdoberfläche.

Klima (S. 100): Zum Klima gehören Temperatur, Niederschlag, Luftdruck, Wind, Luftfeuchtigkeit, Sonnenscheindauer und Bewölkung. Das Klima eines Raumes wird über einen langen Zeitraum (circa 30 Jahre) gemessen.

Kohlenstoffdioxid (CO$_2$) (S. 89): Gas in der → *Atmosphäre*. Es entsteht bei der Verbrennung von Holz und → *fossilen Brennstoffen*.

Koks (S. 168): Brennstoff, der aus Steinkohle gewonnen wird. Koks ist reiner als Steinkohle, hat einen hohen Brennwert und wird deshalb in der Stahlindustrie verwendet.

Kompass (S. 20): Gerät zur Bestimmung der Nordrichtung und somit auch aller anderen Himmelsrichtungen. Die gebräuchlichste Form des Kompasses besitzt eine Magnetnadel, die sich durch das Magnetfeld der Erde in Nord-Süd-Richtung einpendelt.

Kontinent (S. 18): (lat. continens = zusammenhängend) Bezeichnung für die großen Festlandsmassen im Gegensatz zu Meeren und Inseln. Die sieben Kontinente (Erdteile) sind Europa, Asien, Afrika, Australien, Nordamerika, Südamerika und die Antarktis (Antarktika). Größter Kontinent ist Asien, kleinster Australien.

ländlicher Raum (S. 60): Landschaftsraum, der anders als Großstädte und stadtähnliche Siedlungsräume eine geringe → *Bevölkerungsdichte* und einen höheren Flächenanteil an Landwirtschafts- und Naturflächen hat.

Längenkreis (S. 16): Kreis, der durch beide → *Pole* senkrecht zum → *Äquator* um die Erdkugel verläuft. Ein Längenkreis besteht aus zwei Halbkreisen (→ *Meridiane*).

Lawine (S. 139): die an Gebirgshängen plötzlich abrutschenden großen Schnee- und Eismassen.

Legende (S. 37): Zusammenstellung und Erläuterung der auf einer Karte verwendeten Signaturen (Zeichen).

Löss (S. 76): gelbliches, kalkhaltiges Lockergestein. In Deutschland wurde es während der → *Eiszeit* als Staub vom Wind am Nordrand der → *Mittelgebirge* abgelagert.

Maar (S. 47): kreisförmiger See in der Eifel, der in der trichterförmigen Vertiefung eines → *Vulkans* entstanden ist.

Massentourismus (S. 138): Sonderform des → *Tourismus*, bei dem sehr hohe Gästezahlen erreicht werden. Oft ändert sich das Landschaftsbild durch die großen Besucherströme erheblich, weil zumeist Flughafenanlagen, viele Hotels, Wege, Straßen, Parkplätze und andere Versorgungseinrichtungen gebaut werden müssen. Damit ist auch oft eine hohe Umweltbelastung in den jeweiligen Reisegebieten verbunden.

Mechanisierung (S. 77): Einsatz von technischen Hilfsmitteln, um sowohl anstrengende als auch gefährliche Arbeiten durch Maschinen ausführen zu lassen, zugleich auch mehr zu produzieren.

Meeresspiegel (S. 36): Bezeichnung für die Höhe der Oberfläche des Meeres. Er wird als Bezugsfläche für Höhenmessungen herangezogen. Der mittlere Meeresspiegel entspricht Normalnull (NN).

Meridian (S. 16): Halbkreis im → *Gradnetz*, senkrecht zum → *Äquator*, der von → *Pol* zu Pol verläuft. Meridiane werden auch als „Längengrade" bezeichnet.

Mittelgebirge (S. 46): Gebirge mit einer Höhenlage von 200 bis 1500 m. Die Berge haben weniger schroffe und steile Formen und sind waldreich, häufig bis in die Gipfellagen.

Mitternachtssonne (S. 106): Während des → *Polartags* geht die Sonne nicht unter. Sie ist also auch um Mitternacht sichtbar.

Monokultur (S. 127): (lat. *mono* = eins) Feldbau, bei dem eine Nutzpflanze auf großen Flächen über viele Jahre angebaut wird.

nachhaltiger Tourismus (S. 135): auch sanfter Tourismus, Form des → *Tourismus*, bei der im Gegensatz zum → *Massentourismus* auf den Erhalt und die Verbesserung der Natur und der Lebensbedingungen der einheimischen Menschen geachtet wird.

nachwachsender Rohstoff (S. 88): Es wird zwischen erneuerbaren (regenerativen, nachwachsenden) und nicht erneuerbaren → *Rohstoffen* unterschieden.

Naherholungsgebiet (S. 140): Gebiet, das der Erholung und der Freizeitgestaltung dient. Naherholungsgebiete werden meist am Wochenende genutzt und liegen weitgehend in der Nähe der Wohnung bzw. nicht weiter als 100 Kilometer oder zwei Stunden Fahrzeit vom Wohnort entfernt.

Nationalpark (S. 42): großer natürlicher Landschaftsraum, der wegen seiner besonderen Eigenart und Einmaligkeit erhalten werden soll und deshalb unter Schutz gestellt ist.

Naturpark (S. 42): möglichst weiträumiger, naturnaher Landschaftsbereich, der sich für die Erholung der Menschen besonders eignet und im gegenwärtigen Zustand erhalten bleiben soll.

Niederschlag (S. 72): alle aus der → *Atmosphäre* zur Erdoberfläche fallenden oder sich dort erst bildenden Formen des Wassers. Von den fallenden Niederschlägen wie Regen, Schnee und Graupel werden die abgesetzten Niederschläge wie Tau und Reif, die sich unmittelbar an der Erdoberfläche ausbilden, unterschieden.

Nordpol (S. 16): → *Pol*.

Oase (S. 116): Gebiet in einer → *Wüste* oder an ihrem Rand, in dem durch dort vorhandenes Wasser üppiges Pflanzenwachstum möglich ist.

ökologische Landwirtschaft (S. 86): (auch biologische oder alternative Landwirtschaft): Form der Landwirtschaft, die die Erhaltung des natürlichen Gleichgewichts und der Nährstoffkreisläufe anstrebt. Hierbei wird ein vielfältiger Ackerbau mit artgerechter Haltung von Tieren kombiniert. Da keine chemischen → *Pflanzenschutzmittel* und Dünger verwendet werden, sinkt der Ertrag und der Arbeitsaufwand wird höher. Folglich müssen die Betriebe klein sein. Die Landwirte können davon leben, weil viele Menschen bereit sind, für gesündere Nahrungsmittel höhere Preise zu bezahlen.

Ozean (S. 18): (griech. okeanos = Weltmeer) Durch die Lage der → *Kontinente* wird die Wassermasse der Erde in drei Ozeane geteilt, den Pazifischen, den Atlantischen und den Indischen Ozean. Zu den Ozeanen gehören die Nebenmeere, die von den Ozeanen durch Inseln oder Halbinseln abgetrennt sind.

Patent (S. 181): zeitlich begrenztes gewerbliches Schutzrecht für eine Erfindung oder ein neues Verfahren. Der Inhaber des Patents ist berechtigt, anderen die Benutzung der Erfindung zu untersagen.

Pendler (S. 60): Viele Menschen leben im → *Umland* großer Städte, obwohl sie ihren Arbeitsplatz, ihre Schule oder Universität in der Stadt haben. Deshalb fahren sie täglich vom Umland in die Stadt und nach Arbeits- oder Schulschluss wieder ins Umland zurück. Sie sind Pendler.

Pflanzenschutzmittel (S. 88): Stoff, der Pflanzen vor Schädlingen, wie Tieren, Mikroorganismen oder Krankheiten schützt.

physische Karte (S. 37): → *Karte* der Oberflächengestalt der Erde oder eines bestimmten Raumes; neben Gebirgen, Tiefländern und Gewässern enthält sie zur Orientierung Grenzen, Orte und Verkehrswege.

Planet (S. 14): Himmelskörper, der sich auf einer festen Bahn um eine Sonne bewegt.

Plantage (S. 127): Landwirtschaftlicher Großbetrieb in den Tropen mit einseitiger Ausrichtung (→ *Monokultur*) zum Erzeugen von Produkten für den Weltmarkt (z. B. Kaffee).

Pol (S. 104): Unter den geographischen Polen versteht man die beiden als → *Nordpol* und → *Südpol* bezeichneten Endpunkte der Erdachse.

Polarnacht (S. 106): Zeit, in der die Sonne länger als 24 Stunden lang nicht scheint, weil sie unter dem Horizont bleibt und nicht aufgeht. Diese Erscheinung tritt nur zwischen den Polarkreisen und den → *Polen* auf. Ursache dafür ist die Neigung der Erdachse gegenüber ihrer Umlaufbahn um die Sonne.

Polartag (S. 106): Zeit, in der die Sonne länger als 24 Stunden lang scheint, weil sie über dem Horizont bleibt. Je nach Lage ist der Polartag unterschiedlich lang. Während der Polartag am Polarkreis einen Tag dauert, ist er an den → *Polen* ein halbes Jahr lang.

Priel (S. 144): natürliche Entwässerungsrinne im → *Watt*, in der das Meerwasser bei → *Ebbe* abfließt.

primärer Sektor (S. 162): → *Wirtschaftssektor*.

Rekultivierung (S. 172): Neugestaltung eines durch wirtschaftliche Nutzung (z. B. Braunkohlentagebau) stark veränderten und verwüsteten Landschaftsraumes. Die Folgelandschaft kann landwirtschaftlich, forstwirtschaftlich oder als Erholungsgebiet genutzt werden.

Rohstoff (S. 162): Naturstoffe, die in der Erdkruste oder in Gewässern vorgefunden oder durch Land- und Forstwirtschaft erzeugt werden.

sanfter Tourismus (S. 140): → *nachhaltiger Tourismus*.

Schaltjahr (S. 15): Der Erdumlauf um die Sonne dauert 365 Tage und ungefähr 6 Stunden. Die Abweichung zum Kalenderjahr, das 365 Tage umfasst, wird dadurch ausgeglichen, dass jedes vierte Jahr ein Schaltjahr ist, das mit dem zusätzlichen Tag, dem 29. Februar, 366 Tage hat. Die nächsten Schaltjahre sind 2020 und 2024.

Schelfeis (S. 105): große Eisplatte, die auf dem Meer schwimmt und mit einem Gletscher an Land fest verbunden ist. Am Rande des Schelfeises brechen Eisberge ab.

Schiefer (S. 42): Gesteine, die sich in dünne Platten aufspalten lassen; Schiefer entstehen durch Verfestigung von zunächst lockeren Ablagerungen zu einem festen Gestein.

sekundärer Sektor (S. 162): → *Wirtschaftssektor*.

Sekundärwald (S. 121): nach Rodung oder → *Brandrodung* nachwachsender Wald; weniger artenreich als der ursprüngliche Wald.

Serir (S. 115): Geröll- oder Kieswüste.

Sonderkultur (S. 85): Sammelbegriff für arbeits- und kapitalintensive Kulturen in der Landwirtschaft. Sie sind ein- oder mehrjährig und stellen oft auch besondere Ansprüche an Boden und Klima. Beispiele sind Feldgemüse, Spargel, Wein, Obst, Hopfen und Tabak.

Sonnensystem (S. 14): Zum Sonnensystem gehören die Sonne, die → *Planeten* und ihre Monde sowie alle übrigen die Sonne umkreisenden Himmelskörper.

Standortbedingungen (S. 179): Voraussetzungen für die Ansiedlung und Entwicklung von Wirtschaftsunternehmen und Verwaltungen; günstige Standortbedingungen oder auch -faktoren sind z. B. die Verfügbarkeit von → *Rohstoffen* und Wasser, Verkehrswege, Arbeitskräfte, Lohnniveau, Steuervorteile, die Nähe von Zulieferern und Absatzmärkten. In der Landwirtschaft sind dies: Bodenqualität, Klima und Marktlage.

Stockwerkbau (S. 122): Aufbau von verschiedenen Pflanzen; in einer → *Oase* drei Stockwerke (Gemüse und Getreide, Obstbäume, Dattelpalmen), im → *tropischen Regenwald* vier Stockwerke (Bodenschicht, Strauchschicht und junge Bäume, ausgewachsene Bäume, Urwaldriesen).

Strukturwandel (S. 77): Veränderungen in der Wirtschaft durch Veränderungen in Angebot und Nachfrage, zum Beispiel der Niedergang des deutschen Steinkohlenbergbaus vor dem Hintergrund der wachsenden Umstellung auf Erdöl und Erdgas als Energielieferant.

Südpol (S. 16): → *Pol.*

Tagebau (S. 168): Abbau von → *Rohstoffen*, die dicht unter der Erdoberfläche liegen, in offenen Gruben.

tertiärer Sektor (S. 162): → *Wirtschaftssektor.*

thematische Karte (S. 70): Darstellung von Sachverhalten in einer → *Karte*, die nicht wie bei einer topographischen Karte oder → *physischen Karte* der Darstellung der Oberflächengestalt und der Orientierung dient, zum Beispiel Bodennutzungskarten, Industriekarten, Wirtschaftskarten und Wetterkarten.

Tourismus (S. 134): gleichbedeutend mit Fremdenverkehr; er umfasst alle Bereiche, die mit dem Reisen und dem Umsorgen der Gäste zu tun haben.

tropischer Regenwald (S. 121): immergrüner Wald der Tropen, der charakterisiert wird durch üppiges Wachstum, Artenreichtum und ausgeprägten → *Stockwerkbau*. Reichliche, über das ganze Jahr gleichmäßig verteilte Niederschläge (2000–4000 mm im Jahr) und gleichbleibend hohe Temperaturen (im Mittel um 25 °C) kennzeichnen das → *Klima.*

Tundra (S. 108): baumlose Vegetation der Subpolargebiete mit Moosen, Flechten, Gräsern und Zwergsträuchern. Die Sommer sind kurz und kühl (6–10 °C), die Winter lang und kalt (unter –8 °C) mit einer Schneedecke bis zu 300 Tagen im Jahr. Charakteristisch ist der → *Dauerfrost.*

Umland (S. 60): Vororte rund um eine Stadt, deren Einwohner eng mit der Stadt verbunden sind, weil sie dort ihre Arbeitsplätze haben, zur Schule gehen oder einkaufen. Viele Stadtbewohner sind in das stadtnahe Umland gezogen; sie arbeiten in der Stadt und wohnen im Grünen.

Verdichtungsraum (S. 176): Gebiet oder Raum, in dem sehr viele Menschen leben. Kennzeichnend ist eine Vielzahl von Wohn- und Arbeitsstätten und ein dicht ausgebautes Verkehrsnetz. Oft wachsen so Städte zusammen.

Verkehrsknotenpunkt (S. 182): Kreuzungspunkt wichtiger → *Verkehrswege* und → *Verkehrsmittel*, wie z. B. Autobahnkreuze, Flughäfen oder Bahnhöfe.

Verkehrsmittel (S. 140): bezeichnet alle Möglichkeiten zur Beförderung von Personen oder Waren, z. B. Auto, Schiff, Flugzeug.

Verkehrsweg (S. 134): Strecken für den Transport von Personen und Waren, z. B. Straßen, Schienen und Wasserstraßen.

Verwitterung (S. 114): Zerkleinerung und Zersetzung festen Gesteins zu lockerem Material (Gesteinsschutt, Minerale) durch physikalische, chemische und biologische Prozesse.

Vulkan (S. 47): durch Vordringen von heißem, dünnflüssigem Gestein bis an die Erdoberfläche entstandener regelmäßiger oder unregelmäßiger Ausstoß von Lava, Gesteinsbrocken, Gas und Asche.

vulkanisches Gestein (S. 46): Gestein, das durch das schnelle Abkühlen von heißem, dünnflüssigem Gestein aus dem Erdinnern an der Erdoberfläche entstanden ist.

Wadi (S. 114): (arab.) Bezeichnung für ein Flusstal ohne Wasserführung in den Wüsten Nordafrikas und Westasiens. Nach Niederschlägen kann es wieder Wasser führen.

Wanderfeldbau (S. 126): (engl. shifting cultivation) Verlegung der Anbauflächen und Siedlungen in tropischen Gebieten bei nachlassender Fruchtbarkeit der Böden. Neue Anbauflächen werden meist durch → *Brandrodung* gewonnen.

Wattenmeer (S. 144): Küstensaum an der Nordseeküste, der im Wirkungsbereich der → *Gezeiten* liegt. Durch → *Ebbe* und → *Flut* werden schlickige Bestandteile angelandet. Bei Ebbe ist der Meeresboden wasserfrei, bei Flut vom Meerwasser bedeckt. Das Watt ist reich an Lebewesen. Der bei Ebbe wasserfreie Meeresboden ist das Watt.

Wirtschaftssektor (S. 162): Der primäre Sektor (z. B. Landwirtschaft), der sekundäre Sektor (z. B. Industrie) und der tertiäre Sektor (Dienstleistungen) bilden zusammen die drei Wirtschaftssektoren.

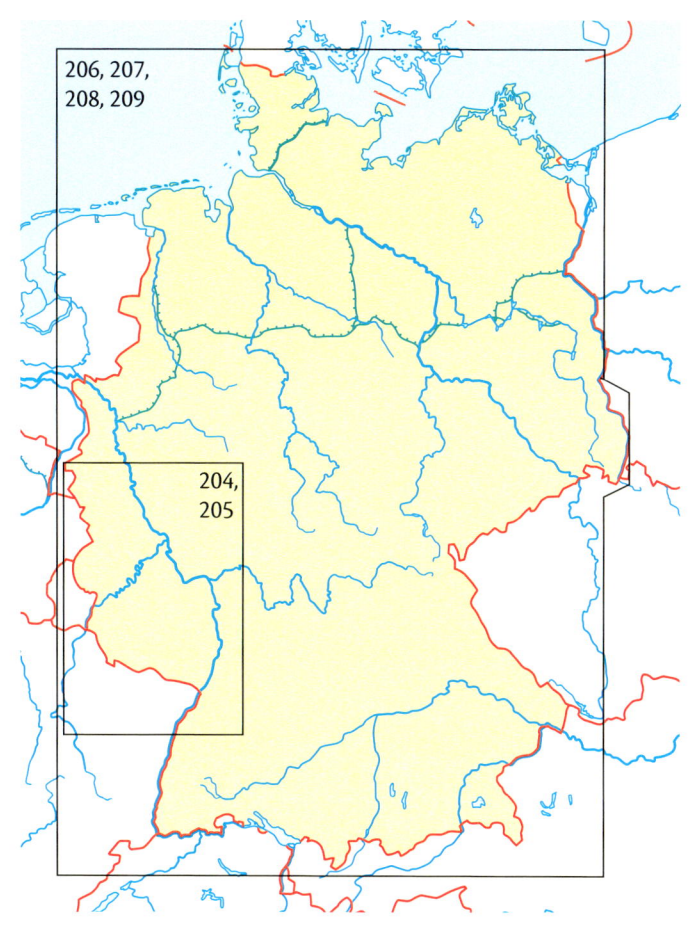

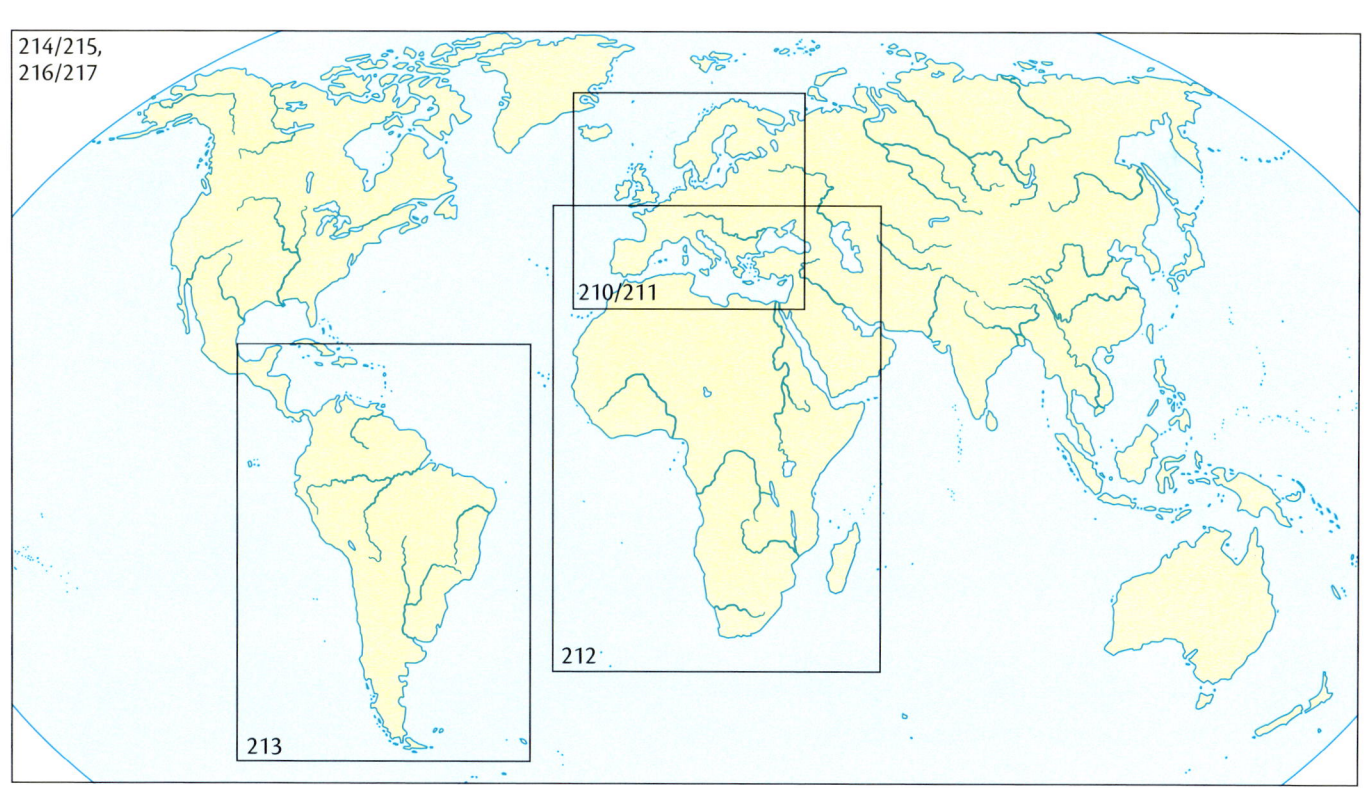

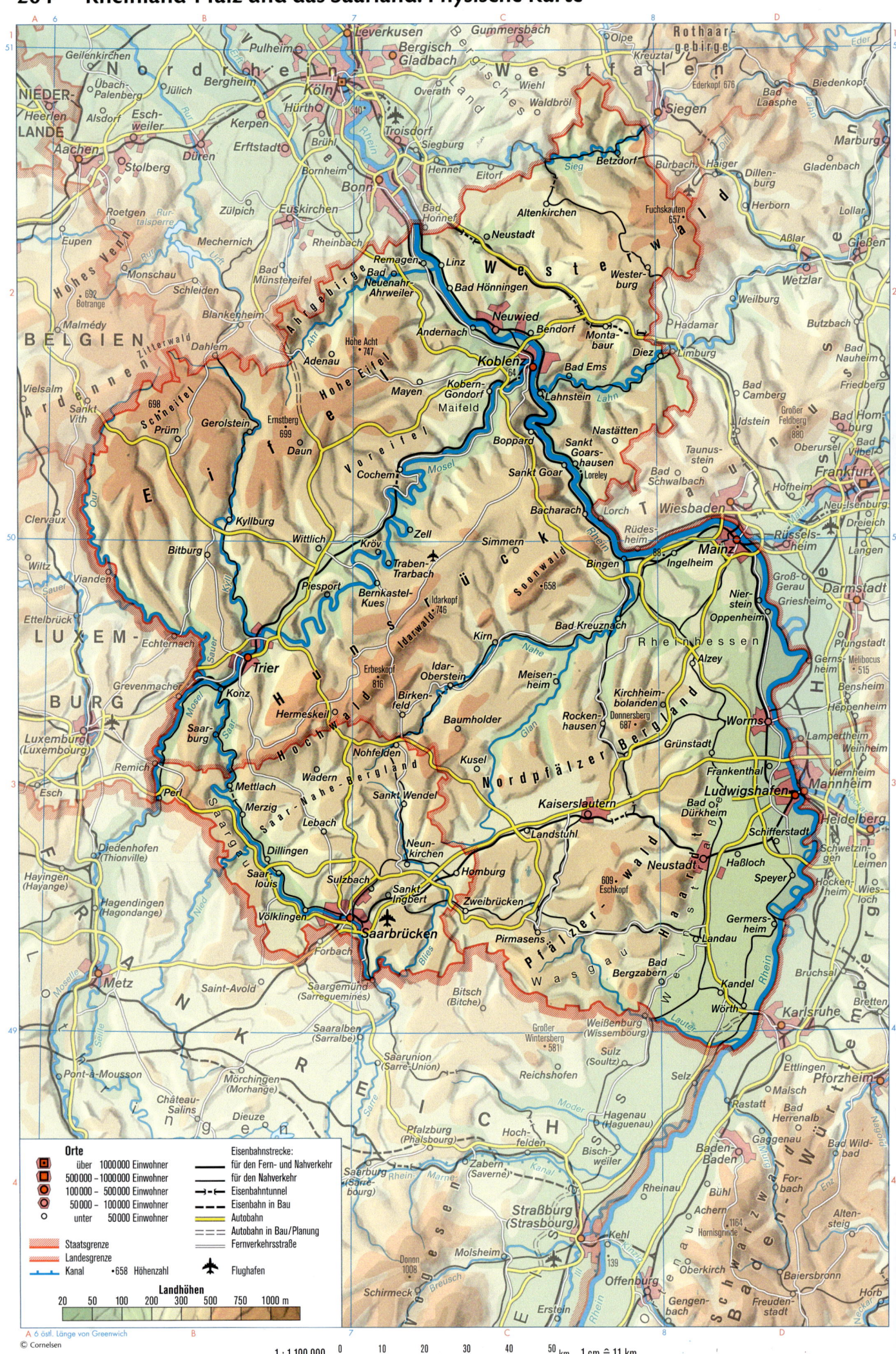

Orte

◉	über 1 000 000 Einwohner	
◻	500 000 – 1 000 000 Einwohner	
◉	100 000 – 500 000 Einwohner	
◉	50 000 – 100 000 Einwohner	
○	unter 50 000 Einwohner	

Eisenbahnstrecke:
— für den Fern- und Nahverkehr
— für den Nahverkehr
—+— Eisenbahntunnel
--- Eisenbahn in Bau
— Autobahn
—— Autobahn in Bau/Planung
--- Fernverkehrsstraße
✈ Flughafen

Staatsgrenze
Landesgrenze
Kanal •658 Höhenzahl

Landhöhen
20 50 100 200 300 500 750 1000 m

A 6 östl. Länge von Greenwich B
© Cornelsen

1 : 1 100 000   0   10   20   30   40   50 km   1 cm ≙ 11 km

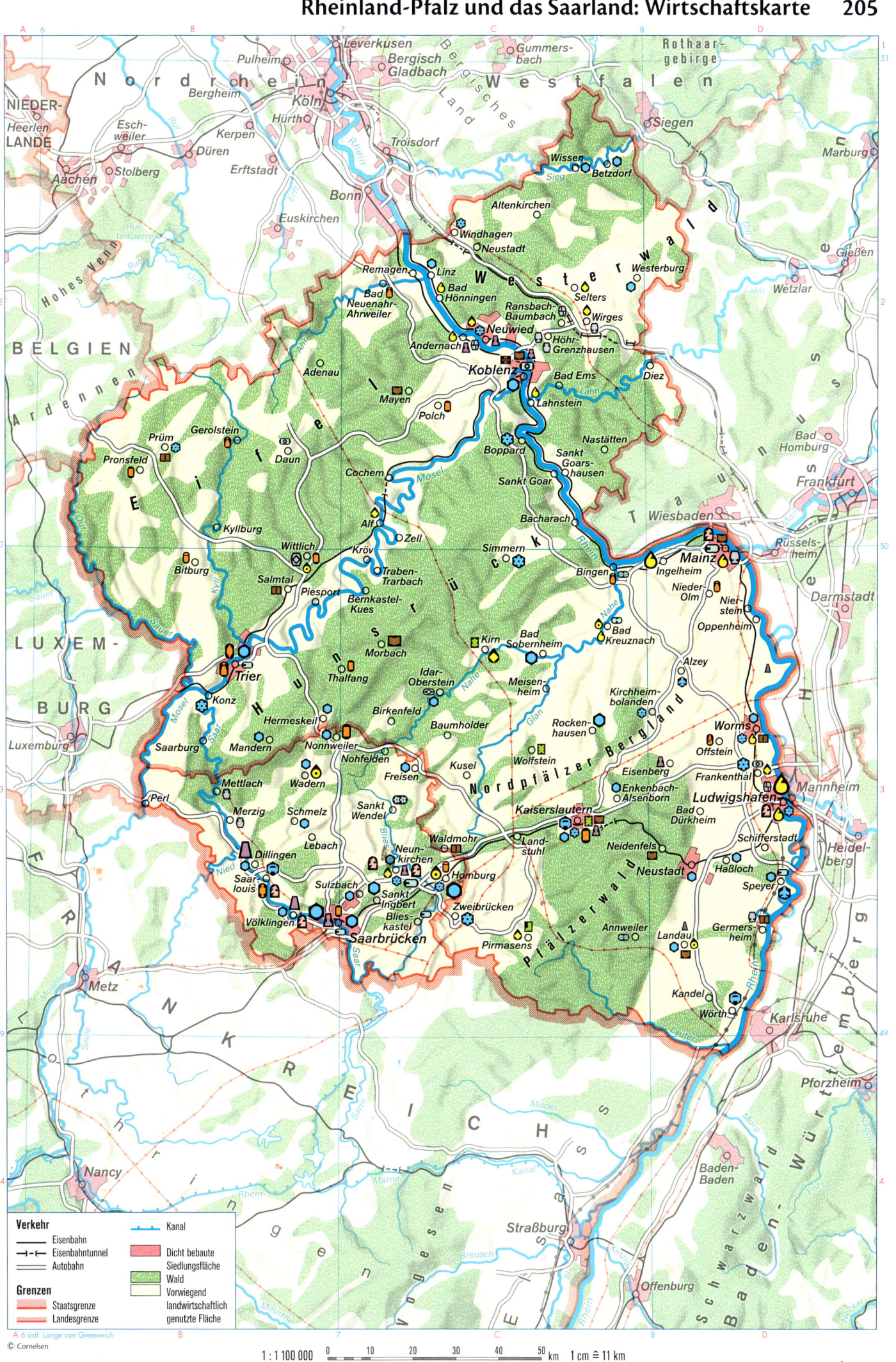

Verkehr

— Eisenbahn
⊢→⊣⊢-⊣ Eisenbahntunnel
— Autobahn
— Kanal

Grenzen
▨ Staatsgrenze
▨ Landesgrenze

Dicht bebaute
Siedlungsfläche
Wald
Vorwiegend
landwirtschaftlich
genutzte Fläche

© Cornelsen

A 6 östl. Länge von Greenwich

1 : 1 100 000   0 10 20 30 40 50 km   1 cm ≙ 11 km

1 : 3 300 000   0   50   100   150   200 km   1 cm ≙ 33 km

© Cornelsen

Deutschland: Politische Gliederung

Legende:
- Staatsgrenze
- Landesgrenze
- Grenze der Regierungsbezirke
- *Köln* Name eines Regierungsbezirks
- Hauptstadt eines Staates
- Landeshauptstadt
- Verwaltungssitz eines Regierungsbezirks

DÄNEMARK

POLEN

NIEDER-LANDE

BELGIEN

LUXEMBURG

FRANKREICH

SCHWEIZ

ÖSTERREICH

LIECHTENSTEIN · Vaduz

TSCHECHISCHE REPUBLIK

Nordsee · Ostsee

Schleswig-Holstein — Kiel

Hamburg

Mecklenburg-Vorpommern — Schwerin

Bremen

Niedersachsen — Hannover

Sachsen-Anhalt — Magdeburg

Berlin — Berlin

Brandenburg — Potsdam

Nordrhein-Westfalen
- Münster (Münster)
- Detmold (Detmold)
- Arnsberg (Arnsberg)
- Düsseldorf (Düsseldorf)
- Köln (Köln)

Kassel (Kassel)

Hessen
- Gießen (Gießen)
- Darmstadt (Darmstadt)
- Wiesbaden

Thüringen — Erfurt

Sachsen — Dresden

Rheinland-Pfalz — Mainz

Saarland — Saarbrücken

Unterfranken — Würzburg

Oberfranken — Bayreuth

Mittelfranken — Ansbach

Oberpfalz — Regensburg

Baden-Württemberg
- Karlsruhe (Karlsruhe)
- Stuttgart (Stuttgart)
- Tübingen (Tübingen)
- Freiburg (Freiburg)

Bayern
- Schwaben — Augsburg
- Oberbayern — München
- Niederbayern — Landshut

Flüsse: Rhein, Weser, Ems, Elbe, Oder, Main, Mosel, Neckar, Donau, Saale, Werra, Fulda, Ruhr, Maas, Eger, Moldau, Isar, Lech, Inn

Prag

Bodensee

© Cornelsen

1 : 3 300 000   0   50   100   150   200 km   1 cm ≙ 33 km

8° östl. Länge von Greenwich

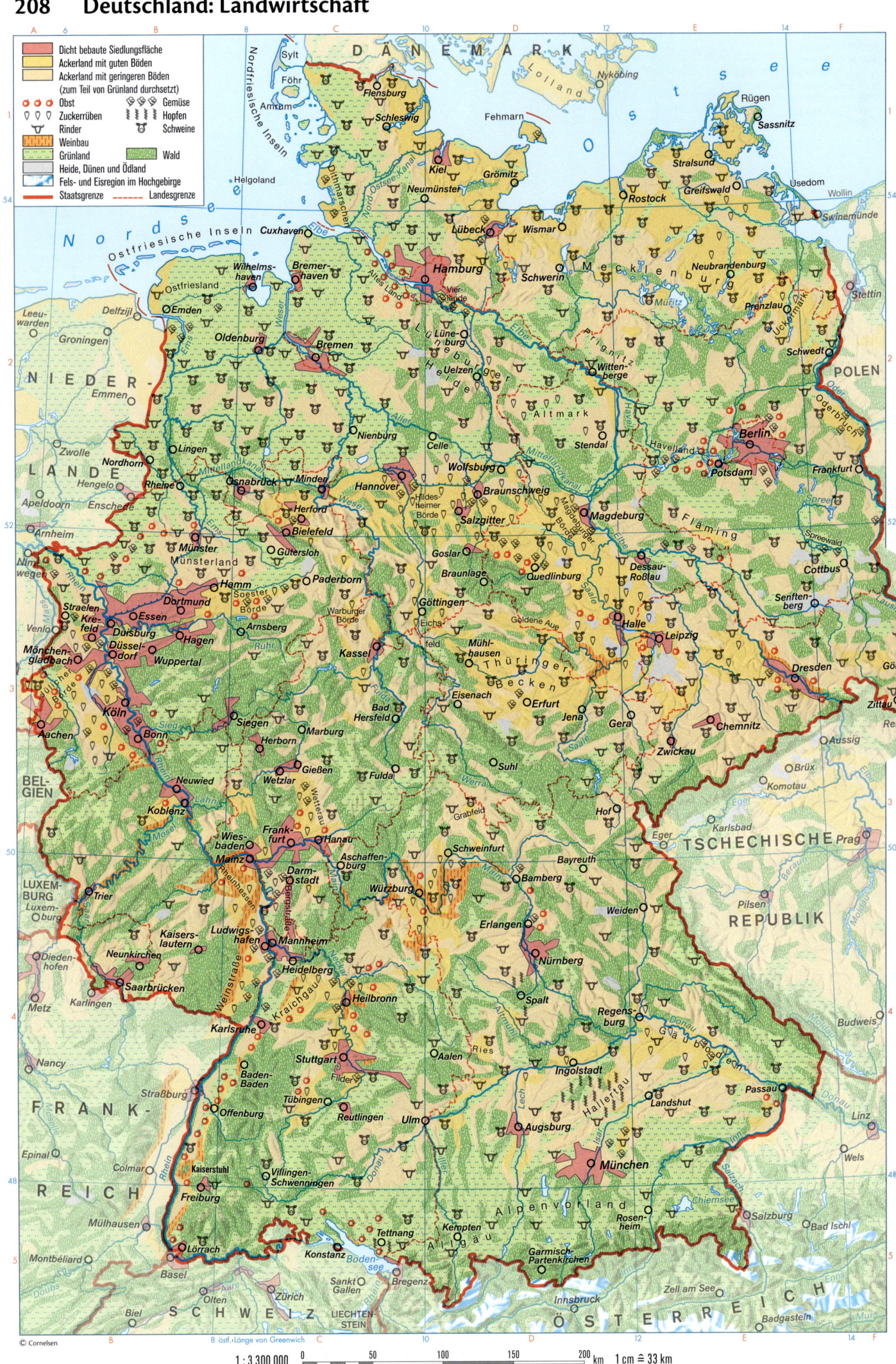

Legende

- Dicht bebaute Siedlungsfläche
- Ackerland mit guten Böden
- Ackerland mit geringeren Böden (zum Teil von Grünland durchsetzt)
- Obst
- Zuckerrüben
- Rinder
- Weinbau
- Grünland
- Heide, Dünen und Ödland
- Fels- und Eisregion im Hochgebirge
- Gemüse
- Hopfen
- Schweine
- Wald
- Staatsgrenze
- Landesgrenze

© Cornelsen

1 : 3 300 000   0 50 100 150 200 km   1 cm ≙ 33 km

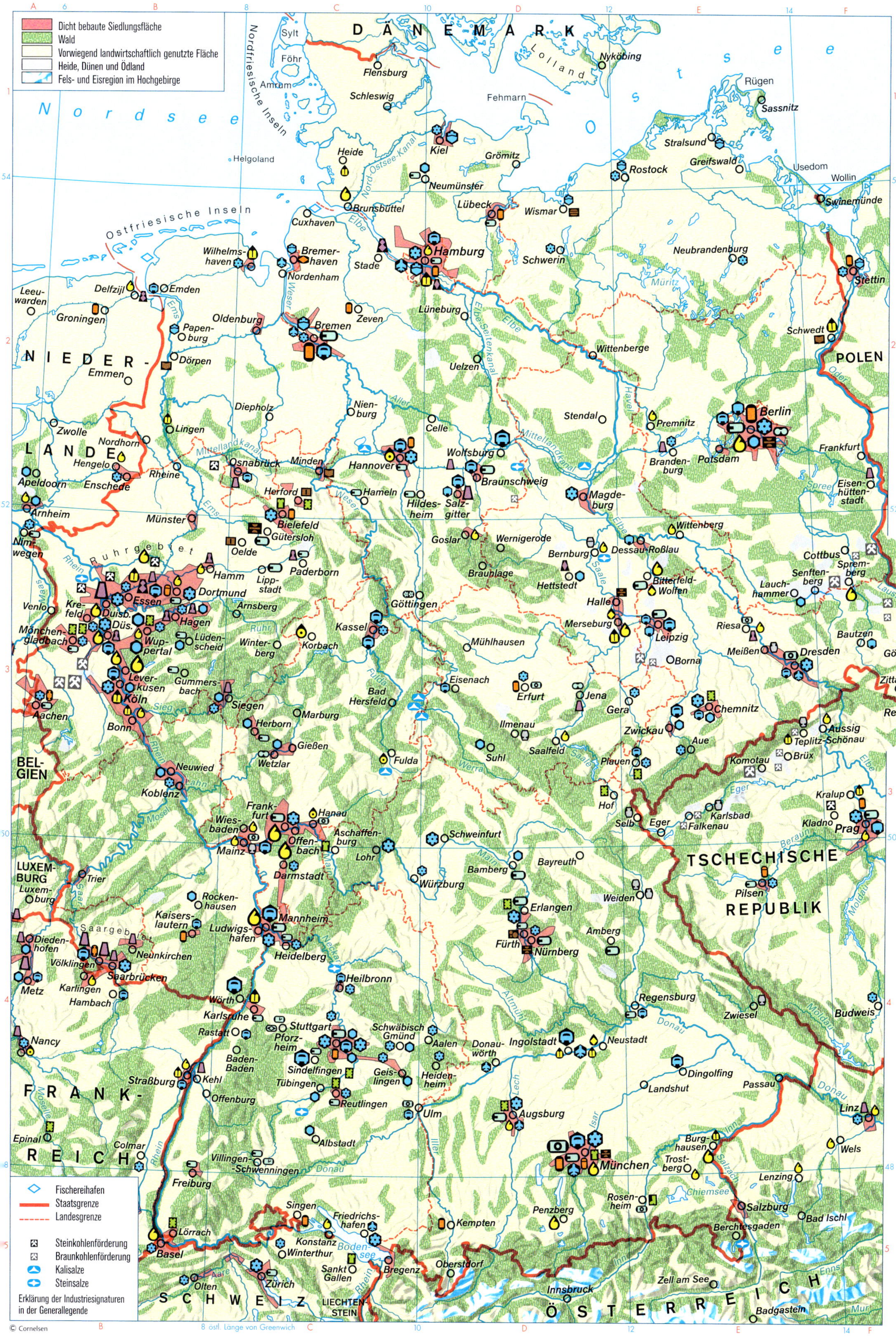

Dicht bebaute Siedlungsfläche
Wald
Vorwiegend landwirtschaftlich genutzte Fläche
Heide, Dünen und Ödland
Fels- und Eisregion im Hochgebirge

Fischereihafen
Staatsgrenze
Landesgrenze

Steinkohlenförderung
Braunkohlenförderung
Kalisalze
Steinsalze
Erklärung der Industriesignaturen
in der Generallegende

© Cornelsen

1 : 3 300 000

0   50   100   150   200 km   1 cm ≙ 33 km

DÄNEMARK
Nordsee
Ostsee
NIEDER-LANDE
POLEN
BELGIEN
LUXEMBURG
FRANKREICH
TSCHECHISCHE REPUBLIK
SCHWEIZ
LIECHTENSTEIN
ÖSTERREICH

ostl. Länge von Greenwich

Orte
- ▣ über 1000000 Einwohner
- ■ 500000 – 1000000 Einwohner
- ● 100000 – 500000 Einwohner
- ○ unter 100000 Einwohner
- *Rom* Hauptstadt eines Staates
- — Staatsgrenze
- ··· Umstrittene Grenze

- — Eisenbahn
- ··· Fährverbindung
- — Autobahn und andere Fernverkehrsstraße

- ≈ Kanal
- ≈ Stausee
- ≈ Sumpf, Moor
- ≈ Salzbecken

- ▨ Gletscher
- ·3797 Höhenzahl
- 5121 Tiefenzahl
- ∴ Ruinenstätte

Meerestiefen: 6000 4000 2000 200 0
Landhöhen: unter 0 | 0 100 200 500 1000 2000 4000 m

© Cornelsen

1 : 16 500 000   0 100 200 300 400 500 600 700 800 900 1000 km   1 cm ≙ 165 km

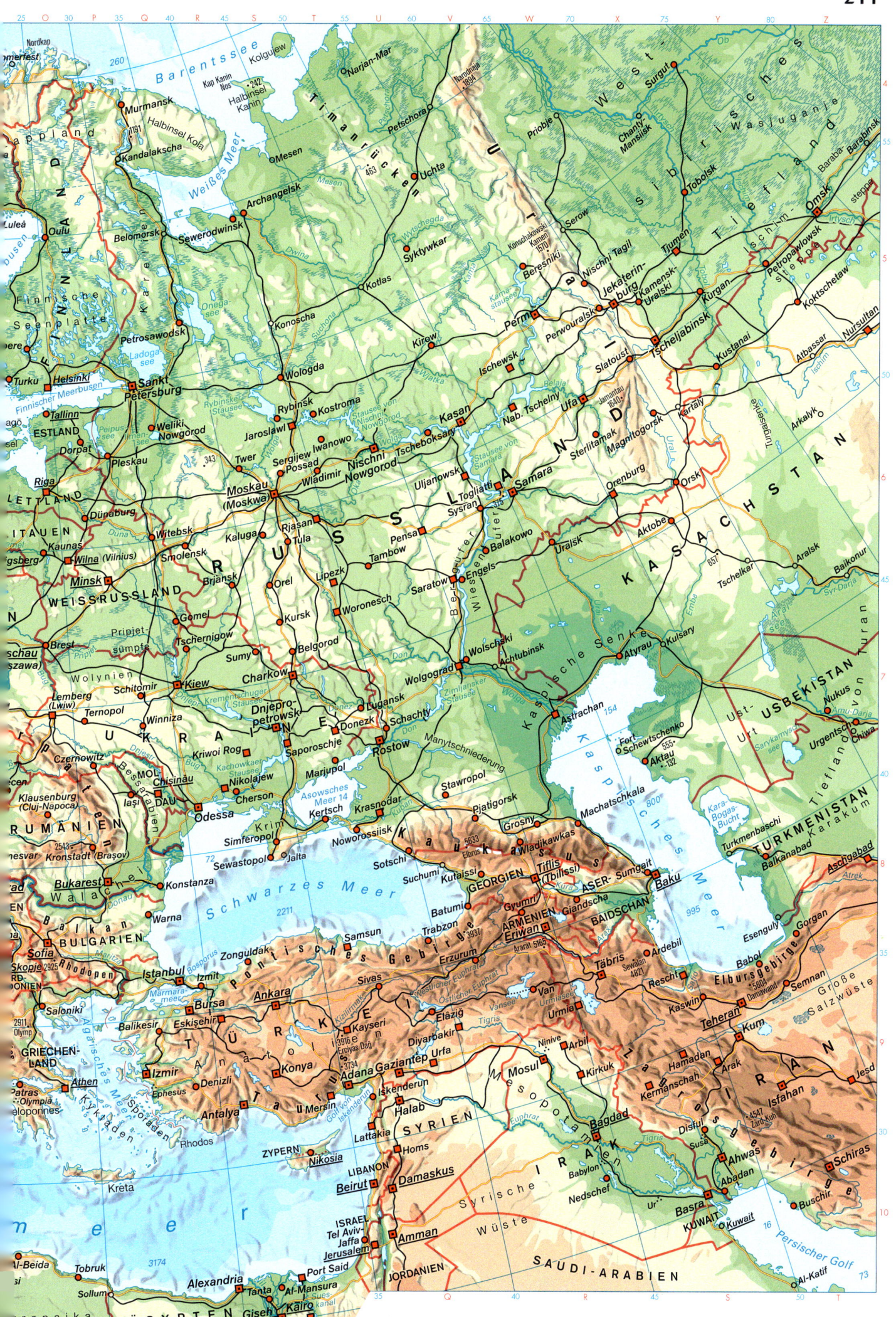

Orte
- über 1 000 000 Einwohner
- 500 000 – 1 000 000 Einwohner
- 100 000 – 500 000 Einwohner
- unter 100 000 Einwohner
- *Algier* Hauptstadt eines Staates

- Eisenbahn
- Autobahn und andere Fernverkehrsstraße
- Piste
- Staatsgrenze

- Stausee
- Wasserfall
- Sumpf
- Salzbecken
- Wadi
- Periodischer Fluss

- Oase
- Ruinenstätte

- •5895 Höhenzahl
- 5759 Tiefenzahl

- Korallenriff
- Nationalpark

Meerestiefen 6000 4000 2000 200 unter 0

Landhöhen unter 0 0 100 200 500 1000 2000 4000m

westl. 0 östl. Länge v. Greenwich

1 : 38 500 000   0 500 1000 1500 2000 km   1 cm ≙ 385 km

© Cornelsen

© Cornelsen

1 : 33 000 000   0   500   1000   1500 km   1 cm ≙ 330 km

Orte
■ über 1 000 000 Einwohner
■ 500 000 – 1 000 000 Einwohner
● 100 000 – 500 000 Einwohner
○ unter 100 000 Einwohner
— Staatsgrenze

Brasília Hauptstadt eines Staates
La Paz Regierungssitz eines Staates
— Eisenbahn
— Autobahn und andere Fernverkehrsstraße

Wasserfall / Stausee
Sumpf / Salzbecken
Korallenriff

Gletscher   ·6958 Höhenzahl   *4636* Tiefenzahl   ∴ Ruinenstätte   )(Pass

Meerestiefen   8000 6000 4000 2000 200   0   Landhöhen   0 100 200 500 1000 2000 4000m
unter 0   unter 0

Meerestiefen
0 200 2000 4000 6000 8000 m

Korallenriff
Somalibecken Meeresrelief
5233 Tiefenzahl

© Cornelsen

L 40 M 60 N 80 O 100 P 120 Q 140 R 160 S 180 T

polarmeer
Spitz-bergen Franz-Josef-Land Sewernaja Semlja Neusibirische Inseln 2

Nowaja Semlja Talmyr Nördlicher Polarkreis Werchojansker Gebirge •3147 Kolymagebirge 60

Nordkap Narodnaja 1894 Ob S i b i r i e n Lena Kamtschatka B e r i n g meer Aleuten

Skandinavien U r a l Jenissei Aleutengraben 3

Moskau Jekaterinburg Irtysch Nowosibirsk Stanowoigebirge Jablonowy-gebirge Amur Ochotskisches Meer 7822 Nordwest- 40

Berlin Altai A S I E N N Sachalin 10542 pazifisches

Donau Kaukasus Kaspisches Meer Tienschan Gobi Mandschurei Japanisches Meer Tokio 1962 Becken P A Z I F I -

Schwarzes Meer 4439 Pik Pobedy Peking Honschu 10340 4

Athen Teheran Pamir K u e n l u n Hwangho Schanghai Ostchinesisches Meer Nördlicher Wendekreis

Bagdad Hindukusch 6611 Himalaya Tibet Jangtsekiang Hongkong Philippinen 20

Kairo Indus Delhi Brahmaputra 8848 Mount Everest Vorder- Hinter-indien Marianen SCHER

A r a b i e n Rotes Meer Arabisches Meer Mumbai Golf von Bengalen Mekong Philippinen becken 11022 Mariannengraben Mikronesien

Euphrat Chennai Bangkok Manila 10540 Karolinen

4620 Aden Kap Guardafui Arabisches Ceylon Südchinesisches Meer Philippinengraben O Z E A N Melanesien Äquator 0

RIKA Addis Abeba Becken Singapur Sumatra Borneo 5520 Neuguinea Salomonen 9140

Kongo Somalibecken Z e n t r a l - Sundagraben Java 7440 5090 Arafurasee 7455

Victoria-see Seychellen I N D I S C H E R indisches Kleine Sundainseln Korallen-becken Korallen-see

5895 Kilimandscharo Daressalam Zentralindischer Rücken Westaustralisches Neu-kaledonien 20

Komoren Madagaskar 6335 Ostindischer Rücken Becken A U S T R A L I E N 1515 Südl. Wendekreis

Maskarenen Mauritius B e c k e n Nordwestaustralisches Becken Perth Westaustralisches Becken

Kalahari Madagaskar-becken 6400 870 O Z E A N Große Australische Bucht Mount Kosciusko 2230 Sydney 770

Johannesburg Mosambik-becken Südwest-indisches 2067 Murray Neuseeland Auckland

Drakensberge Westlicher Indischer Rücken B e c k e n 1980 Südaustralisches Tasman-see

Kap Agulhas Agulhasbecken 940 Indisch-Antarktischer Rücken Becken Tasmanien 969 Südkap 40

Indischer Rücken Kerguelen 6089 4755 Macquarie-inseln Auckland-inseln

6972 Kerguelenrücken 485 Indisch- Antarktisches Becken Östlicher Indisch-Antarktischer Rücken 6250 Südpazifisches Becken 8

isches Südpolarbecken 2300 9

ANTARKTIS

Maßstab 1 : 75 000 000

L 40 M 60 N 80 O 100 P 120 Q 140 R 160 S 180 T

Landhöhen

| unter 0 | 0 | 100 | 200 | 500 | 1000 | 2000 | 4000 m |

Ständige Eisbedeckung, Gletscher

Ahaggar Gebirge

•3147 Höhenzahl

Azoren Landschaft / Insel

① Politische Gliederung

② Kontinente und Ozeane

③ Klimazonen

ARM. = ARMENIEN
AS. = ASERBAIDSCHAN
BD. = BANGLADESCH
BH. = BHUTAN
BU. = BURUNDI
DOM. REP. = DOMINIKANISCHE REPUBLIK
GE. = GEORGIEN
IS. = ISRAEL
JORD. = JORDANIEN
KAMB. = KAMBODSCHA
KIRG. = KIRGISISTAN
LIB. = LIBANON
R. = RUANDA
SEN. = SENEGAL
TAD. = TADSCHIKISTAN
V.A.E. = VEREINIGTE ARABISCHE EMIRATE

austr. = australisch
bras. = brasilianisch
brit. = britisch
chil. = chilenisch
dän. = dänisch
ecuad. = ecuadorianisch
frz. = französisch
ind. = indisch
jap. = japanisch
jem. = jemenitisch
maurit. = mauritisch
mex. = mexikanisch
ndl. = niederländisch
neus. = neuseeländisch
norw. = norwegisch
port. = portugiesisch
russ. = russisch
span. = spanisch
südafr. = südafrikanisch

Besitzungen europäischer Staaten in Übersee sind schraffiert.

② Kontinente und Ozeane

NORD-AMERIKA 25 Mio. km²
EUROPA 10 Mio. km²
ASIEN 44 Mio. km²
AFRIKA 30 Mio. km²
SÜDAMERIKA 18 Mio. km²
AUSTRALIEN UND OZEANIEN 9 Mio. km²
ANTARKTIS 14 Mio. km²

ATLANTI-SCHER
PAZIFISCHER
INDISCHER
PAZIFISCHER
OZEAN

Äquator

180 Mio. km²   106 Mio. km²   75 Mio. km²

Maßstab 1 : 264 000 000

③ Klimazonen

Polare
Gemäßigte
Subtropische Klimazone
Tropische Klimazone
Subtropische Klimazone
Gemäßigte
Polare

© Cornelsen

Greenwich

tzbergen (norw.)

Franz-Josef-Land (russ.)

Sewernaja Semlja

Bäreninsel (norw.)

Nowaja Semlja

Murmansk

Nördlicher Polarkreis

Sankt-Lorenz-Insel (USA)

R U S S L A N D

(Russische Föderation)

FINN-LAND
Helsinki

Sankt Petersburg

Moskau

Perm

Jekaterinburg

Nowosibirsk

Irkutsk

Tschita

Chabarowsk

Amur

Aleüten (USA)

Kamtschatka

Sachalin

Kurilen (russ.)

WEISS-RUSSLAND

Charkow

Samara

Nursultan

Ulan-Bator

Wladiwostok

NORD-KOREA

JAPAN

POLEN
Kiew
UKRAINE

Wolgograd

KASACHSTAN

MONGOLEI

Seoul
SÜD-
Pusan

Tokio
Osaka

PAZIFISCHER

RUMÄNIEN
Odessa

Bischkek
Almaty
KIRG.

Peking

Istanbul
Ankara
GE.
ARM. AS.
Baku
Tiflis

USBEKISTAN
Taschkent
TURKME-
NISTAN
TAD.
Duschanbe

C H I N A

Xian

Nanking

Schanghai

Midway-In. (USA)

Athen
TÜRKEI

ZYPERN
LIB.
IS.

Eriwan

Aschgabad

AFGHANISTAN
Kabul
Islamabad

T i b e t
Lhasa

Tschungking

Taipeh

Boninseln (jap.)
Vulkaninseln (jap.)

Nördlicher Wendekreis

SIEN
olis

SYRIEN
IRAK
Bagdad

Teheran

I R A N

Neu-
Delhi

NEPAL
BH.

TAIWAN

Wake-I. (USA)

Kairo

KUWAIT
BAHRAIN
KATAR

PAKISTAN

Ganges

Kolkata

Hanoi

Macau

Hongkong

Marianen (USA)

YEN

ÄGYPTEN

SAUDI-
Riad
ARABIEN

Mekka

V.A.E.

OMAN

Karachi

Mumbai

I N D I E N
Haiderabad

B.D.
MYANMAR

Yangon

Chennai

Bangkok

Manila

Guam (USA-Verw.)

MIKRONESIEN

MARSHALLINSELN

SCHAD

SUDAN

Khartum

Asmara
ERI-
TREA

Addis Abeba

DSCHIBUTI

THAI-
LAND

KAMB.

Ho-Tschi-
Minh-Stadt

Jap

PHILIPPINEN

K a r o l i n e n
(USA-Verw.)

ZENTRALAFRIKAN.
REPUBLIK
SÜD-
SUDAN

ÄTHIOPIEN

Sokotra (jem.)

Lakkadiven (ind.)

SRI LANKA

Nikobaren (ind.)

MALAYSIA
BRUNEI

PALAU

Colombo

Andamanen (ind.)

Celebes

KIRIBATI

Kisangani

UGANDA
BU.
Nairobi

KENIA

SOMALIA

Mogadischu

MALEDIVEN

SINGA-
PUR

Borneo

Molukken

West-
irian

NAURU

Äquator

DEM. REP.

KONGO

TANSANIA
Dodoma

Daressalam

SEYCHELLEN

Amiranten (zu Seych.)

Tschagosinseln (brit.)

Diego Garcia (brit.)

I N D O N E S I E N

PAPUA-
NEUGUINEA

TUVALU

Kinshasa
nda

Lubum-
bashi

I N D I S C H E R

SAMBIA
SIMBABWE

Harare

KOMOREN

Jakarta

Java

Christmasinsel (austr.)

TIMOR

Port
Moresby

SALOMONEN

Kokosinseln (austr.)

GOLA

MALAWI

MOSAMBIK

MADAGASKAR
Antananarivo

Réunion (frz.)

MAURITIUS

Rodrigues (maurit.)

VANUATU

Neu-
kaledonien (frz.)

FIDSCHI

Wallis-In. (frz.)

SAMOA
Samoa

TONGA

NIBIA
BOTSWANA

Pretoria
Maputo

SWASILAND

O Z E A N

Südl. Wendekreis

Perth

A U S T R A L I E N

Brisbane

Norfolkinsel (austr.)

Kermadec-In. (neus.)

O Z E A N

dt
SÜDAFRIKA
LESOTHO

Canberra
Sydney

Amsterdam
Sankt Paul (frz.)

Melbourne

Prinz-Eduard-Inseln (südafr.)

Crozetinseln (frz.)

Kerguelen (frz.)

NEUSEELAND

Auckland

Wellington

McDonald-Inseln (austr.)

Heardinsel (austr.)

Tasmanien

Chathaminseln (neus.)

Aucklandinseln (neus.)

Macquarieinseln (austr.)

Campbellinsel (neus.)

Norw. Anspruch

Australischer Anspruch

Frz. Anspruch
Austr. Anspruch

Maßstab 1 : 88 000 000

---

limazone

Klimazone

Tropische Klimazone

Subtropische Klimazone

Klimazone

mazone

Maßstab
1 : 264 000 000

---

④ Zeitzonen

San Francisco

Chicago

New York

London

Berlin

Moskau

Nowosibirsk

Casablanca

Kairo

14³⁰ 15³⁰ 16⁴⁵

Peking

Schanghai

Tokio

Mexiko

Panama

Lagos

Aden

Kolkata 17³⁰

16³⁰

16³⁰

Hongkong

Bangkok

Manila

Datumsgrenze

Sonntag
Montag

Lima

La Paz

Kinshasa

Daressalam

Singapur

1³⁰

Santiago

Buenos Aires

Rio de Janeiro

Johannesburg

Kapstadt

17³⁰

Perth

20³⁰

Sydney

23⁴⁵

Um 12⁰⁰ Uhr mittel-
europäischer Zeit
ist es in den
einzelnen Zeitzonen:

westl. 0° östlicher Länge von Greenwich

0⁰⁰ 1⁰⁰ 2⁰⁰ 3⁰⁰ 4⁰⁰ 5⁰⁰ 6⁰⁰ 7⁰⁰ 8⁰⁰ 9⁰⁰ 10⁰⁰ 11⁰⁰ 12⁰⁰ 13⁰⁰ 14⁰⁰ 15⁰⁰ 16⁰⁰ 17⁰⁰ 18⁰⁰ 19⁰⁰ 20⁰⁰ 21⁰⁰ 22⁰⁰ 23⁰⁰

Maßstab
1 : 264 000 000

Atlasregister

BILDQUELLEN

S. 148 M4: Adobe Stock/Sunny
S. 148 M5: Shutterstock.com/mije_shots
S. 150 M2: mauritius images/alamy stock photo/Peter Alvey
S. 150 M1: Shutterstock.com/Prometheus72
S. 152 M1: mauritius images/imageBroker/Fabian von Poser
S. 153 M2: mauritius images/United Archives
S. 154 M1: Europa-Park
S. 155 M3: ©Europa-Park
S. 155 un. li.: Europa-Park
S. 157 M5: Peter Hürzeler
S. 157 M6: Pfuschi Cartoon/Heinz Pfister
S. 158 M7: Imago Stock & People GmbH/imago images/Petra Schneider
S. 158 M8: mauritius images/United Archives
S. 158 M9: Imago Stock & People GmbH/allOver
S. 160/ 161: Imago Stock & People GmbH/imago images/Peter Sandbiller
S. 162 M3: Shutterstock.com/stockfour
S. 162 M1: mauritius images/Pitopia
S. 162 M2: Imago Stock & People GmbH/imago images/Westend61
S. 166 M2: Photo: Øyvind Hagen
S. 167 M6: mauritius images/alamy stock photo/A Room With Views/
S. 168 M1: stock.adobe.com/Elisabeth
S. 169 M6: akg-images/Rainer Hackenberg
S. 169 M4: dpa Picture-Alliance
S. 170 M4: stock.adobe.com/Smileus
S. 170 M3: Milena Breibisch, Memmingen

S. 171 M7: stock.adobe.com/arsdigital
S. 171 M6: Milena Breibisch, Memmingen
S. 172 M1: Imago Stock & People GmbH/Thomas Frey/Stephan Schmidt Gruppe
S. 173 M3: stock.adobe.com/thimo_wunderlich
S. 173 M4 li. ob.: stock.adobe.com/serikbaib
S. 173 M4 mi.: stock.adobe.com/aleks-p
S. 173 M4 re. un.: stock.adobe.com/Aleksandra Gigowska
S. 173 M4 re. mi.: mauritius images/Andrea Haase
S. 173 M4 li. mi.: dpa Picture-Alliance/Thomas Frey
S. 173 M4 re. ob.: Shutterstock.com/Andrey_Kuzmin
S. 173 M4 mi. un.: Shutterstock.com/Volosovich Igor
S. 173 M4 li. un.: sciencephotolibrary/WLADIMIR BULGAR
S. 174 M2: stock.adobe.com/ferkelraggae
S. 174 M3: Shutterstock.com/travelview
S. 174 M1: dpa Picture-Alliance/Hans-Joachim Rech
S. 175 M4 3. v. ob.: Imago Stock & People GmbH/imago images/localpic
S. 175 M4 4. v. ob.: dpa Picture-Alliance/DUMONT Bildarchiv
S. 175 M4 1. v. ob.: Schmittenstollen/ Natu Nimuee.
S. 175 M4 2. v. ob.: Besucherbergwerk Fischbach a.d. Nahe/N. Bollenbach
S. 176 M1: akg-images/Alfons Rath
S. 178 M1: BASF SE
S. 179 M5: BASF SE
S. 179 M4: BASF SE

S. 180 M2: ClipDealer GmbH/Andrey Armyagov/http:/armyagov.com
S. 180 M1: Shutterstock.com/Gorodenkoff
S. 181 M4: dpa Picture-Alliance
S. 182 M1: stock.adobe.com/Manuel Schönfeld
S. 182 M2: mauritius images/Karsten Kramer
S. 183 M4: mauritius images/alamy stock photo/Panther Media GmbH
S. 183 M3: mauritius images/alamy stock photo/philipus
S. 183 M5: stock.adobe.com/djama
S. 185 M3: dpa Picture-Alliance
S. 185 M4: mauritius images/Thomas Frey

Grafiken, Illustrationen und Karten:
Binder, Volkard: Seiten: 34 M1, 35 M2, 38 M1, 64 M1, 98 M2, 103 M4, 108 M2, 121 M7, 121 M6, 128 M2 1-3, 129 M4 + M5, 145 M5, 149 M7, 151 M4, 151 M 5, 151 M6, 181 M5;
Cornelsen: Seiten: 60 M2, 85 M4, 94 M8, 114 M2, 203 beide;
Dieterle, Henriette: Seite: 58 M2;
Domke, Franz-Joseph: Seiten: 115 M4, 118 alle, 119 beide, 125 HG, 126 M3;
Gallas, Elisabeth: Seite: 121 M4;
Götzl, Otto: Seiten: 71 M2, 114 M3, 138 M1 beide, 139 M3;
Hauptstock, Oliver: Seiten: 14 M1 + M2, 15 M3, 21 M6, 21 M5, 53 M5, 59 M4, 61 M3, 83 M3, 88 M2, 89 M4, 106 M1, 110 M2, 145 M4;
Kast, Peter: Seiten: 11 beide, 23 M4, 23 M3, 23 M5, 30 M8, 31, 36 M1, 36 M2, 42 M1, 42 M2, 44 M3, 45 M4 + M5, 52 M1, 57 M3, 58 M1,

66 M4, 67, 70 M1, 80 M1, 106 M2, 131 , 143 un. re., 143 mi. li, 147 M5, 153 M4 beide, 155 M2, 159 beide, 164 M1, 165 M2, 172 M2, 204 bis 217;
Kunz, Michael: Seiten: 17 M3, 18 M1, 18 M2, 19 M4, 19 M5,20 M2,28 M1, 28 M4, 28 M2+M3, 39 M3, 77 M5, 95 beide, 107 M3, 114 M2, 197 ob. li., 198 ob. re., 227
Menke, Sandra: Seite 21 M7 li. und M7 re.;
Pfeil, Katrin: Seiten: 126 M2, 141 M3;
Pflügner, Matthias: Seiten: 26 M1, 27 un. re., 27 ob. li., 37 M3, 44 M2, 44 M1, 45 M6, 48 M1, 48 M2, 49 un. re., 49 ob., 65 M3, 76 M2, 79 M3, 81 M3;
Rinke, Volkmar: Seiten: 144 M1, 168 M2;
Stade, Dieter: Seiten: 18 M3, 51, 55 M3, 73 M4, 74 M1, 74 M2, 75 M6, 75 M5, 75 M7, 77 M3, 87 M5, 91 M3, 90/91 M2, 101 M5, 102 M1, 102 M2, 103 M3, 104 M2, 105 M5, 109 M5, 111 M5, 116 M2, 121 M5, 123 M2, 123 M3, 128 M1, 135 M4, 135 M5, 150 M3, 163 M4, 163 M5, 166 M1, 167 M5, 167 M4, 169 M3, 170 M2, 170 M1, 177 M4;
Wunderlich, Hans: Seiten: 16 M2, 47 M5 beide, 84 M2 Früchte, 117 M3 + M4, 127 M4;
Teßmer, Michael: Seite: 144 M2;
Ziegler, Wolfgang: Seite 166 M3 alle